조란 맘다니

조란 맘다니
ZOHRAN MAMDANI

저자 **시어도어 함**
감수 **박상주**
번역 **김재서**

예미

토니와 엘리스,
그리고 이름 모를 수많은
다음 세대 시민들에게

"나는 민주사회주의자로 당선되었습니다. 앞으로도 나는 민주사회주의자임을 잊지 않고 시정을 이끌 것입니다." 혹독한 추위가 몰아치던 2026년의 첫날, 뉴욕의 신임 시장은 시청 계단 위에서 이렇게 선언했다. 이에 앞서서 그의 영웅인 버니 샌더스가 축사를 하며 "부자에게 세금을!"이라는 열정적인 구호를 이끌어 내자 조란은 환한 미소를 지었다. 조란과 조란의 생각을 못마땅해하는 척 슈머는 버몬트주 출신의 동료 의원인 샌더스의 뒷줄에 조용히 앉아 있었다. 축제 분위기 속에서도 퇴임 시장 에릭 애덤스에게는 거센 야유가 쏟아졌다.

조란이 23분간 취임사를 이어 가는 동안, 길 건너편에서는 한 무리의 친이스라엘 시위대가 행사를 방해하려는 듯 경적을 요란하게 울려 댔다. 한편, 시청 울타리 안팎에서는 DSA 뉴욕지부 회원들과 수많은 지역활동가들, 수십 명의 선출직 공직자들, 그리고 다양한 연령대의 지지자들이 추위에 떨면서도 맘다니를 향해 열광하며 환호성을 보냈다. 무대 근처에 있던 어느 40대 지지자는 조란이 "세인트 올번스의 흑인 주택 소유주들"과 "베이 리지에 사는 팔레스타인 아이들" 모두를 옹호하는 발언을 할 때마다 "그렇지, 바로 그거야!"라며 거듭 소리 높여 응원했다.

조란 맘다니 시장은 1월 1일 자정이 조금 지난 시각, 티시 제임스 검찰총장이 지켜보는 가운데 공식적으로 시정의 지휘봉을 잡았다. 취임

선서가 거행된 장소는 시청 지하의 웅장하지만 지금은 사용되지 않는 옛 지하철역이었다. 혁신적인 대중교통 공약을 내걸어 당선된 시 지도자에게는 더없이 적절한 장소였다. 그가 뉴욕의 제111대 시장인지 혹은 제112대 시장인지는 논란의 여지가 있으나(최근 새로 발견된 17세기의 새로운 증거를 보면 112대가 맞는 것 같다) 그가 뉴욕 역사상 최초의 무슬림 시장이라는 점에는 이견이 없다. 선서식에서 조란의 아내 라마 두와지는 아프리카 디아스포라 기록물 분야의 전설적인 수집가인 아르투로 숌버그가 소유했던 쿠란을 받쳐 들었다.

신임 시장이 첫 기자회견 장소로 택한 곳 또한 상징적이었다. 플랫부시의 클락슨 애비뉴 85번지는 시청에서 약 11킬로미터나 떨어진 곳이지만, 세입자들의 권익을 대변해 온 조란이 이곳을 선택한 것은 그의 의지를 분명히 드러내기 위해서였다. 71세대가 거주하는 이 건물 주민들이 거대기업 임대업자인 피나클 그룹을 상대로 임대료 납부 거부 운동을 벌이고 있었다. 피나클 그룹은 파산신청을 한 후 오랫동안 이 건물을 제대로 관리하지 않고 방치해 왔다. 농성 중인 주민들의 열렬한 환영을 받으며 건물 안으로 들어선 맘다니 시장은 타일이 깨진 바닥과 욕실, 그리고 엉망이 된 가구들을 살펴보았다. 그는 기자들에게 노련한 주거권 활동가 출신인 신임 법률고문 스티브 뱅크스가 이 문제를 철저하게 파헤칠 거라고 말했다. 또한 조란은 오랜 동료인 시아 위버가 세입자보호국을 이끌게 될 것이라고 발표했다.

취임 바로 다음 날인 1월 2일부터 차세대 리더이기도 한 신임 시장은 이스라엘 네타냐후 정권의 공격을 받았다. 이스라엘 외무부는 X를 통해, 맘다니가 "활활 타오르는 불길에 반유대주의라는 기름을 붓고 있다"고 비난했다. 이스라엘이 이처럼 분노한 것은 맘다니가 시장 취임 첫날부터 전임 시장인 에릭 애덤스가 내렸던 9개의 행정명령을 철회했기 때문이다. 이는 애덤스가 기소되었던 2024년 9월경부터 시행된 것으로, 그 가운데 두 건의 행정명령은 이스라엘 비판론자들의 발언과 행동을 제한하는 내용을 담고 있었다. 〈뉴욕 포스트〉는 이스라엘 외무부가 맘다니를 격하게 비난한 사실을 대대적으로 보도하면서 신임 시장을 몰아세웠다. 이 보도 말고도 맘다니는 1월 첫째 주 한 주 동안만 무려 네 차례나 이 타블로이드판 신문의 표지에 등장했다. 동시에 이 극우매체는 소셜미디어 계정에 맘다니가 지하철로 출근하며 시민들과 즐겁게 소통하는 모습을 담은 90초 분량의 경쾌한 영상을 올리기도 했다. 〈뉴욕 포스트〉에게 조란은 격렬하게 싸워야 할 이념적 적수인 동시에, 조회수를 올리기 위해 절대로 놓칠 수 없는 매력적인 뉴스메이커이기도 했다.

1월 3일, 트럼프 행정부가 베네수엘라의 주권을 침해하는 노골적인 공격을 감행하자, 맘다니는 국제 규범을 옹호하며 강력한 목소리를 냈다. 조란은 자신의 입장을 대통령에게 직접 전달했다. 그날 아침 트럼프에게 전화를 걸어 베네수엘라의 "정권 교체"를 꾀하려는 미국의 시도에 대한 "반대 의사를 표명했다"고 밝혔다. 뉴욕의 다른 노련한 정치 지도자들과 달리 34세의 시장은 "주권국가를 일방적으로 공격하는 것은 전쟁행위이며, 연방법과 국제법 위반"이라는 공식 입장을 거침없이 표현했다. 맘다니의 '정치적 고향'이기도 한 DSA 뉴욕지부도 긴급회의를 소집하여 입장을 발표하는 등 맘다니에게 힘을 보태 주었다.

악덕 부동산 소유주의 횡포를 폭로하고, 이스라엘 패권에 도전하며,

〈뉴욕 포스트〉와 각을 세우고, 호전적인 대통령에 대한 비판까지, 새해를 맞이함과 동시에 시작된 임기 첫 며칠만으로도 2025년 선거기간 치렀던 전투가 앞으로도 내내 계속될 것임이 분명해 보였다. 뉴욕시의 민주사회주의 시대가 본격적으로 막을 올렸다.

2026년 1월 5일

브루클린 선셋 파크에서

시어도어 함

PART

1

런 조란 런!

RUN
ZOHRAN
RUN!

PART 2

맘다니 시장을
만나다

MEET
MAYOR
MAMDANI

PART
1

런 조란 런!
RUN ZOHRAN RUN!

1

충격의 소용돌이에 빠진
도시

2025년 6월 25일 자정이 막 지날 무렵, 뉴욕시장 예비선거 승리가 확정된 조란 맘다니는 퀸스 롱아일랜드의 한 맥줏집에서 무대 위로 올라섰다. 지난 몇 주간 뉴욕시민들은 스스로 사회주의자임을 주저하지 않고 밝혀 왔던 33세의 우간다 출신 무슬림 이민자 맘다니에 열광했었다.

6개월 전으로 돌아가 보자. 1월 중순만 해도 폴리마켓이 예측한 그의 당선 가능성은 8%에 머물고 있었다. 그가 공식 후보도 아니었던 때였다. 그때 선두를 달리던 후보는 대중 인지도가 100%에 달했던 앤드루 쿠오모Andrew Cuomo 전 뉴욕주지사였다. 부정적인 이미지에도 불구하고 그의 당선 예측치는 44%였다. 그러나 막상 선거 당일이 되었을 때, 폴리마켓은 맘다니의 당선 가능성을 55%로 올려 예측했다. 반면 선거전 내내 선두를 달렸던 쿠오모의 당선 가능성은 맘다니보다 9% 뒤진다는 예측을 내놓았다. 월스트리트 사람들도 이런 흐름의 변화를 예리하게 주시하고 있었다.

한편 맥줏집 근처의 한 호텔방에서는 조란의 선거본부장인 엘 비스가드 처치Elle Bisgaard-Church와 정치국장 줄리언 거슨Julian Gerson, 미디어 전략가 모리스 카츠Morris Katz, 그리고 수석보좌관 스펜서 골드버그Spencer Goldberg 등이 바쁘게 연설문을 수정하고 있었다. 그들은 선거 당일 밤이 시작될 무렵부터 판세가 자신들에게 매우 유리하게 전개되고 있다는 것을 느끼고 있었지만, 최종순위는 순위별 선호투표RCV: Ranked-Choice Voting* 집계를 몇 차례 더 하고 나서야 확정된다는 것을 알고 있었다.

돌풍의 주역이 된 이 후보는 농구 코치들이 토너먼트 8강전쯤에서 승리한 뒤에 라커룸에서 선수들에게 할 법한, "모두 정말 잘 싸웠습니다. 그러나 아직 끝난 것은 아닙니다."라는 정도의 내용으로 연설문을 준비하고 있었다. 그런데 저녁 9시 무렵, 쿠오모가 먼저 패배를 인정하는 연설을 내놓았다. 투표가 끝나고 90분쯤 지난 시점이었다. 한창 연설문을 다듬고 있던 맘다니는 남아프리카공화국에서 보낸 어린 시절을 문득 떠올렸다. 무대에 오른 맘다니는 준비했던 연설문 대신 평소 늘 마음에 새기던 만델라의 문구를 꺼내 들었다.

---

* 순위별 선호투표란 후보자가 세 명이라면, 유권자가 투표지에 자신이 지지하는 후보 한 명을 기표하는 대신, 가장 지지하는 후보는 A, 그다음으로 지지하는 후보는 B, 그다음 지지하는 후보는 C, 이런 식으로 지지순위를 기록하는 투표 방식이다. 1순위 지지후보만 집계해서 과반의 득표자가 없을 경우, 최하위 득표자의 표를 2순위 지지후보에 배분하여 2차 집계를 하며, 최종적으로 과반의 득표자가 나올 때까지 최하위 득표자의 표를 다음 순위 지지후보에게 배분하여 재집계하는 일을 반복하여, 최종 과반득표의 승자를 가려낸다.

지역방송과 소셜미디어 등을 통해 생중계된 승리연설에서 그는 자신의 고향인 아프리카가 낳은 아들이자 사회주의 동지의 말을 인용했다. "오늘 우리는 새 역사를 썼습니다. 넬슨 만델라의 말처럼, '어떤 일을 이루기 전까지는 언제나 불가능해 보입니다. It always seems impossible until it is done.' 여러분, 우리는 해냈습니다. 이제 저는 차기 뉴욕시장을 선출하는 선거의 민주당 후보로 최선을 다할 것입니다."

지역 TV방송들이 놀랍고도 역사적인 이변을 전하고 있던 예비선거 당일 밤, 조란을 위해 함께 뛴 밀레니얼 세대 자원봉사자들은 그가 오랫동안 몸담아 온 정치단체 DSADemocratic Socialists of America, 미국 민주사회주의자들가 뉴욕 곳곳에서 벌인 파티에서 열광하고 있었다. 퀸스의 오존 파크에서 브루클린의 켄싱턴, 그리고 브롱크스의 웨스트체스터 스퀘어에 이르기까지, 뉴욕시 다섯 개 자치구역 전역에서 남아시아계와 무슬림 유권자들이 세대를 막론하고 함께 자축하고 있었다. 소셜미디어 플랫폼도 축하의 글로 도배되었다.

반면 뉴욕의 주류 기득권층은 당혹감을 감추지 못하고 분노와 탄식을 쏟아 냈다. 정말로 그러한지는 모르지만, 스스로 뉴욕 재계의 대변자로 행세하고 있는 캐스린 와일드Kathryn Wilde는 이들의 느낌을 "공포와 두려움, 그리고 패닉" 이렇게 세 단어로 요약했다. 뉴욕에서 가장 큰 부동산업자 가운데 한 사람은 〈뉴욕 타임스New York Times〉와 이렇게 인터뷰했다. "우리에게는 뉴욕이 어떤 곳인지를 대변해 줄 수 있는 지도자가 필요해요. 뉴욕은 자본주의의 수도입니다." 선거기간 내내 맘다니에게 맹공을 퍼부었던 극우성향 언론인 〈뉴욕 포스트New York Post〉도 비슷한 논조의 기사를 실었다. 이 신문은 선거 당일까지 맘다니를

"반유대적 성향을 보이는 급진적인 사회주의자"라고 비난해 왔다. 선거 결과가 확정되자 이 신문의 1면은 절박감마저 드러냈다. "뉴욕시에서 긴급구조 요청을 보냅니다NYC SOS"라는 비명에 가까운 헤드라인 밑에 "민주당 시장 예비선거에서 급진사회주의자가 쿠오모를 완파하고 승리했다. 이제 누가 우리 도시를 구할 것인가?"라는 문구를 적어 넣었다. 뉴욕의 권력층이 집단적으로 맘다니 공포증이라는 증후군을 앓고 있는 것처럼 보였다.

넬슨 만델라의 말을 인용한 조란의 연설은 〈뉴욕 포스트〉의 질문에 대한 답변이기도 했다. 민주사회주의자를 자임하는 그에게 있어서 선거의 승리자는 어떤 개인이 아닌 바로 '우리'였다. 예비선거 당일 기준으로 5만 명을 넘겼다는 거대한 자원봉사자 군단이 뉴욕시 역사상 어떤 시장 캠프보다도 진심으로 맘다니의 당선을 위한 헌신적인 홍보활동을 펼쳤다. 뉴욕시 선거 역사상 처음으로 방글라데시인 집단거주지 주민들을 포함한 엄청난 수의 무슬림과 남아시아계 유권자들이 대거 결집했다. 반면 노동계 지도자들은 맘다니를 지지하기를 꺼렸다. 맘다니가 친노동 노선을 천명했음에도 불구하고 노동계 지도자들은 불확실한 세계를 새롭게 열기보다는 현상을 유지하며 안주하고 싶어 했다. 그러나 50세 미만의 젊은 유권자들, 다인종·다언어 집단, 팔레스타인 지지자들, 그리고 사회주의자로 낙인찍히는 것을 두려워하지 않는 사람들이 한 데 모인 조란 지지자들은 뉴욕시 정치사에서는 전례를 찾을 수 없는 획기적이고 혁신적인 집단으로 떠올랐다.

사전투표가 시작된 6월 14일 토요일 밤이 되자, 알렉산드리아 오카시오 코르테스Alexandria Ocasio-Cortez 등 다양한 지역의 여러 지도자들이 맘다니의 유세에 합류했다. 대부분이 20대쯤인 젊은 유권자들이 미드타운 맨해튼 서쪽에 위치한 공연장 '터미널 5'를 향해 구름같이 모여들었다. 그보다 몇 배 많은 유권자들이 소셜미디어를 통해 조란의 유세와 지역 지도자들의 연설을 지켜보고 있었다. 맘다니는 이렇게 선언했다. "우리의 승리는 무슬림 이민자이자 민주사회주의자인 나의 승리를 넘어서, 우리가 앞으로 무엇을 할 것인가를 보여 주는 역사적인 사건이 될 것입니다. 그것은 바로 이 뉴욕시를 모든 사람들이 살아갈 수 있는 도시로 만드는 일입니다."

• • • •

예비선거 과정에서 그는 우간다에 대해서 많은 이야기를 하지는 않았지만, 자신의 뿌리가 아프리카 내의 남아시아 공동체에 있음을 숨기려 하지 않았다. 예비선거 직전의 주말, 그는 알 샤프턴Al Sharpton 목사가 이끄는 '국가 행동 네트워크National Action Network' 본부에서 대부분 고령자인 흑인 청중 앞에서 연설을 하며, 이때 자신의 미들네임이 '콰메Kwame'임을 밝혔다. 이는 가나의 초대 대통령이자 아프리카 민족주의의 아버지로 추앙받는 콰메 은크루마Kwame Nkrumah의 이름에서 따온 것이라고 했다. 예비선거 기간 내내 유명한 영화감독이기도한 조란의 어머니 미라 네어Mira Nair가 항상 아들과 함께했다. 국제적인 명성을 지닌 학자이며 컬럼비아 대학교 교수인 아버지 마무드 맘다니Mahmood Mamdani는 전면에 나서지 않았다.

마무드 맘다니는 탈식민주의 연구 분야의 저명한 학자이다. 조란은 자신의 아버지가 미국에 처음 왔을 당시 몽고메리에서 SNCC* 시위에 가담했다가 추방당할 뻔했다고 밝혔다. DSA에 기반을 두고 출마한 조란은 저명한 흑인 인권운동가인 샤프턴 목사가 2004년 했던 말을 인용해 민주당을 비판했다. 민주당이 지금껏 소수자와 노동계층 유권자들을 향해 지지를 호소하면서도 그들을 위한 의미 있는 정책을 만드는 데는 늘 소극적이었다는 것이다.

조란은 민주당 예비선거에서 1순위표를 집계한 결과 47만 표를 얻었다. 팔레스타인 인권을 공개적으로 지지한 미국 정치인 가운데 가장 높은 대중적인 인지도를 지닌 인물로 순식간에 자리매김했다. 뉴욕시립대학교CUNY의 저널리즘 교수인 피터 베이나트Peter Beinart는 맘다니의 성공에 대해, 젊은 유대인 유권자들의 팔레스타인에 대한 인식 변화에 기인한다고 해석했다. 〈뉴 퍼블릭New Public〉 편집장을 지낸 바도 있는 그는 "사회운동이 주류 정치의 흐름을 결정하는 경우가 종종 있다."라고 설명했다. 그는 조란이 예비선거에서 승리를 거두기 전까지는 뉴욕시 주요 정치인들 가운데 팔레스타인의 권리를 적극적으로 옹호한 사람은 아무도 없었다고 지적했다. 베이나트 교수는 2014년부터 2021년까지 뉴욕시장을 지낸 빌 디블라지오Bill de Blasio를 언급하면서, "많은 정치 현안에 관해서 진보적인 입장을 보여 주었던 그조차도 팔레스타인 문제만큼은 노골적으로 외면했다."라고 말했다. 조란은 이러한 태도를 펩PeP, 즉 '팔레스타인만큼은 외면하는 진보Progressive except Palestine'라며 자주 비판해 왔다. 베이나트 교수의 말처럼, 맘다니는 대학당국에

---

*   Student Nonviolent Coordinating Committee, 학생 비폭력 조정위원회

의해 무시당하고, 에릭 애덤스Eric Adams 시장 휘하의 뉴욕경찰NYPD에 의해 무력 진압당했던 팔레스타인 인권운동가들의 주장을 선거현장으로 끌어들였다.

예비선거가 막바지에 치달을 무렵, 존 리우John Liu 뉴욕주 상원의원이 공개 지지선언을 하면서 AOC*의 맘다니 지지 유세에 합류했다. 리우는 뉴욕 최초의 아시아계 미국인 선출직 공직자로 2013년 뉴욕시장 선거에 출마해 빌 디블라지오와 겨룬 인물이었다. 당시 그는 좌파 포퓰리즘을 공개적으로 천명했었다. 티시 제임스Tish James 검찰총장도 맘다니 지지를 표명하고 나섰다. 제임스는 지금 맘다니에게 가해지는 맹비난을 과거 버락 오바마가 견뎌야 했던 비방에 비유했다. 그러나 사실 따지고 보면, 존 리우와 티시 제임스도 팔레스타인 문제만큼은 침묵하는 진보주의자라는 낙인에서 자유로울 수는 없는 사람들이었다.

맘다니의 승리를 축하하는 자리에는 티시 제임스 검찰총장, 시장선거에서 3위를 기록한 브래드 랜더Brad Lander 등 쿠오모 전 주지사의 정적들이 대거 포함되었다. 차세대 지도자 그룹으로 꼽히는 촉망받는 여러 젊은 정치인들도 모여들었다.

그들 중에는 조란과 마찬가지로 무슬림이며 반독점운동을 이끌고 있는 리나 칸Lina Khan과 2014년에 쿠오모에게 도전한 바 있는 진보주의자 제퍼 티치아웃Zephyr Teachout도 보였다. 그로부터 4년 후에 쿠오모에게 도전장을 냈던 배우이자 정치인인 신시아 닉슨Cynthia Nixon도

---

* 알렉산드리아 오카시오 코르테스(Alexandria Ocasio-Cortez) 진보성향 연방 하원의원

21

조란에 대한 전폭적인 지지를 표하며 함께했다. DSA 출신으로 의원직에 당선되었다가 친이스라엘 세력의 압력으로 의원직을 상실한 바 있는 자말 보먼Jamaal Bowman이 니디아 벨라스케스Nydia Velázquez 하원의원과 담소를 나누는 모습도 포착되었다. 조란의 오랜 친구이고 영화 〈이름 뒤에 숨은 사랑The Namesake〉의 주연배우인 칼 펜Kal Penn은 곳곳을 돌며 여러 사람들과 포옹을 나누었다. 조란의 어머니 미라 네어 감독은 며느리인 라마 두와지Rama Duwaji와 함께 기쁨의 눈물을 흘렸다. 예비선거 직전 맘다니와 함께 강렬한 메시지를 담은 영상을 제작했던 총기규제 운동가 데이비드 호그David Hogg, 퀸스와 브루클린을 대표하는 남아시아계 DSA 활동가인 자슬린 카우르Jaslin Kaur, 아식 시디크Ashik Siddique의 모습도 보였다.

주의회 의원들 가운데 DSA 출신으로 맘다니와 매우 가까운 동료이기도 한 자바리 브리스포트Jabari Brisport와 마르셀라 미타인스Marcela Mitaynes도 맘다니 경선 승리를 축하하는 자리에 함께했다. 두 사람은 소셜미디어 인플루언서이자 같은 브루클린 출신 좌파인사인 뉴욕시의원 치 오세Chi Ossé와 기쁨의 담소를 나누었다. 카멀라 해리스Kamala Harris의 의붓딸이자 팔레스타인 지지자이기도 한 엘라 엠호프Ella Emhoff가 북적이는 계단에서 오세와 나란히 서 있는 모습이 보였다. 모여 있는 모든 사람들은 쿠오모를 향해 "헤이, 헤이, 잘 가요Hey, Hey, Goodbye"라는 노래를 부르며 맘다니의 승리를 축하했다.

● ● ●

비슷한 시간 이스트강 건너편, 맨해튼 남부의 카펜터스 유니언 홀의 쿠오모 캠프에서는 후보가 패배를 인정하는 연설을 한 직후부터 사람들이 썰물처럼 빠져나가고 있었다.

이 민주당의 노회한 후보는 공약은 그럴듯했으나 알맹이가 부족했고, 유권자를 설득해 투표장으로 발걸음을 옮기도록 설득하는 데 반드시 필요한 강력한 자원봉사 조직도 제대로 갖추지 못했다. 9일간의 사전투표 기간 동안, 젊은 유권자들과 새롭게 투표자로 등록한 유권자들이 엄청나게 투표장으로 몰려드는 것을 보면서, 전직 주지사도 본능적으로 위기를 느끼고 있었다. 쿠오모는 유세 기간 내내 당의 전통적인 지지기반에 의존하는 전략을 펼쳤다. 사전투표 기간 동안 브롱크스의 코옵 시티에서 행인들에게 쿠오모의 홍보물을 나눠주는 멜리사 데 로사Melissa de Rosa의 모습은 쓸쓸해 보이기까지 했다. 그녀는 오랫동안 쿠오모의 보좌관으로 일한 최측근이며, 쿠오모의 성희롱을 폭로한 13명의 피해 여성을 상대로 격하게 맞서 유명세를 탄 사람이다. 팬데믹 기간 동안 허술한 방역정책으로 요양원 거주자들을 사지로 몰아넣었다는 비난에 시달린 바 있던 뉴욕의 이 권력자는 선거 당일 기록적인 폭염에 대하여는, "덥긴 하지만 유권자들이 투표를 하러 가지 못할 정도로 '너무' 더운 것은 아니다."라고 무감각하게 말하기도 했다.

민주당의 차세대 정치 컨설턴트인 닉 스미스Nick Smith가 선거 전날 밤에 지역 뉴스채널 NY1의 간판 프로그램인 〈인사이드 시티 홀Inside City Hall〉에 출연해 진행자인 에롤 루이스Errol Louis에게 설명한 것처럼, 쿠오모 캠프는 젊은 층과 생애 처음으로 투표권을 갖는 투표자들의 투표율이 매우 낮다는 기존의 통계를 지나치게 믿었다. 이는 쿠오모 캠프가 내린 여러 오판 가운데 하나일 뿐이었다. 허드슨 거리에 위치한 쿠오모의 캠프에서는 희비가 엇갈리는 장면이 연출되었다. 경선 투표 마감 직후, 〈인사이드 시티 홀〉의 진행자인 루이스가 선거운동 현장을 취재하고 있는 아야나 해리Ayana Harry 기자를 연결했다. 해리 기자의 뒤로 쿠오모 캠프의 선거운동원들이 모여 있었다. 루이스는 "운동원들이 더운 날씨에도 불구하고 하루 종일 바쁘게 유권자들을 접촉했을 텐데 많이 지쳐 보이지 않느냐"고 물었다. 해리 기자는 잠깐 뜸을 들이더니 약간 빈정거리는 말투로 이런 관전평을 내놓았다. "이 사람들이 한 일은 수표에 서명하며 돈을 쓰는 게 전부였습니다."

쿠오모가 선거운동 기간 내내 "맘다니 공포감"을 조성하는 데 주력한 것은 그만큼 마음이 급했기 때문이라고 볼 수 있다. 너무나 유명한 이 후보는 뉴욕시가 현재 "무질서"라는 "위기"를 겪고 있고, 이런 상황은 오직 자신처럼 수십 년간 "경험"을 가지고 있는 사람만 "관리"할 수 있다고 역설했다. 그런데 하필이면 경선 기간 중 범죄발생 빈도가 감소했다는 통계가 발표되면서 이 논리는 설득력을 잃었다.

패배를 인정하는 연설에서 쿠오모는 억만장자이자 자신의 든든한 후원자가 되어 주었던 마이클 블룸버그Michael Bloomberg 전 시장에 대한 '감사' 인사를 전했다. 블룸버그에 대한 그의 찬사에는 진심이 묻어났다. 그러나 선거기간 내내 자신을 위해 애쓴 "특별하고 재능 있는" 캠프 직원들에게 보낸 인사는 공허하게 들릴 뿐이었다. 쿠오모의 세 딸, 카라와 머라이어 쌍둥이 그리고 앤드리아가 그의 옆을 지키고 있었는데, 그는 자신의 딸들과 비슷한 나이인 경쟁자에 대해서 "매우 강렬한 인상을 주는" 캠페인을 펼쳤다는 덕담을 마지못해 덧붙였다. 그는 "오늘은 맨도니 의원의 밤"이라며 조란의 성을 여러 번 틀리게 발음했다.

　마지막으로 쿠오모는 승리자인 조란을 위한 박수를 요청했다. 많지 않은 청중이 건성으로 치는 박수 소리가 회견장을 채웠다.

● ● ●

　아이오와주 디모인에서 열린 독립기념일 행사에서 트럼프 대통령은 목소리를 높였다. "맘다니는 골수 공산주의자입니다. 그는 뉴욕을 파괴하려 하고 있습니다. 나는 뉴욕을 사랑합니다. 그가 그런 짓을 하는 것을 절대 용납하지 않을 겁니다." 민주주의 국가 미국의 건국을 축하하는 연설을 하는 트럼프는 뉴욕 퀸스 출신의 재선 대통령이지만, 흡사 전의에 불타는 변덕스러운 군주 같은 인상이었다.

　그로부터 며칠 전, 트럼프는 퀸스 출신 극우성향 정치인이 한 달 전에 맘다니를 향해 퍼부었던 선동적인 공격을 다시 언급하면서 조란의 귀화 시민권을 박탈하겠다고 위협하기도 했다. 실제로 6월 초에 비키 팔라디노Vickie Paladino라는 여성 시의원이 맘다니를 추방해야 한다고 목소리를 높인 적이 있었다. 그때만 해도 지역사회는 별다른 반응을 보이지 않았다. 브래드 랜더와 아드리엔 애덤스Adrienne Adams 등 맘다니의 동료들이 비키 팔라디노를 비난하는 성명을 발표하거나 회견을 하는 정도가 다였고, 대다수의 뉴욕 정계 인사들과 민간 지도자들은 침묵을 지켰다.

　조란이 젊다 못해 어리기까지 하고, 친팔레스타인 성향인 데다, 무슬림이고, 민주사회주의자라는 것. 대다수의 인사들이 침묵한 이유는 이

네 가지 중 하나일 수도 있고, 네 가지 모두일 수도 있다. 그를 향한 적대 감은 여러 가지 요인이 복합적으로 얽혀 만들어진 것이어서 하나씩 떼어서 분석하기도 힘들 정도였다. 쿠오모의 지지자들이 맘다니를 향해 비난을 퍼붓기 시작했고, 이를 〈뉴욕 타임스〉와 〈뉴욕 포스트〉가 부채질을 해댔다. 어느 노련한 중도성향 정치평론가는 "내가 평생을 두고 본 가장 심한 네거티브 캠페인!"이라고 논평했을 정도였다. 양대 신문사는 쿠오모에 대한 지지 의사를 공개적으로 선언한 적은 없었지만 맘다니의 발목을 걸어 넘어뜨리려고 애쓴 것은 분명했다.

그럼에도 조란은 이 진흙탕 싸움에서 살아남았다. 유세 기간의 마지막 3주가 시작될 때만 해도 맘다니 주변에는 좌파계열의 거물급 인사들도 별로 없었고, 외부의 지지세력도 없었다. 흡사 거센 포화에 맞서 홀로 싸우는 모습이었다. 미국에서는 가장 영향력 있는 팔레스타인계 정치인인 라시다 틀라이브Rashida Tlaib 의원이 여러 달 전부터 맘다니를 지지해 왔지만, 그 정도가 전부였다. 알렉산드리아 오카시오 코르테스와 버니 샌더스가 맘다니 지지 대열에 합류한 것은 6월이 다 될 무렵이었다. 그때까지 맘다니는 이름 없는 헌신적인 지지자들과 함께 증오감까지 서린 파상적인 공세를 흔들리지 않고 버텨 냈다.

2025년 뉴욕시장 선거의 민주당 후보 예비선거는 한 문장으로 요약하자면, "쿠오모가 서서히 그리고 힘없이 무너지는 동안, 조란은 맹렬하게 타올랐다"고 말할 수 있다. 그러나 그 원인과 과정은 면밀하게 살펴볼 필요가 있다. 마이클 블룸버그, 그리고 자타가 공인하는 트럼프 지지자인 빌 애크먼Bill Ackman 등과 같은 상위 1%의 슈퍼부자들이 쿠오모를 노골적으로 후원한 것이 오히려 역효과를 불러온 것일 수도 있다. 쿠오모는 무려 2,650만 달러를 모아 준 후원세력을 대변하며 조란에게 이스라엘에 대한 입장을 밝히라고 집요하게 요구했다. 그러나 저명한 정치평론가인 피터 베이나트가 진단한 것처럼, 뉴욕시의 대다수 자유주의 성향 유대인들과 민주당원들은 가자지구에 대한 이스라엘의 공격을 반대하고 있었다.

4년 전 〈뉴욕 포스트〉는 에릭 애덤스의 당선에 결정적인 역할을 했다. 당시 선거에서 딱히 카리스마도 보이지 않던 젊은 신인 정치인 캐스린 가르시아Kathryn Garcia가 근소한 차이로 2위를 차지할 수 있었던 것은 〈뉴욕 타임스〉의 역할이 컸다. 이처럼 막강한 영향력을 지닌 두 신문 가운데 하나인 〈뉴욕 포스트〉가 맘다니를 집요하게 깎아내렸다. 〈뉴욕 타임스〉도 블룸버그와 호흡을 맞춰 맘다니를 노골적으로 폄하하는 기사를 계속해서 내보냈다.

그렇다면 맘다니는 누구의 도움을 얻어 승리했을까? 그 선두에는 DSA가 있었다. 맘다니의 길지 않은 정치경력은 모두 이 단체의 일원으로 활동하며 만들어진 것이었다. 2023년 10월 7일, 하마스가 이스라엘을 공격했다. 미국 사회의 주류인 우파세력은 이를 빌미로 팔레스타인의 입장을 지지하는 이 좌파 단체를 아예 궤멸시키려고 했었다. 그런데 그로부터 2년도 채 지나지 않아 바로 이 단체의 구성원 가운데 한 사람이 미국 민주당의 거물급 인사를 꺾어 버린 것이다. 사회주의자들에 대한 비난과 그들의 영향력에 대한 평가절하는 조란의 성공으로 완전히 빛을 바래고 말았다.

또한 '평화를 위한 유대인의 목소리JVP: Jewish Voice for Peace', 남아시아 이민자 단체인 '데시스 라이징Desis Rising', '반아시아 폭력 반대위원회CAAAV: Committee Against Anti-Asian Violence', '변화를 위한 뉴욕 커뮤니티NYCC: NY Communities for Change' 등도 맘다니 편에 섰다. 브루클린 태생의 파키스탄계 무슬림 아사드 단디아Asad Dandia와 퀸스 지역을 기반으로 활동하는 펠리시아 싱Felicia Singh 같은 수많은 남아시아계 리더들도 자신이 이끄는 공동체의 투표 참여를 이끌어 내는 데 큰 역할을 했다. 10대 후반의 생애 첫 투표를 하는 사람들로부터 알렉산드리아 오카시오 코르테스(1989년생), 니디아 벨라스케스 의원(1953년생), 그리고 버몬트 출신으로 미국 사회주의의 상징으로 여겨지는 인물(1941년생)*에 이르기까지, 전 세대를 아우르는 많은 사람들이 맘다니를 지지했다.

래퍼로도 활동한 바 있는 조란은 카리스마가 넘쳤다. 아주 세련된 유세 방식과 가끔은 유머러스한 SNS 메시지를 통해 그는 짧은 시간 안에 스타로 발돋움했다. 〈뉴욕 타임스〉와 〈뉴욕 포스트〉, 〈폴리티코Politico〉 등 주류 언론은 그의 이미지를 떨어뜨리기 위해 갖은 노력을 기울였지만, 조란과 그의 유세팀은 스스로 자신들만의 이야기를 써 나갔다. 이 과정에서 하산 파이커Hasan Piker**와 샬러메인 더 갓Charlamagne Tha God*** 등 뉴욕시 정치권에는 잘 알려지지 않았지만 다양한 미디어 플랫폼에서 이미 슈퍼스타 반열에 올라 있던 사람들이 큰 역할을 했다.

---

*   버니 샌더스를 가리킨다.

**   생방송 플랫폼인 트위치(Twitch)에서 정치분야 1위를 차지하고 있는 정치 스트리머

*** 〈더 브렉퍼스트 클럽(The Breakfast Club)〉이라는 힙합 프로그램의 메인 진행자이고 본명은 레너드 맥켈비이다.

예비선거 기간은 물론이고 그 후에도 조란이 스스로 강조했듯이, 그의 승리는 '낡은 정치'라는 책의 마지막 페이지를 덮는 사건이 될 것이다. 이러한 역사적인 분수령을 설명하는 것은 역사가들의 임무다. 앞으로 살펴보겠지만, 맘다니가 성공할 수 있었던 중요한 이유는 그가 새로운 세대의 리더임을 자임하고 나섰기 때문이다. 그는 원칙적이고 타협하지 않으며 혁신적인 공공정책을 요구하는 동시에 자신들만의 서사를 직접 만들고 싶어 하는 새로운 세대를 대변해 주었다.

이제 막 무대에 오른 이 젊은 정치인은 버니 샌더스가 영웅으로 추앙해 마지않았던 유진 뎁스*의 재림으로 기록될지도 모른다.

---

* 　　유진 뎁스(Eugene Debs, 1855~1926)는 미국 역사상 가장 상징적인 노동운동가로 평가받는 인물이며 사회주의를 추구했던 정치인이기도 하다. 미국사회당을 창립하고 대통령 선거에 다섯 차례 도전했다.

2

사회주의자의
재등장

2024년 7월 중순 무렵은 조 바이든 대통령의 재선 출마 여부에 관심이 집중되던 시기였다. 뉴욕시 정가에서는 에릭 애덤스 시장이 부패 문제로 연방법원에 기소될지 여부가 바이든의 출마 못지않은 관심사였다. 기소 여부와 상관없이 낮은 지지율로 인해 애덤스 시장의 재선은 매우 불투명해 보였고, 예비선거 단계부터 많은 도전자를 상대하게 될 가능성이 컸다.

그러던 어느 토요일, DSA 뉴욕지부의 간부들이 한 자리에 모였다. 언론인 피터 스턴Peter Sterne에 따르면, 이들은 이미 조직 내부에서는 공공연한 비밀로 통했던 한 사안에 관해서 논의했다고 한다. 바로 에릭 애덤스 시장에게 도전장을 내민, 그들 조직 출신의 선출직 의원 한 사람을 지지하는 문제에 관해서였다. 정계 인사들 사이에서 열독률이 높다고 알려진 〈시티 앤드 스테이트City & State〉가 이 소식을 헤드라인 기사로 보도했다. "DSA 출신 주 하원의원 조란 맘다니, 시장 출마 검토 중"이라는 건조하면서도 단호한 제목의 기사였다.

그로부터 좀 더 시간이 흘러 2024년 연말 즈음에 그는 소셜미디어 스타로 떠오를 정도로 인기와 지명도를 높이고 있었다. 겨울을 지나 2025년 봄이 되었을 무렵에는 수많은 후보들 가운데서 2위 자리를 안정적으로 지키고 있었다. 그런데 선두 후보는 에릭 애덤스 시장이 아니었다. 애덤스는 트럼프 정부와의 모종의 협상 과정을 거쳐 자신에 대한 부패 수사를 종결시키는 데 성공한 후, 6월의 민주당 예비선거를 건너뛰고 무소속 후보로 본선에 직행하겠다고 선언했다. 그는 당 내 레이스에는 이름을 올리지 않았다.

조란 맘다니가 상대해야 하는 1위 후보는 뉴욕의 민주당 정계에서는 명문 가문에 속하는 인물로, 3선 뉴욕주지사 출신인 앤드루 쿠오모였다. 그는 2021년 8월에 성추행 스캔들로 주지사직을 사퇴했음에도 불구하고 여전히 뉴욕시 고령층 유권자 사이에서는 높은 인기를 누리고 있었다. 그런데 쿠오모의 핵심 지지자들은 뉴욕시의 현안 문제들보다도 가자지구 분쟁 문제를 더 중요한 이슈로 생각하는 것 같았다. 쿠오모는 대량학살 논란에도 불구하고 "이스라엘을 향한 100% 지지" 의사를 밝혔다. 반면 맘다니는 '팔레스타인 지지'라는 초강수를 두면서 이 문제를 놓고 양측 진영 사이에 선명한 대립각이 형성되었다.

2025년 봄 내내 맘다니의 기세는 꺾일 줄 몰랐다. 문제적 인물 맘다니는 팔레스타인 지지 의사를 굽힐 생각이 전혀 없었고, 스스로를 민주사회주의자라고 밝히는 데도 주저함이 없었다. 첫 번째 TV토론에서 맘다니가 강력한 인상을 남기면서 선전한 것을 지켜본, 같은 DSA 출신의 알렉산드리아 오카시오 코르테스 의원은 토론 직후 맘다니 지지를 선언했다. 이를 계기로 맘다니는 전국적으로 주목받는 인물로 자신의 위상을 한 단계 높였다. 두 번째 TV토론에서 압도적인 독설로 쿠오모를 제압하자, 미국 민주사회주의의 원로인 브루클린 출신 버니 샌더스가 전폭적인 지지를 천명하며 맘다니 진영에 가세했다.

결국 조란 맘다니는 2025년 6월 24일의 예비선거에서 쿠오모를 가뿐히 이기고 승리했다. 미국 독립 249주년 기념일을 목전에 둔 이날, 미국의 젊은 유권자들은 사회주의를 더 이상 '반미적' 이념이라고 보지 않는다고 선언한 것이다.

●　●　●

20세기 전반기에는 사회주의가 뉴욕은 물론이고 미국 정치권 전체에서 나름 상당한 영향력을 발휘했다. 유진 뎁스Eugene Debs는 1900년부터 시작해서 다섯 번이나 대통령 선거에 출마했고, 그 가운데 네 번은 사회당 후보로 나섰다. 1904년과 1908년 대선에서 그의 러닝메이트로 함께 뛴 사람은 뉴욕시 노동운동 지도자로 유명했던 벤 한포드Ben Hanford였다.

1914년에는 뎁스의 후계자라고 불리는 메이어 런던Meyer London이 사회당 역사상 두 번째로 연방 하원의원에 당선되었다. 그는 로어 이스트 사이드 선거구에서 미국 민주당 내의 강력한 정치조직인 태머니홀Tammany Hall 출신 후보를 이기고 당선되었다. 런던은 우드로 윌슨 대통령의 1차 대전 참전에 노골적으로 반대하는 등의 활동을 벌이며 연방 하원의원을 두 차례 연임했으나 1918년에 민주당 내 구태 정치 조직인 태머니 홀 출신 후보에게 패했다. 2년 후인 1920년, 메이어 런던은 다시 의석을 탈환하여 두 차례 연임했다. 유대인 출신 사회주의자였던 그는 팔레스타인 강제 병합에 반대했다가 시온주의 계열 유대인들의 분노를 사기도 했다.

1920년은 주의회 의원 선거에서 사회당이 다섯 명의 당선자를 배출한 해이기도 하다. 한 역사학자가 분석한 바에 따르면, 이들은 모두 러시아계 유대인이 밀집한 선거구 출신이었다고 한다. 이때 민주당의 주의회 원내대표는 이들 다섯 명의 사회당 의원들과 연합전선을 구성하려고 했고, 다수당인 공화당의 원내대표 새디어스 스위트Thaddeus Sweet는 연합전선 형성에 강력하게 저항하고 나섰다.

시러큐스의 사업가 출신이고 극우성향의 정치인이었던 스위트는 이들 다섯 명이 1차 세계대전 참전을 반대했던 과거 행적을 문제 삼는 한편, 볼셰비키와의 관련 의혹을 제기하며 의원직 승인 자체를 거부해야 한다고 주장했다. 이러한 용공조작으로 좌파세력의 의회 입성을 저지하는 데 큰 역할을 한 그는 몇 년 후에 연방 하원의원으로 당선되었다. 새디어스 스위트는 1928년에 사망했는데, 그는 임기 중 비행기 사고로 사망한 첫 번째 정치인이라는 이색적인 기록도 남겼다.

뉴욕시를 기반으로 활동하던 사회당 지도자인 노먼 토머스Norman Thomas는 같은 해인 1928년부터 여섯 차례 연속 대통령 선거에 출마했다. 진주만 공습 전까지는 일관되게 평화주의를 추구했던 그는 루스벨트 대통령과 자주 충돌했었다. 그런데 1936년, 루스벨트는 자신에게 우호적인 인사였던 피오렐로 라과디아Fiorello La Guardia 뉴욕시장을 배후에서 조종하여 노조 지도자들과 협력해 미국노동당ALP: American Labor Party을 창당하도록 했다. 토머스에게 갈 표를 자신에게로 돌아오도록 하려는 계산이었다. 이즈음 국제여성의류노동조합ILGWU: International Ladies Garment Workers Union의 리더였던 데이비드 두빈스키David Dubinsky는 이 단체에 속한 40만 조합원이 모두 사회주의자이며, 그 가운데 절반쯤은 뉴욕에 거주한다고 밝히기도 했다.

라과디아 시장은 공화당원이기는 했지만 상당히 진보적인 사람이었고, 심지어 한때는 사회당의 공천으로 연방 하원의원 선거에 출마하여 승리한 적도 있었다. 그는 비토 마르칸토니오Vito Marcantonio 등 좌파 지도자들과 정치적 동맹을 맺었다가 빨갱이라는 비난도 받았었다. 1940년대에는 브루클린 다운타운 출신의 피트 카치오네Pete Cacchione와 할렘 출신의 벤 데이비스Ben Davis가 시의회 의원으로 당선되었는데 이들은 공산당 소속이었다. 1949년, 데이비스는 자신의 동료 11명과 함께 연방정부 전복을 모의한 혐의로 스미스법*에 따라 유죄 판결을 받기도 했다. 그러나 냉전시대가 도래하며 급진주의에 대한 탄압의 시대가 열리면서 사회주의는 뉴욕을 포함한 미국 주류 정치무대에서 사라졌다.

●　●　●

사회주의가 미국 정치 지도 안에서 더 이상 존재하지 않게 되었지만,

---

* 　1940년 하워드 스미스 하원의원의 주도로 제정된 반공치안법이다.

사회주의 그 자체가 소멸된 것은 아니었다. 2차 세계대전 후 수십 년 동안 사회민주주의는 뉴욕시에 적지 않은 영향을 미쳤다. 라과디아 재직 시절, 뉴욕시민이 뉴욕시립대학교에 등록할 경우 등록금을 면제해주는 정책이 시행되었고, 저비용 공공의료체계도 구축되었다. 이러한 사회보장체계는 1970년대 초까지 유지되었다. 비슷한 시기 뉴욕의 민주당은 뉴딜 노선을 추종하며 공공부문 노조들과 긴밀한 협조 관계를 유지했다.

1975년, 뉴욕시는 파산 위기에 몰렸다. 그때의 상황은 역사학자 킴 필립스 페인Kim Phillips-Fein의 저서 《공포의 도시Fear City》에 생생하게 설명되어 있다. 그러자 월스트리트의 지방 채권 거래인들이 민주당 출신 휴 케리Hugh Carey 주지사에게 이를 수습할 방안을 제출하고, 이 방안을 실행에 옮길 것을 요구했다. 뉴욕시의 사회적 지출을 대폭 축소시키고 공공부문 노조의 권한을 억제하는 신자유주의 정책이었다.

〈뉴욕 포스트〉는 원래 자유주의 성향이 강한 매체였다. 그러나 1976년, 언론계의 거물 루퍼트 머독Rupert Murdoch에게 인수된 후 우파의 전초기지로 바뀌었다. 1977년, "범죄에 대한 강경 대응"을 공약한 민주당의 에드 코치Ed Koch가 시장에 당선된 것도 머독의 지원이 큰 역할을 했다. 코치는 세 차례에 걸쳐 시장직을 연임하면서 미드타운의 부동산 개발업자들의 요구에 부응하는 정책을 펼쳤다. 이때 큰 이익을 얻은 사람들 가운데는 도널드 트럼프도 있었다. 훗날 대통령이 되는 트럼프는 마리오 쿠오모Mario Cuomo 주지사의 거액 기부자 명단에도 이름이 올라가 있었다. 쿠오모는 1982년에 처음 주지사로 당선되어 12년간 장기 집권했다.

민주당의 데이비드 딩킨스David Dinkins, 1990~1993 재임와 공화당의 루디 줄리아니Rudy Giuliani, 1994~2001 재임, 그리고 CEO 출신이기도 한 마이클 블룸버그Michael Bloomberg, 2002~2013 재임 등 에드 코치의 후임 시장들 가운데 FIREFinance, Insurance and Real Estate, 즉 금융·보험·부동산 업계의 사회에 대한 과도한 영향력을 바로잡아 보려는 노력을 한 사람은 아무도 없었다. 마이클 블룸버그는 오히려 FIRE 업계에서 성공하여 억만장자가 되고 정계로 진출하기까지 한 사람이었다. 소규모의 좌파진영 정치세력이 있기는 했지만, 21세기 첫 10년이 지나가기까지 사회주의는 관심 밖이었다.

2011년 9월, '월가를 점령하라Occupy Wall Street'라고 불리는 대규모 시위 사태가 벌어졌고, 뉴욕 금융가의 한복판에 설치된 농성 텐트촌이 몇 주 동안이나 계속해서 자리를 지켰다. 이 운동은 국가가 나서서 부를 재분배할 것을 요구하는 사회주의 운동이라기보다는 상호부조와 연대를 강조하는 아나키즘 운동의 양상을 보여 주었다. 이제 시간이 흘러 '월가를 점령하라' 운동은 끝났지만, "우리가 99%다We are the 99%"라는 당시 구호는 이후 벌어진 다양한 사회 활동에 상당한 영향을 끼쳤다.

당시 뉴욕시 공익옹호관Public Advocate이었던 빌 디블라지오가 '월가를 점령하라' 농성 현장을 방문했다. 이후 2013년의 시장선거에서 그는 부유층으로부터 거둔 세금으로 유아 보편교육 비용을 충당하여, 결과적으로 아이를 둔 부모들의 교육비를 절감하게 해주겠다는 진보적인 공약을 내걸고 민주당 레이스에 출격했다. 지역 언론들은 이러한 디블라지오를 '월가를 점령하라' 운동 세력을 대변하는 후보인 것처럼 보도했으나, 정작 이 운동의 주요 지도자들 사이에서는 이 보도에 동의하지 않는 사람들도 많았다.

디블라지오는 찰스 디킨스의 소설 제목을 인용하여 "두 도시 이야기"라고 불리는 캠페인을 전개하면서 블룸버그 시장 재임기간 동안 이루어진 성장의 불평등을 강조했다. 본선에서 맞붙게 된 공화당의 조 로타Joe Lhota 후보는 누가 봐도 상위 1%에 속한 사람들의 지지를 받는 후보였다. 로타는 "디블라지오가 펼치는 계급 간의 이간 전략은 마르크스주의의 지침을 그대로 따른 것"이라고 공격했다. 디블라지오는 이런 공격에 대하여 "지금은 2013년이오."라고 재치 있게 받아넘기며, 로타가 철 지난 이념논쟁을 벌이고 있다고 주장했다.

결국 디블라지오는 로타를 압도적인 격차를 보이며 이겼고, 사람들은 이를 블룸버그의 '럭셔리 시티luxury city' 모델에 대한 진보진영의 반격이라고 평가했다. 새로 당선된 시장을 피델 카스트로Fidel Castro쯤 되는 공산주의자로 보는 사람은 거의 없었다. 실제로 디블라지오는 취임 후 뉴욕시 역사상 가장 큰 규모의 사회프로그램인 보편적 유아교육 정책을 성공적으로 시행했다. 디블라지오는 백만장자들에 대한 증세를 통해 보편적 유아교육의 재원을 마련할 계획이었으나, 디블라지오의 라이벌이며 상위 1% 부유층의 동맹이었던 앤드루 쿠오모가 기존 주정부 세입을 활용해 이 재원을 조달하자며 디블라지오의 부자증세를 무력화시키려 했다.

2010년대 중반에는 저유가에 힘입은 경제호황 덕분에 디블라지오 시장은 뉴욕시의 100가구에 달하는 임대료 인상 규제 주택*에 대하

---

* 뉴욕시 특유의 주택정책으로 집주인이 임대료를 마음대로 올리지 못하도록 임대료 인상이 법적으로 제한된 주택이 있다.

여 3년 연속 임대료 동결 조치와 같은 진보적인 정책을 밀어붙일 수 있었다. 디블라지오는 이처럼 공립학교 학부모와 수많은 세입자들에게 혜택을 주는 정책을 실시했으며, 이 외에도 시 정부 인력을 확충하고, 공공부문 노동조합과도 그들에게 유리한 내용의 여러 협약들을 체결했다.

뉴딜정책을 연상케 하는 이런 대중적인 정책을 추진한 결과, 그는 어렵지 않게 재선에 성공했다. 개인적으로는 좀 까칠한 성격이라는 인물평에도 불구하고 그는 정책을 통해 확고하고 진보적인 업적을 남겼다.

●　●　●

디블라지오의 첫 번째 임기가 중반에 이르렀을 무렵, 버니 샌더스는 사회주의를 다시 한번 전국적인 논쟁의 장으로 끌어들였다. 샌더스는 스스로 민주사회주의자를 자처했지만, 그의 정책은 대부분 뉴딜정책과 비슷했다. 샌더스는 자신의 지지자들에게, 프랭클린 루스벨트가 "수백만 명을 다시 일터로 보내 그들을 지독한 가난의 굴레에서 끌어냈고, 정부의 신뢰를 회복시킨 여러 가지 정책을 시행"한 사실을 강조했다. 샌더스는 또 루스벨트의 비판세력은 그가 추진한 모든 정책을 "사회주의 정책"이라고 조롱했었다고 지적했다.

버니 샌더스의 도발적인 캠페인이 탄력을 받기 시작했던 2016년 초, 그는 미드타운 맨해튼에서 '월스트리트의 탐욕'을 직격하는 연설을 했다. 이 연설에서 그는 뉴딜시대에 제정되었다가 척 슈머Chuck Schumer 같은 월스트리트에 우호적인 민주당 의원들이 주도하고 클린턴 행정부의 지지를 받아 폐기되었던 금융 규제법, 즉 글래스-스티걸법을 다시 도입하겠다고 약속했다.

2016년 4월, 뉴욕 예비선거를 앞두고 이 70대 사회주의자를 보기 위해 엄청난 수의 젊은이들이 몰려들었다. 워싱턴 스퀘어에 모여든 2만 7천 명 이상의 군중이 월스트리트를 비난하는 샌더스의 목소리에 귀를 기울였다. 브루클린의 프로스펙트 파크에서 열린 유세에서도 그 못지 않은 인파가 몰려들었다.

당시 샌더스의 경쟁자였던 힐러리 클린턴 진영에는 새롭게 떠오르는 신예 정치인이 하나 있었다. 하킴 제프리스Hakeem Jeffries 하원의원이었는데, 그는 샌더스를 "총을 사랑하고, 외교정책 경험은 전무한 사회주의자일 뿐"이라고 평가절하했다. 뉴욕의 주류 민주당 세력은 샌더스의 거센 돌풍을 저지해 내는 데 성공했고, 힐러리는 뉴욕주 예비선거에서 어렵지 않게 승리했다.

샌더스는 비록 패하기는 했지만, 뉴욕시의 다음 세대 리더들에게 새로운 영감을 불어넣었다. 조란은 시장선거 출마선언 전날 〈자코뱅Jacobin〉*의 리자 피더스톤Liza Featherstone과의 인터뷰에서, "2016년의 버니 샌더스 선거운동을 겪고 난 후, 나는 스스로를 사회주의자라고 부르기 시작했습니다."라고 말했다.

2018년 봄, 알렉산드리아 오카시오 코르테스가 퀸스 출신의 다선 의원 조 크롤리Joe Crowley에 맞서 하원의원 경선 도전장을 내밀었을 때, 그를 주목하는 정치 전문가는 별로 없었다. DSA 출신인 코르테스는

---

*   미국의 대표적인 좌파 사회주의 성향의 잡지

2016년 버니 샌더스 캠프에서 활동한 적이 있었고, 크롤리는 당시에 하원의원 10선의 관록을 자랑하는 거물이었다. 그는 유명 정치가문 출신이며, 퀸스의 민주당 위원회를 이끌고 있는 사람이기도 했다.

지역 언론들도 그랬지만, 당 내 주요인사들 가운데도 코르테스를 주목하는 이들은 거의 없었다. 그러나 코르테스는 그해 6월에 대역전극을 이끌어 내며 세상을 놀라게 했다. 양측 진영 모두 DSA가 외연확장에 성공한 것이 승리 요인이라고 평가했다. 즉, DSA 조직원들이 퀸스 지역의 아스토리아나 잭슨 하이츠 그리고 남부 브롱크스의 일부 지역 등 선거구에서 유권자들을 직접 저인망식으로 접촉하는 선거전략이 주효했다는 것이다. 당시 코르테스의 홍보 책임자였던 코빈 트렌트Corbin Trent는 "우리는 모든 유권자들의 집을 일일이 찾아가고, 우편물을 보내고, 또 찾아가고, 전화를 걸었다."라고 말한 바 있다.

당시 코르테스는 버니 샌더스와 마찬가지로 전국민 의료보험, 대학 등록금 무상화, 선거자금 개혁 등을 주장하고 있었다. 코르테스는 DSA와 손잡고 그린 뉴딜Green New Deal 정책을 공약했다. 이처럼 지금의 DSA 진영은 루스벨트의 유산을 상당 부분 계승하고 있다. 코르테스는 소셜미디어를 다루는 능력도 탁월했기 때문에 순식간에 전국적인 인물로 떠올랐다. 그러나 신자유주의 성향이 강한 민주당 지도부는 이 떠오르는 신예의 당선을 지원하면서도 그녀가 내세운 어떤 정책도 받아들이려 하지 않았다.

코르테스의 승리에 고무된 뉴욕의 DSA 조직은 2018년 가을에 열릴 뉴욕주 전역의 선거에 집중했다. 그 결과 몇 군데서 승리를 거둘 수 있었는데, 그 가운데 첫 번째 승리는 2020년대 중반에 직면하게 될 중대한 갈등으로 이어지게 된다.

코르테스 말고도 DSA 출신의 줄리아 살라자르Julia Salazar도 거물 현역의원을 맹렬한 기세로 추격하고 있었다. 당시 주 상원의원이었던 마틴 딜런Martin Dilan은 브루클린 부쉬윅 지역에서 16년째 당선되고 있었고, 이 지역은 젠트리피케이션이 빠르게 진행되고 있는 곳이었다. 그러나 지역 언론들은 살라자르가 내세운 임대료 인상 전면규제*와 성노동자 권리 옹호 등의 공약 대신, 이스라엘 문제에 대한 그녀의 입장을 크게 부각시키는 보도를 했다.

앤드루 쿠오모 당시 주지사와는 정반대로 이스라엘에 대한 보이콧과 투자철회 압박을 가하자는 BDSBoycott, Divestment, Sanctions 운동을 지지하고 팔레스타인 인권을 옹호했던 그녀는 많은 공격을 받았다. 심지어 그녀의 유대인 정체성에 대한 의문마저 제기되었다. 그럼에도 불구하고 살라자르는 팔레스타인 인권옹호 단체인 '인종 및 경제 정의를 위한 유대인 모임JFREJ: Jews for Racial and Economic Justice'의 지지 속에서 주류사회에서 보기에는 반란에 가까운 유세를 계속해 나갔다.

DSA 조직원들이 현장을 샅샅이 훑으며 선거운동을 펼쳤고, 그들의 후보는 59% 대 41%로 여유 있게 승리할 수 있었지만, 그녀에 대한 친이스라엘 강경파들의 분노도 극도로 커졌다. 〈뉴욕 타임스〉에는 한 오피니언 칼럼 기사가 실렸는데, 제목에서 살라자르를 "진실을 외면하는 좌파 정치인"이라고 규정했다. 그 칼럼을 쓴 사람은 강경 시온주의자로

---

* 이미 특정 연도 이전에 지어진 건물 혹은 일정 세대수 이상의 아파트 등에 대해서 물가상승률과 연동하여 임대료 상승을 제한하는 제도가 있었으나, 살라자르는 그 적용범위를 신축 건물이나 소규모 주택 등 모든 임대차 계약에 확대 적용할 것을 주장했다.

알려진 바리 와이스Bari Weiss였다.

맘다니가 2025년 예비선거에서 승리한 직후, DSA 뉴욕지부 공동의 장 그레이스 모서Grace Mausser는 2019년 선거의 실패가 장기적으로는 좋은 약이 되었다고 말한 바 있다. 2019년 퀸스 지역의 지방검사를 뽑는 민주당 경선에서 30대 초반의 티파니 카반Tiffany Cabán은 이른바 탈수감 정책*이라고 불리는 급진적인 공약을 내걸고 출마했다. 그는 당 주류 조직의 지지를 받았던 54세의 중도파 멀린다 카츠Melinda Katz와 맞붙어 승리 직전까지 갔다가 아깝게 패했다.

티파니 카반의 캠프에는 훗날 뉴욕 사회주의 진영의 차세대 지도자로 떠오른 인물들이 많았다. 조란도 그 가운데 한 사람이었다. 이 선거는 형사사법제도를 대대적으로 개혁하자는 운동이 정점에 달했던 시기에 치러졌기 때문에 전국적인 관심을 끌었다. 선거에서 카반은 불과 60표 차이로 패했다. 그로부터 6년이 지나 그레이스 모서는 당시를 떠올리며, 비록 이기지 못했지만 자신들이 중요한 선거에서 승리를 거둘 수 있는 충분한 잠재력을 가지고 있음을 그때 비로소 깨달았다고 고백했다. DSA의 타샤 반 오컨Tascha Van Auken은 '조란을 뉴욕시청으로Zohran for NYC'라고 명명된 조란 캠프의 현장책임자로 활약했다. 조직원들의 헌신 덕분에 현장은 역동적으로 운영될 수 있었다.

---

* 단순히 감옥 시설을 개선하는 수준을 넘어, 형사사법 시스템에서 '투옥(인신 구속)' 자체를 획기적으로 줄이거나 궁극적으로 없애려는 정책 및 운동을 말한다.

2019년 봄, 버니 샌더스는 두 번째 대권 도전 의사를 밝히며 브루클린 대학에서 출정식을 가졌다. 1950년대에 그가 시카고 대학교에 편입하기 전에 다니던 학교였다. 이 자리에서 그는 2016년 대통령 예비선거 당시의 핵심 정책을 다시 강조하며 "경제 정의와 사회 정의, 인종 정의, 그리고 환경 정의"를 위해 싸우겠다고 약속했다. 그는 자신이 브루클린 대학 근처에서 성장기를 보내던 시절, 뉴욕시의 임대료 규제 제도 덕분에 삶의 안정감을 잃지 않을 수 있었다고 말하며 당시의 정책에 찬사를 보냈다.

　　사실 따지고 보면 샌더스는 뉴딜정책의 추종자일 뿐이지만, 그 자신이 스스로를 사회주의자라고 자처하고 나선 것이 선거에는 마이너스 요소로 작용했다. 그가 초반에 선두로 나서자 경쟁자 조 바이든은 TV 토론에서, 만일 그가 민주당 후보로 지명된다면 '민주사회주의자'라는 꼬리표 때문에 본선 승리를 장담할 수 없을 것이라고 경고했다. 그러자 당시 진행을 맡은 오랜 클린턴 지지자 조지 스테파노폴로스George Stephanopoulos는 다른 후보들에게 "민주사회주의자가 당의 간판으로 대선에 나가는 것이 걱정되는지" 질문했다.

　　토론 직후 MSNBC의 진행자 크리스 매슈스Chris Matthews는 버니 샌더스를 피델 카스트로에 비유하면서, "샌더스가 승리하면 센트럴 파크에서 죄수를 공개처형하는 일도 벌어질 것"이라는 말도 안 되는 공포를 조성하기도 했다. 슈퍼 화요일 직전, 〈60분60 Minutes〉의 진행자 앤더슨 쿠퍼Anderson Cooper는 과거 버니 샌더스가 카스트로를 찬양했던 점을 들춰내며 새삼스럽게 문제 삼고 나섰다. 이즈음에 마이클 블룸버그가 경선 참여를 선언하고 샌더스를 침몰시키기 위해 막대한 자금을 동원하기 시작했다. 그는 모두 10억 달러에 이르는 거액을 쏟아부었다. 결국 민주당 지도부와 상업 미디어 그룹들의 조직적인 공조로 샌더스는 다시 한번 좌절하고 말았다.

그럼에도 불구하고 이듬해인 2020년은 뉴욕의 민주사회주의운동 진영 후보들이 눈부신 성과를 거둔 해였다. 브루클린 중부에서는 자바리 브리스포트가 주 상원의원에 당선되었다. 주 하원의원 선거에서는 파라 수프랜트 포레스트Phara Souffrant Forrest가 하킴 제프리스의 측근이었던 현역의원을 이기고 당선되었다. 또 다른 민주사회주의자인 마르셀라 미타인스가 브루클린의 선셋 파크에서 쿠오모 주지사 계열의 인사로 분류되는 베테랑 주 하원의원을 꺾고 승리했다.

퀸스 북부에서는 맘다니와 제시카 곤잘레스 로하스Jessica González Rojas가 승리하여 신진 사회주의 세력 출신의 주 하원의원을 네 명이나 당선시켰다. 브롱크스 북부와 웨스트체스터 카운티를 포함하는 연방 하원 선거구에서는 DSA의 지지를 받는 자말 보먼이 민주당 내의 대표적인 친이스라엘 강경파인 16선 현역의원 엘리엇 엥겔Eliot Engel을 무너뜨렸다. 2020년 당선자들은 모두 2년 뒤 재선에 성공했다.

2021년 뉴욕 시의회 선거에서는 티파니 카반이 퀸스 아스토리아 지역에서 승리했다. 역시 DSA 소속인 알렉사 아빌레스Alexa Avilés가 브루클린의 선셋 파크와 레드 훅에서 승리했다. 1973년생으로, 함께 승리한 동료 민주사회주의 계열 정치인들보다 스무 살쯤 나이가 많은 아빌레스는 4년 후에는 맘다니와 자주 합동유세를 벌였다. 결국 비비Bibi* 지지자들의 자금지원을 받은 당 내 도전자들에게 승리하고 의석을 사수하는 데 성공했다.

그러나 2023년 10월 7일, 팔레스타인 무장정파인 하마스의 이스라엘 기습 사건으로 팔레스타인의 권리를 지지해 온 자말 보먼이 공격의 표적이 되었다. 미국-이스라엘 공공문제위원회AIPAC: American Israel Public Affairs Committee** 계열의 민주당 내 조직인 '이스라엘을 지지하는 민주당 다수모임DMFI: Democratic Majority for Israel'은 선거구 재획정을 통해 교외지역 유권자의 비중을 늘리는 방법으로 보먼을 공격했다. 결국 2024년의 민주당 경선에서는 기성 정치인인 조지 래티머George Latimer가 친이스라엘 성향 유권자들의 표를 얻어 보먼을 꺾고 승리했다. 보먼은 비록 의원직을 잃었지만, 조란 맘다니의 예비선거 마지막 한 달 동안 활발히 뛰며 브롱크스 지역 득표에 큰 도움을 주었다.

2025년에 이르러서는 뉴욕주 전역의 DSA 출신 선출직 공직자 수가 상원의원 3명과 하원의원 7명으로 늘어나 있었다. 이즈음 해서 알렉산드리아 오카시오 코르테스는 DSA와 다소 멀어진 상태였지만, DSA의 뉴욕시 지부는 여전히 그녀를 지지하고 있었다. 코르테스가 DSA와 멀어진 것은 민주사회주의에 대한 노선의 차이 때문은 아니었고, 이스라엘에 관한 그녀의 발언 때문이었다.

---

* 이스라엘 총리인 베냐민 네타냐후의 애칭
** 이스라엘과 유대인을 대변하는 강력한 로비 단체

대다수의 민주당 주류세력이 그렇듯이 앤드루 쿠오모는 사회주의를 경멸적인 시각으로 바라보고 있었다. 6월 말로 예정된 예비선거를 앞두고 레이스에 열기를 더해 갈 무렵인 2025년 5월 중순, 쿠오모 전 주지사는 〈타임스 오브 이스라엘Times of Israel〉과의 인터뷰에서 DSA에 대한 자신의 생각을 단적으로 드러냈다. "나는 그들을 민주당원이라고 생각하지 않습니다. 그들은 그저 사회주의자들일 뿐입니다."

예비선거 날짜가 다가오면서 맘다니 돌풍에 당황한 〈뉴욕 타임스〉는 맘다니를 깎아내리려는 의도가 명백해 보이는 두 편의 사설을 실었다. 〈뉴욕 타임스〉의 편집위원회가 뉴욕시에서 영향력 있는 인사 15명으로 구성된 '전문가 패널'에게 의뢰해 시장 후보에 대한 평가 작업을 거친 결과, 쿠오모는 "과거의 부정적인 행적" 때문에, 맘다니는 "민주사회주의자라는 이미지" 때문에 15명의 패널들 중 각각 두 명만이 그들을 1순위 후보로 지지했다는 것이다.

특이한 것은 쿠오모에게 한 표를 던졌던 두 명 가운데 한 명이 맘다니에 대해서도 깊은 인상을 받았다고 밝힌 것이다. 뉴욕대학교 공공정책학과의 노장 교수인 미첼 모스Mitchell Moss는 이 DSA 출신 후보가 "단지 가난한 사람들을 향해서만 목소리를 내는 것은 아닌 것 같았다. 그의 목소리는 모든 젊은이들을 향하고 있었다. 그럼에도 불구하고 가난한 사람들은 그가 자신들을 대변한다고 느끼고 있다. 아쉬운 것은 맘다니가 뉴욕판 버니 샌더스라는 한계를 벗어나지 못하는 것이다."라고 평했다.

전문가 패널의 평가를 발표하고 나흘 후, 〈뉴욕 타임스〉는 유권자들에게 "행정의 최고 책임자는 수많은 사안에 대해서 절충할 줄 알아야 하는데, 그는 너무 독선적인 민주사회주의자"라며 그를 고려 대상에서 지우라고 촉구했다.

극우성향의 일간지인 〈뉴욕 포스트〉는 맘다니가 기세를 올리기 시작한 초봄부터 그의 무상교통 공약은 "소비에트연방 정치국에서나 나올 만한 것"이라고 비난했다. 그러나 이러한 공세는 타블로이드 신문 〈뉴욕 포스트〉의 나이 지긋한 독자들에게나 통할 법한 20세기식 비유였다. 사실 그들 중 상당수는 맨해튼을 오가는 무료 '스태튼 아일랜드 페리'를 이용하는 사람들이었다.

예비선거를 이틀 앞둔 6월 22일 일요일, 쿠오모는 마지막 유세에서 노골적인 '공산주의자 색출'처럼 보이는 연설을 했다. 브루클린의 대형 흑인교회인 기독교문화센터Christian Cultural Center에서 열린 유세에서, 전직 주지사이기도 한 쿠오모는 대체로 장년에 해당하는 청중 앞에서 민주사회운동을 지칭하며 "극좌세력이 민주당을 장악하려 하고 있습니다."라고 주장하면서, 지금 민주당은 "중대한 전환점"에 서 있다고 경고했다. 결과적으로 그의 말은 틀리지 않았다.

불안하게 선두를 지키고 있던 쿠오모는 그날 오전 미드타운 맨해튼에서 열린 가톨릭위원회Catholic Council 산하 전기노동자 노조 행사에서도 비슷한 연설을 했다. 그는 자신에게 우호적인 고령의 백인 노조간부들 앞에서 "우파의 MAGA* 세력도, 좌파의 민주사회주의 세력도 우리

---

*   Make America Great Again, 트럼프 대통령 등 보수우파의 핵심 구호

를 대변하는 세력이 아닙니다."라고 역설했다. 민주당의 기득권 세력이 시대의 흐름을 따라잡지 못하고 내부에서 주저앉고 있었던 것이다.

쿠오모는 예비선거에서의 참담한 패배 다음 날, 평소 가깝게 지내던 WCBS-TV의 간판 기자인 마샤 크레이머Marcia Kramer와 긴 인터뷰를 가졌다. 이미 주지사를 지낸 바도 있는 쿠오모는 맘다니의 호소력 있는 캠페인을 조롱했다. "모든 게 공짜라니, 듣기에는 좋지요. 공짜 버스, 공짜 식료품, 얼마나 좋습니까?" 반맘다니파들도 여전했다. 그들은 맘다니의 공약인 '정부 운영 식료품점'에 대해서 소비에트식 배급제도를 미국에 들여오겠다는 것이라고 비난했다. 쿠오모와 그 지지자들은 평생 민주당원으로 살아왔음에도 불구하고 이미 미국 곳곳에서 시행되고 있는 저가형(무료가 아닌) 슈퍼마켓을 뉴욕에도 도입하겠다는 구상이 도무지 이해되지 않는 모양이었다.

원래 공화당 출신이었으나 민주당으로 전향한 우파성향의 에릭 애덤스 시장도 가세했다. 그는 4년 전 자신의 당선을 도와주었던 〈뉴욕 포스트〉의 편집진을 만났다. 그는 맘다니를 "사회주의 도시의 환상을 파는 엉터리 사기꾼"이라고 잘라 말했다. 평소에도 필요하다고 생각되면 인종적 편견을 서슴없이 드러내던 극단적인 선동가 애덤스는 맘다니를 지지하는 젊은 백인 유권자들을 "사회주의가 뭔지도 모르는 자들"이라고 폄하했다.

최종집계 결과 1순위 투표에서 맘다니는 4년 전 애덤스보다 50%나 더 많은 득표를 한 것으로 확인됐다. 뉴욕시의 주류 엘리트 그룹은 버니 샌더스의 추종자이기도 한 이 밀레니얼 세대 무슬림 정치인의 등장에 크게 당황했다. 이들은 '자본주의는 절대로 타협할 수 없는 불가침의 영역'이며, '이스라엘은 어떤 경우에도 비판받아서는 안 된다'는 신념으로 무장하고 있었고, 이 두 가지 신념이 도전받는 날이 올 것이라고는 꿈에도 생각지 못했던 사람들이었다.

맘다니의 공약이 정말 사회주의에 입각한 것인지 아니면 21세기판 뉴딜 자유주의에 해당하는지를 제대로 따져 보는 것은 학자들의 몫이다. 주류 언론 주변의 평론가들이나 함께 경쟁한 다른 후보들이 나설 일은 아니다. 이제 앞으로 이어질 내용을 통해 살펴보겠지만, 조란은 확실히 기존 질서를 다양한 방식으로 뒤흔들어 놓았다.

분명한 것은 2025년 6월 24일부로 사회주의가 뉴욕 주류 정치무대에 당당하게 복귀했다는 것이다.

3

이중의 뿌리를 지닌
이민자

조란은 언젠가 이렇게 말한 적이 있다. "나는 인도계이자 우간다계 뉴욕시민입니다. 뉴욕시민이 되는 것은 인종적으로 이중의 뿌리를 지닌 나 같은 모든 이민자들의 꿈입니다."

1991년 10월 18일에 태어난 조란 콰메 맘다니는 다섯 살 무렵까지 우간다의 수도 캄팔라에서 자랐다. 당시 캄팔라는 인구 100만 명이 조금 안 되는 크지도 작지도 않은 도시였다.

조란의 아버지인 마무드 맘다니는 인도 구자라트 무슬림의 후예다. 그의 선조들은 19세기 말 뭄바이 북서쪽 해안을 떠나 아라비아해와 인도양을 가로질러 탄자니아에 정착했다가 이후 우간다로 이주했다. 아프리카로 이동한 인도계 이주민의 숫자는 20세기 후반 200만 명 이상으로 추정되었는데 주로 아프리카 남동부 국가에 거주했다.

인도 북동부 오디샤주에는 부바네스와르라는 작은 도시가 있다. 힌두교 가정에서 태어난 미라 네어가 어린 시절을 보낸 이곳은 1960년대쯤에는 인구가 5만 명도 채 되지 않는 작은 도시였다. 하버드 대학교를 졸업한 네어는 당시에는 봄베이라고 불렸던 지금의 뭄바이에서 영화를 만들기 시작했다. 1988년, 그녀는 덴젤 워싱턴이 주연한 영화 〈미시시피 마살라Mississippi Masala〉를 제작하기 위한 사전조사를 위해 우간다를 찾았다. 1991년에 개봉한 이 영화는 그녀의 할리우드 데뷔작이지만, 그보다 더 중요한 것은 캄팔라에 머무는 동안 마무드 맘다니를 만났다는 것이었다.

1972년에 집권한 민족주의 성향의 독재자 이디 아민Idi Amin은 모든 아시아계 주민들에게 우간다를 떠날 것을 강요했다. 맘다니의 가족은 런던의 난민촌으로 보내졌다. 조란은 당시의 상황에 관하여 이렇게 말했다. "강제 추방을 당한 할아버지는 전혀 다른 사람이 되었다더군요." 원래 할아버지는 조면소*의 간부급 관리자였고, 시를 쓰기도 하셨던 분이었다고 한다.

조란의 말에 따르면, 그의 조부모님은 시간만 나면 개트윅 공항에 나가서 어딘가로 이륙하는 비행기를 하염없이 바라보며 우간다로 돌아갈 날만 꿈꾸었다고 한다. 추방으로 인해 그들은 자아와 안정감, 그리고 소속감을 잃어버리고 말았다. 조란은 이와 같은 가족의 수난사를 통해, "그것이 추방으로 인한 것이든, 퇴거로 인한 것이든, 강제로 삶의 터전에서 밀려나는 일이 한 가족과 개인의 삶에 얼마나 크고 오랜 영향을 미치는지"에 관한 통찰을 얻었다고 했다.

---

*   목화의 씨를 제거하는 작업을 하는 공장

이디 아민은 1970년대 미국 대중문화에서도 꽤나 친숙한 존재였다. 급진적 성향의 코미디언 리처드 프라이어Richard Pryor가 그를 흉내 낸 풍자극이 매우 유명했다. 그러나 당시만 해도 이디 아민이 먼 훗날 뉴욕 정치계에 이런 식으로 영향을 미칠 줄은 아무도 예상하지 못했을 것이다.

●　●　●

1979년 아민 정권이 붕괴되었다. 그러나 추방된 남아시아계 가운데 다시 우간다로 귀환한 사람은 극소수에 불과했다. 마무드 맘다니는 우간다로 귀환한 극소수에 속해 있었다. 그는 2022년에 〈런던 리뷰 오브 북스London Review of Books〉에 발표한 글에서, 아민이 권좌에서 축출된 후 우간다로 돌아갔으며 시민권도 회복했다고 밝혔다. 귀환 후, 그는 한 기독교 관련 단체에서 잠시 일하다가 1980년에 캄팔라에 있는 마케레레 대학교로 자리를 옮겼다.

조란은 다섯 살 때까지 캄팔라에서 자랐다. 조란은 아버지가 케이프타운 대학교에서 강의를 하게 되자 아버지를 따라 남아프리카공화국으로 건너가 그곳에서 2년을 보냈다. 비록 유년시절이기는 하지만, 남아공 최초로 민주적인 절차에 따라 선출되어 1994년부터 5년간 대통령으로 재임한 넬슨 만델라의 통치를 경험했다는 점도 의미를 부여할 수 있을 만한 대목이다.

조란의 가족은 1999년 미국으로 이주했다. 조란의 아버지가 컬럼비아 대학교의 '허버트 H. 레먼 정부학' 석좌 교수로 일하게 됐기 때문이다. 조란은 부모를 따라 컬럼비아 대학교 캠퍼스 근처 동네인 모닝사이드 하이츠의 교직원 아파트에 살았다. 그 후에도 가족들은 자주 우간다를 오갔다.

뉴욕에서 조란은 뱅크 스트리트라는 유서 깊고 진보적인 사립학교를 다녔다. 조란은 특별히 존경했던 몇몇 선생님들을 떠올리며, "학생들을 특별히 배려하고 사랑하는 학교"였다고 기억했다. 실제로 9·11 테러 사건이 발생한 날 아침, 스테파니라는 이름의 선생님은 당시 아홉 살이었던 조란을 따로 불러서, "혹시 무슬림이라는 이유로 널 괴롭히는 사람이 있으면 꼭 나에게 말하렴."이라고 했다고 한다.

"나는 그 학교를 다니면서 당시 뉴욕에 살던 대다수의 무슬림 아이들이 일상적으로 겪는 차별과는 전혀 다른 경험을 했습니다. 그런 선생님을 만날 수 있었던 것은 정말 행운이었습니다."라고 조란은 회상했다.

조란은 뉴욕에서 성장하는 동안 '이슬람 혐오'라고 불릴 만한 사례를 직접 겪은 기억은 그리 많지 않다고 한다. 그러나 2008년 봄, 우간다에 다녀오던 길에 존 F. 케네디 공항에서 그는 몇몇 다른 무슬림들과 함께 체포되어 이중거울이 설치된 방으로 끌려갔다. 그곳에서 국토안보부 요원들로부터 테러리스트 훈련기지를 다녀오지 않았는지를 추궁당했다고 한다.

그는 "아직 10대 청소년이었던 나에게는 짧지만 끔찍한 경험이었어요. 정말 공포스러웠습니다."라고 당시를 기억했다.

조란이 예비선거에서 승리한 직후, 극단적인 친이스라엘 성향의 자산가 빌 애크먼이 알카에다에 대한 마무드 맘다니 교수의 견해를 왜곡하는 발언을 했다. 그는 컬럼비아 대학교 등 여러 대학에서 벌어진 팔레스타인 지지 시위에 대한 탄압을 부추겼던 인물이다. 애크먼의 이 발언은 맘다니 부자가 모두 9·11 테러를 지지하고 있는 것처럼 왜곡하려는 의도가 분명했다. 〈뉴욕 포스트〉는 애크먼의 이러한 왜곡 비방을 확대하여 보도했다.

뉴욕시에서 무슬림이 정치적으로 많이 성장했음에도 불구하고, 이슬람 혐오라는 병적 현상은 여전했다.

· · ·

"1번 전철을 타고 231번가에서 내려서 BX10 버스로 갈아타고 가다가 '뒷문 좀 열어 주세요!'라고 소리치곤 했습니다." 조란은 모닝사이드 하이츠에서 브롱크스 북부에 있는 고등학교까지의 등굣길을 그렇게 기억하고 있었다. 그가 다녔던 브롱크스 과학고등학교(조란은 보통 간단하게 과학고등학교라고 불렀다)는 스타이브센트 고등학교, 브루클린 테크 고등학교 등과 함께 뉴욕시에서 손꼽히는 명문 학교였다. 여기에 입학하려면 학교에서 정해 둔 특별한 전형 과정을 거쳐야 했다.

과학고등학교에서 조란이 가장 좋아했던 선생님은 마크 케이건Marc Kagan이었다. 그는 운수노조 간부였다가 뒤에 교직으로 옮긴 사람이었다. 미국연방대법원의 대법관인 엘레나 케이건Elena Kagan의 친오빠이다. 조란은 케이건 선생님을 보면서 실천하지 않는 지성이 얼마나 무의미한 것인지를 깨닫게 되었다고 말했다.

케이건은 학생들에게 직접 강의를 하도록 했다. 자신에게 고급세계사 과목을 듣는 4학년 학생들에게 아래 학년의 3개 학급 학생들 앞에서 특정 단원을 가르치도록 했던 것이다. 그런 경험을 통해 맘다니는 "10대 학생의 주의력을 끄는 것을 넘어서, 상상력을 사로잡는 것이 얼마나 어려운 일인지 몸소 체험했다"고 한다.

조란은 신입생이었던 시절 과학고에서도 특별히 유명한 토론팀에 가입했다. 그러나 이내 축구에 눈을 돌려 축구팀에 들어갔고, 4학년 때는 팀의 주장이자 많은 득점을 올리는 핵심 공격수로 활약했다. 당시 그는 2007년까지 영국 프리미어리그 아스널 팀에서 활약했던 프랑스 출신의 예술적 수준의 공격수인 티에리 앙리Thierry Henry를 무척 좋아했다고 한다.

그는 시장 후보가 된 뒤, 〈벌처Vulture〉지의 니콜라스 콰Nicholas Quah와의 인터뷰에서 이렇게 말했다. "나는 2000년대 초반에 삼촌을 통해서 아스널 팀을 알게 되어 팬이 되었다. 아스널은 로렌, 콜로 투레, 은완코 카누, 에마뉘엘 에부에, 알렉스 송 등 유달리 많은 아프리카계 선수들을 보유하고 있었는데, 당시에는 이런 팀이 그렇게 많지 않았다. 이러한 팀이 존재한다는 사실이 우간다 출신 소년의 눈에 들어온 것이다. 나는 그 팀의 경기를 보는 것만으로도 자랑스러웠다."

니콜라스 콰는 조란이 지금도 아스널의 열렬한 팬이라는 이야기를 들었다고 말했다. 예비선거 막바지, 조란은 베드 스타이에서 가가호호를 직접 방문하기 직전에 열린 집회에서 아스널 유니폼을 입은 빅이라는 이름의 열한 살 난 소년을 발견했다. 조란은 직접 그 아이를 찾아가 둘만의 공통 관심사인 아스널 팀에 관해 가벼운 대화를 나눴다. 빅은 이 일을 계기로 조란의 선거전에 큰 관심을 갖게 되었다고 한다.

맘다니는 또한 과학고등학교 재학 시절, 친구들과 함께 크리켓 팀을 만들기도 했다. 이 팀은 얼마 지나지 않아 뉴욕시의 12개 고등학교 팀으로 구성된 크리켓 리그에 참여하게 되었다. 과학고등학교 크리켓 팀의 일원으로 도시 곳곳을 다니며 경기를 치렀던 당시를 조란은 이렇게 회상했다. "각 학교 선수들 가운데 상당수는 방글라데시, 파키스탄, 가이아나, 트리니다드 등의 나라 출신들이었습니다. 이런 팀들과 경기를 하면서, 나는 마치 남아시아 디아스포라의 현장을 견학하는 느낌이었지요."

크리켓 실력이 어느 정도였냐고 묻자 조란은 웃음을 터뜨렸다. "보통 크리켓 선수들은 타자와 투수 역할을 모두 해야 하지만, 둘 다 잘하기는 어렵습니다. 저는 둘 다 잘하려고 노력했습니다. 열심히는 했지만, 훌륭한 편은 아니었습니다. 투수로서 누군가를 아웃시키거나, 타자로서 4점 혹은 6점을 득점하는 안타를 칠 때 그 짜릿한 느낌은 무엇에도 비할 수 없지요."

아버지가 저명한 정치학자였으니, 조란이 어린 시절부터 국제정세에 관심을 갖는 것은 자연스러운 흐름이었다. 오바마가 대선 레이스를 벌이던 2008년 당시, 아직 스무 살이 채 되지 않았던 조란은 중부 펜실베이니아에서 선거운동원으로 활동했다. 그는 정치인이 된 후, 오바마 후보가 이라크에서의 전쟁을 반대한 것이 마음에 들었었다고 그 이유를 밝힌 바 있다.

과학고 3학년 시절, 조란은 학교 부회장을 뽑는 선거에 출마했다가 큰 표 차로 떨어졌다. 재미있는 것은 그가 제작한 선거운동 동영상이 그의 래퍼 데뷔작이 되었다는 것이다. 4학년 때는 고급문학 수업을 들으면서 친구와 함께 힙합의 고전이라고 할 수 있는 〈스틸 드레Still D.R.E.〉곡에 맞춰서 가사를 지어 주고받기도 했다. 학창시절의 조란을 비범한 영재라고까지 평가할 수 있을지는 단정하기 어렵다. 그러나 그는 남다른 시각과 뛰어난 잠재력, 그리고 큰 포부를 지닌 소년이었던 것은 분명하다.

• • •

2025년의 예비선거에서 승리하며 세상을 놀라게 한 직후, 〈뉴욕 타임스〉는 조란의 컬럼비아 대학교 입학지원서를 지적하는 보도를 했다가 오히려 망신만 당한 해프닝이 있었다. 당시 조란이 인종적 배경을 체크하는 항목에서 '아시아계'와 '아프리카계' 두 군데에 체크한 것을 문제 삼은 것이었다. 그러나 맘다니는 혈통적으로는 인도계이지만 우간다에서 어린 시절을 보낸 자신의 정체성을 이미 오래전부터 항상 그런 식으로 말해 왔다. 〈뉴욕 타임스〉의 이 보도는 지나치게 지엽적인 사항을 문제 삼은 것에 불과했다.

그럼에도 불구하고 이 일로 인해 같은 해 7월 4일 독립기념일 연휴 내내 때아닌 거센 논쟁이 일었다. 그 과정에서 〈뉴욕 타임스〉의 자유주의 성향 칼럼니스트인 자멜 부이Jamelle Bouie조차 〈뉴욕 타임스〉를 비판하는 이들의 편에 섰다. 이러한 악의적인 기사의 정보 출처는 우생학 이론을 추종하는 사람들이거나 백인민족주의의 행동대라고 할 수 있는 인종차별주의자들이었다. 〈뉴욕 타임스〉는 이들의 정체를 알고 있음에도 처음에는 정보의 출처를 제대로 밝히지 않았을 뿐 아니라, 해킹된 문서를 사용하는 등 스스로 보도 윤리에 위배되는 행동을 했다.

어쨌든 조란은 컬럼비아 대학교에 지원했으나 입학허가서를 받지 못했다. 대신 메인주 브런즈윅에 있는 보도인 대학에 진학해 아프리카학을 전공했다. 대학에서 조란이 가장 따르던 교수는 브라이언 퍼넬Brian Purnell이었다. 퍼넬 교수는 도시정치경제학 강의에서 학생들에게 연구주제를 던져 주기 위해 고전적인 드라마 시리즈인 〈더 와이어The Wire, 2002~2008〉를 인용했다. 조란은 이 수업이 세상을 바라보는 눈을 뜨게 된 결정적인 계기였다고 말했다.

퍼넬 교수는 맘다니에 대해서 이렇게 기억했다. "그는 수업시간에 제기된 논쟁과 토론을 강의실 밖에서도 계속 이어 가는 학생이었습니다. 우리가 연구하고 토론하는 내용과 주제는 사실 꽤나 심각한 것들이었지만 맘다니는 그런 이야기 중에도 아주 뛰어난 유머감각을 발휘했고, 자연스럽게 그의 주변에서는 즐거움과 재미가 넘쳤습니다." 조란이 퍼넬 교수로부터 배운 과목은 미국의 재건시대 역사와 인종주의와 노예제도의 역사적 유산 등이었다. 조란이 공부한 보도인 대학은 MAGA 진영이 인정하는 미국 역사 중심지인 미시건주의 힐스데일 칼리지와 정서적 거리는 아마도 몇 광년쯤 될 정도로 아득히 멀어 보이지만, 지리적으로는 875마일 정도밖에 떨어지지 않은 가까운 곳에 있었다.

조란은 프란츠 파농Frantz Fanon의 유명한 저서인 《검은 피부, 하얀 가면Black Skin, White Masks》과 《대지의 저주받은 이들The Wretched of the Earth》을 소재로 졸업을 위한 연구를 수행했다. 그의 지도교수였던 퍼넬은 당시 아끼는 제자였던 맘다니가 "식민주의와 반식민주의에 관한 파농의 이론을 루소의 사상과 계몽주의 철학의 사회계약론과 비교 분석했었다"고 기억했다. 그는 "조란의 사고가 학부 시절부터 아주 역동적이고 폭이 넓었다"고 평했다.

보도인 대학 시절 조란은 '팔레스타인 정의를 위한 학생모임Students for Justice in Palestine' 지부의 공동설립자로 참여했다. 조란이 2025년 예비선거에서 승리한 후, 〈뉴욕 포스트〉는 조란이 이끈 이 조직이 2013년에 레바논의 급진적 학자인 아사드 아부칼릴As'ad AbuKhalil을 강사로 초청했었다고 보도했다. 아부칼릴은 평소 9·11 테러 사건은 미국의 대외정책에 대한 반작용으로 일어난 것이라고 주장하는 사람이다. 전직 CIA 정책자문역인 찰머스 존슨Chalmers Johnson처럼, 이와 비슷한 주장을 하는 미국인이 적지는 않다. 그러나 〈뉴욕 포스트〉는 2013년 당시 조란의 활동을 오사마 빈 라덴을 지지하는 것과 다름없는 행위로 몰아갔다.

조란은 2014년에 대학을 졸업하고 학사학위를 받았다. 퍼넬 교수는 "조란이 보도인 대학에서 보낸 시절이 그의 정치 경력에 직접적인 영향을 미쳤다고 단정할 수는 없습니다."라고 하면서도 "정의와 민주주의 그리고 상식 등 이제 막 선출직 공직자가 된 그의 현재 사고와 행동방식을 형성하는 데 어느 정도 기여를 한 것은 분명합니다."라고 말했다.

●　●　●

대학을 졸업한 조란은 우간다로 넘어가서 래퍼로 활동했다. 처음에는 영카다멈YC이라는 이름으로 어린 시절 우간다인 친구인 후세인 압둘 바르HAB와 함께 팀 활동을 했다. 2015년 9월에 올린 〈칸다(찹찹) Kanda(Chap Chap)〉이라는 동영상에는 두 사람이 오토바이가 끄는 작고 평평한 카트를 타고 캄팔라 외곽을 질주하는 모습을 볼 수 있다.

이 동영상에서 두 사람은 캐주얼한 의상과 아프리카 전통복장을 번갈아 입고 등장하여 차파티라는 음식을 무료로 나누어 준다. 이 노래에서 반복되는 '찹'이라는 단어는 차파티를 의미한다. 차파티는 인도 음식인 로티와 비슷한 음식으로, 바나나의 일종인 마토케라는 우간다 식물을 재료로 만들어진다. 4분짜리 영상의 중간부에서 두 사람의 의상은 대학교 졸업가운으로 바뀌고, 한 무리의 흑인 졸업생들 앞에서 연설을 하고 함께 춤을 춘다. 이들 졸업생들은 졸업장 대신 차파티를 수여받는다.

경쾌한 데다 여러 문화권의 이미지를 담아낸 이 곡으로 두 사람은 세계적인 유명세를 타게 된다. 2016년, 브루클린에 본사를 두고 아프리카와 관련된 문화, 음악, 예술, 정치 등을 다루는 뉴스 사이트인 '오케이 아프리카OkayAfrica'가 이들 듀오와 인터뷰를 했다. 인터뷰에서 조란은 이렇게 말했다. "우리는 루간다어, 영어, 힌디어, 스와힐리어, 루느요로어, 누비어 등 모두 6개 언어로 랩을 합니다. 사람들은 영어와 루간다어가 캄팔라시의 공용어라고 알고 있지만, 그곳은 그렇게 두 개의 언어만으로 살 수 있는 도시가 아닙니다." 피오렐로 라과디아 전 뉴욕시장은 다수의 언어구사가 가능한 마지막 시장으로도 유명하지만, 조란의 언어구사 범위는 라과디아를 능가하는 수준이다.

맘다니는 캄팔라에서의 음악 경력을 이야기할 때면 한껏 몸을 낮춘다. "정식 공연이 시작되기 전에 분위기를 띄우기 위한 일종의 바람잡이 공연을 여러 번 하다 보면 저절로 겸손해집니다." 말은 그렇게 하지만, 사실 그와 그의 파트너는 우간다에서 일정 규모 이상의 고정 팬을 몰고 다녔던 것이 분명해 보인다.

2016년 9월에 열린 토론토 국제영화제에 미라 네어가 감독한 영화 〈카트웨의 여왕Queen of Katwe〉이 출품되면서 YC와 HAB 듀오의 명성도 덩달아 높아졌다. 두 사람은 이 영화의 메인 삽입곡인 〈스파이스Spice〉를 제작 녹음했다. 이 노래의 뮤직비디오에는 당시에 한창 국제적 스타로 명성을 얻어 가던 케냐 출신 여배우 루피타 뇽오Lupita Nyong'o가 출연했다.

20대 중반의 맘다니는 캄팔라와 맨해튼을 오가며 생활했다. 그러던 중인 2017년에 맘다니는 뉴욕시 정계에서 본격적인 활동을 시작했다. 그는 모닝사이드 하이츠의 부모님 댁에서 생활하면서 브루클린 남단의 베이 리지까지 매일 지하철을 이용해 오갔다. 평일 낮에는 한 시간, 밤에는 한 시간 반 정도의 거리였다.

뉴욕대중교통국MTA: Metropolitan Transportation Authority이 운영하던 지하철 시설이 워낙 노후되었기 때문에 뉴욕시민들은 2017년을 이른바 '지옥의 여름'으로 기억한다. 열차 운행이 지연되지 않는 날이 오히려 드물 정도였다. 스스로 자신이 심한 '폐소공포증'이 있다고 생각했던 조란 같은 사람들에게 만원 지하철은 고역이었다.

해결하기 힘든 어려움에 맞닥뜨렸을 때 맘다니의 독특한 대처 방식은 훗날 그의 성공의 밑거름이 되었다. 연착이 한없이 계속되고 열차가 캄캄한 터널 안에 멈춰서 있으면, 당시 25세였던 이 청년은 같은 객차 안의 주변 사람들에게 도움을 청했다. "나는 사람들에게 폐소공포증이 있음을 솔직히 밝히고, '열차가 다시 움직일 때까지 잠시 동안만 저와 대화를 나눠 주실 수 있을까요?'라고 물었습니다."

"대부분의 승객들은 기꺼이 나와 대화를 나눠 주었습니다. 다들 참 친절했습니다. 참 힘든 일이었지만, 그래도 나는 매일 지하철을 탔어요. 잊지 못할 경험이었습니다." 이 당찬 예비 정치인은 그때도 시민들로부터 힘을 얻었던 것이다.

조란은 2025년의 선거 레이스에서 노동계층 간의 연대를 핵심가치로 삼았다. 승용차로 사무실을 오가는 것이 몸에 밴 다른 후보들이 수백만 지하철 통근자들과 부대끼며 몸으로 체득한 경험을 제대로 이해할 수는 없었을 것이다.

• ● •

조란이 뉴욕 정계로 눈을 돌리고 매일 베이 리지를 오가게 된 것은 팔레스타인 출신의 카데르 엘 야팀Khader El-Yateem이 시의원 선거운동 과정에서 보여 준 독특한 캠페인 방식의 영향이 컸다. 루터교 목사이자 민주사회운동 소속인 엘 야팀은 베이 리지의 상당히 규모가 큰 팔레스타인인 거주지역 유권자들을 하나로 결집시켰다. 정치적인 이유로 이스라엘 공권력에 의해 체포된 적도 있다는 그의 인생역정에 맘다니는 깊은 인상을 받았다.

그해 9월에 있었던 민주당 예비선거 결과 진보성향의 민주당원인 저스틴 브래넌Justin Brannan이 엘 야팀을 39% 대 31%로 누르고 승리했다. (그 외에도 세 명이 더 출마해 나머지 표를 나눠 가졌다.) 조란은 이

후 플로리다로 이주한 엘 야팀에 대해 "인권을 위해 싸우는 원칙 있는 투사"였다고 평했다.

2018년, 조란은 다시 베이 리지로 돌아왔다. 이번에는 주 상원의원 민주당 예비선거에 출마한 좌파 진보 언론인인 로스 바칸Ross Barkan의 선거캠프 총괄책임자 자리를 맡았다. 바칸은 자기 자신을 '이스라엘에 회의적인 유대인'이라고 불렀다. 그는 서브스택Substack*에 게재한 에세이에서, 당시 조란이 선거사무실에 리버풀 팀에서 뛰고 있는 축구선수 모하메드 살라Mohamed Salah의 포스터를 붙여 놓았었다고 회상했다.

바칸은 자신을 도왔던 이 에너지 넘치는 총괄책임자의 신조가 "절대 의자에 앉지 말자."였다고 썼다. 비록 당시 선거에서 지기는 했지만, 조란은 이러한 경험을 통해서 스스로 공직에 나설 준비를 하나씩 해 나가고 있었던 것인지도 모른다.

이후 맘다니는 '차야Chhaya'라는 단체에서 일했다. 차야는 퀸스에 거주하는 인도-카리브해계 주민 공동체를 돕는 단체였다. 주의회에 입성하기 전, 조란은 이 단체에서 47,000달러의 연봉을 받으며 주택압류 예방 상담사로 일했다. 이즈음에 그는 아스토리아에 위치한 임대료 규제 혜택을 받을 수 있는 침실 하나 딸린 아파트로 이사했는데, 그는 지금도 매월 2,300달러의 임대료를 내고 그 집에서 살고 있다.

"주거는 나의 공적인 삶의 영역을 관통하는 주제입니다. 차야에서 일할 때는 '어떻게 하면 내가 돕는 사람들이 자신의 집에서 계속 살 수

---

* 작가, 언론인, 전문가들이 뉴스레터를 발행하고 독자들에게 직접 구독료를 받을 수 있게 해주는 유료 뉴스레터 플랫폼이다.

있게 할 것인가'를 고민했다면, 지금은 '어떻게 하면 자신들이 보금자리라고 부르는 이 도시에 계속 머물게 할 수 있을지'를 생각하고 있습니다."라고 조란은 말했다.

차야에서 일할 때도 그는 음악 활동을 계속 이어 나갔다. 2019년에 조란은 또 하나의 뮤직비디오를 제작해 큰 성공을 거뒀다. 지금은 '미스터 카다멈'이라는 예명으로 통하는 조란은 이때 1933년 델리에서 출생한 남아시아의 스타 여배우 마두르 자프리Madhur Jaffrey와 함께 〈나니Nani〉*라는 곡의 뮤직비디오를 찍었다. 이 비디오 영상에서 자프리는 주인공으로 등장한다. 미스터 카다멈은 앞치마를 둘렀지만 상의를 탈의한 채로, 사람들이 붐비는 할랄푸드 트럭 안에서 랩을 하고 있다.

〈뉴욕 타임스〉는 음식 섹션에서 이 영상을 소개했고, 기사 내용은 호의적이었다. (사실 자프리는 요리책 저자로도 널리 알려져 있다.) 당시 기사는 조란과 활력 넘치는 여배우 자프리가 잭슨 하이츠의 유서 깊은 남아시아 식료품점 파텔 브라더스Patel Brothers의 통로에서 찍은 사진도 함께 실어 주었다.

그러나 같은 신문사가 6년 후에는 조란의 돌풍을 잠재우고 상승세를 꺾기 위해 전사적인 노력을 경주하게 된다.

---

* '나니(Nani)'는 힌디어와 우르두어로 외할머니를 뜻하는 단어이다.

4

로티와 장미

뉴욕시청으로 입성하기 위한 조란의 여정은 아스토리아에서 시작됐다. 2020년, 그는 주의회 선거에서 퀸스 북서부 지역과 롱아일랜드 시티를 아우르는 지역구에 출마해 민주당 현역의원을 밀어내고 당선됐다. 그 시절, DSA와 거리를 두고 있던 정치권 인사들은 이 좌파 단체가 아스토리아 지역 정가에서는 확고한 영향력을 이미 발휘하고 있다는 사실을 내심 인정하고 있었다.

차야에서 일하기 시작한 직후인 2019년, 조란은 퀸스 지방검사를 뽑는 선거에 출마한 민주사회운동 소속의 티파니 카반 선거캠프에 참여했다. 카반은 조란이 주택압류 방지 상담사로 일하고 있던 퀸스 중부 리치먼드 힐에서 자랐고, 지방검사가 되기 위해 난생처음으로 선거에 출마했을 당시에는 맨해튼의 공공변호사로 일하고 있었다.

조란이 카반의 선거캠프에 합류할 당시, 비록 그 자신은 상류층 가정에서 성장했지만 노동자계층 가정을 돕는 활동을 활발하게 벌이던 시절이었고, 노동자 가정에서 성장한 카반은 하층민에 속한 사람들이 형사사법체계로 인해 받는 고통을 잘 이해하고 있었다. DSA 뉴욕지부에는 공립학교 교사들이나 다양한 비영리단체 활동가들도 대거 참여하고 있었는데, 이들의 사회경제적 배경은 대개 맘다니와 비슷했다.

사회주의적 성향이 강한 인사가 230만 명 주민이 거주하는 퀸스 지역 선거에서 승리하려면 퀸스 전역의 지역 사회단체나 지역 커뮤니티 지도자들과 연대를 형성할 필요가 있었다. 이때 구축된 협력관계는 이후 조란의 2020년 주의회 선거는 물론, 그로부터 5년 후의 시장 선거에서도 든든한 힘이 되어 주었다.

● ● ●

차야에서 활동한 덕분에 수십 년 동안 남아시아계 이민자들의 거주지로 알려져 있던 잭슨 하이츠나, 남아시아와 인도-카리브해계 인구가 급증하고 있던 리치먼드 힐은 조란에게 매우 익숙한 지역이 되었다. 2년 후에 조란이 〈자코뱅〉의 하다스 티어Hadas Thier에게 밝힌 바에 따르면, 그는 당시 카반 캠프의 DSA 지역연락책 역할을 수행하며 현장 조직을 구축하는 데 주력했다.

티파니 카반은 형사사법제도에 대한 개혁 요구가 전국적으로 고조되던 당시 분위기에 발맞춰서 기존의 형사사법 질서에 대한 근본적인 의문을 던지는 탈수감 정책을 내걸었다. 알렉산드리아 오카시오 코르테스의 지지를 받은 카반은 중범죄의 형량 단축을 주장하고, 성매매를 포함한 비폭력 범죄에 대해서는 기소를 하지 않겠다고 공약하는 한편, 악덕 건물주에 대해서는 반드시 책임을 물을 것이라고 약속했다.

이 예비선거는 수작업 검표와 그 결과에 대한 법정 공방까지 이어지는 등 결과가 확정되기까지 긴 우여곡절을 겪었다. 캠프에서 중요한 역할을 한 사람 가운데 하나였던 조란은 선거 종료 후 결과 확정에 이르기까지 줄곧 현장을 지켰다. 결과는 카반이 불과 60표 차이로 패한 것으로 확정되었다. 이를 계기로 퀸스 북동부를 지역기반으로 한 DSA 진영과 흑인 주택 소유자들이 밀집한 퀸스 남동부를 지역기반으로 하는 퀸스 지역 민주당 리더인 그레고리 미크스Gregory Meeks 하원의원 간의 치열한 노선투쟁이 벌어지게 된다.

맘다니가 하다스 티어와의 인터뷰에서 밝힌 바에 따르면, 그때 DSA 조직의 한 동료가 그에게 당시 민주당 주의회 의원이던 진보적 정치인 아라벨라 시모타스Aravella Simotas에게 도전장을 내밀어 볼 것을 권유했다고 한다. 당시 아라벨라 시모타스는 그리스계 혈통이라는 아스토리아 지역의 정체성과 부합하는 이점을 충분히 활용하여 5선에 성공한 현역의원이었다. 조란은 시모타스가 퀸스 지역 민주당 수뇌부와 매우 긴밀한 관계를 유지하고 있다고 생각했다. 실제로 그녀는 2018년 알렉산드리아 오카시오 코르테스가 출마했을 당시, 당 지도자인 조 크롤리에 대한 지지 의사를 명백하게 밝힌 적이 있었다. 시모타스는 티파니 카반도 지지하지 않았다.

기득권 세력에 도전하는 듯한 조란의 메시지에 대하여 인접 지역구에서 민주당을 대표하고 있던 카탈리나 크루즈Catalina Cruz 주의회 의원도 강력하게 비판하고 나섰다. 크루즈 의원은 정치 전문매체인 〈시

티 앤드 스테이트〉의 리베카 루이스Rebecca Lewis와의 인터뷰에서, 그
레고리 미크스가 이끄는 당조직은 이제 아스토리아에서는 "더 이상 힘
을 발휘하지 못한다"고 말했다. 1979년생인 크루즈는 한 살 위인 시모
타스를 지지하고 나섰는데, 두 사람 모두 왜 맘다니가 밀레니얼 세대의
표심을 사로잡았는지 이해하지 못한 것처럼 보였다.

사회주의 계열의 후보인 조란은 자신이 인도-우간다 혈통임을 대놓
고 드러냈다. 그는 남아시아 전통 셔츠 쿠르타를 자주 입었고, 아프리
카식 미들네임을 투표용지에 명기했다. 래퍼 출신의 젊은 후보가 내건,
"로티와 장미"라는 간명한 선거구호는 남아시아 지역의 주식인 로티와
DSA의 상징인 장미를 합쳐서 사회주의가 오랫동안 추구해 온 바를 재
치 있게 현대적으로 표현했다. 이 강력한 신예 도전자는 상대적으로 단
조로운 이미지를 주었던 시모타스를 425표의 근소한 차이로 따돌리고
승리했다.

2020년 1월, 신시아 닉슨은 〈더 네이션The Nation〉에 기고한 글을 통
해, 맘다니를 포함하여 그해에 주 선거에 출마한 뉴욕시의 DSA 출신
후보들을 자세하게 소개했다. 이때 닉슨이 소개한 인사들 가운데는 훗
날 주 상원의원이 된 자바리 브리스포트와 주 하원의원 선거에서 승리
한 파라 수프랜트 포레스트, 그리고 마르셀라 미타인스가 포함되어 있
었다. 〈더 네이션〉 말고도 〈자코뱅〉과 〈인디펜던트Indypendent〉도 맘다
니의 첫 출마에 큰 관심을 보였다.

2020년 말에 이르러 조란은 정치인으로서 완연한 상승세를 타고 있
었다. 아스토리아와 롱아일랜드의 예비선거 유권자 8,410명은 물론
이고 조란 본인조차도 이렇게 빠른 상승세를 예측하지는 못했다. 그런

데 그로부터 5년 후에는 약 50만 명에 달하는 뉴욕의 민주당원들이 젊은 사회주의자인 그를 다음 세대를 책임질 지도자로 지지하고 나선 것이다.

• • •

티파니 카반의 선거캠프에서 활동하던 수많은 자원봉사자들은 DSA 조직과 긴밀하고 우호적으로 협력하기는 했지만, 실제로 그 단체에 소속한 사람들은 별로 없었다. 펠리시아 싱은 JFK 공항 근처의 남아시아계와 인도-카리브해계 주민들이 밀집 거주하는 오존 파크 지역의 저명한 지역 활동가였다. 지금은 30대 중반인 그녀는 오존 파크에서 나고 자랐다. 그녀의 어머니는 가이아나 출신의 무슬림이고 아버지는 펀자브인 시크교도이다. 퀸스 지역에서 흔히 볼 수 있는 새로운 혈통적 결합을 보여 주는 전형적인 가정이라고 할 수 있다.

싱은 카반의 선거캠프에서 자원봉사활동을 마친 뒤, 2020년에는 인구 센서스를 위한 호별방문 조사원으로 일했다. 그리고 다음 해인 2021년에 시의회 의원 선거에 출마해 교육문제, 교통, 그리고 기후회복(당시 퀸스는 여러 해에 걸쳐 저지대 침수 피해를 겪었다) 등의 공약을 내세워 민주당 예비선거에서 승리했다. 그러나 여러 언어의 소수민족이 거주하는 그녀의 지역기반인 오존 파크가 백인 보수주의의 뿌리가 깊은 하워드 비치와 하나의 선거구로 같이 묶이는 바람에 본선에서는 공화당 후보에게 패하고 말았다.

2025년의 예비선거에서 싱은 맘다니의 승리를 위해 오존 파크와 사우스 오존 파크, 그리고 인접 지역인 리치먼드 힐을 담당하는 여러 개의 유세팀을 이끌고 활약했다. 그녀는 7월에 필자를 만났을 때, "대다수의 남아시아계 유권자들은 시크교도든, 무슬림이든, 힌두교도든 상관없이 조란이 '자신들과 닮았다'는 이유로 그를 자신들과 동일시했습니다."라고 말했다.

싱은 또 "우리는 맘다니의 성공의 토대를 2019년부터 다져 나가기 시작했습니다."라는 말을 덧붙였다. DSA 뉴욕지부 공동의장인 그레이스 모서도 티파니 카반의 선거운동 과정이 결과적으로 조란의 성공에 하나의 토대로 작용했다고 평가한 바 있다. 특별한 다른 선거가 없었던 2019년 당시, 뉴욕시의 5개 자치구별로 출마한 좌파 후보들은 모두 합쳐서 3만 5,000표 조금 못 미치는 득표를 했다. 이 정도의 성적이라면 시 전체 선거에서 승리하기는 여전히 난망해 보였다. 그러나 주 하원 선거를 성공적으로 마친 후, 맘다니의 인지도는 꾸준히 상승하고 있었다.

주의회에 입성한 후, 맘다니는 '평화를 위한 유대인의 목소리'가 주최하는 팔레스타인 지지 행사에 자주 모습을 드러냈다. 2021년 5월에는 브루클린의 그랜드 아미 플라자 앞에 모여든 50여 명의 활동가들 앞에서 연설을 했다. 그곳은 척 슈머 상원의원의 자택 바로 건너편이었다.

면도를 깨끗하게 한 맘다니는 국기게양대 아래에 서서 마이크를 잡고 이렇게 선언했다. "어떤 사람들은 저를 보고 테러리스트라고 하고, 반유대주의자라는 말도 들었습니다. (…) 그러나 우리 모두가 알고 있고, 반드시 말해야만 하는 진실이 하나 있습니다. 시온주의를 반대한다는 것과 반유대주의는 다릅니다. 반시온주의 안에는 반유대주의가 설 자리는 전혀 없습니다."

그랜드 아미 플라자 건너편에 거주하는 강력한 친이스라엘 인사가 그날 금요일 저녁 조란의 연설을 들었는지는 알 수 없다. 그러나 하마 스가 이스라엘을 침공한 이른바 '10월 7일 사건' 직후 맘다니는 다시 그 곳을 찾았고, 척 슈머는 그것이 반갑지 않았을 것은 분명하다.

● ● ●

2021년 가을, 약탈적인 대출업자들로 인해 큰 위기를 겪고 있는 택 시기사들을 위한 남아시아계 주민들의 연대 단식농성이 있었다. 조란 도 이 단식에 동참하면서 유권자들에게 강렬한 인상을 남겼다. 참고로 이야기하자면, 이에 앞서 몇 년 동안 남아시아계 택시 면허 소지자들이 파산 위기에 몰려 스스로 목숨을 끊는 가슴 아픈 사건이 잇따라 일어났 었다.

이 비극의 출발점은 블룸버그 시장 재임 시절로 거슬러 올라간다. 당시 이른바 '메달리온medallion'이라 불리는 택시 운행 면허의 가격이 비정상적으로 치솟았고, 이를 취득하려는 운전사들은 거액의 대출을 감수해야 했다. 하지만 이후 우버를 비롯한 차량호출 서비스가 빠르게 확산되면서 택시업계의 수익 기반이 흔들리기 시작했다. 그럼에도 시 당국은 시장 변화에 적극적으로 대응하지 않았고, 결국 메달리온의 가 치는 급락했다. 그 결과, 막대한 빚을 떠안은 운전사들만 큰 피해를 입 게 되었다. 디블라지오 시장 또한 빚더미에 앉은 기사들을 위한 제대로 된 구제 방안을 내놓지 못했다는 비판을 면할 수는 없었다.

2021년 10월 중순에 시청 앞에서 15일간의 시한부 단식투쟁이 시작되었다. 조란은 인근의 차이나타운을 지역기반으로 하고 있는 진보적인 주 하원의원 유린 니우Yuh-Line Niou와 함께 동참했다. 이는 포괄적인 부채탕감 방안을 마련해 줄 것을 요구하며 여러 달 동안 투쟁해 온 택시노동자연맹TWA: Taxi Workers Alliance을 지지하기 위한 행동이었다. 결국 11월 초에 이르러 디블라지오 행정부는 택시노동자연맹의 요구를 수용하기로 합의했고, 조란과 유린 니우 두 의원은 뉴욕 전역의 택시기사들과 함께 승리를 자축했다.

당시 함께 단식에 참여했던 어거스틴 탕Augustine Tang은 〈시티 앤드 스테이트〉 기자에게 보낸 메시지에서, "이제야 우리도 미래라는 것을 생각해 볼 수 있게 되었습니다!"라고 말했다. 그러면서도 그는 단식하는 동안 두통과 오한, 그리고 극심한 허기를 견뎌야 했다고 털어놓았다. 조란도 같은 매체와 인터뷰하면서, 자신에게는 음식 없이 긴 시간을 버텨야 하는 경험이 그때가 처음은 아니었다고 털어놓았다.

"알다시피 나는 무슬림입니다. 해마다 라마단 기간이면 당연히 금식을 합니다." 그는 금식기간이 끝나면 보통 대추야자를 제일 먼저 먹었다고 한다. 택시 노동자들을 위한 단식투쟁을 마친 뒤에도 조란은 유린과 함께 대추야자와 아보카도를 몇 순가락 섭취했다. "이 문제를 놓고 몇 년간 함께 싸워 온 동지들 그리고 선배들과 함께 단식을 마무리할 때의 경험은 음식이 주는 기쁨과 존엄에 대해 새삼스러운 감사를 느끼게 해주었습니다. 이제는 아보카도나 대추야자를 보면 이전과 같지 않은 특별함이 느껴집니다."라고 조란은 덧붙였다.

그로부터 4년이 채 지나지 않아 맘다니는 시청 안으로 입성할 만반의 준비를 마쳤다.

• • •

2023년 10월 7일 팔레스타인에서 발생한 사건은 무려 5,700마일이나 떨어진 곳에서 일어났지만 그 충격파는 뉴욕 전역으로 즉시 퍼져 나갔다. 하마스가 저지른 이 사건은 팔레스타인 무장세력이 이스라엘의 점령지로 진입한 사상 첫 번째 사례였다. 민간인 736명을 포함해서 이스라엘인 약 1,200명이 사망했고, 약 250명의 인질이 하마스에게 끌려갔다.

뉴욕의 여러 반전운동 단체들은 사건이 터진 바로 다음 날 타임스퀘어에서 집회를 열기로 했다. DSA 전국조직과 뉴욕지부는 이 집회의 공동주관 단체 명단에서는 빠지기로 했다. 그럼에도 이 일로 인해 DSA는 주류 정치인과 전문가들의 파상적인 비난에 시달릴 수밖에 없었다.

DSA 뉴욕지부는 타임스퀘어에서 열릴 집회를 알리는 게시물을 X에 올렸다. 이 게시물은 "75년간의 점령과 인종차별에 저항해 온 팔레스타인 사람들과 그들의 권리에 연대하자."라고 촉구하면서, "팔레스타인에 자유를!"이라는 구호로 끝을 맺었다. 그러나 이 글에는 이스라엘 민간인을 상대로 한 하마스의 폭력에 대한 언급은 없었다.

시위가 있었던 10월 8일, 〈뉴욕 포스트〉는 사설을 통해 DSA를 향해 격렬한 비난의 포문을 열었다. 이 타블로이드판 신문은 "사회주의자들이 홍보하고 있는 타임스퀘어 시위에 관해서는 나치문양 스와스티카

swastika가 모든 것을 말해 줄 것"이라고 주장하며, 과격한 장면이 나올 것이라고 예고했다.

당시 언론에서는 이스라엘의 대규모 반격이 임박했다는 속보가 이어지고 있었지만, 10월 8일 오후 타임스퀘어에서 열린 시위는 겉으로 보기에는 비교적 평온하게 진행됐다. 그런데 같은 날 X에는 한 장의 사진이 확산됐다. 친이스라엘 시위 참가자가 올린 것으로 알려진 이 사진에는, 친팔레스타인 집회에 참여한 신원미상의 청년이 휴대전화 화면에 나치문양을 띄워 반대편 시위대를 향해 보여 주는 모습이 담겨 있었다.

다음 날인 10월 9일, 〈뉴욕 포스트〉는 "DSA 뉴욕지부가 이스라엘에 대한 하마스의 테러 공격을 옹호하는 가운데 시위 현장에서 나치문양이 등장했다"는 내용의 기사를 1면 머리기사로 실었다. 이 보도를 계기로 논란은 급속히 확산됐고, 〈뉴욕 포스트〉는 자신들의 '예측'이 현실이 되었다는 점을 부각시키며 공세를 이어 갔다.

"DSA 뉴욕지부는 그들이 스스로 보여 준 잔인함으로 인해 지난 5년여에 걸쳐서 확보한 뉴욕시 안에서의 미약한 정치적 기반마저 완전히 잃게 될 것이다." 극우성향의 잡지인 〈시티 저널City Journal〉은 니콜 젤리너스Nicole Gelinas의 기사를 통해 이렇게 주장했다. 〈뉴욕 포스트〉의 칼럼니스트이기도 하고 이념적으로는 비교적 중도로 평가되며 〈뉴욕 타임스〉에도 종종 기고하던 젤리너스는 이어서 단언했다. "이제 그들이 다시 일어설 수 있는 방법은 없어 보인다."

공세를 키우고 싶었던 〈뉴욕 포스트〉는 할렘의 그렇게 유명하지는 않은 어느 흑인 목사가 DSA를 비난했다는 다소 생뚱맞은 짧은 기사를 내보냈다. 사실 DSA 안에서 친팔레스타인 시위를 주도하고 적극 참여한 사람이 한둘이 아닐 텐데도 조니 그린Johnnie Green이라는 이름의 이 목사의 공격 상대는 오로지 조란 한 사람이었다.

10월 7일의 사건이 발생하기 몇 개월 전, 맘다니를 포함한 DSA 출신의 주의회 의원들은 '우리 돈으로는 안 된다Not on Our Dime'라는 법안을 발의한 것으로 인해 뉴욕시 친이스라엘 진영의 격노를 샀다. 이 법안은 서안지구 내의 이스라엘 정착촌 건설에 자금을 지원하는 비영리단체에 대해 주정부의 면세혜택을 박탈하는 내용을 담고 있었다. 또 조란은 이스라엘에 대한 BDS 운동을 적극적으로 지지하는 입장을 유지했다.

10월 7일 사건이 벌어지자 친이스라엘 진영은 DSA가 붕괴하는 것은 시간문제라고 생각했다. 그러나 그로부터 불과 1년 반 뒤, 이 단체 출신의 급진적인 후보가 뉴욕시 주류 엘리트 그룹의 지지를 받는 친네타냐후 인사를 압도적인 표차로 이기게 된다. 뭔가 근본적인 변화가 일어나고 있는 것이 분명했다.

● ● ●

10월 10일, DSA 뉴욕지부는 10월 7일에 잠깐 올렸다가 삭제한 트윗에 대해서 "시기와 어조"에 문제가 있었다며 유감을 표하는 성명을 발표했다. 그러나 이는 어디까지나 시기와 어조에 대한 유감일 뿐 이 거대한 갈등을 바라보는 단체의 입장에 대한 사과는 전혀 아니었다.

이 성명에서 DSA 뉴욕지부는 "우리는 모든 증오와 모든 민간인 살해를 규탄한다는 입장임을 분명하게 밝힌다."라고 간결하게 말했다. 그리고 네타냐후 정부가 가자지구를 완전하게 봉쇄하고, 점령지역 안으로 전력과 음식 그리고 물이 공급되는 것을 차단하고, 하마스의 행위에 대한 책임을 민간인에게 묻고 있는 행위를 강력하게 비난했다. 두 단락 짜리의 이 성명은 "미국은 점령과 아파르트헤이트Apartheid 정책에 대한 미국 정부의 지원을 즉시 중단"할 것을 촉구하면서 끝을 맺었다.

뉴욕 DSA 측의 이러한 "사과 같지 않은 사과"는 상대 진영의 분노를 전혀 누그러뜨리지 못했다. 10월 7일 사건 이후 AIPAC 소속 인사로서 일약 유명 소셜미디어 인플루언서로 떠오른 브롱크스 출신의 하원의원 리치 토레스Ritchie Torres는 DSA를 "비열하고, 혐오스럽고, 수치스럽고, 망신스러운 집단"이라고 비난하는 글을 올렸는데, 그의 이 글은 자극적인 단어를 심혈을 기울여 고르고 고른 것이 아닐까 의심이 들 정도로 독설적인 표현으로 가득했다.

훗날, 튀르키예의 독재자 에르도안Recep Tayyip Erdoğan 정권과의 부당한 거래 혐의를 받게 되는 에릭 애덤스 시장도 이스라엘 편에 서서 목소리를 보탰다. 그는 MSNBC의 조 스카보로Joe Scarborough와의 인터뷰에서, "우리는 DSA와 그들의 몇몇 동조자들이 나치문양을 흔들며 유대인 말살을 부르짖는 것을 목격하고 있다"고 말했다. 충격적인 것은 시장의 이러한 주장은 전혀 사실이 아니었음에도 불구하고 전혀 걸러지지 않은 채 그대로 방송되었다는 것이다.

하마스의 공격이 있고 며칠 후, 이스라엘은 가자지역에 대해 전면적인 제재 압박을 가하기 시작했다. 조란은 뉴욕 전역에서 벌어진 휴전과 평화를 촉구하는 집회의 중심인물로 떠올랐다. 10월 13일 금요일 밤,

'평화를 위한 유대인의 목소리'가 주최한 대규모 시위가 척 슈머 상원의원 자택 앞에 있는 프로스펙트 파크에서 열렸다. 조란은 브루클린 선셋 파크 출신의 DSA 동료 의원 마르셀라 미타인스와 함께 이 시위에 참가했다.

1천 명 이상의 군중 앞에 선 맘다니는 이렇게 외쳤다. "지금은 팔레스타인 사람들에 대한 집단학살이 자행되기 직전입니다. 이스라엘인들에 대한 끔찍한 살해사건이 벌어진 것을 계기로 이스라엘은 가자지구를 완전히 초토화하려 하고 있습니다."

이 일로 인해 조란과 미타인스 의원, 그리고 몇몇 주동자들은 도로 교통을 방해했다는 혐의로 체포되었다. 조란은 네 시간 반 동안 구금되고 이후 두 건의 소환장을 받았다. 맘다니는 짧은 구금 후 석방되면서, "나는 임박한 팔레스타인 집단학살에 대한 반대의 목소리를 계속 낼 것입니다. 그리고 뉴욕시민들이 민간인에 대한 이러한 무차별적인 살육을 반대한다는 점을 분명하게 세상에 알리기 위해 내가 할 수 있는 모든 일을 할 것입니다. 우리가 눈 뜨고 지켜보고 있는 한, 이러한 집단학살을 지원하는 데 우리의 세금이 들어가는 일은 절대로 있어서는 안 됩니다."

그다음 주 금요일 밤, 맘다니와 미타인스는 DSA 출신의 다른 여러 선출직 공직자들과 함께 맨해튼에서 열린 가두행진 시위에 참가했다. 켄싱턴 출신의 좌파성향 무슬림 시의원 샤하나 하니프Shahana Hanif와 주 상원의원 자바리 브리스포트도 이 행진에 동참했다.

이 두 차례 시위에서 나치문양은 어디에서도 등장하지 않았다. 그러나 친이스라엘 강경파들은 어느 신원미상의 10대 소년이 맞은편에 있던 호전적인 시온주의자들을 향하여 핸드폰에 나치문양을 띄워 흔들었던 일을 DSA와 엮으려는 시도를 중단하지 않았다.

10월 7일 사건으로 불리한 여론이 조성되었음에도 불구하고, 조란과 DSA 출신 동료 의원들과 지역 진보운동 진영은 흔들리지 않고 당당한 태도를 유지했다. 이들 비주류 신진세력이 강력한 상대의 위협에 대처하는 방식은 컬럼비아 대학교 등 역사와 기반이 훨씬 깊고 큰 다른 기관들과는 확실히 달랐다. 맘다니와 그의 민주사회운동 동료들은 공세에 굴복하는 대신 자신의 입장을 지키며 당당하게 맞섰다.

그가 시장선거 출마를 발표하기 1년 전, 조란과 그 동료들은 이미 현장에서의 실전으로 충분히 단련되어 있었다.

5

뉴욕 사회에 던진
강렬한 메시지

2022년 1월 1일, 에릭 애덤스가 취임한 지 8일 만에 브롱크스 중부의 고층아파트 단지인 트윈 파크스에서 대형 화재가 발생했다. 어느 가정의 고장 난 휴대용 전기난로에서 발생한 불꽃이 화재로 번졌고, 화재가 발생하면 자동으로 문을 닫아 불이 옮겨 붙는 것을 방지하는 설비가 고장으로 작동하지 않았다. 이 화재로 17명이 사망했고, 수십 명이 중상을 입었다. 희생자 중 다수는 서아프리카 감비아 출신 무슬림 이민자들이었다.

애덤스 시장은 대규모 아파트 단지에 거주하는 수백만 주민들에게 화재 시 "빨리 문을 닫으라"는 권고를 하는 데 그쳤다. 그러나 정작 트윈 파크스 측의 관리 소홀에 대해서는 짐짓 외면하는 것처럼 보였다. 주민이 개인 전기난로를 사용하다 화재가 발생했다는 사실은, 아파트 측이 법과 규정에 따른 충분한 난방 제공 의무를 제대로 이행하지 않았을 가능성을 시사한다. DSA 뉴욕지부는 주거권리 문제를 다루는 운동가들과 함께 애덤스 시장의 대응을 강하게 비난하며, 트윗 메시지를 통해 "애덤스 시장은 건물주가 아닌 피해자들을 탓하고 있다"고 주장했다.

DSA 뉴욕지부가 이 트윗 게시물에서도 지적했지만, 화재가 발생한 트윈 파크스를 비롯한 수많은 대형 주거용 건물의 소유주인 캠버 프로퍼티 그룹의 공동설립자는 애덤스 시장의 정권 인수위원회 위원으로 활동한 사람이었다. 그로부터 2년 반 뒤, 애덤스 시장 측은 시장이 발표한 주택정책에 관하여 캠버 프로퍼티 대표가 긍정적으로 논평했다는 보도자료를 내기도 했다. 스스로 '블루칼라 시장'을 자처했던 애덤스 시장은 상위 1%에 속하는 부유층 인사들과도 꽤나 잘 어울려 다녔던 것 같다.

억만장자들에게 우호적인 시장과 DSA가 부딪친 것은 이번이 처음은 아니었다. 2021년 7월, 〈뉴욕 포스트〉는 "시위에 맞서는 시장: 에릭 애덤스, AOC 계열의 사회주의자들을 향해 전쟁 선포"라는 제목의 기사를 실었다. 중도우파 성향의 애덤스가 뉴욕시장 본선거를 앞두고 퀸스 북동부 부촌 더글라스턴에서 열린 모금행사에서, DSA의 사회주의자들과 맞서는 방어진지를 구축할 것이라고 역설했다는 내용이었다.

머지않아 시장에 당선된 그는, "좌파운동 진영이 에릭 애덤스를 막기 위해서 결집하고 있다. 그들은 내가 성공하면 우리가 도시의 주도권을 되찾게 되리라는 것을 알고 있다."라고 다소 자아도취에 빠진 것 같은 주장을 했다. 참고로 말하자면 이 행사의 공동주최자 가운데는 공화당 시의원도 포함되어 있었다.

에릭 애덤스의 시장 임기 첫 1년 동안, DSA는 임대료조정위원회RGB: Rent Guidelines Board가 주최하는 공청회에 유권자들을 조직적으로 참여시키는 일을 지원했다. 이 위원회는 매년 뉴욕시에 거주하는 약 100만 가구 주민들의 삶의 터전인 임대료 규제 주택의 임대료 인상률을 결정하는 일을 한다. 2021년에 시의회 의원으로 당선된 알렉사 아빌레스와 티파니 카반 등은 여러 곳에서 타운홀 미팅 형식의 모임을 열며 사람들에게 공청회에 참석할 것을 독려했다.

애덤스 시장이 임명한 인사들이 상당수 포함되어 있는 임대료조정위원회는 2022년 중반, 임대료를 3.25% 인상하기로 결정했다. 이에 DSA는 "에릭 애덤스가 내 집세를 올렸다!"라는 구호를 내걸었고, 이는 이후의 많은 시위의 핵심 구호가 되었다. 2022년 5월에 조란은 뉴욕 마라톤 대회에 출전했는데, 이때 이 문구가 새겨진 셔츠를 입고 달렸다. 2023년에 열린 임대료조정위원회 청문회에서 티파니 카반과 샤하나 하니프, 샌디 너스Sandy Nurse, 치 오세 등 네 명의 좌파성향 시의원들은 위원회의 인상 결정에 항의하여 단상 위로 난입하는 퍼포먼스를 보여 주기도 했다.

2024년 6월, 맨해튼에서 임대료조정위원회가 열리자, 조란은 한 걸음 더 나아가서 주거권리 운동가들과 함께 시민불복종운동에 가담했다. 지역 매체인 〈고다미스트Gothamist〉에는 수갑을 찬 조란이 뉴욕경찰에 둘러싸여 다른 참가자들과 함께 구호를 외치는 사진이 실렸다.

시장 출마를 발표하기 전, 조란은 몇 달 동안 세입자들의 권리를 옹호하는 여러 단체의 관계자들과 잇따라 만났다. 그 가운데는 남아시아계 주민들의 권익을 위해 활동하는 CAAAV도 포함돼 있었다. 조란이 만난 사람들 가운데 세입자 정치활동위원회Tenants PAC: Tenants Political Action Committee를 이끌던 관록 있는 시민운동가 마이크 맥키Mike McKee는 2022년 이후 건물주에게 우호적인 정책을 펼치는 애덤스 시장을 일관되게 비난해 온 인물이다. 또한 조란은 뉴욕에서 가장 오랜 역사를 지닌 빈곤퇴치운동 기구인 커뮤니티 서비스 협회Community Service Society와도 만났다.

2025년 시장선거에 나선 조란 맘다니의 핵심 공약은 '4년간의 임대료 동결'이었다. 이는 그동안 DSA가 여러 풀뿌리 시민단체와 협력하여 펼쳐 온 활동을 한마디로 집약한 공약이었다. 재선에 도전하는 애덤스 시장의 이 문제에 대한 입장에도 변화가 있었다. 그는 지난 재임기간 3년 동안 임대료조정위원회가 제출한 각각 2.25%, 3%, 2.75%의 인상안을 별다른 이견 없이 받아들였으나 임기 마지막 해인 2025년 6월에는 위원회 측에 "인상폭을 최대한 낮춰 줄 것"을 요구하고 나섰다.

그럼에도 불구하고 위원회가 또다시 3% 인상안을 확정하자, 애덤스는 이를 위원회의 '독립적인 판단'이라며 자신과는 거리를 두면서도, 자신이 임명한 위원들에 의해 내려진 이 결정에 대해 "실망스럽다"고 말하는 등 오락가락하는 모습을 보였다. 시청은 또 보도자료를 통해 "임대료 동결이라는 정책이 듣기에는 매력적이지만, 근시안적이고 잘못된 정책이며, 장기적으로는 세입자를 곤경에 빠뜨릴 것"이라는 논평도 내놓았다.

조란은 예비선거 과정에서, 임대료조정위원회가 3월 말에 발표한 통계자료를 들며 2022년에서 2023년 사이에 임대료 규제 주택을 소유한 건물주들의 수익이 12%나 늘어났다고 강하게 지적했다. 애덤스 시장이 임대료 규제 주택을 소유한 사모펀드 투자자들과 부동산 투기세력을 옹호하는 동안, 맘다니는 그 안에 실제로 거주하는 250만 명 세입자들의 입장에서 목소리를 낸 것이다.

맘다니는 선거운동 첫날부터 임대료 동결 문제를 선거의 핵심 쟁점으로 부각시켰다. 그리고 예비선거 결과는 이러한 그의 전략이 통했음을 입증해 주고 있다.

● ● ●

뉴욕주 의회 의원으로서 두 번째 임기를 시작한 맘다니는 마이클 지아나리스Michael Gianaris 주 상원의원과 손을 잡았다. 아스토리아를 지역기반으로 하는 지아나리스는 원래 아라벨라 시모타스의 우군이었으나 이제는 맘다니의 든든한 협력자로 함께하게 되었다. 이 두 민주당 정치인은 뉴욕시민을 위한 '무료버스 시범 프로그램'이라는 정책을 내놓았다. 2024년 9월, 이들 두 사람은 진보성향 매체인 〈더 네이션〉에 공공기고문을 발표하여 이 정책의 필요성과 당위성을 설명하면서, 진보적인 시장이 이끄는 두 도시, 즉 미셸 우Michelle Wu 시장이 이끄는 보스턴과 퀸턴 루카스Quinton Lucas 시장이 이끄는 캔자스 시티에서 이미 유사한 정책이 시행되고 있음을 강조했다. 맘다니와 지아나리스는 자신들의 이러한 정책제안의 결과에 대하여 "큰 울림을 준 성공"이라고 자평했다.

이 발표는 단지 두 사람이 자신들의 존재감만을 드러내기 위한 허황된 자기 자랑이 아니었다. 2023년 여름부터 1년에 걸쳐 뉴욕주 의회는 각 자치구*별로 버스노선 하나씩 선정하여 승객들이 무료로 이용할 수 있도록 하고 이를 위해 예산을 지원하는 사업을 실시했다. 뉴욕대중교통국이 보고한 바에 따르면, 이러한 무상교통 정책 시행 결과 승객수가 크게 늘어났고, 특히 매회 2.90달러를 지불해야 하는 버스요금조차 부담스러웠을 연소득 28,000달러 미만의 저소득층 이용객의 증가가 가장 두드러졌다.

한 운수노조 관계자는 "버스기사에 대한 폭행사건의 50% 정도는 버스 내의 요금함을 털려다가 일어난다. 무상교통에 의해 버스에 요금함이 아예 사라지면 기사들은 훨씬 안전한 환경에서 일할 수 있다"고 말한 바도 있다. 맘다니와 지아나리스의 정책제안은 버스 이용자는 물론이고 버스 관련 종사자들로부터도 높은 지지를 받았다.

〈더 네이션〉지에 실린 관련 기사를 보면, 조란의 이름이 여러 명의 공동필자들 가운데 맨 앞에 있다. 이는 정책을 수립하고 추진하는 과정에서 조란의 역할이 컸음을 말해 준다. 이 기사는 "서민들이 느끼는 대중교통 요금에 대한 부담감은 그들이 겪는 생존의 위기를 보여 주는 또 하나의 사례"라고 지적하면서, "뉴욕시민의 50%가 삶의 최소한의 필요조차 충족시키는 데 어려움을 겪고 있다"고 주장한 유나이티드 웨이United Way의 보고서 링크를 연결시켜 놓았다.

카멀라 해리스나 척 슈머 또는 하킴 제프리스 같은 민주당의 주요 정치인들과는 달리, 조란은 2024년 여름과 초가을에 걸친 기간 동안 노

---

* 미국의 각 주마다 카운티라는 하부 행정 단위가 있지만, 뉴욕시는 특정 카운티에 속하지 않는 5개의 자치구가 존재한다.

동계층이 피부로 느끼고 있는 문제들을 주의 깊게 살피고 있었다. 민주당을 대표한다는 지도자들이 바이든 정권하에서 경제의 내실이 튼튼해졌다고 자화자찬하는 동안, 맘다니는 민주당 지도부가 애써 외면하고 있는 서민들 일상의 고통에 주목했다.

2024년 9월 말, 에릭 애덤스 시장이 기소되자 맘다니는 〈데모크라시 나우!Democracy Now!〉라는 뉴스 프로그램에 출연하여 진행자인 에이미 굿맨Amy Goodman에게 이 사건에 대한 자신의 솔직한 생각을 이야기했다. "10만 달러 이상의 뇌물을 받은 혐의를 받고 있는 바로 그 뉴욕시장이 고작 '2.90달러의 지하철요금을 내지 않았다'는 이유로 시민들 네 명에게 총격을 가한 경찰관들을 옹호하고 있습니다." 머지않아 뉴욕시장 예비후보가 될 이 정치인은 고위층의 부패와 치안 문제 그리고 불평등 문제를 이렇게 연결 지으면서, 생계비 부담 완화 공약을 다듬어 나갔다.

10월 23일은 조란이 공식적으로 시장선거에 뛰어든 날이었다. 이날 그는 에이미 굿맨과 공동진행자인 후안 곤잘레스Juan Gonzalez와 가진 인터뷰에서, 임대료 동결 정책과 함께 "무상 대중교통을 뉴욕 전역으로 확대하고, 아울러 버스의 이동 속도도 향상시킬 것"이라고 공언했다. 맘다니와 지아나리스가 〈더 네이션〉에 기고한 기사에서는 버스의 속도를 높이는 문제에 대해서는 언급하지 않았다. 그러나 맘다니는 예비선거 과정에서, "길게 늘어선 승객들이 버스에 탑승하면서 주머니를 뒤져 구겨진 지폐를 펼치고 동전을 찾아내 요금을 투입하는 동안 버스는 멈춰 서게 되는데 그것이 버스 운행시간 지연의 가장 큰 원인"이라고 여러 번 지적했다.

맘다니가 굿맨과 곤잘레스와의 인터뷰에서 밝힌 세 번째 공약은 "생후 6주부터 5세까지의 아동에 대한 무상보육"이었다. '무상 공공보육'은 2021년 민주당 시장 예비선거 당시 진보성향의 후보였던 마야 와일리Maya Wiley도 주요 공약으로 내놓았던 적이 있었다. 오랜 기간 시민운동 진영에서 활동해 온 와일리는 디블라지오 시장 당시 관련 직책을 맡으면서 뉴욕시 공립학교들에 유치원 취학 전의 4세 아동에 대한 무상보육을 시행하도록 하여, 부모들이 부담해야 했던 양육비를 수천 달러씩 절감해 준 적이 있었다.

디블라지오 시장은 두 번째 임기 들어서 이 정책을 3세 아동까지 확대하려고 애를 썼다. 그러나 그 뒤를 이어 시장에 당선된 애덤스는 재선 임기가 시작될 때까지도 이를 확대하는 데 소극적이었다. 반면 맘다니는 더욱 포괄적인 보육정책을 추진하여 어린 자녀를 둔 부모들의 양육비 부담을 크게 줄여 주겠다고 약속하고 나섰다.

선거 레이스 첫날부터 조란의 공약이 지향하는 바는 분명했다. 임대료를 동결하고, 버스를 무료로 좀 더 빠르게 운행하며, 보편적 보육 시스템을 확대하여 살기 편한 도시를 만들기 위해 온 힘을 다하겠다는 것이었다. 이는 "임대료 동결, 무상 교통, 보편적 육아"라는 한 줄의 구호로 요약할 수 있었다. 맘다니의 자원봉사자들 한 사람 한 사람은 이 세 마디의 공약을 수백 번은 외쳤을 것이고, 각자가 외친 횟수를 모두 합치면 수백만 번쯤은 될 것이다. 그렇게 이 세 마디의 공약은 강렬하게 대중을 사로잡았다.

조란 캠프는 예비선거 기간 내내 '조란을 뉴욕시청으로ZohranforNYC. com'라는 이름의 웹사이트를 운영하며 조란의 폭넓은 정책 구상을 쉽게 확인할 수 있도록 했다. 그의 주요 공약 가운데는 예비선거 기간에 유권자들에게 충분히 설명할 기회를 갖지 못했던 공약들도 있었다. 지역사회안전국DCS: Department of Community Safety을 설치하겠다는 공약도 그 가운데 하나이다.

조란의 구상은 강력범죄와 재산 관련 범죄에 대한 관할권을 갖고 있는 뉴욕경찰과는 관계없는 것이었다. 신설되는 지역사회안전국은 주민들이 자주 겪게 되는 다양한 반사회적인 행위에 대한 대응을 전담하게 한다는 것이었다. 그러나 이른바 기득권 세력은 형사사법체계를 근본적으로 뒤흔드는 듯 보이는 변화의 기미를 매우 불편하게 생각하기 마련이다. 〈뉴욕 포스트〉나 쿠오모를 비롯한 조란의 반대세력들은 과거 조란이 "경찰 예산 삭감"을 지지했다는 점을 들춰내며 반복해서 조란을 공격했다. 그러나 사실 조란의 공약 가운데 경찰 예산 삭감을 암시하는 공약은 없었다.

조란 캠프는 공식 웹사이트를 통해, 지역사회안전국의 역할은 "공중보건 문제를 안전의 차원에서 다룬다는 것"이라고 밝혔다. 예를 들면, 지역사회 주민들의 정신건강을 관리하는 보호사 제도를 운영하고, 이들 보호사는 일정한 자격과 면허를 가진 의료 전문가들의 감독을 받도록 하는 방안 같은 것이다. 물론 증오범죄나 젠더문제에 기반을 둔 범죄를 다루는 치유 프로그램을 운영할 수도 있을 것이다. 사실 이와 비숫한 공약은 티파니 카반이 2019년에 퀸스 지방검사직에 도전하면서 이미 내놓은 바 있고, 조란의 공약은 당시 티파니의 구상을 좀 더 정교하고 체계적으로 다듬은 것이었다.

2025년 4월, 맘다니는 지역사회안전국 구상에 관하여 이렇게 설명했다.

"우리가 목표하는 공공의 안전을 '실제로' 확보하려면 무엇을 해야 하는가를 고민하고 있습니다. '공공안전'이라는 말을 자주 입에 올리지만, 막상 구체적인 방안을 찾아보려 하면 결국 이미 여러 해 동안 거론돼 왔던 아이디어와 별로 다르지 않은 수준에서 머무르게 됩니다. 여기에는 일종의 '뉴욕 예외주의'가 작동하고 있습니다. 다른 지역에서 이미 성공을 거둔 사례가 있다고 해도, 우리는 '그게 여기서는 안 통해. 여기는 뉴욕이야. 뭔가 독특한 다른 방안이 필요해.'라고 생각하는 경향이 있습니다. 이것은 뉴욕을 진정 특별하게 여기는 사고방식이라기보다는 특별함을 내세워 변화를 피하는 것에 불과합니다."

사회적으로 큰 반향을 일으켰던 《경찰의 종말The End of Policing》을 쓴 알렉스 비탈Alex Vitale은 줄리아니와 디블라지오 시장 시절 뉴욕경찰국장을 지낸 빌 브래튼Bill Bratton이 다른 도시 경찰당국이 시민들의 '삶의 질'이라는 문제를 어떤 식으로 다루는지 전혀 관심이 없었다고 말한다. 다른 도시 경찰당국이 징벌이 아닌 다른 수단을 동원하는 전략을 추구하는 동안에도 빌 브래튼은 유리창이 깨진 자동차를 방치하면 그 지점을 중심으로 범죄가 확산된다는 이른바 '깨진 유리창 이론'을 신봉하며 모든 형태의 무질서에 대하여 강경한 소탕작전으로 맞섰다. 이 과정에서 강경 소탕과 엄벌의 결과가 경미한 잘못을 저지를 사람들의 삶에 어떤 영향을 미치게 될지에 대해서는 큰 관심이 없었다.

2025년 2월에 알렉스 비탈이 뉴욕시 의회의 공공안전위원회에 출석해서 설명한 것처럼, 인근 한 지역의 사례는 전통적인 치안유지 방식과는 다른 대안이 성공할 수 있음을 보여 주고 있다. 뉴저지주 최대 도시인 뉴어크의 라스 바라카Ras Baraka 시장은 지역사회 정신건강 프로그램을 몇 년째 시행하여 강력범죄를 극적으로 줄일 수 있었다. 이는 맘다니가 구상하는 지역사회안전국과 비슷한 것이었다.

"우리는 전국의 수많은 도시의 사례를 살펴보면서 뉴욕시에 도입해 볼 만한 공공안전 계획을 구상했습니다." 조란은 이렇게 말하며 잘못된 '뉴욕 예외주의'를 일축했다. 알렉스 비탈은 뉴어크뿐 아니라 볼티모어, 미니애폴리스, 앨버커키, 로스앤젤레스 등 많은 도시에서 맘다니가 구상한 것과 비슷한 기관을 설치하여 운영하고 있다고 설명한다.

조란은 필자와의 대화에서 뉴어크의 라스 바라카 시장이 연방 이민세관단속국ICE: Immigration and Customs Enforcement의 단속활동에 맞선 것을 높이 평가했다. "나는 '온건한 방식으로는 극단주의적인 행위에 맞설 수 없다'는 바라카 시장의 말을 자주 되새깁니다."라고 조란은 말했다. 2025년 5월 초에 맘다니는 동료이자 경쟁자인 브래드 랜더와 DSA 출신 시의원 알렉사 아빌레스, 티파니 카반, 그리고 감사원장 후보인 저스틴 브래넌과 함께 한 집회에 참석했다. 뉴어크에서 이민세관단속국 구금시설 앞에서 항의시위를 하다가 연행된 바라카 시장의 체포를 규탄하는 집회였다. 조란은 자신이 시장에 당선되면 뉴욕시는 이 기관의 활동에 더 이상 어떠한 협조도 하지 않을 것이라고 약속했다.

존 캐치매티디스John Catsimatidis는 누구나 알 법한 이름은 아닐지 모른다. 그러나 뉴욕 정치무대에서는 수십 년간 활동한 거물급 인사로 통한다. 그는 그리스 출신 이민자로 맨해튼에서 슈퍼마켓 사업에 성공해 부를 축적했고, 이후 부동산 투자로 억만장자가 되었다. 지금 그의 주요 재산목록 가운데는 브루클린의 정유시설과 WABC 라디오도 포함되어 있다.

캣츠(존 캐치매티디스의 애칭)는 오랫동안 공화당 소속으로 활동해 왔으나 당 내에서 특별한 추종세력을 거느리고 있는 사람은 아니다. 이는 그가 2013년 시장선거 당 내 예비선거에서 조 로타에게 패한 것만 봐도 알 수 있다. 그러나 〈뉴욕 포스트〉는 그의 단축번호를 저장해 놓을 정도로 그와 각별한 관계를 유지했다. 루퍼트 머독이 지배하고 있는 이 언론사는 슈퍼마켓 주인 출신의 이 거물급 자산가가 자기 소유의 라디오방송 프로그램 〈캣츠 라운드테이블Cats Roundtable〉에 출연해 수시로 내뱉는 과장된 주장을 가져다 기사에 인용하곤 했다. 그는 또 뉴욕 경찰의 고위인사들과도 특별히 가깝게 지내고 있었다.

예비선거 기간 내내 조란이 기세를 올리자 캣츠는 뉴욕시 5개 자치구에 각각 뉴욕시가 운영하는 공공슈퍼마켓을 두겠다는 조란의 공약에 대해 강력한 반대의사를 표했다. 조란이 주 하원의원으로 당선된 지역구에는 미국 최대 규모 공공주택단지인 롱아일랜드 시티의 퀸스브리지 하우스Queensbridge Houses도 포함돼 있다. 지역주민들을 위해 일하는 활동가들은 그곳 주변을 '식료품 사막food desert'이라고 부를 정도로 신선한 농산물 공급이 많이 부족한 곳이다. 이런 곳에 시에서 운영하는 공공슈퍼마켓이 들어서면 임대료와 유통비용을 낮춰 모든 식자재를 저렴하게 제공할 수 있다는 것이 조란의 구상이었다.

예비선거 마지막 주에 이르자, 〈뉴욕 포스트〉는 "억만장자 존 캐치매티디스, 사회주의자 조란 맘다니 당선 시 그리스티드Gristedes 체인 폐쇄 경고"라는 제목의 기사를 냈다. 머독이 소유하고 있는 다른 매체들도 이를 대대적으로 보도했다. 그러나 캣츠의 이러한 협박은 소셜미디어에서 심한 조롱을 받았다. 그리스티드나 같은 계열의 다고스티노D'Agostino 모두 소비자들의 평판이 좋은 슈퍼마켓 체인은 아니었기 때문이다.

캐치매티디스는 20개가 넘는 대형매장을 운영하고 있는데, 이들 대부분은 맨해튼에 몰려 있다. 그리고 맨해튼 내의 모든 매장은 110번가 아래쪽에 위치해 있다. 110번가는 그 위쪽으로 저소득층 주민이 많이 거주하는 지역의 경계점이다. '자유시장경제' 체제 안에서 거둔 성공으로 억만장자가 된 그로서는 지금의 시점에서 굳이 저소득 노동자계층을 상대로 상품을 팔기 위해 최선을 다해 노력해야 할 사업적 '필요성'을 전혀 느끼지 못했다. 낮은 곳을 살피고자 하는 맘다니의 공약은 이러한 빈틈을 효과적으로 메울 수 있을 것이다.

이스라엘-팔레스타인 문제만큼은 아니지만, 시에서 공공슈퍼마켓을 운영하겠다는 조란의 발상은 거센 분노를 불러일으켰으며, 결과적으로 유권자들에게 다른 공약을 홍보할 수 있는 기회는 크게 줄어들었다. 그러나 맘다니는 시민운동단체인 '차야'에서 활동했던 경험을 토대로 생애 첫 주택 구입자와 장기 주택 소유자 모두에게 도움이 될 만한 여러

가지 아이디어의 공약을 발표했다.

맘다니 후보는 브루클린 자치구장 안토니오 레이노소Antonio Reynoso 그리고 시의원 치 오세와 함께 베드 스타이의 본 킹 파크에서 기자회견을 열었다. 이 자리에서 그는 증서사기예방국Office of Deed Theft Prevention 설치 공약을 발표했다. 증서사기란 이 지역에서 집을 보유하고 있는 흑인들을 상대로 자주 벌어지는 사기 범죄로, 이로 인해 부당하게 집의 소유권을 빼앗기는 사례가 많았다. 그러나 이 기자회견에 나타난 기자들은 그렇게 많지 않았다. 그럼에도 불구하고 〈암스테르담 뉴스Amsterdam News〉 등 몇몇 현지 매체들이 이를 보도했고, 조란이 자신들의 고통에 관심을 기울이고 있다는 사실이 고령의 흑인 유권자들 사이에서도 알려지게 되었다.

다른 모든 후보와 마찬가지로 맘다니도 대규모 신규 주택단지 건설을 통해 저렴하고 질 좋은 주택을 많이 공급하겠다는 약속 또한 내놓았다. 이 공약의 세부 내용을 다듬는 데는 민주사회운동 계열의 주택 전문가인 시아 위버Cea Weaver가 큰 역할을 했다. 조란의 공약은 앞으로 10년에 걸쳐서 20만 호의 주택을 공급하겠다는 것이었다. 이는 다른 후보들에 비하면 겸손하다고까지 말할 수 있는 수치였다. 자유주의 성향의 젤너 마이리Zellnor Myrie는 신규건설과 보존물량*을 포함해서 100만 호 공급을 약속했고, 억만장자인 휘트니 틸슨Whitney Tilson은 200만 호를 공약했다.

---

* 시에서 낡은 주택의 대대적인 수리 비용이나 리모델링 비용을 지원해 주는 대신 임대료를 마음대로 올리지 못하게 하는 정책의 영향을 받는 주택

예비선거 선두주자 쿠오모의 주택정책은 많은 이들의 관심을 끌었지만, 그에 관련된 작은 스캔들이 적지 않은 내상을 입혔다. 4월 13일 일요일 밤, 뉴욕의 인터넷 독립 뉴스매체인 〈헬 게이트Hell Gate〉가 "앤드루 쿠오모의 주택정책, 챗GPT가 작성"이라는 제목의 기사를 보도한 것이다. 〈헬 게이트〉는 직원들로 구성된 노동조합이 주식을 소유하는 사원지주회사 형태로 운영되는 매체이다. 맥스 리블린 내들러Max Rivlin-Nadler와 크리스토퍼 로빈스Christopher Robbins 기자는 쿠오모가 발표한 총 29쪽으로 구성된 공약보고서에 관하여 "27쪽까지는 무난하다"고 하면서, 28쪽부터 크게 문제가 일어나고 있다고 전했다.

두 기자가 흥미진진하고 상세하게 보도했듯이, 마지막 두 쪽은 오타와 정체불명의 외계어 같은 기호들, 그리고 챗GPT에 의해 작성된 것이 분명해 보이는 내용으로 가득 차 있었다. 두 기자는 쿠오모의 공약을 담은 문서의 마지막 부분이 사람이 작성한 것이 아니라고 자신 있게 단정 지었다. 그도 그럴 것이 각주마다 달린 URL 링크가 해당 AI 업체의 이름으로 끝나고 있었기 때문이다. 쿠오모 캠프의 리치 아조파르디Rich Azzopardi 대변인은 처음에는 말도 안 된다는 듯이 챗GPT는 단순 참고용으로 사용했을 뿐이라고 일축했지만, 나중에는 이 어처구니없는 실수는 캠프 고문이 저지른 것이라며 그 사람의 실명까지 공개했다.

당시 뉴욕시의 심각한 주택 부족 문제를 진지하게 다루려는 후보는 없었으며, 표를 의식하여 진지하게 다루는 시늉이라도 하는 후보도 없었다. 후보자가 난립하여 선거전 자체가 어지러웠고, 저렴한 주택을 보급한다는 것은 워낙 복잡한 문제였기 때문이다.

3월 초에 접어들자 조란의 행보는 더 대담해졌다. 다른 매체도 아닌 〈뉴욕 포스트〉와 인터뷰를 가진 것이다. 이 도발적인 후보는 〈뉴욕 포스트〉가 자신과의 인터뷰를 어떻게 이용할지 잘 알고 있었다. 예상대로였다. 이 매체는 "사회주의자 뉴욕시장 후보, '무상복지' 위해 법인세 인상 추진"이라는 제목을 뽑았다. 이 기사를 읽고 분노와 경악을 금치 못하는 사람도 있었겠지만, 오히려 맘다니에게 흥미를 느끼는 독자도 생겼을 것이다.

이후 맘다니는 진보적인 성향의 유튜브 채널 운영자인 잭 코키아렐라Jack Cocchiarella와 인터뷰하며 이렇게 말했다. "우리는 〈뉴욕 포스트〉와의 인터뷰에서 다른 사람들에게 했던 것과 똑같은 말을 했습니다. 일각에서 '급진적 사회주의의 유토피아'라고 말하는 뉴저지주가 수익성 높은 기업에 부과하는 정도의 법인세를 부과할 겁니다. 그 돈을 뉴욕시민들의 삶을 개선하는 데 사용할 겁니다." 가든 스테이트Garden State*를 '급진적 사회주의의 유토피아'라고 재치 있게 비유한 것은 소셜미디어에서 큰 화젯거리가 되기도 했다.

조란은 또 연소득 100만 달러 이상의 고소득자에 대한 세율을 인상하겠다고 발표했다. 블룸버그닷컴Bloomberg.com이 보도한 바에 따르면 이 범위에 해당하는 고소득자는 2022년 기준으로 34,000~35,000명 정도였다. 뉴욕시 전체 인구가 850만 명 정도임을 감안하면 극히 미미

---

* 뉴저지주의 공식 별칭

한 규모이다. 그럼에도 불구하고 〈뉴욕 포스트〉와 〈뉴욕 타임스〉는 조 란이 부유층을 무자비하게 압박한다는 투의 기사를 여러 번 반복해서 내보냈다.

그러나 법률상으로는 뉴욕시가 주민들에 대한 법인세율이나 소득세율을 인상할 권한이 없다. 세율은 주의회의 승인을 받아야만 조정할 수 있다. 민주당 출신의 중도우파 성향의 캐시 호컬Kathy Hochul 주지사는 고액연봉자와 자산가에 대한 증세안에 대해서 예외 없이 거부권을 행사하겠다고 공언하고 있는 상황이었다. 2025년 7월 말 당시 호컬 주지사는 맘다니에 대한 지지를 선언하지 않은 상태였다.

본선 레이스가 시작된 후에도 경쟁 후보들은 물론 조란에게 적대적인 언론들은 재원 마련이 어렵다는 이유로 무상 교통, 보편적 보육, 공공슈퍼마켓 등 조란의 핵심 공약들을 일축해 버렸다. 마침 당시는 시청에서 다음 해 예산을 확정하기 위한 논의를 본격적으로 벌이는 시기였다. 2025년 7월 1일에 시작하는 뉴욕시의 새 회계연도 예산은 총 1,150억 달러를 넘기고 있었다. 이는 뉴욕시보다 인구가 400만 명이나 더 많은 일리노이주 예산의 두 배에 이르는 규모였다. 맘다니는 이 막대한 예산을 지혜롭게 재분배하면 자신의 공약을 무리 없이 실천할 수 있다고 자신했다.

2013년 선거에서 빌 디블라지오는 부유층에게 세금을 좀 더 부과하여 유치원 취학 전 아동에 대한 보편적 보육 예산을 마련하겠다고 공약한 바 있었다. 이에 대해서 상위 1% 부유층의 친구로 공공연하게 알려져 있던 앤드루 쿠오모 당시 주지사는 예산을 내부에서 재할당하면 굳이 부자증세를 하지 않아도 이 보편적 보육 정책을 무리 없이 추진할 수 있다고 반박한 적이 있다. 디블라지오도 2025년에 말했지만, 당시 뉴욕의 부자들은 트럼프의 부자감세 정책으로 막대한 이득을 덤으로 챙기고 있었다. 이들은 뉴욕시장 선거에서 쿠오모가 승리할 것이라는 그릇된 낙관에 사로잡혀 있었다.

그러나 8월 초에 이르러 맘다니는 본선 레이스에서도 승기를 잡기 시작했다. 그러자 2026년 주지사 선거에서 재선을 노리고 있던 호컬 주지사로서는 맘다니 후보의 초부유층에 대한 증세 공약을 지지해야 한다는 부담감을 느낄 수밖에 없게 되었다.

● ● ●

조란의 2025년 선거 과정을 살펴보기 전에 미리 확인해 두어야 할 사항이 몇 가지 있다.

1. 뉴욕시는 이른바 8 대 1 매칭펀드라고 불리는 매우 넉넉한 선거 자금 공적지원제도를 운영하고 있고, 그 내용은 대체로 다음과 같다.
- 개인이 후보에게 250달러 이하의 기부금을 내면 주정부가 기부금액의 8배에 해당하는 금액을 후보에게 추가 지원해 준다. 그러므로 최소 기부금액인 10달러를 기부하면 후보는 90달러를 모금한 것과 같은 효과를 누리게 된다.
- 개인이 기부할 수 있는 최대 한도는 2,100달러이다. 이 경우 기부자가 뉴욕시에 거주하고 있을 경우 기부액 가운데 250달러에 대해서는 8 대 1 매칭펀드 규정이 적용된다. 그러므로 누군가로부터 2,100달러를 기

부받았을 경우 후보는 4,350달러의 자금을 확보할 수 있다.

- 후보가 이러한 선거자금 공적지원제도의 혜택을 받으려면 1,000건 이상, 총액 기준 25만 달러 이상의 개별 기부를 받아야 한다.
- 이때 기부자는 반드시 자신의 직장 또는 고용주를 명시해야 한다.
- 후보 선거자금의 수입과 지출은 뉴욕시선거자금위원회New York City Campaign Finance Board의 감독을 받는다.

2. 2021년부터 뉴욕시는 순위별 선호투표제를 도입하여 시행하고 있다.

- 유권자는 후보들 가운데 자신이 가장 선호하는 후보를 1순위부터 5순위까지 구별하여 투표용지에 기재한다. 5명 미만을 택하여 기재하더라도 유효하다.
- 후보자들이 서로 제휴하여 자신의 지지자에게 특정 제휴 후보를 2순위로 지지해 달라고 호소할 수 있다.
- 선출직 공직자, 노동조합, 시민단체 등은 필요한 경우 특정 후보를 1순위로 명시하지 않은 채 복수의 지지후보군을 발표할 수 있다. 이후 선거 레이스가 진행되어 감에 따라 이들 지지후보군 내에서 특정 후보를 최우선 지지 대상자임을 밝힐 수 있다. 이 책에서는 조란이 다양한 단체나 정치권 인사들로부터 단계적으로 1순위 지지를 받게 되는 시점에 관하여만 언급할 것이다.

3. 앞으로 이 책을 읽어 가면서 이해를 돕기 위해 다음 내용들도 미리 알려 두어야 할 것 같다.

- 맘다니가 예비선거에서 승리하는 과정에서 전국 규모의 언론이 맘다니에 대해 어떻게 보도했는지 앞에서 몇 차례 소개했다. 6월경 맘다니의 지지율이 크게 올라가면서 전국 규모의 많은 언론들이 그에게 주목하며 더 많은 기사를 쏟아 냈지만, 이제부터는 뉴욕 지역언론의 동향에 더 비중을 두어 소개하려 한다. 나는 이 책에서 뉴욕시 유권자들이 어떤 정보를 어떻게 포착하여 맘다니를 향해 결집하게 되었는지를 다루고 싶다. 전국적인 언론이나 국제적인 언론의 보도도 뉴욕시민들의 표심에 어느 정도 영향을 미쳤겠지만, 후보자가 선거에서 이기려면 뉴욕시 5개 자치구에서 지지도를 높여야 한다.

- 지금까지 나는 〈뉴욕 타임스〉나 〈뉴욕 포스트〉 등 주요 매체들의 기사를 다룰 때 그 기사를 작성한 기자의 이름을 밝히지 않은 경우가 많았다. 이는 조란에 대한 비판적인 기사 상당 부분은 기자의 독자적인 판단보다는 언론사 고위 편집진이 설정한 방향에 기자들이 싫든 좋든 따라간 기사라고 판단했기 때문이다.

자, 이제 이야기를 본격적으로 풀어가 보기로 하자.

6

빠른 출발

2025년 민주당 예비선거에 임한 조란과 그 측근들은 초기에는 정치적으로 타격을 입고 있는 현직 시장을 자리에서 내려오게 하는 데 역량을 집중했다. 오래전부터 떠돌던 에릭 애덤스 시장의 부패 문제에 관한 소문은 2024년 9월 말에 이르러서는 현실로 드러나기 시작했다. 연방검찰은 애덤스 시장에게 뇌물 수수와 선거자금 관련 위반 혐의가 있다며 5개 항에 이르는 공소장을 발표했다. 검찰에 따르면 애덤스의 범죄행위가 시작된 시점은 그가 브루클린 자치구 구청장으로 재임하던 시절(2014~2021)부터이며, 시장 재임 내내 계속되었다. 뉴욕 남부지역 수석검사인 데미안 윌리엄스Damian Williams는 그가 튀르키예 정부 관계자들로부터 불법적인 이익을 취하고, 그 대가로 유엔본부 인근에 새로 지은 튀르키예 영사관 건물에 대한 소방 점검을 생략하도록 허락했다고 했다.

뉴욕시 조사국의 책임자인 조슬린 스트라우버Jocelyn Strauber는 애덤스 시장에 의해 발탁된 인사임에도 불구하고 뉴욕 남부 검찰과 FBI에 적극적으로 협조했다. 스트라우버는 "애덤스 시장은 기소된 내용과 같은 불법행위로 선출직 공직자의 권위를 훼손했다"고 말했다. 뉴욕 남부지역 검찰의 이러한 기소가 유죄로 판명 날 경우 뉴욕시 역사상 처음으로 현직 시장이 형사처벌되는 사례로 기록될 수도 있었다. 이에 코르테스와 조란 등 DSA 소속 의원들을 포함한 약 40명 정도의 민주당 선출직 공직자들과 당 내 주요 인사들이 애덤스의 즉각 사퇴를 촉구했다. 실제로 이 사건으로 인해 행정부의 여러 고위인사들이 줄줄이 사퇴했지만, 애덤스는 시장직을 유지하며 버텼다.

뉴욕 남부지역 검찰이 애덤스를 기소하고 며칠 후, 조란은 〈데모크라시 나우!〉에 출연하여 진행자 에이미 굿맨과 대화를 나누며 이렇게 말했다. "뇌물을 10만 달러 이상이나 받았다는 혐의를 받고 있는 바로 그 시장이 지난주에 겨우 지하철 요금 2.9달러를 못 냈다는 이유로 뉴욕시민 네 명에게 총을 쏜 경찰관들을 칭찬하고 있습니다."라고 꼬집은 것이다. 이 유력한 젊은 후보는 모든 사안을 '생존을 위한 최소 비용' 관점에서 접근하며 자신의 공약을 정교하게 다듬어 가고 있었다.

조란이 굿맨과 공동진행자인 후안 곤잘레스와 대담을 나눈 것은 조란이 선거전에 공식적으로 뛰어든 10월 23일이었다. 이때 세 사람은 모두 애덤스를 몰아내는 것이 1차 목표라고 여겼다. 조란은 연방검찰의 기소에 철저하게 대응하겠다는 애덤스 시장의 말은 곧 "뉴욕의 노동자계층 시민들"을 기만하는 것이라고 언급했다. 애덤스는 기소 여부를 떠나 시민들의 요구에 부응해야 한다는 정치인의 기본 책무를 다하지 못하고 있다는 것이었다. 그러면서 조란은 뉴욕의 진정한 위기는 "생활비가 치솟고 있는 것"이라고 주장했다.

맘다니는 이어서 자신이 시장에 당선되면 임대료 동결, 무상교통 확대, 보편적 보육 서비스 등을 시행하겠다고 공언했다. 그때만 해도 당선 가능성이 그렇게 높아 보이지 않던 이 후보의 메시지는 선거 레이스를 시작하는 첫날인 10월 23일이나, 예비선거에서 승리가 확정된 6월 24일이나 한결같았다. 맘다니는 또 굿맨에게 자신이 민주사회주의의 전통을 충실하게 이어 가고 있다는 사실이 자랑스럽다고 힘주어 말했다.

진행자 후안 곤잘레스가 팔레스타인 문제에 관한 맘다니의 입장이 다른 시장 후보자들과는 확연히 다르다고 지적하며, 이것이 유권자들의 투표에 영향을 미칠 것임이 분명하다고 말하자, 조란은 "뉴욕시민의 세금으로 학살을 지원해서는 안 된다"는 자신의 주장을 다시 한번 확인했다. 이때 대담에서 조란은 방송시간 제약 때문에 현직 시장의 노골적인 친이스라엘 노선에 대해서 충분하게 비판하지는 못했다. 그러나 당시 방송을 듣던 청취자들은 팔레스타인 인권을 옹호하는 대학가 시위를 폭압적으로 저지하고 있던 뉴욕경찰을 애덤스 시장이 지지하고 있다는 사실 정도는 충분히 알고 있었을 것이다.

10월 23일에 〈가디언Guardian〉지에 실린 기사에서 조란은 에룸 살람Erum Salam 기자와의 인터뷰를 통해, 자신은 뉴욕 정치무대에서 투명인간 취급당하고 있는 유권자들을 공략할 것이라고 밝혔다. 이들 가운데 일부는 오랫동안 "뉴욕시 정치 시스템에 의해 박해를 받아 온 계층"이라고 말했다. 맘다니는 그 실제 사례로 자신이 지역기반으로 삼고 있는 아스토리아 선거구를 예로 들었다. 그는 9·11 테러 후 블룸버그 시장이 뉴욕경찰 내에 인구동향을 분석하는 별도 비밀조직을 만들어 스타인웨이 거리를 중심으로 생활하는 무슬림의 동향을 감시했다고 지적했다. 바로 그 지역을 대표하는 정치인이 그 지역 사람들을 대상으로 비밀조직을 만들었던, 바로 그 직책에 도전하려는 것이라고 맘다니는 말했다. 결국 맘다니의 뉴욕시장 당선은 지난 사반세기 동안 뉴욕시가 얼마나 변화했는지를 단적으로 보여 준다고 할 수 있다.

조란 캠프는 출마선언 바로 다음 날, 약 100초 분량의 매우 세련된 홍보 동영상을 발표했다. 허벅지까지 내려오는 흰색의 남아시아 전통 셔츠를 입은 조란이 아스토리아 주택가를 거닐며 자신의 주요 정책을 간결하게 설명하는 내용이었다. 자막에는 '조란 콰메 맘다니'라는 후보의 이름이 선명하게 적혀 있었다.

이 영상은 또 빠르고 강렬하게 애덤스 시장의 부패를 강조하는 한편, 팬데믹 당시 쿠오모 전 주지사의 모습을 보여 주고, 이를 조란의 활동적인 모습과 뉴욕시민들이 일상에서 겪는 고충을 담은 인터뷰와 교차시켰다. 케피예*를 쓰고 유모차를 밀고 있는 한 여성은 "저도 제 아이를 뉴욕에서 키우고 싶어요."라고 말한다. 조란은 영상에서 팔레스타인을 직접 언급하지는 않았지만, 케피예가 조란의 생각을 분명하게 시각적으로 전달해 주고 있다.

이 동영상의 구성과 대본은 선거본부장인 엘 비스가드 처치, 홍보 책임자인 앤드루 엡스타인Andrew Epstein, 미디어 전략가 모리스 카츠 등

---

* 팔레스타인의 저항에 대한 연대를 상징하는 체크무늬 스카프

과 함께 조란이 직접 구상했다. 제작은 카츠가 일하고 있는 민주당 전담 컨설팅업체인 파이트 에이전시Fight Agency가 맡았다. 이 영상이 제작된 후 정식으로 대중에게 공개되기 전에 뉴욕에서 자란 대학생 12명으로 구성된 평가단에게 먼저 보여 주자 그들의 반응은 매우 긍정적이었다.

롱아일랜드 시티에서 열린 출정 기념 파티에 참석한 배우 신시아 닉슨은 조란을 가리켜 "행동하는 인물"이라고 치켜세우며 힘을 불어넣어 주었고, 다양한 분야의 시민활동가들이 모여 힘을 보탰다. 브루클린의 방글라데시 무슬림 가정에서 자란 DSA 전국 공동의장인 아식 시디크는 "지난 며칠간 여러 사람들과 대화를 나눠 본 결과 그들 모두가 맘다니의 출마에 크게 고무되어 있다"며 분위기를 띄웠다.

펀자브계 시크교도이자 시민운동가로, 자신이 자란 퀸스 중부지역에서 2021년 시의원에 출마했다가 아쉽게 낙선한 바 있는 자슬린 카우르도 시디크와 비슷하게 말했다. 카우르는 "물가를 감당하지 못해 내가 사랑하는 이 도시를 쫓겨나듯 떠나고 싶지는 않습니다. 남아시아계 후보가 이 문제를 해결하겠다고 용기 있게 나서는 것을 보며 한껏 고무되어 있습니다."라고 했다. 브라이튼 비치의 파키스탄계 가정에서 태어나고 자라 지금은 브루클린에 거주하는 무슬림, 아사드 단디아도 자신이 조란을 지지하는 이유를 "나날이 치솟는 임대료에 지칠 대로 지쳐 있습니다."라고 한마디로 짧게 설명했다.

이와는 별도로 인스타그램에는 좀 더 축약한 동영상을 올렸다. 여기에는 히잡을 쓴 20대 여성이 등장하여 "조란은 팔레스타인 사람들을 위해 싸우는 몇 안 되는 정치인"이라고 말한다. 좀 더 가벼운 분위기 속에서 등장한 한 청년은 왜 조란을 지지하는지 묻는 질문에, "원래 3달러였던 할랄 치킨라이스 한 접시가 지금은 10달러나 돼요."라고 답한다. 흑인 민권운동가인 로자 파크스Rosa Parks가 그려진 티셔츠를 입고 등장한 이 유색인 청년은 "이게 말이 됩니까?"라고 반문하고, 이어서 조란은 이런 현상에 대해 '할랄플레이션halal-flation'이라고 명명한다.

이때 조란의 출정행사에 참여했던 이들 가운데 상당수는 8개월 후 조란 측이 개최한 더 큰 규모의 행사에 참가하기 위해 다시 롱아일랜드 시티로 모여들게 된다.

● ● ●

2024년의 대선과 연방의회 선거 이틀 전, 조란은 두 번째로 뉴욕 마라톤 대회에 참가했다. 그가 처음으로 이 대회에 참가한 것은 2022년이었다. DSA 출신으로 주 하원의원으로 활동하던 그는 당시에 "에릭 애덤스가 내 집세를 올렸다!"라는 문구가 적힌 티셔츠를 입고 뛰었었다. 그로부터 2년 뒤인 2024년 대회 때 조란이 입은 티셔츠 뒷면에는 "조란이 집세를 동결할 것이다!"라는 구호가 새겨져 있었다.

2024년 대회에 참가한 맘다니의 기록은 2년 전보다 25분이나 단축했음에도 불구하고 5시간 40분에 육박해 48,013위라는 별로 훌륭하지 않은 순위로 레이스를 마쳤다. 그럼에도 조란은 〈폴리티코〉가 발행하는 모닝 뉴스레터 서비스인 '뉴욕 플레이북New York Playbook'의 제프 콜틴Jeff Coltin 기자와 달리면서 가진 짧은 인터뷰에서, "이 대회에 참가한 뉴욕시장 후보 중에서는 내가 1등일걸요?"라고 웃으며 말했다.

출마선언과 동시에 〈데모크라시 나우!〉와 가진 인터뷰에서 공동진행자 후안 곤잘레스는 앤드루 쿠오모 전 지사가 이미 후보가 난립하고 있는 선거전에 뛰어들 가능성이 있다는 세간의 소문에 대해 질문했다. 그러나 맘다니는 애덤스 행정부가 뉴욕시 주거문제를 방치하고 있다는 점을 지적하는 데 집중했다. 쿠오모 전 주지사가 출마를 공식화한 것은 3월 초가 다 되어서였다.

그러는 사이 애덤스 시장은 트럼프의 백악관과 밀착하는 듯한 행보를 보였다. 쿠오모에 대한 민주당원들과 민주당 지지자들의 여론은 더욱 악화되었다. 실제로 애덤스 시장은 2024년 9월에 기소된 이후 트럼프에게 노골적으로 손을 내밀면서, 법무부가 자신을 부패혐의로 기소한 것은 그가 바이든 행정부의 이민정책을 공개적으로 비판한 것에 대한 보복이라고 여러 차례 주장했다. (그러나 이를 입증할 만한 증거는 제시하지 못했다.)

2024년 대선 국면에서 애덤스는 민주당의 카멀라 해리스 후보에 대한 지지를 선언하기는 했지만, 그녀의 당선을 위한 이렇다 할 노력은 하지 않았다. 또 대선이 코앞에 다가왔음에도 트럼프에 대한 어떤 비판적인 언급도 하지 않았다. 트럼프도 10월 말, 메디슨 스퀘어 가든 유세에서 애덤스 시장이 이민 문제에 관한 입장으로 인해 "매우 부당한 대우를 받고 있다"면서 애덤스가 내민 손을 잡아 주는 듯이 보였다.

트럼프는 2024년 대선 당시 뉴욕에서 31%의 지지를 받았는데, 이는 2020년의 24%에 비하면 크게 오른 성적이었다. 이에 대해 전문가들은 '공화당 돌풍'이라고 평가했다. 정치분석가들 사이에서는 1990년대만 해도 공화당원이었던 애덤스가 다시 당적을 옮겨 MAGA 진영 후보로 뉴욕시장 선거에 나설지도 모른다는 관측이 나왔다.

트럼프의 2024년 대선 승리는 조란에게는 소셜미디어에서 처음으로 큰 주목을 받는 계기가 되었다. 왜 일부 노동자계층 유권자들이 투표장에 나오지 않았거나 트럼프를 지지했는지에 관하여 전문가들이 책상에 앉아 분석하느라 애를 쓰는 동안, 조란은 거리에 나가서 직접 그 이유를 물어보았다.

조란은 퀸스 자메이카 인근의 힐사이드 애비뉴와 브롱크스 중부의 포덤 로드 두 곳을 택했다. 이 두 지역은 지난 두 차례 대통령 선거에서 우클릭 경향을 뚜렷하게 보여 준 지역이었다. 실제로 맘다니가 이곳에서 만난 상당수의 다양한 배경과 수준의 노동자계층 주민들은 자신이 트럼프에게 투표했다고 밝혔다.

'리틀 방글라데시'라고 불리는 자메이카에 거주하며 약사로 일한다는 한 중년 남성은 "내가 트럼프를 지지한 것은 더 이상 팔레스타인 형제들이 죽임을 당하지 않기를 바랐기 때문입니다."라고 말했다. 30대라고 밝힌 한 흑인 응답자와 중년의 남아시아계 남성, 그리고 나이가 좀 들어 보이는 중남미 계열의 여성은 "식료품 가격이 좀 내려가기를 바라는 마음으로" 트럼프에게 투표했다고 했다.

마흔이 넘지 않아 보이는 흑인 여성 두 명은 "주변의 많은 사람들이 팔레스타인 문제로 인해 해리스에게 투표할 마음이 없어져서 아예 투표장에도 나가지 않았어요."라고 전했다. 이들 두 사람과 또 다른 많은 사람들은 민주당이 민생과 직결되는 문제를 외면하고 있다고 비판했다. 이들 가운데 꽤 많은 사람들이 맘다니의 생활 밀착형 공약에 열렬한 반응을 보여 주었다.

맘다니는 이때 거리에서 유권자들을 만나는 장면을 담은 3분짜리 영상을 트윗했다. 이 영상은 이후 6개월 동안 250만 회 이상의 조회수를 기록했다. 11월 중순에 올라온 이 동영상에 대중이 폭발적인 반응을 보이자 민주당 주류의 흐름과는 약간 다른 결을 가진 미디어 분석가들이 맘다니를 주목하기 시작했다.

2020년, 버니 샌더스 대선 캠프에서 전국언론 담당 비서관으로 일했던 브리아나 조이 그레이Briahna Joy Gray는 맘다니의 이 동영상을 보고 "아주 대단하다"는 평가를 했다. 11월 말, 전직 MSNBC의 진행자였던 메디 하산Mehdi Hasan은 2024년에 자신이 직접 설립한 뉴스사이트 〈제테오Zeteo〉에 조란과의 인터뷰 영상 기사를 게시했다. 그는 조란이 거리에서 트럼프를 지지한 유권자들을 직접 만나는 장면을 먼저 보여 주고 나서 인터뷰를 시작했다. 그는 트럼프가 뉴욕에서 많은 지지를 얻은 것이 노동계급과 관련된 의제가 유권자들에게 외면받고 있음을 뒷받침해 주는 증거인지 물었다.

이 질문에 대해 맘다니는 이렇게 대답했다. "뉴욕시와 뉴욕주를 기반으로 활동하는 많은 정치인들은 좌파가 지역 통치그룹 내에서 어느 정도라도 지분을 가질 수 있을지에 관한 나름대로의 자기 견해들을 쏟아 내고 있습니다. 그러나 제가 직접 거리에서 시민들을 만나 보니, 경제에 관한 그분들의 고민과 우리 좌파진영의 경제에 관한 주장이 거의 맞닿아 있다는 사실을 알게 됐습니다."

맘다니는 트럼프의 선거공약에 대해 "진실성도 없고, 터무니없다"는 말로 일축하면서도, 장사꾼 출신의 이 후보는 가계물가를 팬데믹 이전 수준으로 되돌려 놓겠다고 공약했음을 유권자들에게 각인시키는 데는 성공했다고 평가했다. 반면 민주당 해리스 후보의 공약은 수시로 날아오는 고지서를 감당하기도 힘겨워하는 유권자들의 고통을 이해하고 있다는 느낌을 전혀 주지 못했다는 것이 맘다니의 진단이었다.

● ● ●

새해 첫날, 맘다니의 소셜미디어는 또 한 번 많은 사람들로부터 주목을 받았다. 이유는 그의 어떤 글이나 말 때문이 아니라, 문자 그대로 '풍덩' 뛰어들었기 때문이었다. 뉴욕에서 가장 역사와 전통을 자랑하는 겨울수영 클럽인 코니아일랜드 북극곰 클럽이 매년 1월 1일에 개최하는 해맞이 기념 수영행사에 직접 참가하여 코니아일랜드의 차가운 바다에 뛰어든 것이다.

지역 비영리 뉴스매체인 〈더 시티The City〉에서 하이디 추Haidee Chu 기자가 보도한 대로, 조란은 아스토리아의 중고의류 매장에서 30달러를 주고 구입한 짙은 회색 정장을 입고 현장에 나타났다. 그는 출발선에서, "저는 뉴욕시 차기 시장으로서 여러분의 임대료를 동결할 것을 약속합니다. 자세한 것은 함께 살펴보시지요!"라고 말하고 주저 없이 정장 차림으로 로어 뉴욕만의 푸른 물에 뛰어드는 파격 퍼포먼스를 보여 주었다.

다양한 연령대의 다양한 모습을 지닌 지역주민들이 차가운 물속에서 즐겁게 기분을 내는 동안, 그는 자신의 임대료 동결 계획을 자세하게 설명하며 즐거운 시간을 보냈다. 행사에 겨울수영을 즐기려고 모여든 사람들에게 임대료조정위원회는 관심 밖이었겠지만, 조란은 물에서 나와 몸을 닦으며 에릭 애덤스 시장이 임명한 위원회 위원들이 지난 3년 동안 임대료를 어떻게 올렸는지 간단히 설명하면서, 건물주이기도 한 시장이 "내가 곧 부동산이다"라는 황당한 발언을 했었다는 사실도 지적했다.

엉뚱하면서도 내용이 충실한 맘다니의 이 코니아일랜드 영상은 하이디 추 기자의 기사가 나오고 3주쯤 후까지 다양한 플랫폼을 통해 80만 회 이상의 조회수를 올렸다. 그는 이날 일에 대해서, "유머는 종종 사람들이 마음을 열고 당신의 이야기에 관심을 갖게 만드는 데 아주 효과적입니다."라고 말했다.

앤드루 엡스타인이 밝혔듯이 이 새해맞이 행사에 참가하겠다는 것은 맘다니의 아이디어였고, 현장에는 그와 엡스타인 두 사람만 갔다. 조란이 먼저 물에 뛰어들었다가 나온 후 앤드루가 물에 뛰어드는 동안 조란은 완전히 흠뻑 젖은 정장을 입은 채로 몸을 떨며 두 사람의 짐을 들고 서서 기다렸다고 한다. 이때만 해도 그는 당선 가능성이 높지 않은 후보였지만, 이날 이후 2025년 내내 그렇게 혼자 서 있을 일은 다시 없었다.

조란에 관한 영상이 소셜미디어에서 크게 주목받은 것은 이것 하나뿐이 아니었다. 하이디 추 기자는 조란과 트럼프 지지자들과의 거리 대화 동영상 말고도 브루클린 출신 코미디언 캐시 윌슨Cassie Wilson이 맘다니를 반대하는 시민 역할을 맡아 제작한 상황극 동영상도 보도했다. 맘다니는 또한, 두 명의 나이 많은 뉴욕시민이 한 명은 애덤스를 지지하고 한 명은 쿠오모를 지지하며 벌이는 말싸움에 자신이 끼어들어 토론을 벌이는 상황극 동영상을 제작해서 올리기도 했다.

정교한 원고를 바탕으로 했다기보다는 즉흥적으로 촬영되었다는 인상을 주는 게시물 가운데는, 이 민주사회주의 계열 후보가 푸드트럭 상인들을 찾아가 '할랄플레이션'에 관하여 묻는 동영상도 있다. 할랄플레이션은 물가 상승을 꼬집는 상징적인 용어가 되었다. 이러한 동영상을 활용한 기발한 캠페인이 진행되면서, 1월 중순에 이르러 조란은 선거 구도에 만만치 않은 영향을 미칠 주요 후보로 떠오르기 시작했다.

●　●　●

1월 초부터 조란은 선거자금위원회가 정한 마감시한에 맞춰서 뉴욕 전역을 누비면서 활발한 자금 모금활동을 벌였다.

뉴욕시가 후보의 선거자금을 보조해 주는 이른바 8 대 1 매칭펀드의 혜택을 받기 위해서는 최소한 1천 명 이상으로부터 25만 달러 이상의 자금을 모금해야 했다. 마감시한은 1월 11일 밤 11시 59분이었다.

조란이 모금을 위해 바쁘게 돌아다니는 동안, 앤드루 엡스타인은 자신의 단골 후원자들에게 연락하여 선거 동영상에 출연할 사람들을 섭외하고 있었다. 당국으로부터 매칭펀드의 지원금을 받기 전까지는 '조란을 뉴욕시청으로' 캠프는 매우 적은 비용으로 운영되는 영세한 조직이었다. 그러나 공적자금에 의한 선거비용 지원 제도가 조란 캠프의 숨통을 시원하게 뚫어 주었다. 충분한 액수의 선거자금을 모금할 여건이 되지 않는 후보들에게는 가능한 한 많은 기부자를 확보하는 것이 당연히 중요하지만, 조란의 사례에서 보듯 소셜미디어에서 크게 주목받는 것은 종종 자금 모금에도 큰 도움이 된다.

12월 중순경에 스태튼 아일랜드에 사는 어느 보석 디자이너가 조란에게 50달러를 기부했다.(매칭펀드 덕에 조란 캠프는 450달러의 자금을 확보하게 된다.) 재스민이라는 이름의 이 보석 디자이너와 그녀의 남편 맷은 앤드루 엡스타인의 요청에 응해 조란을 집으로 초대했다.

며칠 후, 조란은 페리 터미널 근처의 이들 부부와 초등학생 자녀 두 명이 사는 집을 방문했다. 이곳은 스태튼 아일랜드에서도 민주당 지지세가 강한 지역이다. 조란과 앤드루 그리고 영상제작팀 관계자 두 명이 함께 방문해 45분가량 시간을 보냈다. 아이들은 이 친근한 손님들과 금방 친해졌다고 한다. 맘다니 일행이 재스민의 집을 나서려 할 때, 이들 부부의 일곱 살 난 아들이 자기가 만든 레고 작품을 맘다니에게 선물했다. 흔히 실크해트라고 부르는 꼭지가 높은 신사용 모자를 쓴 뉴욕시장 모양의 레고였다. 조란은 아이의 큰 기대를 담은 이 선물을 인스타그램에 올렸다. 그리고 이날 촬영한 장면들을 소재로 제작한 선거운동 동영상을 1월 중순에 공개했다.

DSA 측과 시민운동가 그룹들의 열성적인 노력 덕분에 맘다니는 선거자금 공적지원 프로그램의 지원을 받기 위해 필요한 최소 기부자 수를 훨씬 넘는 많은 사람들로부터 기부를 받아 낼 수 있었다. 1월 10일 금요일부터 이틀 동안에만 1,800명 이상이 기부에 참여했고, 대부분은 20~50달러의 소액기부였다. 공적지원을 받기 위해서는 기부자들이 자신의 직업을 반드시 명기해야 한다. 이를 통해 캠프 관계자들은 맷과 같은 교육자나 재스민 같은 창의적인 직업군이 조란에게 열광하고 있다는 사실을 확인할 수 있었다.

맘다니가 출마선언을 한 직후부터의 활동을 담은 첫 번째 보고서를 선거자금위원회에 제출했다. 이 보고서에 의하면 맘다니는 8,300건의 기부를 받아 총 64만 달러 이상의 자금을 모금했는데, 이는 당시 예비선거에 참여한 다른 후보들과 비교하면 압도적으로 많은 액수였다.

1월 11일 밤에는 문을 연 지 얼마 되지 않은 공연장을 겸한 소규모 바인 선셋 스투프Sunset Stoop에서 모금행사를 열었다. 이곳은 라틴계와 아시아계 노동계층과 백인 주택소유자와 세입자들이 어울려 사는 지역이다. 2020년 이후에는 마르셀라 미타인스 주 하원의원과 알렉사 아빌레스 시의원 등 DSA 출신 후보 두 명을 당선시킨 곳이기도 하다. 이날 행사에서는 코니아일랜드에서 온 전문가가 칼을 삼키는 묘기를 보여주면서 흥을 돋우기도 했다.

하얀색 쿠르타를 입고 무대에 오른 맘다니는 장소 이름 때문에 진짜로 누구네 집 계단에서 행사가 열리는 걸로 착각했다고 농담을 던졌다.* 주로 30대 청년층이 많았던 참가자들 상당수는 DSA 관련 활동가들과 형사사법개혁 운동가, 교육 종사자들이었다. 그는 짧은 연설을 하고 나서 지지자들 사이로 들어가 함께 어울렸다.

맘다니는 그날 선셋 스투프에서의 행사에 앞서 인근 파크 슬로프에서 열린 모금행사에도 참석했다. 스스로 '대중교통 후보'라고 자처하는 그는 이때 두 장소를 잇는 B63번 버스를 타고 이동했다고 훗날 필자에게 밝혔다.

---

*   뉴욕, 특히 브루클린의 오래된 건물(브라운스톤) 입구에는 길거리와 현관을 연결하는 높은 돌계단이 있는데, 이를 스투프(Stoop)라고 부른다. 뉴욕 사람들에게 스투프는 단순히 계단이 아니라, 이웃끼리 걸터앉아 수다를 떨거나 맥주를 마시는 '동네 사랑방' 같은 상징적인 공간이다.

선셋 스투프 행사를 마친 조란은 또 다른 행사에 참석하기 위해 맨해튼으로 향했다. 조란은 〈헬 게이트〉의 크리스토퍼 로빈스와의 인터뷰에서 이때 있었던 일화를 소개해 주었다. "토요일 밤, 두 번째 행사를 마치고 세 번째 후원행사에 참석하기 위해서 지하철역에서 열차를 기다리고 있었어요. 그때 반대편 플랫폼에서 어느 여성분이 '조금 전에 당신에게 기부금 냈어요!'라고 소리치더군요."

맘다니가 로빈스 기자에게 말한 것을 그대로 인용하자면, 선거운동이 성공적으로 치러진 것은 "어느 한 사람에게만 즐거운 일은 아니었다. 그것은 우리가 사랑하는 이 도시가 평범한 노동자들도 살아가기 벅차지 않을 정도로 괜찮은 도시로 바뀌기 바라는 모든 사람들의 열망의 결과였다." 조란은 뉴욕 시내의 5개 자치구를 누비며 다니는 동안 항상 일관된 메시지를 유지했다.

● ● ●

겨울 내내, 맘다니 캠프 사람들은 맘다니가 에릭 애덤스를 대체할 적임자임을 꾸준히 설득하고 다녔다. 반면 에릭 애덤스 시장의 정치적 미래는 매우 불투명했다. 그의 혐의에 관한 연방 형사재판이 6월 24일 예비선거를 두 달쯤 앞둔 4월 말로 잡혔기 때문이다.

그런데 2월 10일, 연방정부의 법무부 차관보였던 에밀 보브Emil Bove가 뉴욕 남부지역 검찰을 향해 애덤스에 대한 기소를 취하할 것을 촉구하고 나섰다. 반면 이 사건의 기소를 담당했던 남부지역 검찰의 수석검사 다니엘 사순Danielle Sassoon은 기소 취하를 거부하며 버텼다. 그녀는 갖은 압력에도 불구하고 기소를 취하하는 대신 사표를 던졌다.

애덤스 시장의 기소를 둘러싼 혼란이 계속되는 가운데, 트럼프로부터 국경 및 불법이민 문제에 관한 전권을 부여받았다 하여 '국경의 차르'라는 별명이 따라다니는 톰 호먼Tom Homan이 폭스TV의 간판 프로그램인 〈폭스 앤드 프렌즈Fox & Friends〉에 출연해 애덤스 시장과 대담을 나눴다. 미드타운 맨해튼 전경을 배경으로 무뚝뚝한 표정을 한 국경의 차르와 세련된 인상을 풍기는 뉴욕시장이 소파에 나란히 앉아 편안한 분위기로 담소를 나눴다. 이 자리에서 애덤스 시장은 자신에 대한 형사기소로 말미암아 이민세관단속국ICE에 대한 뉴욕시 당국의 지원 업무가 차질을 빚고 있다는 에밀 보브의 말을 인용하면서, 자신의 기소를 둘러싸고 백악관과 자신 사이에 어떤 거래도 없었다고 주장했다. 그러나 톰 호먼이 애덤스의 이러한 주장에 정면으로 반박하면서 애덤스 시장을 곤경에 빠뜨렸다.

"내가 뉴욕까지 왔는데, 뭔가 하나는 건지고 돌아가야겠지요?" 트럼프의 최측근 참모인 호먼은 이렇게 이야기를 꺼냈다. 그는 애덤스 시장이 디블라지오 시장 때 시의회가 정한 라이커스섬에 대한 ICE 요원들의 접근제한 조치를 해제하는 데 동의했다면서, 폭스TV 진행자들을 바라보며 거침없이 말을 이어 갔다. 만일 애덤스 시장이 이러한 합의를 이행하지 않는다면 "다음에 내가 뉴욕에 왔을 때는 지금처럼 소파에 나란히 앉아 있는 장면은 연출되지 않을 것이고, 대신 곧바로 시장 집무실에 가서 엉덩이를 걷어차면서 '우리의 합의는 도대체 어디로 간 거냐?' 따져 물을 겁니다." 이에 애덤스는 쓸쓸한 표정으로 미소를 지을 뿐이었다.

금요일 아침 TV방송에서 호먼의 무례한 발언에 대해 제대로 해명도 반박도 못하는 애덤스 시장의 모습이 생생하게 방영되면서 많은 민주당원과 지지자들은 충격을 받았다. 뿐만 아니라 이러한 방송사고에 가까운 돌발사태는 전국 언론의 헤드라인을 장식했다. NBC 뉴스는 "트럼프 진영의 국경의 차르, 뉴욕시장에게 ICE와의 협조 약속 어기면 가만두지 않겠다고 경고"라는 제목으로 이 사건을 보도했다. 주말이 지나고 월요일 아침이 되자 애덤스를 보좌하던 앤 윌리엄스 이솜Anne Williams-Isom, 마리아 토레스 스프링어Maria Torres-Springer, 미라 조시Meera Joshi 등 세 명의 부시장이 모두 사임했다.

애덤스가 차기 뉴욕시장 후보를 뽑는 민주당 예비선거 후보직에서 사퇴할 것을 발표하기까지는 그로부터 6주나 더 필요했지만, 그의 몰락의 징조는 이미 분명해 보였다. 조란과 다른 후보들도 예비선거 전략을 급히 수정해야 했다.

그즈음 뉴욕 교외의 어느 곳에서 앤드루 쿠오모도 다음 수를 구상하고 있었다.

7

조란을 도운 사람들

 2024년 10월 12일 자 〈뉴욕 포스트〉 13면에는 "DSA, 이스라엘에 적대적인 인사를 시장 후보로"라는 제목의 기사가 실렸다. 머독이 이 끄는 언론제국이 사회주의를 추구하는 단체를 상대로 1년 전에 벌였던 공세를 다시 재개하려는 것은 그리 놀랄 일은 아니었다. 그러나 의아한 점은 이 기사의 내용으로 미루어 볼 때 DSA의 내부 기획 문서가 〈뉴욕 포스트〉 고참 기자인 칼 캠퍼닐Carl Campanile에게 흘러간 것이 분명하다는 것이었다.

 어쨌든 DSA 뉴욕지부에서 후보를 선출한 절차는 캠퍼닐 기자의 기사 내용과 대체로 일치했다. 실제로 이 기사에서 말한 것처럼, "이스라엘에 적대적인 퀸스 지역 출신 주 하원의원"이라는 수식어로 기사에서 언급된 조란은 10월 5일에 있었던 DSA 뉴욕시 선거실무그룹의 모임에서 연설을 했고, 이후 지역조직 내의 7개 분과와 이 지역 출신 선출직 공직자 등 대의원들이 다음 주 동안 투표를 진행했다.

캠퍼닐 기자는 며칠 후인 10월 20일 자 보도에서 조란이 각 분과에서 60%의 지지를 얻었고, 130명의 대의원 가운데 107명으로부터 지지를 받았다고 밝혔다. 〈자코뱅〉의 리자 피더스톤 기자에 의하면, 조직 내에는 그의 당선 가능성에 의문을 제기하며 반대표를 던진 사람들도 있었다. 선거에서 패할 경우 DSA가 추진 중인 각종 입법활동의 동력이 약해질 것을 우려했기 때문이다. 이에 대해 조란은 피더스톤 기자에게, 자신은 "DSA 진영이 지지해 주지 않으면 출마하지 않을 것"이라는 입장을 분명하게 밝혔다고 말했다.

조란은 2020년에 민주당의 현역의원을 꺾고 정치무대에 등장하면서, 마침 지역적으로나 전국적으로나 그 세력을 넓혀 가던 좌파조직 내에서도 급부상하는 인물로 주목을 받기 시작했다. 2023년 8월에는 시카고에서 열린 DSA 전국대회에서 기조연설을 하기도 했다. 그러던 그가 이제 DSA 뉴욕지부에서 뉴욕시 전체 단위로 치러지는 선거에 내보낸 첫 번째 후보가 된 것이다.

2025년 예비선거 결과를 보았을 때 2024년 10월 당시 DSA 뉴욕지부 회원이 고작 6,600명에 불과했다는 것은 실로 놀라운 일이 아닐 수 없다. 그러나 이후 8개월 동안 조란의 선거 캠페인이 관심을 모으면서 회원 수는 8,800명으로 늘어났다. 맘다니가 쿠오모를 상대로 압도적인 승리를 거둘 때쯤에는 1만 명을 돌파했다. 예비선거에서 승리하여 뉴욕시장 선거 민주당 후보로 확정된 직후, 그는 자신의 지지자들에게 민주사회운동에 가입해 줄 것을 권유하는 성명을 발표했다.

조란의 역동적인 선거전에서 항상 현장의 중심을 잡아 준 것은 DSA

였지만, 다른 여러 단체의 구성원들과 활동가들의 공도 컸다. 2024년 여름에서 초가을에 이르는 사이에 조란은 수많은 시민운동 지도자들과 만나 조언을 구하고, 자신의 비전을 제시하며 지지를 요청했다. 본격적인 선거전에 돌입하자 '평화를 위한 유대인의 목소리JVP', '변화를 위한 뉴욕 커뮤니티NYCC', 'CAAAV 보이스CV', '드럼 비트DRUM Beats' 등이 조란에 대한 지지를 선언했다.

친팔레스타인 성향으로 분류되는 단체(JVP와 DSA)와 빈민운동 단체(NYCC, CV, DRUM, DSA), 동아시아계 세입자들의 권리를 대변하는 단체(CV), 남아시아와 인도-카리브해계 출신 거주자들을 대변하는 단체(DRUM, CV)들이 조란의 선거운동 첫날부터 함께했다. 주로 퀸스와 브루클린 출신으로 구성된 수만 명에 달하는 자원봉사자들은 이러한 이슈 가운데 하나 이상에 관하여 깊이 공감하고 있는 사람들이었다.

맘다니의 핵심 공약들은 뉴욕의 5개 자치구에 거주하는 노동자계층 유권자들로부터 큰 호응을 얻었다. 선거전이 본격적인 궤도에 접어들면서 NYCC는 조란이 뉴욕 내 흑인들과 스페인어권 거주지역에서 지지기반을 확보하는 데 큰 역할을 했다. 그야말로 확연하게 다른 다양한 문화적 배경을 가진 사람들로 구성된 자원봉사자들은 발로 뛰면서 DSA 출신 후보인 그가 무엇을 추구하는 정치인인지를 유권자들에게 알리는 데 큰 역할을 했다.

● ● ●

퀸스 북서부는 일찍이 코르테스와 카반이 기반을 닦아 놓은 덕분에

118　　　　　　　　　　　　　　　　　　　PART 1 런 조란 런!

이미 DSA의 텃밭으로 여겨지던 지역이었다. 맘다니 측 활동가들은 퀸스 북동부의 동아시아계 주민 밀집 지역인 플러싱과 그 인근 지역을 온건성향의 민주당 출신 그레이스 멩Grace Meng 연방 하원의원의 영향력이 크게 미치는 지역으로 보았지만, 자유주의 성향의 존 리우 주 상원의원의 영향력도 만만치 않았다. 또 흑인들이 많이 거주하는 퀸스 동남부는 중도성향의 민주당 출신인 그레그 믹스Greg Meeks 연방 하원의원의 지역기반이기도 했다.

그레그 믹스는 조 크롤리를 잇는 퀸스 지역의 민주당 지도자로 인정을 받기는 했지만, 그의 영향력이 퀸스 자치구 전역에 미치는 것은 아니었다. 위에서 언급한 것처럼 퀸스 지역의 정치 지도는 크게 3분할되어 있었다. 믹스의 지역기반과 맞닿아 있으며 당시 빠르게 성장하던 남아시아계 거주지 등 중앙부의 넓은 지역은 아직 어느 진영에서도 확실하게 장악하지 못한 중립지대로 남아 있었다. 예를 들어서 가이아나 출신 이민자들이 많이 거주하여 '리틀 가이아나'라고 불리는 곳이 그런 지역이었다. 조란이 2024년 11월에 트럼프 지지자들과 거리 인터뷰라는 이벤트를 진행한 '리틀 방글라데시'라고 하는 자메이카 북부 힐사이드 애비뉴도 그런 곳이었다.

자그프리트 싱Jagpreet Singh은 남아시아계 및 인도-카리브해계 이민자들의 경제적 지위 강화를 위해 활동하는 비영리 단체 드럼DRUM: Desis Rise Up & Moving의 산하 단체인 드럼 비트의 정치국장이었다. '데시스Desis'란 산스크리트어로 '나라'라는 의미이지만 보통 미국으로 이민 온 남아시아계 주민들이 스스로를 지칭하는 용어로 통하는데, 싱의 말로는 가이아나 트리니다드 그리고 그 인근의 인도-카리브해계까지 포괄해서 지칭하는 것은 아니라고 한다. 싱이 필자에게도 말했듯이, 주류 민주당 지도자들은 보통 지역에서 벌어지는 행사에 참석하여 지역 지도자들의 발언을 청취하고 답변하거나, 참모 한두 사람을 지역의 소통창구로 지정하는 정도로 퀸스 지역을 관리해 왔다. 싱은 2018년부터 2020년까지 차야에서 일하면서 조란과도 손발을 맞췄던 경험이 있었다. 조란이 출마를 공식 선언하기 훨씬 전부터 자그프리트 싱은 민주당 공식 조직이 이미 접촉하고 있던 지역의 모든 지도자들에게 맘다니를 소개하고 알리는 역할을 담당했다.

2024년 초가을 무렵에 조란은 펀자브계 시크교도인 자그프리트 싱과 함께 퀸스 리지우드에 위치한 네팔계 힌두교 사원에서 열린 두르가 푸자Durga Puja 축제에 참석했었다. 둘은 공식 선거운동이 시작된 직후에는 리치먼드 힐의 리틀 가이아나에서 매년 가을에 열리는 대규모 힌두교 행사인 디왈리Diwali 축제에도 참석했다. 예비선거 두 달 전에는 이스트강 건너 맨해튼에서 열린 시크교의 날 퍼레이드Sikh Day Parade도 함께했다.

뒷날 자그프리트 싱은 자신이 조란과 함께 브루클린의 시티 라인에서 힐사이드 애비뉴를 거쳐 브롱크스 동부의 파크체스터까지, 방글라데시인 거주지에서 열리는 많은 행사에 참석했다고 말했다. 예비선거일이 다가올 무렵, DSA 소속이면서 소셜미디어 유명 인플루언서인 20대의 아론 나라프Aaron Narraph가 자신의 계정에 방글라데시인 부모님이 조란을 지지하기로 했다는 내용의 게시물을 사진과 함께 올렸다.

조란은 6월 22일 일요일에 방글라데시계 무슬림이자 좌파성향의 시의원인 샤하나 하니프와 함께 브루클린 켄싱턴에서 열린 행사에도 참여했다. 하니프 의원은 친이스라엘 강경파 세력의 주요 표적이 되었던 인물이다. 그럼에도 그는 자신의 선거에서 방글라데시계 유권자들의 전폭적인 지지에 힘입어 압도적인 승리를 거둔 바 있고, 이 유권자들은 뉴욕시 전역에서 맘다니가 쿠오모를 물리치고 승리하는 데도 상당한 기여를 했다.

● ● ●

맘다니의 선거전이 공식적으로 시작되자 '반아시아 폭력 반대위원회CAAAV' 산하 조직에서, 그들의 노동자계층 아시아 이민자들과 세입자 조직원들은 임대료 동결 공약을 지지한다면서 조란에 대한 지지를 발표했다. 조직국장 알리나 셴Alina Shen은 이렇게 말했다. "우리는 부동산 자금의 지원을 받아 당선된 에릭 애덤스 같은 정치인들로 인해 어떤 일이 벌어졌는지 잘 알고 있습니다. 지난 몇 년 동안 뉴욕의 노동자들은 더 적은 임금을 받고 일해야 했고, 임대료는 매년 치솟았습니다."

CAAAV는 20년쯤 전에 맨해튼의 대표적인 차이나타운에서 세입자들의 권리를 지키기 위해서 결성된 단체이다. 맘다니의 예비선거 캠페인 기간 동안 알리나 셴은 선셋 파크에서 벤스허스트에 이르기까지 브루클린의 모든 차이나타운을 망라한 자원봉사팀을 이끌었다. CAAAV는 아스토리아에도 지부를 두고 있었는데, 이 지부는 주로 방글라데시계 세입자들과 함께 맘다니의 캠페인을 지원했다.

아직은 날씨가 좀 쌀쌀하게 느껴졌던 4월의 어느 일요일, 조란은 선셋 파크에서 CAAAV 보이스CV가 개최한 임대료 동결 촉구 집회에 참석했다. 브루클린의 거대한 차이나타운이 이 공원에서부터 시작되기 때문에 근처에 거주하는 많은 노년층 거주자들도 이 집회에 참가했고, 주최측은 대회의 모든 과정에 대하여 만다린어와 광둥어 통역을 제공했다. 물론 각기 다른 다양한 배경의 아시아계 젊은이들도 이 자리에 함께했다.

이날 행사에서는 알리나 셴과 민주사회운동 출신의 대표적 인물인 알렉사 아빌레스와 마르셀라 미타인스도 조란과 함께했다. 맘다니는 연단에 올라 아시아계, 스페인어권, 그리고 중산층 백인들이 모두 섞여 있는 군중을 상대로 주고받기식 연설을 진행했다. 맘다니가 "임대료를" 이라고 외치면, 군중이 "동결하라!"로 화답하는 식이었다.

필자도 그 행사에 참가했는데, 내 옆에는 CAAAV 로고가 새겨진 셔츠를 입은 10대 청소년이 두 명 서 있었다. 조란이 연설을 하는 동안 한 친구가 다른 친구에게 "정말 멋있네!"라고 말했다. 그곳에 모인 다양한 연령대의 사람들이 모두 비슷한 감정을 느끼고 있는 것 같았다.

6월의 예비선거가 이틀 앞으로 다가왔을 때, CV 소속 자원봉사자들은 선셋 파크에서 마지막 호별 방문유세를 벌인 후, '평화를 위한 유대인의 목소리'가 주최하는 선거운동 집회에 합류했다.

• • •

조란 캠프의 전례 없는 대규모 현장유세 조직을 총괄 지휘한 것은 DSA의 타샤 반 오컨이었다. 그녀는 2008년 오바마의 선거운동 조직에서 일한 바 있고, 이후 2018년에는 민주사회주의자인 줄리아 살라자르의 당선을, 그로부터 2년 뒤인 2010년에는 파라 수프랜트 포레스트의 당선을 이끈 경험이 있는 사람이다.

현장 책임자인 반 오컨이 이끄는 현장 유세단의 문화적 배려 능력은 매우 뛰어났다. 영어 이외에도 자신의 출신 민족 언어를 자유롭게 구사할 수 있는 자원봉사자들은 아랍어에서 베트남어에 이르기까지 수십 가지 언어로 유권자들을 공략했다. 그들은 수많은 홍보 영상과 인쇄물을 영어뿐 아니라 우르두어, 방글라데시어, 스페인어 등 여러 언어로 제작 배포했다.

예비선거가 끝난 후 줌Zoom을 통해 열린 화상회의에서 반 오컨이 DSA 소속 600여 명의 회의 참가자들에게 말한 바에 따르면, 6월 24일 예비선거일까지 조란의 선거운동에는 3만 명의 열성적인 자원봉사자들 말고도 2만 명이 추가로 가담하여 힘을 보탰다고 한다. 이들은 따로 훈련된 500명의 현장 지휘자들의 지휘에 따라 5개 자치구 내 60여 개 이상의 지역구를 누비며 3천여 차례 이상의 호별 방문유세를 벌였다.

예비선거를 한 달 앞두었을 때 조란 캠프는 자체 분석결과를 토대로 하여 예비선거 종료 시점까지 최소한 100만 가구 이상의 호별 방문유세가 이루어질 것으로 예측했다. 그러나 실제로는 6월 24일까지 160만 가구 이상의 유권자 가정을 호별 방문한 것으로 집계되었다. 이와는 별도로 자원봉사자들은 약 230만 통의 전화 유세를 통해 조란을 지지해 줄 것을 호소했다. 선거 막판에는 유명 저널리스트이자 베스트셀러 작가인 나오미 클라인Naomi Klein 같은 유명인사들이 전화 홍보에 참여하여 힘을 보태면서 유권자들의 마음을 움직였다.

유권자들에 대한 직접대면 유세에 참여한 이들은 각각 정도의 차이는 있겠지만 거대한 '집단의 힘'을 피부로 느꼈을 것이라고 반 오컨은 말했다. 이러한 '체감에 의한 기억'을 통한 성공 경험은 DSA가 앞으로 전개할 수많은 캠페인에 분명한 영향을 미칠 것이라고 그는 분석했다.

6월 23일 오후, 필자는 선셋 파크에 있는 집에서 OR출판사의 콜린 로빈슨Colin Robinson과 통화하며 지금 독자들이 읽고 있는 이 책에 관한 협의를 하고 있었다. 그런데 통화 중에 초인종이 울렸다. 말할 것도 없이, 맘다니와 시의회 의원 선거에 출마한 아빌레스에게 투표해 줄 것을 호소하는 자원봉사자들이었다. 이들이 우리 집을 방문한 것은 벌써 네 번째였다.

6월에 열린 한 TV토론회에서 재력은 대단하지만 정치적 영향력은 별로 크지 않은 한 시장 후보가 조란 맘다니의 상승세는 그저 '깜찍한 동영상' 몇 편에 힘입은 것일 뿐이라고 일축했다. 그를 포함해서 여러 후보들은 현장 민심의 흐름을 제대로 파악하지 못하고 있었다.

●　●　●

브롱크스에서 태어나서 현재는 브루클린에 살고 있는 20대 청년, 이기 산체스Iggy Sanchez는 자신과 함께했던 동료 자원봉사자들을 이렇게 설명했다. "백인 청년들만 참여한 것은 아닙니다. 어머니들도 있고, 이민자들도 있어요. 그저 자신이 사는 도시가 좀 더 살기 편한 곳이기를 바라는 평범한 사람들일 뿐입니다. 그들에게 정말 감동했습니다."

〈인디펜던트〉 발행인 존 탈턴John Tarleton은 예비선거가 끝난 후 많은 사람들과의 인터뷰를 토대로 일종의 예비선거 참관기를 썼는데, 산체스는 이때 존 탈턴과 인터뷰했던 사람들 가운데 한 명이었다. 또 다른 20대 청년인 어맨다 벤더Amanda Vender는 퀸스 북서부의 대단지 아파트를 어떻게 공략했는지 말해 주었다. "건물 안으로 들어가려면 일단 입주자들 가운데 우리에게 문을 열어 줄 만한 사람이 누구일까를 고민해야 합니다. 저는 휴대전화의 미니밴MiniVAN* 앱을 통해서 항상 35세 미만 유권자들의 집을 호출합니다. 그들은 맘다니의 지지자일 가능성이 높고, 문을 열어 줄 가능성이 높다고 생각했습니다."

그녀는 또 이렇게 말했다. "서니사이드의 어느 집에서는 여섯 살과 여덟 살쯤 되어 보이는 아이들 두 명이 문을 열어 주었어요. 저는 제 소개를 하고 부모님이 계신지 물었어요. 그러자 한 아이가 말하더군요. '엄마 아빠는 집에 안 계셔요. 하지만 우리는 엄마 아빠가 조란에게 투표했으면 좋겠어요!'라고 말이죠."

호세 산체스Jose Sanchez라는 30대 초반의 남성이 있다. 그는 이름은 비슷하지만 이기 산체스와는 특별한 관계가 없고, 스스로를 아프리카계 푸에르토리코 출신이며 동성애자라고 밝혔다. 그는 정치 현장에 직접 참여한 것은 '월가를 점령하라' 시위 때가 처음이었다고 말했다. 당시 그는 뉴저지의 집에서 기차를 타고 월가까지 갔었다고 한다. 호세는 당시 현장에서 체험했던 연대의 힘을 조란의 선거운동을 하면서 다시한번 경험했다고 하는데, 예비선거일 당일 크라운 하이츠의 한 투표소에서 그가 땀을 뻘뻘 흘리며 일하는 것을 본 어느 여성이 자기 물을 호세의 물병에 옮겨 담아 준 것이 기억에 남는다고 했다.

---

* 미국 선거운동에 널리 활용되는 유권자 관리 앱

NYCC의 노련한 활동가인 피트 시코라Pete Sikora는 브루클린 캐롤 가든스의 이웃들로부터 많은 지지를 끌어냈다. 이곳은 과거 브래드 랜더가 시의원으로 당선된 적 있는 부유하면서도 진보적인 지역이다. 피트는 주기적으로 자기 집 앞 계단에서 "한두 시간 혹은 두세 시간씩" 앉아서 과거 랜더를 지지했던 이웃들을 상대로 조란을 지지해 줄 것을 설득했다고 한다. 그는 "많은 이웃을 만났고", 그들 가운데 누군가는 피트의 집 문밖에 조언에 감사한다는 내용의 쪽지를 붙여 놓기도 했다. 피트 시코라는 탈턴과의 인터뷰에서, "다른 말은 믿지 마세요. 누가 뭐래도 일대일 접촉만큼 확실한 유세 방법은 없습니다!"라고 자신 있게 말했다.

조란의 풀뿌리 유세 전략은 대성공을 거두었으니, 민주당은 앞으로 상당 기간 동안 뉴욕과 다른 지역의 선거에서 유권자들과의 일대일 접촉을 늘리는 홍보 전략을 애용할 것 같다. 그러나 수천 명의 자원봉사자들이 자신의 여가시간을 맘다니의 당선을 위해 바친 것은 맘다니가 마치 사이비 교주처럼 사람을 휘어잡는 특별한 능력이 있기 때문은 아니었다. 오존 파크 지역에서 호별 방문유세를 이끌었던 펠리시아 싱은 필자에게 이렇게 말했다. "우리가 조란을 남다르게 느낀 것은 그가 전하는 메시지 때문이었습니다."

맘다니의 핵심 의제는 '민생'이었고, 그는 이 문제에 관한 공약을 '임대료 동결', '무상 교통', '보편적 보육'이라는 간결한 구호로 담아냈다. 이 세 가지 구호가 적힌 배지를 가슴에 단 열성적인 자원봉사자들이 유권자들과 대화를 나눌 때, 그들의 가슴에 붙어 있는 이 강렬한 색감의 배지를 통해서도 맘다니의 공약은 시각적으로 전달되고 있었다.

반면 예비선거에 나선 다른 후보들 가운데는 자신의 핵심 정책과 공약을 유권자들에게 이렇게 간결하고 쉽게 홍보하는 후보가 눈에 띄지 않았다. 예를 하나 들자면, 과거 브래드 랜더의 핵심 공약은 시가 보유한 골프장이 있는 곳에 주거용 주택을 짓겠다는 것이었는데, 이는 최소한 수년은 걸릴 복잡한 과정을 거쳐야만 가능한 일이었다. 많은 유권자들은 당장 눈앞에 닥친 위기를 시급히 해결해 줄 것을 원한다.

조란은 선거전 첫날부터 '생존을 위한 비용 절감'이라는 명확한 의제를 내놓았다. 그를 위해 뛰는 자원봉사자들은 이 핵심 공약을 들고 뉴욕 시내 5개 자치구를 누비고 다녔으며, 유권자들은 이들을 호의적으로 맞아 주었다.

● ● ●

자원봉사자들이 현장을 누빈 것과 더불어 소셜미디어를 능란하게 활용한 것에 힘입어 4월 초 조란의 지지율은 2위까지 올라갔다. 사실 조란은 오래전 택시 운전기사들의 권익을 위해 활동하던 시절부터 시민운동가 진영뿐 아니라 뉴욕의 남아시아계 커뮤니티에서는 꽤 지명도가 있는 인사였다. 거기에 더하여 이제 조란은 뉴욕 전역의 무슬림들 사이에서도 유명인사로 통하게 되었다.

선셋 파크에서 열린 CAAAV 집회를 마친 조란은 앤드루 엡스타인과 함께 하산 파이커와의 저녁식사를 위해 아스토리아로 향했다. 하산 파이커는 Z세대 사이에서 어마어마한 인기를 누리는 슈퍼스타이다. 트위치라는 10대들이 선호하는 플랫폼에서 그는 270만 명 이상의 팔로

위를 보유하고 있고, 틱톡에서도 그 절반쯤 되는 열성팬을 거느리고 있다. 그리고 전 세대를 아우르는 매체인 유튜브에서는 140만 명 이상의 구독자를 갖고 있다.

하산 파이커는 뉴저지 출신의 튀르키예계 무슬림으로 조란과 동갑인 1991년생이다. 최근 〈뉴욕 타임스〉의 스타일 섹션*에서는 청소년들이 파이커에 열광하는 이유를 두 가지로 분석했다. 그중 하나는 이른바 '브로bro' 이미지이다. 〈뉴욕 타임스〉는 기사에서 이렇게 설명한다. "그는 무기를 좋아하고, 보충제를 섭취하며, 니코틴 파우치를 사용하고, 르브론 제임스LeBron James를 열렬히 추앙한다." 〈뉴욕 타임스〉가 분석한 두 번째 이유는 그가 사회주의자라는 것이다. 기사에 따르면, "파이커는 다른 이들과 달리 스스로 사회주의자임을 밝히고 있다."

하산 파이커와 조란은 한 시간 정도 대화를 나눴다. 대화는 유튜브 영상 제작에 잘 맞는 분위기로 진행되었고, 그 내용은 파이커 측에서 쇼츠 형식으로 제작해 그들의 계정에 게시하기로 했다. 이는 기존의 다른 매체들이 조란과 가졌던 어떤 인터뷰보다도 훨씬 깊이가 있는 대담이었다. 처음 대화는 조란의 공약으로 시작되었지만, 이어서 뉴욕의 대중교통, 뉴욕경찰, 그리고 라이커스섬 교도소**에 관한 이야기로 이어졌다. 조란은 이 악명 높은 교도소를 폐쇄하겠다는 뉴욕시의 계획을 자신이 당선되면 확실히 마무리하겠다고 말했다.

이 자리에서 두 사람은 가자지구 문제에 대해서 별다른 이야기를 하

---

*   인물, 문화, 유행 등을 다루는 섹션
**   뉴욕 이스트강에 떠 있는 섬으로, 섬 전체가 교도소이다.

지 않았다. 그러나 항상 맘다니를 맹공격해 온 〈뉴욕 포스트〉는 파이
커가 꾸준히 이스라엘을 비판해 왔다는 점을 들어 그를 "제정신이 아닌
온라인 인플루언서"라고 비난했다. 또 제대로 된 근거는 제시하지 못한
채 하산을 하마스 지지자라고 확정하면서, 그런 악당과 어울리고 있다
는 이유로 조란까지 싸잡아 비난했다.

파이커 측은 트위치를 통해 소셜미디어의 슈퍼스타인 그와 떠오르
는 뉴욕의 지도자가 저녁식사를 위해 아스토리아의 방글라데시 음식점
으로 향하는 장면을 생중계했다. 이들이 거리를 걷는 동안 두 사람 가
운데 최소한 한 사람의 팬인 것이 분명한 남아시아계 사람들이 수시로
악수와 기념사진을 청했다. 적어도 이곳에서 만난 남아시아계 사람들
은 〈뉴욕 포스트〉가 그려 내는 것과는 다른 세상에 살고 있었다.

6월 초에 접어들었다. 조란은 뉴욕시 전체를 환하게 밝히고 있었다.
조란의 열기에 동참한 이들은 젊은 남아시아계 청년이나 DSA 회원 또
는 팔레스타인을 지지하는 시민들만이 아니었다. 브루클린의 유서 깊
은 동네인 포트 그린에서 열린 뒷마당 모임*에는 다양한 곳에 거주하는
다양한 연령대의 주민들이 모여들었다.

40대 중반의 시인 켄 첸Ken Chen과 60대 중반의 편집자 앤디 샤
오Andy Hsiao가 뉴욕의 아시아계 커뮤니티 주요 인사들과 문인들, 그리
고 사회운동가들을 샤오의 자택으로 초대했다. CNN의 진행자인 W.

---

* 뒷마당 모임(backyard gathering)은 미국, 특히 뉴욕의 주택가에서 흔히 볼 수 있는
모임으로 편하게 모여서 정치적, 사회적 의제를 이야기하는 소통 방식이다. 대규모 강당이
나 호텔 연회장에서 하는 딱딱한 선거 유세가 아니라 누군가의 집 마당에 이웃과 지인들을
초대해 바비큐를 먹거나 음료를 마시며 후보와 가까운 거리에서 대화하는 자리이다.

카마우 벨W. Kamau Bell과 조란의 오랜 친구이기도 한 코미디언 하리 콘다볼루Hari Kondabolu도 참석했다. 저명한 무슬림 평론가이며 〈가디언〉지 칼럼니스트인 무스타파 바유미Moustafa Bayoumi가 모로코계 시인인 오마르 베라다Omar Berrada와 담소를 나누는 모습도 보였다.

그날 조란은 짧은 연설에 이어 질의응답 시간을 가졌다. 참석자들은 조란의 심도 있는 답변들에 더욱 깊은 인상을 받았다. 이제 70대에 접어든 차이나타운의 거물급 인사 조이스 유Joyce Yu는 연간 400억 달러가 넘는 뉴욕시 교육청 예산을 어떻게 운영할 것인지 물었다. 훗날 조이스는 이때 '교육의 중요성'이 어떻고 하는 상투적인 답변이 나올 것을 예상했다고 말했다. 그러나 이어진 조란의 깊이 있는 답변에 조이스는 "충격"을 받았다고 한다. 조란이 예산안이 가진 문제점을 조목조목 지적하면서, "관련 분야의 부패를 막는 문제의 어려움에 깊은 통찰을 드러내며" 막강한 교사 노조와의 건설적인 협조 방안에 대해서도 이야기했다는 것이다. "그러니 조란을 찍지 않을 수 없더군요."라고 그녀는 말했다.

6월 초, 적당히 쾌적했던 그날 저녁의 포트 그린 모임에서 젊다 못해 어리다는 이야기까지 듣던 이 후보가 만만치 않은 실력을 갖추고 있다는 사실은 분명하게 드러났다. 그러나 거대한 주류 기득권 세력이 간단하게 자리를 내어 줄 리는 없었다. 맨해튼의 미드타운 동쪽 너머에서 '골리앗'도 일전을 불사할 각오로 몸을 풀고 있었다.

8

닷지 차저

2021년 8월, 성추행 스캔들로 주지사직에서 물러났던 앤드루 쿠오모에 대해 세상 사람들은 아주 단순한 의문을 하나 품었다. '과연 이제 그는 어디에서 살 것인가?'라는 궁금증이었다.

그는 10년간 주지사로 재직하면서 주로 올버니에 있는 주지사 관저나, 한때 유명 TV 스타이기도 했고 쿠오모와 두 번째로 긴 시간을 함께한 애인 샌드라 리와 함께 지내기도 했다. 뉴욕시에서 북쪽으로 40마일쯤 떨어진 웨스트체스터 카운티에 있는 부촌인 마운트 키스코에는 그녀 소유의 대저택이 한 채 있었다. 그러나 두 사람은 이미 2019년에 결별한 상태였다.

2021년 8월에 쿠오모가 사임한 후 2025년 3월까지 그가 어디서 살았는지는 확실하지 않다. 일단 그의 짐은 여동생인 마리아와 패션계 거물인 그녀의 남편 케네스 콜 소유의 웨스트체스터 저택에 보관했다. 그는 주지사 시절 매년 25만 달러의 연봉을 받았고, 책 출판을 계약한 후 계약금으로 500만 달러를 받았음에도 불구하고, 그가 자신의 이름으로 부동산을 매입한 흔적은 없었다. 클린턴 행정부에서 주택도시개발부 장관직도 역임한 그가 자신 명의의 집 한 채도 없다는 것은 기묘한 일이 아닐 수 없었다. 2024년 가을 무렵, 기자들은 끈질긴 추적 끝에 그가 이스트강이 내려다보이는 미드타운의 한 고급 빌딩을 주소지로 하여 유권자로 등록했다는 사실을 알아냈다. 이 집은 그의 딸인 카라 케네디 쿠오모가 거주하고 있는 호화로운 아파트였다. 이 아파트의 월 임대료가 무려 8,000달러에 달하는 것으로 확인되어 사람들은 또 한 번 놀랄 수밖에 없었다.

2024년, 〈헬 게이트〉의 애들런 잭슨Adlan Jackson은 서튼 플레이스에 있는 이 집을 둘러보았다. '디 오리아나The Oriana'라고 불리는 이 38층 아파트는 옥상에 유산소운동 시설이 갖춰진 체육관까지 있었다. 잭슨은 이렇게 말했다. "서튼 플레이스는 모든 이가 갈망하는 뉴욕의 모습일 것이다. 그러나 선거 홍보물이나 과거의 환상 속에서만 존재할 뿐, 실제로는 결코 없을 것 같은 꿈과 같은 모습이다. 선거를 준비하면서 쿠오모가 이곳을 거처로 선택한 것은 나름 충분히 일리가 있는 전략적인 선택이었다." 어쨌든 전직 주지사는 2025년 3월에 이곳으로 입주했고, 딸 카라는 브루클린으로 거처를 옮겼다.

3월 1일 토요일, 쿠오모는 20분 분량의 영상을 통해 출마를 공식 선언하면서 예비선거에 임하는 기조까지 밝혔다. 조란의 출마선언 영상이 100초가량의 역동적인 분위기였던 것과 비교하면 쿠오모의 출마선언 영상은 조악하고, 지루했다. 카메라를 통해 전해지는 누군가의 연설을 17분 30초 동안이나 지켜본다는 것 자체가 그렇게 즐거운 일일 수는 없는 데다가, 이 영상을 올린 페이스북은 쿠오모 입장에서는 30만이넘는 팔로워를 보유하고 있을지 모르지만, 주로 베이비붐 세대의 중장년이 선호하는 매체이다. 그리고 나름 어마어마한 규모의 팔로워는 그가 주지사로 일하던 시절에 팬데믹의 한복판에서 그가 시민들의 생사에 직결된 정보를 자주 올리는 바람에 급격하게 늘어난 것이었다. 반면조란의 경우, 페이스북 팔로워는 12만 명을 겨우 넘는 수준으로 쿠오모에 크게 뒤처져 있었다. 그러나 차세대의 선두주자를 표방하는 그의캠페인은 인스타그램, 틱톡, 그리고 X 등 다양한 매체를 통해 활발하게전개되고 있었다.

쿠오모는 예비선거 이틀 전, WCBS의 마샤 크레이머와의 대화에서 "소셜미디어에 관해서라면, 저도 알 만큼 알고 있습니다. 그러나 실전적으로는 충분히 체험해 보지는 못했습니다."라고 말했다. 정말 알 만큼 알고 있는지는 충분한 증거가 없으니 확인할 수는 없다. 그러나 그의 출마선언 영상을 보면 소셜미디어에 관한 경험이 많지 않은 것은 분명해 보였다.

쿠오모의 출마선언이 있고 나서 몇 주 후, 조란은 오리아나 아파트앞에서 기자회견을 열고 전직 주지사 쿠오모의 이웃들에게 자신을 선보였다. 굳이 그곳에서 회견을 연 것은 대중과 언론에 대한 노출을 가급적 줄이려는 쿠오모의 로즈 가든 전략*을 무너뜨리자는 앤드루 엡스

---

*　　로즈 가든(Rose Garden)은 백악관에 딸린 정원 이름이다. 현직자나 유력 후보가 공식적인 캠페인 대신 집무실에 머물며 노출을 최소화하고 품격을 유지하려는 전략을 뜻한다.

타인의 제안에 따른 것이었다.

서튼 플레이스에서의 행사는 언론의 관심을 크게 끌지는 못했지만, '골리앗의 앞마당'이라 할 수 있는 곳까지 밀고 들어가는 그의 모습을 통해, 두려움을 모르는 도전자라는 이미지를 각인시키는 데는 충분했다. 이날 이후, 이 도발적인 정치 신인은 전직 주지사를 향해 그가 진정한 뉴욕시민으로서의 자질이 있는지에 관한 의문을 반복적으로 제기하기 시작했다. 그는 수시로 앤드루 쿠오모를 다시 뉴욕시 바깥으로 돌려보내자고 외쳤다. 이는 4년 전인 2021년 선거에서 앤드루 양Andrew Yang을 주저앉히는 데 톡톡한 역할을 했던 전략이었다.

물론 쿠오모가 웨스트체스터나 올버니에서 보내는 시간이 많다는 사실만으로, 그가 뉴욕시에서 벌어지는 여러 가지 일들에 대해서 모른다고 단정 지어서는 안 될 일이다. 그러나 이 거대한 도시를 바라보는 그의 시야가 매우 좁다는 세간의 평가가 있었다. 그는 과거 주 전체를 대표하는 선출직 최고위급 공무원으로 15년간 일하면서 집무공간으로 사용한 곳이 두 군데였다. 뉴욕주 검찰총장으로 일한 기간 동안은 월스트리트 인근의 집무실을 이용했다. 뉴욕주지사 시절에는 그랜드 센트럴역과 가까운, 41번 거리 인근의 3번가 사무실을 주로 사용했다.

예비선거 막바지 무렵인 6월 어느 날, 〈뉴욕 타임스〉는 쿠오모에게 마지막으로 뉴욕시 안에 거주했던 때가 언제였냐고 물었다. 과연 쿠오모는 뭐라고 대답했을까? 1980년대 후반 이후였다는 답변이 돌아왔다.

● ● ●

미드타운 이스트는 매력 없는 고층건물만 즐비한 곳이지만, 권력의 중심지이다. 최근까지 맨해튼의 수많은 부동산업계 괴물들과 긴밀한 관계를 이어 온 전 주시사 쿠오모에게 딱 맞는 장소였다. 도널드 트럼프가 그 유명한 첫 대선 캠페인을 시작할 당시, 그의 거주지도 그 근처였다.

부동산 개발업자였던 트럼프는 1980년대 초반, 에드 코치 당시 시장의 전폭적인 지원 덕분에 5번가의 56번 거리와 57번 거리 사이 지점에 트럼프 타워Trump Tower를 세울 수 있었다. 그로부터 20년 뒤, 수많은 부동산업계의 큰손들이 쿠오모에게 정치자금을 기부했고, 여기에는 트럼프도 한몫했다.

2018년에 쿠오모에게 도전했던 신시아 닉슨도 주장했듯이, 이 부동산업자는 2001년부터 2009년 사이에 쿠오모에게 64,000달러라는 적지 않은 돈을 베팅했다. 대부분의 정치인들이 그러하듯이 쿠오모도 자신의 정치적 행위가 그 돈의 영향을 조금도 받지 않았다고 강변했다. 쿠오모 주지사는 닉슨의 공격에 대해, "비록 트럼프로부터 기부금은 받았지만, 나는 트럼프에 대한 강한 비판적인 입장을 그대로 유지할 것입니다."라고 맞받았다.

그러나 장차 대통령이 될 이 부동산업자의 생각은 달랐다. 그는 2016년에 이렇게 말했다. "돈을 받은 정치인들은 돈을 준 사람이 원하는 바를 이루어 주기 위해 최선을 다한다."

쿠오모가 주지사로 재임하는 기간 동안 뉴욕주의 선거자금 관련 제도는 뉴욕시의 제도에 비해 매우 시대에 뒤떨어진 상태에 머물러 있었다. 기부금 한도가 터무니없이 높아서 트럼프 같은 부동산 큰손들이 쿠오모가 관리하는 여러 개의 선거 계좌에 상당한 거액을 넣어 줄 수 있었다는 것은 그 대표적인 사례이다.

트럼프의 2016년 대선 당시 우크라이나 출신 억만장자인 렌 블라바트닉Len Blavatnik은 2010년부터 2018년 사이 쿠오모의 정치자금 계좌에 35만 달러 이상의 거액을 입금했다. 블라바트닉은 트럼프 캠프의 선거책임자였던 폴 매너포트Paul Manafort와 사업상 긴밀한 관계로 얽혀 있던 인물이었다. 2013년에는 센트럴파크 인근의 초고층 호화 빌딩인 슈퍼톨Supertall의 주요 개발회사가 쿠오모에게 10만 달러를 기부했다. (이와 별도로 민주당 계좌에도 10만 달러를 입금했다.) 그 덕분인지는 모르지만 쿠오모는 그 회사가 세제혜택을 받을 수 있는 유리한 법을 만들어 주었다.

1946년생인 트럼프와 1957년생인 쿠오모는 소속 정당은 달랐지만, 베이비붐 세대에 속하는 이들 둘 사이는 여러 가지 공통점을 공유하고 있었다. 둘 다 롱아일랜드 섬의 나소 카운티와 인접한, 퀸스 동부의 부유한 가정에서 자랐다. 친족등용 혹은 족벌경영이라고 해석되는 네포티즘nepotism은 이 두 사람의 성장에 중요한 배경이 되었다. 트럼프는 아버지로부터 부동산제국을 물려받았고, 앤드루 쿠오모는 아버지인 마리오 쿠오모의 정치적 유산을 토대로 거물 정치인으로 성장했다. 두 사람 모두 독불장군식 리더십으로 많은 비판을 받았고, 갖은 성적 추문이 끊일 날이 없었다는 것까지 비슷하다.

2025년 6월의 예비선거가 임박했을 즈음, 마샤 크레이머 기자는 유력 후보인 쿠오모에게 대통령과 가장 중요한 공통점이 무엇인지 물었다. 이에 쿠오모는 "나는 그렇게 우습게 볼 만한 사람이 아닙니다. 트럼프 역시 그렇게 우습게 볼 사람이 아닙니다."라고 답했다. 조란에게 패한 뒤에도 트럼프는 같은 베이비붐 세대인 그를 극찬하여, 퀸스 출신의 이들 두 사람 사이가 여전히 돈독함을 드러냈다.

앤드루 쿠오모는 19세였던 1977년에, 고군분투했지만 결국 패배로 끝났던 아버지 마리오 쿠오모의 시장선거 캠프에서 일하면서 뉴욕 정계에 입문했다. 그해 여름은 뉴욕시 곳곳에서 크고 작은 약탈 사건이 발생했고, 이에 대응해 민주당의 에드 코치는 이른바 엄정한 법집행에 의한 질서 회복을 주장하며, 12년 전에 폐지된 사형제를 부활시킬 것을 주장했다. 반면, 친구 조 바이든과 함께 20세기 후반 가톨릭계를 대표하는 정치인으로 성장하고 있던 마리오 쿠오모는 사형제 부활에 대한 분명한 반대 입장을 유지했다. 결국 마리오 쿠오모는 민주당 예비선거에서 코치에게 패한 뒤, 본선에서는 자유당 후보로 출마하여 시장 자리에 도전했으나, 코치의 적수가 될 수 없었다.

쿠오모 부자는 에드 코치와의 재대결을 앞두고 뉴욕 전역의 흑인 지도자 및 유권자들과 깊은 동맹관계를 형성해 나갔다. 1977년 예비선거 직후, 할렘에 막강한 영향력을 발휘하고 있던 찰스 랭글Charles Rangel이 코치를 지지했다. 그러나 코치는 첫 임기 동안 많은 흑인 지도자들을 분노하게 만들었고, 결국 랭글도 1982년 주지사 선거에서는 쿠오모를 지지하게 되었다. 베드 스타이*를 기반으로 한 아프리카계 미국인 유력 인사인 알 반Al Vann도 주요 흑인 목사들과 함께 쿠오모를 든든하게 지

---

* 뉴욕 브루클린에 위치한 역사적인 두 동네인 베드포드와 스타이브센트를 합친 지역을 줄여서 흔히 베드 스타이(Bed-Stuy)라고 부른다.

지해 주었다. 결국, 이들 흑인 유권자들의 지지에 힘입어 마리오 쿠오모는 주지사 관저에 입성할 수 있었다.

마리오 쿠오모는 사형제 부활을 내걸고 주지사에 출마한 업스테이트upstate* 출신의 공화당 후보인 조지 파타키George Pataki에게 패하기까지 주지사직을 세 차례 연임했다. 아버지의 뒤를 이어 본격적으로 정치계에 뛰어든 앤드루 쿠오모는 빌 클린턴 행정부의 주택도시개발부에서 고위직을 거쳤고, 클린턴 대통령의 두 번째 임기 때는 장관직을 역임했다. 대체로 흑인 유권자들의 압도적인 지지를 받았던 클린턴 대통령의 측근 인사였다는 점은 당시 젊은 정치인이던 쿠오모에게는 긍정적인 세평을 얻는 데 도움이 되었다. 클린턴 전 대통령은 2025년 6월의 예비선거 이틀 전에 쿠오모에 대한 지지를 선언했다.

2006년부터 네 차례에 걸쳐 뉴욕주 선거에서 연승하는 과정에서 앤드루 쿠오모는 할렘에서부터 센트럴 브루클린, 사우스이스트 퀸스에 이르는 지역의 흑인 유권자들로부터 표를 쓸어 모을 수 있었다. 그럼에도 불구하고 이것을 흑인들이 쿠오모 부자를 똑같이 지지한 결과라고 해석할 수 있을지는 의문이다.

2025년의 예비선거를 두 주 앞둔 시점에 그리니치 빌리지에서 열린 조란 맘다니의 유세현장에서 한 청중은 뉴욕시의 많은 흑인 지도자들이 쿠오모를 지지하는 이유가 무엇이라고 생각하는지 물었다. "저도 많

---

* 뉴욕주는 크게 뉴욕시와 뉴욕시 이외의 지역으로 나누는데, 후자는 뉴욕시의 북쪽에 있기 때문에 흔히 업스테이트라고 부른다. 버펄로, 로체스터, 시러큐스, 그리고 주도인 올버니가 여기에 속한다. 뉴욕시와 비교하면 상대적으로 농경지나 소도시 지역이며, 뉴욕시에 비해 훨씬 보수적이고 공화당 지지 성향을 띤다.

은 흑인 목사님들과 얘기를 나눠 봤습니다. 그분들은 앤드루 쿠오모를 지지하기보다는 '마리오의 아들'을 지지하는 것 같았습니다." 라는 것이 조란의 답변이었다.

조란의 DSA 동지이자 주 상원의원인 자바리 브리스포트는 뉴욕의 장년층 흑인 유권자들은 보통 무엇을 해주겠다는 공약, 즉 '약속'보다는 '신뢰'를 더 중요하게 여기는 경향이 있다고 말했다. 이 거대한 규모의 유권자들은 그동안 많은 공약이 이행되지 못하고, 결과적으로 '거짓말'이 되어 버리는 것을 여러 번 경험했기 때문에, 거창한 계획을 상당히 회의적으로 받아들인다는 것이다.

포트 그린과 클린턴 힐, 그리고 베드 스타이와 브라운스빌에 이르는 넓은 지역을 기반으로 하고 있는 브리스포트는 흑인 유권자들 가운데 50대 이상의 장년층과 노년층은 매우 '익숙한' 인물이라는 이유만으로도 쿠오모를 지지할 것이라고 전망했다. 그를 둘러싼 지저분한 스캔들에도 불구하고, 팬데믹 기간 동안 쿠오모가 거의 매일 TV에 등장하여 상황을 브리핑하고 대책을 발표했던 것을 기억하며 '마리오의 아들'이 시민들의 안전을 보살펴 준 유능한 지도자라는 이미지를 갖고 있다는 것이다. 그럼에도 불구하고 예비선거 막바지에 이르러 대략적인 구도가 잡혀 가는 동안, 브리스포트는 조란과 함께 여러 흑인 지도자들과 목회자들을 만나러 다녔다.

4월 말경, 조란은 크라운 하이츠 소재 메드가 에버스 대학에서 열린 유세에서 수많은 장년층 흑인 유권자들과 대화를 나눌 수 있었다. 이 행사는 모든 후보가 초대되었지만, 후보별로 따로 진행자와 문답을 나누는 형식으로 열렸다. 이는 행사를 개최한 브루클린의 민주당 지역조직과 그들이 선호하는 후보(쿠오모) 간 타협의 결과였다. 공식석상에 모습을 드러내기를 기피하는 쿠오모가 초청에 응하는 대신 여러 후보가 한 무대에 서서 서로 공방을 벌이는 토론 형식의 모임이 아닌 개별 인터뷰 형식의 행사여야 한다는 조건을 내걸었기 때문이다.

이날 두 번째 순서로 나선 조란은 수백 명의 흑인 청중 앞에서 자신의 미들네임인 '콰메'가 가나의 독립 영웅이자 초대 대통령인 콰메 은크루마의 이름에서 따온 것이라고 자신을 소개하면서 대화를 시작했다. 주어진 15분의 시간 동안 이 신인 정치인은 NY1의 진행자인 아야나 해리의 질문에 답하면서 자신의 핵심 공약인 치안 대책과 주거비 부담 완화에 대해서 설명했다. 조란의 순서가 끝나자 따듯한 박수가 터져 나왔지만, 홈런이라고 보기는 어려웠다. 안타를 친 정도로 만족해야 할 만한 반응이었다.

이때까지도 무난하게 진행되던 행사는 자신의 순서에 맞춰 쿠오모가 무대에 등장하면서 예상치 못한 상황으로 번지고 말았다. 그가 진행자인 아야나 해리와 함께 자리에 앉자 다양한 인종으로 구성된 젊은 시위대가 무대로 돌진하며 구호를 연호했다. "쿠오모는 거짓말쟁이다. 뉴욕시민들이 죽어 나간다." 이는 팬데믹 상황에서 정책 실패로 인해 많은 요양원 수용자들이 사망한 것을 겨냥한 시위였다. 소란을 진정시키기 위해 경찰까지 투입되는 소동이 벌어지는 동안, 쿠오모는 지지자들과 잠깐 악수를 나누기 위해 일어선 것을 제외하고는 소란에 대해 아무런 대응 없이 가만히 앉아 있기만 했다.

쿠오모가 그를 반대하는 사람들의 거센 항의에 대해, "뉴욕시민들의 생각이 다 같을 수는 없지 않습니까?"라며 짐짓 대수롭지 않은 듯 일축하자 아야나 해리는 그의 선거 캠페인 초기의 핵심 주제에 대한 질문을 던졌다.

해리: 뉴욕경찰국이 발표한 통계를 보면 강력범죄 발생 빈도가 줄어든 것은 분명합니다. 통계에서는 도시가 이전보다 훨씬 안전해졌음을 이야기하고 있습니다. 문제는 뉴욕시민들이 안전을 체감하지 못하고 있다는 것입니다. 이러한 인식과 통계 사이의 괴리를 메우고 시민들이 안전하다고 느끼도록 하기 위해서 무엇을 할 수 있을까요?

쿠오모: 그건 인식의 문제는 아니에요. 안전하다고 느끼지 못한다면, 그 자체로 안전하지 않은 것이죠. "통계가 안전하다고 말해 주고 있으니, 안전하다고 느껴라."라고는 누구도 강요할 수 없는 겁니다. 누군가의 느낌에 대해서, 그것이 잘못됐다고 말할 권리는 누구에게도 없습니다. 분명히 말하지만, 내가 느끼는 감정은 그 자체로 타당한 것입니다.

그는 이렇게 강조하면서, "정신적 질환을 앓는 노숙자들의 이유 없는 거친 행동이 사람들로 하여금 그렇게 느끼게 만드는 주요 원인 중 하나"라고 말했다. 이 말에 아니라고 말할 사람은 거의 없을 것이다. 문제는 이러한 원인을 해결하기 위해 그가 내놓은 대책이 지하철에 더 많은 경찰을 배치하겠다는 것뿐이었다는 점이다. 그의 대책은 정신건강 개선을 위한 조직과 제도를 운영해야 한다는 조란이나 형사사법제도의 대대적인 개혁을 주장하는 운동가들의 생각과는 거리가 멀었다.

더 심각한 문제는 최근 지하철에서 발생한 끔찍한 두 사건을 언급하는 그의 방식이었다. "사람들이 타 죽고 그 후 시신이 훼손된" 이 사건은 방화살인과 시체애호자가 함께 엮여서 사람들에게 큰 충격을 주었지만, 특별히 심각한 개별 사건일 뿐 이것만으로 치안이 전반적으로 악화되어 끔찍한 범죄가 반복적으로 되풀이되고 있다고 볼 수는 없었다.

범죄에 대한 쿠오모의 시각은 뉴욕의 많은 고령 유권자들과 마찬가지로 〈뉴욕 포스트〉의 영향을 받은 것이었다. 지역의 여러 TV와 라디오 매체의 보도 방향도 그 영향을 받는다. 단 한 건의 폭력사건이라 할지라도 그것이 발생한 장소나 연루된 사람들의 배경에 의미를 두고 해석하기에 따라서는 심각성을 크게 부여할 수 있고, 지역사회 전체에 큰 충격파를 줄 수도 있는 법이다.

예비선거에 뛰어들기 전부터 이미 뉴욕 교외 출신인 쿠오모는 공포심을 자극하는 언론에 상당히 사로잡혀 있었던 것 같았다. 〈시티 앤드 스테이트〉의 홀리 프레츠키Holly Pretsky는 쿠오모가 3월 1일에 발표한 긴 영상 성명에 대해 "분위기가 처참하다"고 평가했다. 오랫동안 민주당원으로 활동하기도 했던 프레츠키는 이렇게 말했다. "그 영상을 보고 나서 지하철로 걸어 내려가다 보면 가슴 깊은 곳에서부터 불안이 솟구쳐 올라온다. 텅 빈 상가, 그래피티 낙서, 쌓인 얼룩과 먼지, 이주민 유입, 그리고 무차별 폭력 등에 대하여 매우 불안해하게 된다."

메드가 에버스 대학에서 열린 토론회에서 아야나 해리가 언급한 것처럼, 쿠오모가 출마했을 당시 뉴욕시의 중요 범죄 발생 빈도는 뚜렷하게 줄어들고 있었다. 특히 3월 중순부터 4월 중순 사이에 발생한 살인

사건 수는 40%나 감소했다. 그럼에도 불구하고 시장선거의 주요 후보 가운데 한 사람인 그는 도시가 온통 폭력에 의해 포위되어 있다는 "인식"에 베팅을 하고 있었던 것이다. 마리오 쿠오모의 아들은 시민들이 살인자, 방화범, 그리고 온갖 흉악범들을 두려워한 나머지 자신을 배트맨 같은 구원자로 여겨 주길 원했던 것 같다.

진짜 배트맨이라면 착각이 이렇게 심할 리 없었다.

● ● ●

2018년, 쿠오모가 어렵지 않게 재선에 성공하자, 그가 대통령에 출마할 가능성이 있다고 분석하는 전문가도 나왔다. 실제로 그의 최측근한 사람은 훗날, 아버지의 친구인 조 바이든이 온건중도 성향의 유력 후보 두 사람이 경쟁하면 자칫 버니 샌더스나 엘리자베스 워런Elizabeth Warren 같은 좌파 성향의 후보가 기회를 얻을 수도 있다는 이유로 출마를 말렸었다고 털어놓았다. 2020년 3월에 팬데믹 상황이 닥치자 쿠오모는 매일 생중계되는 기자회견을 가지며 대중 앞에 자신을 드러냈다. 이 회견은 에미상까지 수상하면서 전국적인 주목을 받았다. 그러나 그로부터 불과 18개월도 채 지나지 않아서 그는 아주 불명예스러운 이유로 주지사직에서 사퇴했고, 에미상도 박탈당했다.

이러한 급작스런 몰락은 2020년 12월에 시작되었다. 쿠오모의 주정부 행정부의 고위급 여성 참모였던 린지 보일런Lindsey Boylan이 그를 성희롱 혐의로 고발하고 나선 것이다. 당시 보일런이 주장한 바에 따르면, 60대 초반이었던 쿠오모가 불과 30대 중반이었던 자신의 외모에 대하여 자주 이야기하고, 기습적으로 키스를 하기도 했다는 것이 었다.

그러자 전현직 측근들의 폭로가 이어졌다. 20대 중반의 샬럿 베넷Charlotte Bennett은 주지사인 그가 자신의 성생활에 대한 부적절한 질문을 던졌다고 고발했다. 베넷의 동료인 브리트니 코미소Brittany Commisso도 그가 자신의 몸을 더듬었다고 주장했다. 쿠오모가 주택도시개발부 장관으로 재직하던 2000년 당시, 그의 밑에서 공보 보좌관으로 일했던 카렌 힌튼Karen Hinton도 마리오의 아들이 자신에게 비윤리적인 신체접촉을 시도했다고 폭로했다.

2021년 3월 초, 조란을 비롯한 DSA 출신 주의원 다섯 명이 가장 먼저 쿠오모의 사퇴를 요구했다. 여기에 알렉산드리아 오카시오 코르테스가 가세했다. 척 슈머, 커스턴 질리브랜드Kirsten Gillibrand 등 수십 명의 주류 민주당 인사들도 합류했다.

그해 여름에 이르자 티시 제임스 검찰총장은 무려 11명이나 되는 여성들의 고발 내용이 모두 사실임을 인정하는 보고서를 발표했다. (이후 법무부의 조사 과정에서 피해 여성의 수는 2명이 늘어나 13명이 된다.) 검찰 조사관들은 주지사가 여성들에게 "원치 않는 신체 접촉"을 한 것은 사실이며, 이로 인해 여성들은 "모욕감과 불쾌함"을 느꼈다고 결론을 내렸다. 티시 제임스의 발표가 나온 직후, 쿠오모는 탄핵 절차에 시달리는 대신 자진 사임을 선택했다. 지난 10년 동안 뉴욕 주정부의 수장으로 일했던 이 정치인은 8월 10일 TV를 통해 생중계된 연설에서 이렇게 말했다. "모든 상황을 고려해 볼 때, 뉴욕주 정부가 본연의 임무에 전념할 수 있도록 도울 수 있는 최선의 방법은 제가 물러나는 것이라고 판단했습니다."

쿠오모는 이 자리에서 자신을 고발한 여성들에게 사과하고, 세 딸들에게도 사과하며 "아빠가 실수를 저질렀다"고 말했다. 그러면서도 그는 정치인답게 뉴욕주민에 대한 변함없는 애정을 강조하기를 잊지 않았다. 시청자들과 유권자들을 향해, "저는 뉴욕을 사랑하고, 여러분을 사랑합니다."라는 인사를 빼놓지 않았다.

● ● ●

쿠오모의 사퇴를 요구하는 여론이 들끓은 것은 단지 성 스캔들 한 가지 때문만은 아니었다. 팬데믹 초기에 주정부에 의해 관리되는 요양원의 사망률이 유달리 높았던 것에 대한 주지사와 주정부의 책임론 또한 거세게 일어났다. 매년 4월 1일에 마감되는 주 예산안 작성 시한이 임박할 즈음, 예산안에 갑자기 뜬금없는 조항이 추가되어 말썽이 나기도 했다. 팬데믹과 관련하여 요양시설에서 발생한 소송에 대하여 면책특권을 부여한다는 내용의 조항이었다.

그리고 쿠오모가 주정부의 수장으로 재직하는 동안, 그는 요양보호 관련 업계로부터 막대한 선거자금을 거둬들였다. 사실 뉴욕주의 요양 산업계는 오래전부터 많은 문제로 평판이 좋지 않았는데, 팬데믹 사태까지 닥치면서 본격적으로 대중의 주목을 받게 되었다.

2020년 3월 말, 주지사의 직속기구라고 할 수 있는 주정부 보건부는 뉴욕 전역의 요양시설들에 Covid-19 확진 판정을 받은 사람들을 수용하고 재입소시키라는 지침을 내렸다. 병원이 자신들이 책임져야 할 확진자들과 보균자들을 병원균 감염에 취약한 고령의 노인들이 공동생활 하는 시설로 돌려보낼 수 있는 길을 열어 준 것이다. 재앙의 문이 열린 것이다. 4월 중순쯤 되자 주정부가 무슨 짓을 한 것인지 명확하게 드러나기 시작했다. 그러자 쿠오모는 그러한 지침을 누가 내렸는지 알 수 없다는 말도 안 되는 이야기를 했다. 그러면서 요양시설의 입장에서는 그러한 명령에 '반대할 수 있는 권한'이 없었을 것이라고 말했다.

결국 팬데믹 기간 동안 뉴욕의 요양시설에서 1만 5천 명 이상의 노인들이 사망했다. 그 가운데 40% 이상은 주로 퀸스, 브루클린, 브롱크스 등 뉴욕시 내 시설에서 나왔다.

2020년 한 해 동안, 쿠오모는 거의 매일 TV 생방송 회견에 등장하며 지명도를 높여 가고 있었지만, 정치 비평가들 사이에서는 쿠오모 행정부의 요양원 관련 정책에 대한 거센 비난이 일고 있었다. 〈폭스 앤드 프렌즈〉에서 기상캐스터로 활동한 제니스 딘Janice Dean은 팬데믹 기간 동안 요양원에 머물던 시부모님이 모두 사망했다. 그녀는 소셜미디어 등을 통해 쿠오모를 줄기차게 규탄했다. 삼촌이 사망한 민주당 소속의 퀸스 출신 주의회 의원 론 킴Ron Kim은 쿠오모와 공개적인 설전을 벌이면서 그가 자신에게 언어폭력까지 가했다고 주장했다. "내 평생 누구에게도 그런 말을 들어 본 적이 없습니다." CNN과의 인터뷰에서 그는 이렇게 말했다.

언론인인 로스 바칸의 말처럼, 팬데믹 기간 동안 사람들은 쿠오모에 대해 두 가지 상반된 인상을 갖게 되었다. 쿠오모 주지사와 그 측근들, 특히 당시 CNN의 심야 프로그램 진행자이자 쿠오모의 동생인 크리스 같은 이들은 그를 "코로나 바이러스에 맞서 승리한 자"로 포장했다. 반면 루퍼트 머독이 지배하는 여러 매체들은 "쿠오모가 우리 할머니를 죽였다"는 비난을 확대 재생산하며 쿠오모 신화에 맞섰다.

집에 강제로 갇혀 지낼 수밖에 없었던 수백만 명의 뉴욕시민들을 세상과 연결시켜 주는 유일한 수단은 미디어였다. 그들은 소셜미디어와 전통적인 언론매체를 통해 서로 엇갈리는 두 가지 이야기를 접하면서 무엇을 믿어야 할지 스스로 결정해야 했다. 브루클린에서 성장한 로지 페레즈Rosie Perez와 크리스 록Chris Rock 등 지역사회의 유명인사들이 쿠오모 신화 만들기에 가세했다. 대체로 많은 뉴욕 사람들은 쿠오모를 끔찍한 위기로부터 자신들을 구원해 줄 인물이라고 믿는 경향이 커졌다.

조란 맘다니 캠프는 4년 전의 요양원 관련 상황에 대한 진실이 무엇이었든, 2025년의 앤드루 쿠오모는 뉴욕 유권자들이 일상에서 느끼는 고민에 무감각한 사람이라는 것을 알려 주는 것이 중요한 과제라고 판단했다. 서튼 플레이스에서 열린 3월의 기자회견을 시작으로 맘다니는 자신이 경쟁상대인 골리앗을 전혀 두려워하지 않는다는 사실을 대중을 향해 꾸준하게 알렸다. 겉으로 느껴지는 인상에서부터 내면에 이르기까지 두 후보 사이에는 엄청난 차이가 있었다.

나이로만 보면 조란은 쿠오모의 절반도 되지 않지만 에너지는 최소한 네 배쯤 이상 왕성해 보였다. 항상 얼굴에서 웃음이 떠나지 않는 이 젊은이는 스스럼없이 지하철을 이용하고, 마라톤에 참가하고, 마주치는 유권자들과 장소를 가리지 않고 거리에 선 채로 진지하게 대화를 나눴다. 뉴욕 닉스가 플레이오프에 진출했을 때는 팬들과 함께 그 열기를 즐겼다.

반면 좀 험상궂은 인상의 노신사는 자신이 아끼는 검은색 닷지 차저Dodge Charger 차량을 타고 돌아다녔다. 닷지 차저는 1970년대 뉴욕 교외지역에 거주하는 10대 청소년들이 열광하며 질주본능을 즐기던 차였다. 마리오의 아들이 유일하게 편안히 대화를 나눴던 장소는 마샤 크레이머 진행의 프로그램을 찍었던 WCBS-TV 스튜디오의 소파뿐인 것처럼 보였다.

● ● ●

3월 말, 조란은 브루클린 코블 힐에서 열린 행사에 브래드 랜더를 포함한 일곱 명의 다른 후보들과 함께 참석했다. 요양원에서 세상을 떠난 사람들의 사진이 걸려 있는 벽에서 멀지 않은 곳이었다.

예비선거가 진행되는 동안에는 팬데믹 위기 상황에서 쿠오모가 했던 역할에 대해서는 크게 주목을 받지 못했다. 그러나 성희롱 고발 건에 대해서는 달랐다. 특히, 가장 먼저 주지사를 고발하고 나선 린지 보일런은 줄기차게 자신의 전직 상사에 대한 비난의 목소리를 높였다. 쿠오모가 예비선거 참여를 선언한 날부터 6월 24일에 패배가 확정되는 날까지, 린지 보일런은 쿠오모로 하여금 주지사직에서 사퇴할 수밖에 없게 만들었던 사건에 관한 많은 이야기를 쉬지 않고 소셜미디어를 통해 공유했다.

물론 쿠오모를 변함없이 지지하는 열성 지지자들도 있었다. 어느 선동가는 예비선거 직전의 주말에, 사춘기를 보내고 있는 보일런의 딸 앞에서 보일런을 비난했다. 그럼에도 불구하고 보일런은 자신의 노력이 반드시 결실을 맺을 것이라는 확신을 버리지 않았다. 예비선거 하루 전날인 6월 23일, 보일런은 딸에게 이렇게 말했다. "엄마와 엄마가 존경하는 사람들은 이 괴물을 물리치기 위해 온갖 노력을 다했어. 이제 큰 희망을 느끼고 있어."

그로부터 이틀 전, 쿠오모를 고발했던 또 다른 여성인 샬럿 베넷은 브래드 랜더의 기자회견에서 보일런과 함께 나란히 섰다. 그들은 이미 여러 후보가 지적했듯이, 쿠오모가 주지사 시절 막강한 영향력을 가진 기업 전문 변호사 리타 글레빈Rita Glavin을 중심으로 초호화 변호인단을 구성했고, 결국 뉴욕시민들의 혈세 6천만 달러*가 이들에게 법정 수임료로 지불되었다고 성토했다.

글레빈은 베넷의 산부인과 진료기록을 확보하기 위해 소송까지 제기했다. 이는 쿠오모 반대 진영의 유권자들이 보기에는 너무나도 지나친 행위였다. 조란은 두 번째 TV토론회에서 4년 전 쿠오모의 변호인이 보여 주었던 이러한 지나친 행보를 거론하면서 쿠오모를 향해 맹공을 퍼부어 시청자들에게 강한 인상을 남겼다.

겨울이 지나 다시 봄이 오고 예비선거가 임박할 때까지 뉴욕 전역에서 수많은 후보토론회가 열렸으나, 쿠오모는 거의 대부분의 토론에 나서지 않고 기피했다. 6월 들어서 의무 규정 때문에 두 차례의 토론에 참여하기는 했지만, 그리 내켜 보이지는 않았다.

더 실망스러운 점은 요양원 관련 사망자가 발생한 일이든, 성 관련 추문이든, 모두 4년 전에 일어난 사건이었다는 것이다. 정리되고 설득

---

*   당시 환율로 약 8억 원

력 있는 답변을 준비하기에 충분한 시간이 있었음에도 그의 답변은 애매모호하고 군더더기가 많고, 법률적인 책임을 회피하기에 급급해 보였다.

이 골리앗이 타고 다니는 승용차의 속도는 매우 빨랐지만, 정작 골리앗 자신의 순발력은 그렇게 빠르지 않았던 것 같다.

9

위험한 맘다니

2024년 대선 기간 동안 후보였던 카멀라 해리스나 민주당 상원 원내 대표로서 민주당을 이끌었던 척 슈머는 가자지구를 둘러싼 문제에 당과 후보가 휘말리지 않도록 거리를 두는 입장이었다. 그러나 조란과 민주사회운동 측은 그곳의 악몽 같은 현실에 지대한 관심을 쏟고 있음을 숨기려 하지 않았다. 예비선거 당시 〈자코뱅〉 인터뷰 기사에서 리자 피더스톤은 이렇게 썼다. "조란을 비롯한 선출직 공직자들에게는 지금 그곳에서 벌어지고 있는 제노사이드 상황에 대해서 가급적 언급을 하지 말라는 유무형의 압력이 사방에서 가해진다. 조란은 그럼에도 불구하고 팔레스타인에서 정의가 구현되기를 강력하게 주장해 온 분명한 후원자였다." 실제로 DSA 출신인 조란은 10월 7일 사건 이후 열린 항의 시위에 참여하여 "제노사이드"라는 말로 이스라엘, 그리고 이스라엘에 대한 미국의 자금지원을 비판하는 데 거리낌이 없었다.

2025년 시장선거에 뛰어들기 전, 맘다니는 피더스톤과의 대화에서 역설적이지만 가자지구 문제가 중요한 쟁점으로 떠오른 것은 에릭 애덤스 시장과 뉴욕경찰 덕분이라고 말한 적이 있다. 2024년 5월 초, 헤지펀드 투자자이자 억만장자인 대니얼 러브Daniel Loeb 등 영향력이 막강한 골수 시온주의자들의 요구를 의식한 뉴욕경찰은 컬럼비아 대학교에서 벌어진 팔레스타인 인권옹호 시위를 해산시키기 위해 시가전을 방불케 하는 강경 진압작전을 벌였다. 경찰은 활동가들이 점거한 해밀턴 홀 건물 안으로 진입하여 모든 방문을 하나하나 열면서 마치 팔루자 전투*를 방불케 하는 수색작전을 벌였다. 당시 이 시위를 주도했던 학생 지도자들은 가자지구에서 이스라엘군에 의해 살해된 여섯 살 난 어린 소녀 힌드 라잡을 기리는 의미로 이 건물을 '힌드 홀'로 바꿔 부르고 있었다. 이 수색작전이 진행되는 과정에서 한 경찰관이 빈 방을 향해 실탄을 발사하기도 했는데, 경찰은 이를 단순한 해프닝이었다고 얼버무렸다.

맘다니는 피더스톤에게, "자칫 학생들이 목숨을 잃을 수도 있었던 아찔한 상황이었습니다."라고 말했다. 이어서 애덤스 시장에 대해서는, "자신의 막강한 권한을 이용해서 한 민족의 존엄성을 깡그리 무시했고, 학생들이 휴전을 요구했음에도 받아들이지 않았어요. 휴전 요구라는 것이 그렇게 받아들이기 무리한 요구가 아니지 않습니까?"라고, 도저히 믿기지 않는다는 듯이 말했다.

---

* 2004년에 두 차례에 걸쳐 이라크의 팔루자에서 벌어진 가장 치열하고 잔혹했던 시가전투

맘다니의 승리가 확정된 다음 날 언론인인 피터 베이나트도 언급했듯이, 대니얼 러브나 빌 애크먼 같은 엄청난 자금력을 지닌 친이스라엘주의자들은 이스라엘에 대한 지지 의사를 분명히 밝힌 후보라면 누구에게든지 막대한 자금지원을 아끼지 않았다. 앤드루 쿠오모나 에릭 애덤스는 정치인으로서의 경력 관리에 도움만 된다면 대량학살을 변호하는 데 어떤 가책도 느끼지 않을 사람들이었다. 반면 맘다니와 DSA 진영은 뉴욕의 차세대 지도자는 더 이상 팔레스타인 문제를 외면하지 않는 사람이어야 한다는 점을 분명하게 주장했다.

2025년 초, 조란이 한창 기세를 올리며 치고 올라가고 있었음에도 불구하고, 대부분의 언론들은 그의 이스라엘에 대한 '이단아적인 입장'을 한낱 해프닝이나 스캔들처럼 다루었다. 그 대표적인 매체는 역시 〈뉴욕 포스트〉였다. 〈뉴욕 포스트〉는 조란의 최근 발언은 물론 과거 발언까지 샅샅이 뒤져서 조금이라도 반유대주의적으로 해석될 여지가 있는 것들을 찾아내고, 그것을 가지고 수십 건의 뉴스 기사와 논평을 써서 확대 재생산했다. 〈뉴욕 포스트〉는 강경보수 입장의 칼럼니스트들을 동원하는 것도 모자라 외부인들까지 끌어들였다. 뉴욕을 방문한 친이스라엘 입장을 공공연하게 드러내 왔던 한 대학농구 감독까지 맘다니를 향한 공격을 퍼붓는 데 동원한 것이다. 그는 네타냐후 이스라엘 총리에 대하여 국제형사재판소ICC: International Criminal Court가 발부한 체포영장을 집행하겠다는 맘다니의 공약에 대해 노골적인 불쾌감을 드러냈다.

반면, 쿠오모는 네타냐후를 변호하는 법률가 그룹에 합류했다. 필자가 〈드롭 사이트 뉴스Drop Site News〉에 기고한 기사에서도 자세하게 다뤘지만, 전직 뉴욕 검찰총장을 지내기도 한 그가 2024년 11월 말 맨해튼에서 열린 차바드 루바비치Chabad-Lubavitch 운동 집회에 참석해 앨런 더쇼비츠Alan Dershowitz가 이끄는 법률가 모임에 합류하겠다고 발표한 것이다. 이 단체는 이스라엘의 현재 집권세력 및 트럼프 진영과 긴밀한 협력관계를 유지하고 있는 초정통파 유대교 집단이다. 한편 〈뉴욕 포스트〉는 네타냐후를 바라보는 시각은 쿠오모와 같았음에도 불구하고, 몇 가지 다른 이유로 마리오의 아들에 대한 분명한 지지 의사를 밝히지는 않았다. 그 이유에 관해서는 차차 이야기할 것이다.

트럼프가 백악관에 재입성한 직후인 2025년 3월 초, 컬럼비아 대학교 대학원생인 마무드 칼릴Mahmoud Khalil이 구속되자 〈뉴욕 포스트〉는 이를 환영하는 보도를 크게 냈다. 이 일로 대학원생은 임신 중인 아내와 헤어지게 되었다. 트럼프 행정부가 미국의 외교정책에 위협이 될 수 있다고 판단되는 외국인 학생의 비자를 취소할 수 있다는, 마치 매카시 시대에서나 볼 수 있었을 법한 제도를 도입하고 실행에 옮긴 것이다.

국경의 차르라고 불리는 톰 호먼이 며칠 후 올버니를 방문했다. 호먼은 칼릴의 체포를 지지하고 있었다. 조란은 분노하며 그를 비난하고 나섰다. 조란은 "수정헌법 1조의 내용을 알기는 합니까?"라고 외쳤다. 이 젊은 주 하원의원의 외침은 모든 미국인의 관심을 끌기에 충분했다. 미국시민자유연맹ACLU, 가자 전쟁에 반대하는 작가들Writers against the War on Gaza, 그리고 조란의 초기 후원자였고 컬럼비아 법대에서 해임된 교수인 캐서린 프랭크Katherine Franke 등이 맘다니와 뜻을 같이하여 트럼프 행정부의 독선을 강력히 비난했다.

마무드 칼릴이 체포되자 〈뉴욕 포스트〉는 아무런 근거도 제시하지 않은 채, 그가 하마스와 연계되어 있다고 주장했다. 그로부터 2주 후에는 그가 이스라엘이 친하마스 단체라고 의심하는 유엔 팔레스타인 난민구호사업기구UNRWA: United Nations Relief and Works Agency for Palestine Refugees in the Near East의 정치담당관직을 겸하고 있다고 보도했다. 사실을 확인하자면, 마무드 칼릴은 이 단체에서 인턴 직원으로 일한 적이 있지만, 이 단체에는 정치담당관이라는 직책 자체가 없다. 〈뉴욕 포스트〉는 마무드 칼릴을 상대로 막무가내식의 적대적인 기사를 마구 만들어 냈다. 조란에 대해서도 마찬가지였다. 정확한 사실을 전하기보다는 비난 기사를 생산해 내는 데 급급한 모습이었다.

· ● ·

이 신문이 조란을 본격적으로 다루기 시작한 것은 그가 여론조사에서 2위로 떠오른 4월 초부터였다. 4월 2일 자 신문에서 〈뉴욕 포스트〉는 1면에 조란의 역동적인 사진을 올리면서, "위험한 맘"이라는 제목으로 헤드라인 기사를 실었다. 이 기사를 본 맘다니는 필자에게 "이 신문이 언어유희에 능한 신문인데, 이 기사를 통해서 하고 싶은 말이 뭔지 모르겠네요."라고 말했다. 당시, DSA 출신의 이 정치적 이단아는 앤드루 쿠오모에게 20~25%포인트나 뒤지고 있었으나, 빠른 속도로 격차를 좁히고 있었다. 팔레스타인에 대한 지지 의사를 명백히 밝혔음에도 그의 상승세는 꺾이지 않았다.

"맘"이라는 헤드라인과 조란의 역동적인 사진 옆에는 라시다 틀라이브 의원의 작은 사진이 함께 실렸다. 팔레스타인 국기 모양의 이모

티콘이 보이는, 맘다니 선거운동에 대해 논의하는 줌 화상회의 장면도 실려 있었다. 광적인 트럼프 지지자이자 유명 칼럼니스트인 마이클 굿윈Michael Goodwin은 팔레스타인 옹호 활동가로 유명한 린다 사르소어Linda Sarsour와 틀라이브 의원이 조란을 지지하고 있다는 사실을 들어 조란을 공격했다. 그는 이들 두 사람을 "악명 높은 반유대주의자들"이라고 비난했지만, 조란에게까지 그런 주장을 하지는 못했다. 그러나 예비선거가 끝나자, 언론재벌 머독의 친위대장직을 자임하는 듯, 마이클 굿윈은 승자인 조란을 향해 "금수저 사회주의자이자 반유대주의자"라고 비난했다. 〈뉴욕 포스트〉가 〈뉴욕 타임스〉와 분명하게 다른 점 하나는, 말을 가려 할 줄 모른다는 것 아닐까?

이들 루퍼트 머독의 돌격대원들은 5월 초에는 엘라 엠호프를 맹폭했다. 엘라는 부쉬윅에 거주하는 여성인데 카멀라 해리스의 의붓딸임에도 조란을 지지하고 나서서 주목을 받고 있었다. 〈뉴욕 포스트〉의 눈에는 엘라 엠호프가 "철없는 부잣집 딸"에, "사회주의자를 자처하는 위선자"로 보였을지도 모르겠다. 패션 디자이너로 활동하고 있는 엘라는 5월 4일 밤, 자신의 집과 그리 멀지 않은 곳에 있는 유명 공연장인 브루클린 스틸Brooklyn Steel에서 있었던 맘다니 유세 현장에 나타났고, 자신의 인스타그램에 행사 관련 영상을 공유하며 조란에 대한 지지를 선언했다.

머독의 하수인들은 조란에 대한 저질 비난 기사를 마구 써대면서, 엠호프가 조란을 지지하는 것은 '민중의 대변자'를 자처하는 조란 맘다니가 사실은 유대인 혐오증에 단단히 걸린 철없는 금수저들의 마음을 사로잡고 있는 증거라고 주장했다. 그러면서 바꾸어 말하면, "맘다니의 진짜 핵심 지지층은 엠호프처럼 스스로를 거칠고 강인한 뉴욕 토박이라고 착각하는 외지 출신의 부잣집 아이들임을 입증하는 증거"라고 했다. 팔레스타인을 지지해 온 엠호프가 맘다니를 지지한다는 것은 맘다니가 추구하는 선거운동의 핵심이자 현대 좌파 연합세력이 추구하는 것의 본질은 광적인 반유대주의에 다름 아님을 입증하고 있다는 것이 이 신문의 주장이었다.

이런 막무가내식 공격의 근거가 도대체 무엇인지 궁금했다. 그래서 필자는 〈뉴욕 포스트〉 논설위원 가운데 한 사람인 마이클 벤저민Michael Benjamin에게 그 기사를 직접 썼느냐고 물었다. 이에 벤저민은 자신이 쓴 것은 아니라고 답하면서도, "작성자의 이름이 명시되지는 않았지만, 위원들 전체의 견해를 대변하고 있습니다."라고 분명하게 답을 했다.

"왜 그런 걸 물어보시죠?" 그가 되물었다.

"이스라엘이 저지른 전쟁범죄를 반대하는 게 내 입장인데, 그러한 나도 '반유대주의자'로 간주되는지 궁금해서요."

그러자 벤저민은, "전쟁범죄라뇨? 현대 전쟁은 단기간에 끝나지만, 잔혹할 수밖에 없습니다. 반유대주의자들은 이스라엘의 생존권 자체를 부정하는 자들을 지칭하는 말입니다."라고 말했다.

나는 대화를 계속 이어 가는 대신 휴먼 라이츠 워치Human Rights Watch의 대표로 일한 바 있는 케네스 로스Kenneth Roth의 글로 연결되는 링크를 보내 주었다. 2024년 6월 〈뉴욕 리뷰 오브 북스New York Review of Books〉에 실린 그의 글은 이스라엘의 국제법 위반 사례들을 아주 잘 정리해서 보여 주고 있다. 벤저민은 링크를 잘 받았다고만 답했을 뿐, 글의 내용에 대해서는 별다른 이야기를 하지 않았다.

5월 말쯤 되자, 조란의 기세는 마치 강한 순풍을 받아 한껏 부풀어 오른 돛과도 같아 보였다. 〈뉴욕 포스트〉는 이러한 기세에 당황한 듯, "조란 맘다니가 기세를 올리는 것은 그의 강력한 반유대주의 전략 덕분"이라고 악평하기에 이르렀다.

나는 다시 벤저민과 접촉하여 〈주이시 데일리 포워드Jewish Daily Forward〉의 기자인 제이콥 콘블루Jacob Kornbluh가 올린 트윗을 보내 주었다. 맘다니가 뉴욕에 거주하는 유대인 유권자로부터 20%나 지지를 받고 있다는 최근 여론조사 내용이었다.(이는 쿠오모에게 불과 11%포인트 뒤진 수치이며, 브래드 랜더에게는 근소하게 앞선 수치였다.) 나는 그에게 이런 조사결과를 보면 조란이 승승장구하는 것이 반유대주의 전략 때문이라고 보기는 어렵지 않느냐고 물었다.

이에 벤저민은 조란이 유대인 유권자들로부터 무려 20%에 달하는 지지를 얻고 있는 이유는, "스스로 유대인이라는 사실을 혐오하는 자기혐오증에 빠진 유대인들이 과표집된 결과"라고 둘러댔다.

나는 이렇게 되물었다. "전쟁범죄를 싫어하면 자기혐오인가요?"

그러자 벤저민은, "전쟁범죄라니요?"라는 대답으로 되돌아갔다.

브롱크스 출신의 흑인 개신교도인 벤저민은 유대인을 비난하기 위해 20세기에나 사용되었던 비속어들까지 동원하며 자신의 입장을 강변했다. 필자를 포함한 맘다니의 지지자들이 듣기에는 그의 주장이 말도 안 되는 것이지만, 그들은 자신의 견해를 밝히는 데 어떠한 거리낌이나 망설임이 없었다.

이처럼 〈뉴욕 포스트〉는 예비선거 기간 내내, 그리고 예비선거가 끝난 후까지도 맘다니를 맹폭했지만, 그렇다고 해서 쿠오모에 대한 분명한 지지 의사를 표명하지는 않았다. 〈뉴욕 포스트〉가 나름 영향력 있는 매체인 것은 분명하기 때문에, 만일 이 매체가 쿠오모를 확실하게 지지하고 나섰다면, 어쩌면 아슬아슬한 선거 결과가 나왔을지도 모를 일이었다.

〈뉴욕 포스트〉는 3월 1일 자 사설에서 쿠오모를 "뉴욕시 최고의 거짓말쟁이"라고 규정했다. 이날은 쿠오모가 뉴욕시장 선거 출마를 공식 선언한 날이다. 이 신문의 논설위원들은 쿠오모 주지사 시절 팬데믹 상황, 특히 요양원 관련 사망 사태에 대해 매우 못마땅해하고 있는 것이 분명해 보였다. 그것도 모자라, 다소 조롱조로 쓰인 이 글은 젊은 여성들에게 '쿠오모가 당신을 더듬을지 모른다'고 경고하기도 했다.

머독의 휘하에서 일하는 사람들이 가장 못마땅해한 점은 쿠오모가 항상 중도적 입장을 지키는 듯 말하고 행동하면서도, 간혹 좌클릭하는 것이 유리하다고 생각할 만한 분위기에서는 좌클릭을 주저하지 않았다는 것이다. 실제로 이 신문도 사례로 들었지만, 쿠오모는 수압파쇄공법*을 금지하는 조치를 내리기도 했고, 보석제도 개혁을 골자로 하는 형사

---

* 수압파쇄공법(Fracking)은 지하 깊은 곳에 있는 전통적인 방식으로 뽑아내기 힘든 암석층(셰일층)의 석유나 천연가스를 뽑아내기 위해 암석층에 물, 모래, 그리고 화학첨가물을 섞은 혼합액을 엄청난 압력으로 분사하는 방법이다. 미국의 에너지 자급률을 획기적으로 높였지만, 환경적 부작용에 대한 우려가 매우 크다.

사법제도 개혁 법안에 서명하기도 했다. 〈뉴욕 포스트〉는 좌파적이라고 볼 수 있는 변화나 움직임이라면 그 어떤 것도 용납하지 않는 신문이다. 그래서 혹자는 99%의 사람들이 서로 싸우게 갈라침으로써 상위 1%에 해당하는 사람들을 돕는 것이 이 신문의 사명이라고 비난하기도 한다. 4월에는 전 주지사인 쿠오모가 자신에게 너무나 호의적이지 않은 이 신문과 관계를 개선하고자 루퍼트 머독과의 직접 회동 가능성을 모색했다는 보도가 〈뉴욕 타임스〉를 통해서 나왔다.

실제로 쿠오모가 머독을 직접 만나서 설득할 기회를 얻었는지는 확실하지 않다. 분명한 것은 예비선거의 마지막 순간까지 〈뉴욕 포스트〉는 쿠오모에게 호의적이지 않았다는 것이다. 6월 24일의 예비선거가 끝나고, 쿠오모가 본선에 무소속으로 출마하려고 하자, 〈뉴욕 포스트〉는 그의 출마를 막기 위해 다양한 방법으로 압박을 가했지만 실패했다. 한편, 6월 25일에는 에릭 애덤스 시장이 〈뉴욕 포스트〉 본사를 방문했다. 그는 〈폭스 앤드 프렌즈〉에 출연하여 조란을 '사회주의를 파는 사기꾼 약장수'라고 비난했다. 그 역시 머독의 영향권 안에 있었던 것은 분명하다.

● ● ●

"조란 맘다니는 반유대주의자다!" "그의 아버지도 반유대주의자다!" 6월 초, 어느 멋진 봄날 오후에 선셋 파크에서 열린 유세에서 한 극우 활동가가 반복해서 떠들어 대는 비난과 거친 언사로 인해 한바탕 소동이 일어났다.

처음 야유를 시작한 이는 본명 대신 'RR'이라는 약칭으로 알려진 한 남성이었다. RR은 과거 캠퍼스 시위 현장에서 거대한 크기의 트럼프 얼굴이 새겨진 깃발을 흔들어 유명해진 사람이다. 그는 며칠 전인 5월 말에도 알렉사 아빌레스의 유세 현장에서 진행요원들을 괴롭힌 적이 있었다. 그렇지 않아도 살해 협박 등 신변의 위협을 받고 있던 조란은 이날 선셋 파크 유세에는 경호팀을 대동하고 참석했다.

RR은 상대의 얼굴에 위협하듯 카메라를 들이대며 동영상을 찍고, 상대에게 몸을 바짝 붙여 스치듯 부딪치고 나서, 오히려 상대가 자신을 밀쳤다고 소리치며 경찰을 불러 대는 수법MO*을 반복하는 사람이었다. 그의 행동은 마치 WWEWorld Wrestling Entertainment 레슬링 선수들의 행동처럼 미리 계획한 연극 같은 것이었다. 그러나 그의 입에서 나오는 독설은 진심이었다.

자유의 여신상과 맨해튼 빌딩숲이 한눈에 들어오는 멋진 전경을 자랑하는 선셋 파크로 조란이 들어섰다. 선거운동원들이 호별 방문유세를 시작하기에 앞서 격려연설을 하기 위해서였다. 조란과 아빌레스의 당선을 위해 호별 유세에 뛰어들 수십 명의 자원봉사자들이 공원 언덕의 잔디 위에서 내려다보고 있었다. 갑자기 두 후보 측 캠프 종사자들이 황급히 방어벽을 만들고, 독설을 외치며 돌진하는 RR을 저지하기 위해 안간힘을 쓰는 모습이 보였다.

전투복을 연상케 하는 옷을 입고 MAGA 모자를 쓰고 돌진하던 RR

---

*   Modus Operandi, 범죄학이나 수사에서 자주 쓰이는 용어로, 범행이나 활동의 '특정한 수법' 혹은 '행동 양식'을 뜻한다.

은 용감하기는 하지만 체구가 작은 한 젊은 여성을 밀쳐 내고, 지난 5월 행사에서도 마주친 적 있는 아빌레스 후보 측의 건장한 남성 운동원과 몸싸움을 벌였다. 한참 밀고 밀리는 소동 끝에 이 노골적인 적대행위자는 행사장 울타리 반대편으로 밀려났다.

이처럼 어지러운 상황이 계속되는 와중에 RR이 자신이 메고 있던 더플백에 손을 집어넣자 주변 사람들은 혹시 총을 꺼내는 것 아닌가 하여 크게 긴장했다. 그러나 그가 꺼낸 것은 메가폰이었다. 그렇지 않아도 목소리 크고 말 많은 이 남자의 목소리가 더 크게 주변으로 울려 퍼졌다. 확성기로 인해 지나치게 소리가 울리면서 분명하게 전달되지는 않았지만, "이 사회주의자 놈들아!", "트럼프에게 하나님의 축복이 있기를!" 등 몇 마디는 확실하게 알아들을 수 있었다.

현장에 있는 모든 사람들이 보기에, RR은 언론재벌 머독의 휘하에서 일하는 사람들이 만들어 내는 편향적인 찌라시 같은 언론 보도에 철저하게 세뇌되어 있는 사람임이 분명했다. 행사장에서 조란을 만난 나는 〈뉴욕 포스트〉 웹사이트에 전날 오후부터 올라와 있던 기사에 관하여 물어보았다. 조란의 답변은 나를 놀라게 했다.

"스트링어가 뉴욕경찰국에 유대인명예훼손방지연맹ADL: Anti-Defamation League과 협력하라고 요구했다는군요. 기사를 봤나요?" 스콧 스트링어Scott Stringer는 조란과 경쟁하는 후보 가운데 한 사람이었다. 그가 보수적인 유대계 민주당원들의 표를 얻기 위해 한 말을 알고 있느냐고 물은 것이다. 극우성향의 친이스라엘 단체인 ADL에게 소셜미디어 등에 올라온 게시물이 반유대주의적인지, 혹은 즉각적인 위험을 초래할 수 있는 게시물인지 판단할 권한을 주자는 것이 그의 주장의 골자였다.

"정말요? 처음 듣는 얘기인데요?" 조란의 대답을 듣고, 나는 조란이 보통 다른 후보들처럼 아침에 일어나자마자 신문을 뒤적이며 머독의 하수인들이 지난 밤 사이에 누구에게 한 방을 먹이고, 어떤 사람들을 띄워 주고 있는지 확인하면서 하루를 시작하는 사람이 아니라는 것을 짐작할 수 있었다.

앤드루 엡스타인에 따르면, 예비선거 기간 동안 조란이 뉴스를 접하고 대응하는 데 있어서 특별하게 정해진 패턴은 없었다고 한다. 어떤 경우에는 여러 매체 기사들의 내용은 물론, 그 속에 담긴 함의까지 속속들이 파악하고 있었지만, 참모들이라면 누구나 주목하고 있는 기사에 관하여 아직 헤드라인조차 접해 보지 못하고 있는 경우도 있었다. "사실 〈뉴욕 포스트〉는 조란에 관한 기사를 지나칠 정도로 많이 만들어 내고 있었기 때문에, 우리는 그들이 기사를 이용해 새로운 공세를 시작해도 웬만하면 조란에게 알리지 않는 편이었습니다." 엡스타인이 말했다. 그는 맘다니가 〈뉴욕 포스트〉를 가끔 뒤적거려 보기는 했지만, 그 내용에 크게 신경을 쓰거나 예민하게 반응하는 편은 아니었다고 했다.

어쨌든 선셋 파크에 출몰한 그 민주사회주의운동 혐오자가 조란에 관한 비난의 말을 떠들어 대는 것 말고 다른 어떤 목적이 있었는지는 알 수 없다. 그가 떠드는 소리를 공원 근처에 모여든 사람들이라면 누구나 들을 수 있었다. 그날 그는 주말 여가시간을 희생해 맘다니를 위한 호별 방문유세를 하려고 모여든 자원봉사자들을 상대로 독설을 퍼부었다.

RR이 제멋대로 떠들고 있는 동안 나는 밝고 화려한 반팔 셔츠를 입은 30대 남성 자원봉사자 한 사람에게 물어보았다. "저 사람도 〈뉴욕 포스트〉를 읽고 저러는 걸까요?"

그 청년은 조금도 뜸들이지 않고 바로 대답했다. "직접 기사를 쓴 사람인지도 모르죠."

10

창의적인 동료들

규모 있는 선거에 뛰어들어 승산이 희박해 보이던 싸움에서 대역전 극을 연출해 내려면 여섯 가지 요소가 모두 충족되어야 한다. 매력적인 후보, 시대에 맞는 시의적절한 메시지, 충분한 자금, 강력한 현장 조직력, 탁월한 미디어 관리 능력, 그리고 혁신적이고 창의적인 디자인팀 등 여섯 가지가 그것이다.

조란이 유능한 후보인 것은 분명했다. 그의 주요 공약도 그 시점에 아주 적절했다. 충분한 자금을 모금한 후보는 맘다니 한 사람만은 아니었지만, 자원봉사자들의 역량과 열기는 압도적이었다. 또 출마선언 첫날부터 미디어 전략에 관한 한 조란 근처라도 따라올 만한 후보는 아무도 없었다. 홍보팀 또한 장인의 수준에 이르렀다고 해도 좋을 만큼 탁월하게 앞서갔다. 반면 쿠오모를 지원하는 홍보팀의 전략은 후보 자신 못지않게 구시대적이었다.

맘다니가 예비선거에서 승리한 다음 날, 〈뉴욕 매거진New York magazine〉
의 지역 총괄 에디터인 크리스토퍼 보나노스Christopher Bonanos는 맘다
니 홍보팀의 시각디자인 능력에 대해 아낌없는 찬사를 보냈다. 그러면
서 쿠오모에 대해서는 이렇게 말했다. "반면 앤드루 쿠오모를 상징하는
로고 디자인은 기억도 안 납니다."

사람들에게 익숙한 붉은색, 흰색, 파란색을 조합한 쿠오모 진영의 로
고와 다르게, 조란 캠프의 디자인팀은 보통 사람들에게는 전혀 익숙하
지 않은 파격을 구사했다고 보나노스는 말했다. 맘다니 캠프에서 생산
된 많은 디자인들을 보면, 흔히 삼위일체*를 상징한다고 하는 빨간색,
흰색, 파란색 가운데 앞의 두 가지 색상은 아예 사용하지 않았다. 디자
이너 아니시 부파티Aneesh Bhoopathy에 의하면, 조란 캠프 디자인팀은
다양한 도안의 배경색으로 파란색을 많이 사용했는데 그마저도 보통
파란색이 아니라 보랏빛이 살짝 감도는 파란색이었다.

부파티는 지금은 필라델피아에서 살고 있지만, 그전에는 퀸스 주민
이었다. 그는 크리스토퍼 보나노스에게 자신의 회사에서 만든 무드보
드mood board**의 기본 색은 "뉴욕을 상징하는 색"이라고 밝혔다. "뉴욕
택시의 색깔이기도 하고, 뉴욕시 교통카드인 메트로 카드의 기본 색이
기도 하고, 뉴욕 거리의 식료품점 차양에서 흔하게 눈에 띄는 노란색
그 자체입니다." 선거 포스터나 배지나 반다나***에 새겨진 'ZOHRAN'

---

* 미국 선거 캠페인 디자인에 가장 흔하게 사용된다 하여, 정계에서는 이 세 가지 색상
을 삼위일체의 색상이라고 부른다.
** 디자인의 핵심 방향성을 담은 보드
*** 목에 두르는 스카프 비슷한 사각형의 수건

이라는 로고 문구는 보헬드체라는 서체를 응용해서 손으로 직접 그려 도안한 것이었다. 파란색 배경에 새겨진 주황색 테두리의 노란색 글자는 사람들의 눈길을 사로잡았고, 각 글자마다 슬쩍 가미된 머스터드 색조 때문에 은근한 매력이 더해졌다.

인터넷 세계에 소셜미디어라는 것이 막 등장했을 때 조란은 10대 청소년기를 보내고 있었다. 조란을 지지하는 젊은 지지자들의 상당수는 처음으로 이미지의 힘이 활자의 힘을 압도하기 시작한 후 자라난 사람들이다. 매력적인 그래픽의 힘에 호소할 줄 모르는 후보가 밀레니얼 세대의 지지를 받기를 꿈꾼다면, 그 자체로 충격적인 일일 것이다. 쿠오모가 선거를 치르면서 시각적 매력 혹은 시각적 호소력의 결핍이 선거에 얼마나 영향을 미치는지 전혀 몰랐다는 것도 놀라운 일은 아니다.

부파티를 중심으로 한 조란의 디자인팀은 야구로 말하자면 홈런을 친 것이고, 크리켓을 좋아하는 사람들이라면 식서sixer*를 기록했다고 말할 수 있겠다.

유권자들에게 깊은 인상을 주는 디자인이 담긴 우편물을 발송하는 것은 중요하다. 그러나 맘다니 캠프가 이보다 더 중요하게 생각한 것은 그들을 직접 찾아가서 만나는 일이었다. 일단 집집마다 방문하여 문을 두드리고, 아무도 나오지 않으면 선거 홍보전단을 우편함에 남겨 두었다. 내가 살고 있는 선셋 파크의 코옵 아파트**의 경우, 맘다니와 그의

---

*   크리켓의 6점짜리 장외 타구
**   '코옵(co-op) 아파트'는 'cooperative(협동조합) 아파트'의 줄임말이다. 아파트를 구입하여 나의 소유로 하는 대신 아파트 건물 전체를 소유하고 있는 회사의 주식을 사고, 그 대가로 그 집에 살 권리를 획득하는 방식이다. 주식을 보유하는 한 주거권을 얻는 것과 더불어 호별 출입문 안쪽 공간에 대한 등기를 내 이름으로 하게 된다.

동료이자 민주사회운동 출신 시의원 후보인 알렉사 아빌레스의 당선을 호소하는 홍보물이 우편함에 꽂혀 있거나 출입문 손잡이에 걸려 있는 것을 발견한 적이 최소한 네 차례 이상이나 된 것으로 기억한다. 이렇게 운동원들이 유권자들과 직접 만나게 되면, 유권자들이 나눠준 홍보물을 실제로 살펴볼 가능성이 그만큼 높아진다. 그러한 시도 없이 그저 우편으로 발송된 홍보물은 거추장스러운 쓰레기가 될 뿐이다. 나처럼 직업상 이유 때문에 정치에 특별한 관심을 가져야 하는 사람이 아니라면 말이다.

하지만 자원봉사자들이 남기고 간 조란의 홍보물은 워낙 독특한 디자인 때문에 그래도 한 번쯤 사람들의 눈을 끌 수 있었다. 출입문 손잡이에 걸 수 있도록 제작된 홍보물 가운데는 맘다니 후보가 마이크를 잡고 무언가를 말하고 있는 역동적인 느낌의 사진이 담긴 것이 있었다. 사진 아래에는 파란색 배경으로 오렌지색의 세련된 캠페인 로고가 인쇄되어 있었다. (이는 뉴욕시민들에게 익숙한 뉴욕 메츠 팀의 로고에서 착안한 것이다.) 이 홍보물에는 노란색 글씨로, "조란을 1순위 후보로 투표하면 뉴욕이 당신도 '살 수 있는' 도시가 된다.Rank Zohran #1 for a city you can afford."라고 적혀 있었고, 여기서 마지막의 '살 수 있는'이라는 단어만 붉은색으로 처리되어 있었다.

또 다른 전단지에는 조란의 핵심 공약이 나열되어 있고, 조란을 지지하고 있는 알렉산드리아 오카시오 코르테스와 니디아 벨라스케스 하원의원의 사진, 그리고 우군 세력인 DSA, 노동가족당, 그리고 DC37 등의 로고가 함께 실려 있었다. 그리고 투표소 정보와 조란의 웃는 사진으로 마무리되었다. 사실 이 모든 것을 한 장의 전단지에 담으면 자칫 어수선하게 보일 수도 있지만, 탁월한 디자인 능력 덕분에 아주 매력적으로 보였다.

같은 전단의 뒷면은 디자인이 앞면과 다르고 스페인어로만 되어 있었다. 상단에는 조란과 아빌레스, 그리고 민주사회운동 출신 동료인 마르셀라 미타인스, 그리고 브루클린 자치구장 안토니오 레이노소가 함께 있는 사진이 배치되었다. 선셋 파크에 거주하는 스페인어권 유권자 가운데, 특히 아빌레스와 같은 푸에르토리코 출신과 레이노소와 같은 도미니카 출신들이 많다는 것을 감안한 사진 배치였다. 또 벨라스케스는 2002년까지 이 지역 출신 연방 하원의원이었다.

홍보물의 세련되고 자연스러운 디자인은 조란이 후보로서 유권자들에게 전달하고 싶었던 낙관적인 미래와 잘 어울리는 분위기를 느끼게 해주었다. 이 홍보물은 조란 캠프의 디자인팀이 제작했는데, 교사와 보건의료인 그리고 다양한 창의적 직업 종사자 등 압도적으로 많은 사람들의 소액 기부금으로 조성된 공공자금으로 제작되었고, 선거 과정에서 상당한 위력을 발휘했다. 반면 쿠오모를 지원한 몇몇 거대 자본가들은 거액을 쏟아부었지만, 비용 대비 효과는 크지 않았다고 볼 수 있다.

●　●　●

3월에 본격적으로 예비선거에 뛰어든 쿠오모는 교육계나 의료 종사자들은 아닌 것이 분명한 많은 사람들로부터 개인기부 한도액(2,100달러)을 꽉 채운 기부를 받아서 어렵지 않게 400만 달러를 모았다. 여기에 더하여 매칭펀드 제도 덕분에 또 다른 400만 달러를 확보했다. 쿠오모 캠프에서 밝힌 바에 의하면, 그는 선거기간 동안 550만 달러를 지출했는데 그 절반은 TV광고에 지출되었다.

이와 함께 쿠오모는 다크머니의 지원을 많이 받았다. 다크머니란 쿠오모 캠프에서 지출된 것과는 별개로, 쿠오모를 지지하는 제3자나 단체들이 쿠오모 지지를 호소하는 활동을 벌이면서 그 비용을 자신의 돈으로 지출하는 것을 말한다. 자금이 풍족하지 않은 후보들도 자금 부담을 덜어 주는 뉴욕시의 매칭펀드 제도는 훌륭하고 진보적인 제도인 것이 분명하다. 그러나 제3자가 후보를 위해서 자기 돈을 쓰는 것을 막기는 어려운 일이다. 뉴욕시 선거자금위원회는 후보들이 자금을 합법적으로 모으고 지출하기 위해 만드는 조직인 정치활동위원회PAC: Political Action Committee를 통해서 들어오고 나간 자금의 흐름만 관리하고 감독할 수 있다.

쿠오모의 대표적인 PAC 조직인 '픽스 더 시티Fix the City'는 6월 30일까지 2,500만 달러 이상의 엄청난 자금을 끌어모았다. 이는 전적으로 상위 1%에 속하는 슈퍼부자들이나 대기업에서 나온 돈이었다. 마이클 블룸버그 한 사람이 이 정치활동위원회의 금고에 넣어 준 돈만 830만 달러라고 한다. 이 돈이 마중물 역할을 하여 거액의 돈이 모였다고 말해도 과언은 아닐 것이다. 당시 시의회가 배달 노동자를 보호하기 위한 법안을 통과시킨 것에 격분한 배달 플랫폼 도어대시DoorDash도 쿠오모에게 100만 달러를 내놓았는데, 쿠오모 입장에서 이 돈은 마치 착수금 정도로 여겨질 만했고, 바로 이어 에스티로더 같은 화장품 왕국과 관련된 인물 세 명이 합쳐서 100만 달러를 쿠오모에게 전달했다.

억만장자 금융인인 빌 애크먼과 대니얼 러브 두 명의 강경 친이스라엘 기업인이 각각 50만 달러와 35만 달러를 기부했다. 뿐만 아니라 대니얼 러브는 쿠오모의 모금활동을 진두지휘하기까지 했다. 석유재벌인 존 B. 헤스John B. Hess는 픽스 더 시티를 통해 50만 달러를 내놓았고, 연예계의 큰손인 배리 딜러Barry Diller도 25만 달러를 냈다.

여기에 더하여 15명의 고액기부자들이 배리 딜러와 같은 금액을 보내 주었다. 맨해튼 초고층 빌딩들과 브루클린 해안가의 호화 콘도 개발을 맡고 있는 부동산 개발업자들도 여기에 포함돼 있었다. 예비선거가 열린 6월 24일 무렵까지 쿠오모 캠프는 택시 광고판부터 문자메시지에 이르기까지 홍보활동에 픽스 더 시티를 통해 모은 돈 가운데 2,050만 달러 이상을 투입했다. 뉴욕 5개 자치구에 거주하는 유권자들의 우편함에는 쿠오모의 홍보물이 넘쳐났다. 그러나 다른 여러 후보들도 경쟁적으로 홍보 우편물을 살포했기 때문에, 쿠오모의 천편일률적인 홍보물은 다른 후보에 비해 조금 더 광택이 나기는 했지만 유권자들에게 그렇게 깊은 인상을 주지는 못했다.

픽스 더 시티를 통해서 엄청난 자금을 모았음에도 불구하고, 쿠오모 캠프는 좀 더 창의적인 홍보물 제작을 위해 투자하지 않았다. 쿠오모 캠프의 홍보물은 만화적인 느낌이 나는 아주 시대착오적인 것이었다. 블룸버그나 에스티로더 가문, 혹은 배리 딜러 같은 초대형 기업가들을 통하면 메디슨 애비뉴*를 주름잡는 광고 디자이너를 구하는 것이 일도 아니었을 것임을 생각하면 도무지 이해가 가지 않는 일이었다.

쿠오모 캠프가 홍보물을 통해서 부추기고 싶었던 것은 맘다니 혐오

---

* 　　메디슨 애비뉴(Madison Avenue)는 미국 광고산업의 중심지이다.

정서였다. 이스라엘을 반대하고, 과거 뉴욕경찰 예산 삭감을 주장했다는 것, 그리고 사회주의적 세계관 등을 강조하며 조란이 당선되면 안 된다고 설득하고 싶어 했던 것 같다. 유권자들에게 왜 자신들의 후보를 지지해야 하는지를 설명하는 논리도 분명하지 않았다. "더 안전하고, 더 살기 편한 뉴욕시를 위하여 쿠오모에게 한 표를!" 픽스 더 시티를 통해 발송된 어느 전단지에 적힌 문구였다. 전단지 앞면에는 이 관록 있는 정치인의 사진이 배치되어 있었다. 사진 속의 전직 주지사는 미간을 찌푸려 짐짓 엄숙한 표정을 짓고 있는데, 어딘지 모르게 움찔하는 것 같은 느낌을 주기도 했다. 이 홍보물의 뒷면에는 "급진적인 조란 맘다니의 음모를 투표로 막아야 합니다."라는 경고문이 강조되어 있을 뿐, 시장이 되면 구체적으로 무엇을 어떻게 할 것인지를 전혀 말해 주지 않았다.

미국 사람들이 흔히 입는 서구적인 의상과는 다른 셔츠를 입고 있는 흐릿한 조란의 청년 시절 사진을 싣고, 그 위에는 "우리는 뉴욕경찰의 예산을 삭감할 것을 요구한다."라는 과거 조란의 구호를 작은 글씨로 인쇄했다. 바로 이어서 앞의 것보다는 덜 이국적이고 좀 더 최근 것인, 마이크를 잡고 있는 조란의 사진도 실려 있었다. 두 장의 사진 사이에 "맘다니는 우범지역에 경찰 배치를 줄이려고 한다"는, 〈뉴욕 포스트〉의 고약한 기사에서 가져온 문구를 적어 놓았다.

이 정치활동위원회를 통한 쿠오모의 공세는 시트콤 〈올 인 더 패밀리 All in the Family〉의 아치 벙커*를 떠올리게 했다. 1970년대에 퀸스 지역

---

* 　아치 벙커는 70년대 유명 코미디 프로그램 〈올 인 더 패밀리〉의 극중 주인공이다. 퀸스에 거주하는 노동자 가정의 가장으로 유색인종, 여성, 히피 등에 대한 완고한 편견을 가지고 거침없는 비난을 쏟아 내고, 사회의 변화를 받아들이기를 거부한다. 백인의 기득권이 위협받는 것에 민감하게 반응하는 캐릭터이다.

노동자계층 사이에 만연했던 인종차별주의를 다시 불러들이려는 듯했다. 쿠오모 캠프와 픽스 더 시티는 법률적으로는 연관성이 없었다. 그러므로 그들의 공세에 쏟아지는 비난에 대해 부인하거나 동조할 수도 있었을 텐데 쿠오모는 그렇게 하지 않았다.

픽스 더 시티의 이러한 캠페인은 의도와는 다르게 자신들이 지지하는 후보를 현대판 아치 벙커로 만들어 대중의 조롱거리가 되게 했다. 결과적으로 의도와는 다르게 〈올 인 더 패밀리〉에 등장하는 벙커의 사위인 좌파 청년 미트헤드Meathead*의 이슬람판이라 할 수 있는 맘다니의 지지기반을 넓혀 준 꼴이 된 것인지도 모르겠다.

●　●　●

픽스 더 시티는 3월 초부터 5월 중순 사이에 TV 및 인터넷 광고에만 약 650만 달러나 되는 거액을 투입했다. 그나마 이 광고들은 다른 PAC 광고물들에 비해서는 좀 더 세련되고 현대적이었다. 30초 분량의 두 편의 TV광고는 주로 흑인 노년층과 친밀하게 어울리는 쿠오모의 모습을 보여 주며, 과거 그가 이루어 낸 업적들을 홍보했다.

그러나 6월 초로 접어들면서 픽스 더 시티는 쿠오모를 맹렬하게 추격하며 쫓아 올라오는 2위 후보를 공격하는 데 집중하기 시작했다. 이를 위한 새로운 TV 및 인터넷 광고에 700만 달러를 썼고, 이와는 별개로 홍보 우편물 제작과 발송에 또 700만 달러를 썼다. 맘다니를 급진주

---

* 　극 중에서 벙커의 사위인 마이클 스티빅의 별명이다.

10 창의적인 동료들　　　　　　　　　　　　　　　　　　173

의자라고 비난하고, 경찰 예산을 삭감하겠다는 시장 밑에서 살 수는 없다는 호소가 이들 홍보물의 주요 내용이었다.

예비선거일이 임박할 즈음, 쿠오모 진영은 〈뉴욕 타임스〉 논설위원들도 맘다니를 비난하고 있음을 강조하는 TV광고를 내보냈다. 처음 내놓았던 광고들에서 쿠오모의 지지자임을 드러내며 출연했던 유권자들이 막바지 광고에서도 또 등장했다. 쿠오모가 워낙 유권자들과의 직접 접촉을 꺼리다 보니 광고에 쓸 만한, 유권자들이 등장하는 영상자료가 충분치 않았던 까닭이다.

아무리 빼어난 재주가 있는 후보라도 대량 발송되는 문자메시지만으로 유권자를 사로잡기는 어렵다. 조란 캠프에서도 대량 문자메시지를 발송하기는 했지만, 이 역시 유권자들의 마음을 확 끌어당길 만한 매력은 좀 부족한 것처럼 보였다. 아무래도 자동화된 기계적 수단으로 대량 발송하는 문자메시지에서 인간적인 무언가를 느끼도록 만들기는 어려웠을 것이다. 그럼에도 불구하고 픽스 더 시티 쪽에서 대량 문자 발송에 거액을 들였다는 것이 승패를 결정하는 중요한 요인 가운데 하나가 되었다.

쿠오모가 발송한 문자메시지는 뉴욕주지사를 지낸 적이 있는 쿠오모의 경륜을 강조하는 데 집중했다. 한 PAC 문자메시지 말미에는 "불확실성이 높아지는 이 시대일수록 조란 맘다니의 당선을 막아야 합니다."라는 경고문이 들어가 있었다. 그러나 왜 조란이 그렇게 끔찍한 존재인지에 관하여는 아무런 설명도 없었다. 때문에 그들의 의도와는 다르게 이 문자메시지는 지금까지 조란을 잘 몰랐던 유권자들이 전 뉴욕주지사의 떠오르는 신예 경쟁자에 대해서 자세히 알아보고 싶게 만드는 역효과를 빚어냈다.

유권자들이 자동 문자메시지를 받으면 무시해 버리는 경향이 있는 것은 사실이지만, 비용이 매우 저렴하다는 장점도 있다. 선거캠프나 외곽의 후원단체들은 10만 달러도 안 되는 비용으로 200만 건의 문자메시지를 보낼 수 있었다. 또 좀 더 노력하면 특정 유권자층을 상대로 정밀하게 공략할 수도 있었다. 픽스 더 시티가 선거 당일에 보낸 메시지들을 보면, 그들이 후보와 마찬가지로 과거 뉴욕시의 전통적이고 구시대적인 편 가르기식 선거 캠페인을 답습하고 있음을 알 수 있다.

베스라는 가상의 이름을 발신자로 하여 뉴욕시민들에게 보낸 한 메시지는 "〈뉴욕 타임스〉, 〈데일리 뉴스〉, 〈뉴욕 포스트〉까지 모두 '맘다니의 당선을 막아야 한다'는 데 동의하고 있습니다."라는 문구로 시작한다. 정확한 발신자 이름도 없는 사실상 익명의 문자메시지를 가지고 맹렬하게 떠오르고 있는 상대 후보를 잠재우는 일이 21세기에 가능하다고 믿었던 것일까? 게다가 2025년 6월 현재 〈뉴욕 타임스〉와 〈뉴욕 포스트〉의 영향력이 4년 전과 같지 않은 것까지 감안해야 한다.

예비선거일 당일의 픽스 더 시티의 대량발송 문자는 부조리극*의 극치를 보여 주었다. 해리라는 이름을 발신자로 하여 아마도 백인계가 대다수인 '노동자계층' 유권자들에게 "내 아내가 맘다니를 끔찍하게 무서워한다"고 주장하는 메시지가 발송되었다. 또 유대인 유권자들에게 레이첼이라는 이름으로 "진짜 마지막입니다. 약속해요!"라는 문자가 도

---

* 2차대전 이후 유럽에서 등장한 연극 사조로, 의도적으로 비논리적인 대사, 반복되는 무의미한 상황, 앞뒤가 맞지 않는 인물 설정을 배치하여 인생의 허무나 목적 없는 공허함을 드러낸다. 사무엘 베케트의 〈고도를 기다리며〉가 그 대표적인 작품이다.

착했다. 또 많은 유권자들은 데이브라는 가상의 흑인 발신자로부터 "도저히 가만히 있을 수 없어서 연락드렸습니다!"라는 문구로 시작되는 메시지를 받았다.

이러한 다양한 시도는 분명히 조란의 상승세를 꺾기 위한 것이었지만, 이런 거센 공세가 과연 얼마나 효과적이었는지를 측정하기는 쉽지 않을 것이다. 이처럼 파상적인 공세를 받으면서도 맘다니의 지지율이 꾸준히 상승한 것은 분명한 사실이다. 반면 쿠오모는 수천만 달러의 자금 공세에도 불구하고 지지율을 조금도 올리지 못한 것도 분명하다.

● ● ●

뉴욕시의 막강한 기득권 세력의 자금을 등에 업고 픽스 더 시티가 대대적으로 벌인 반이슬람 혐오정서와 공격을 조장하는 선동은 오히려 많은 유권자들의 반감을 불러일으켰다. 두 번째 TV토론 전날인 6월 11일, 유대계 매체인 〈더 포워드The Forward〉의 정치 선임기자 제이콥 콘블루는 픽스 더 시티가 제작한 것으로 추정되는 홍보 우편물을 게시했다. 이 우편물에는 맘다니가 뉴욕경찰과 자본주의를 파괴하는 것은 물론이고, 이스라엘과 유대인의 권리를 부정하려 한다고 적혀 있었다. 이러한 문구 자체가 선동적인 것은 분명하지만, 더 큰 문제가 된 것은 고의적으로 사진을 서투르게 조작하여 수염이 지나칠 정도로 굵고 검게 묘사된 맘다니의 사진이었다.

맘다니도 이 기회를 놓치지 않고 쿠오모를 후원하는 각계 유력인사들을 이슬람 혐오주의자들이라고 반격했다. 6월 12일 정오가 되기 조금 전에 맘다니 측은 성명을 발표했다. "도널드 트럼프를 당선시킨 억만장자들의 자금으로 세워진 슈퍼팩SuperPAC*이 대중의 무지를 이용해 공포를 조장하여 선거 결과를 돈으로 사려고 한다."

논란이 커지자 픽스 더 시티 측 대변인은 문제가 된 홍보물은 시안으로 제출되었으나 내부 검토를 통해 폐기된 것이며, 실제로 우편물로 발송되지는 않았다고 주장했다. 그의 주장이 사실이든 아니든, 수법은 비열한 시도였던 것만은 틀림없었다. 맘다니는 그날 밤의 토론에서 이 문제를 정면으로 거론했고, 결과적으로 이 홍보물은 맘다니에게 유리하게 작용했다.

예비선거를 일주일쯤 남겨 놓은 주말이 되자, 이미 시작된 사전투표의 흐름이 맘다니 쪽으로 확실하게 기울고 있다는 분석이 나왔다. 그러나 쿠오모는 민주당의 흘러간 정치인 두 사람으로부터 지지선언을 얻어 내며 반전을 꾀했다. 한 사람은 2020년 버니 샌더스의 대선 가도를 좌절시키는 데 중요한 역할을 했던 사우스 캐롤라이나 출신 17선 의원 짐 클라이번Jim Clyburn이었고, 또 한 사람은 과거 대통령 시절 쿠오모를 내각에 발탁한 적도 있는 인물이었다. 바로 빌 클린턴이다.

기성 언론들은 이 사실을 호의적으로 보도했지만, 두 거물급 인사가 쿠오모를 지지했다는 사실만으로 유권자들이 그를 '미래를 이끌어 갈 시장'이라고 생각할 수 있을지는 미지수였다. 더 문제가 되었던 것은

---

*   미국 정치 기사에서 자주 등장하는 슈퍼팩(SuperPAC)은 미국의 독특한 정치자금 기구로, 정식 명칭은 '독립 지출 전담 위원회(Independent Expenditure-only Committee)'이다. 쉽게 말하자면 '특정 후보를 돕기 위해 한도 없이 돈을 모을 수 있는 후보의 외곽 조직'이라고 할 수 있다. PAC가 모금 액수의 제한이 있는 것과 비교하여 슈퍼팩이라고 부른다.

쿠오모가 거물 정치인들의 지지를 받고 있다는 사실을 유권자에게 알리는 방식이었다. 쿠오모 캠프는 클라이번과 클린턴으로부터 쿠오모를 지지하는 음성 메시지를 입수했고, 유권자들에게 자동녹음 전화를 걸어 이들 두 명 노정객의 녹음된 목소리를 직접 들려주는 방식을 택했다. 이는 휴대전화가 보급되기 전에나 통했을 만한 구시대적인 방식이다.

클라이번의 독특한 남부 억양이 일부 고령자 유권자들에게 먹혔을지도 모른다. 클린턴의 목소리는 나이가 들어 예전보다는 조금 떨리는 듯했지만, 누구에게나 친숙한 목소리였을 것은 분명하다. 그러나 과연 얼마나 많은 유권자가 전화기에서 흘러나오는 미리 녹음된 노정객들의 메시지를 끝까지 새겨듣고, 마음을 바꿔 쿠오모에게 투표했을지는 의문이다.

예비선거 직전의 일요일에 쿠오모는 브루클린의 대형교회인 '기독교문화센터'를 찾았다. 이 자리에 모인 신도들은 클린턴이 그를 지지하고 있다는 말이 나오자 열광적으로 환호했다. 뉴욕 정치권에 대한 영향력도 막강한 버나드A. R. Bernard 목사는 〈뉴욕 타임스〉 기자와의 짧은 인터뷰에서 이날 쿠오모가 약 5분 동안 민주사회운동 출신의 풋내기 후보를 맹폭하는 '대단한 연설'을 했다고 극찬했다. 그러나 연설이 끝나고 예배를 마친 후, 쿠오모는 현장에 모여든 유권자이자 신도들과 어떤 접촉도 하지 않고 현장을 떠났다. 쿠오모는 보통 "사람들이 있는 거리에 나오지 않았다. 평판과 경력, 그리고 그가 갖는 무게감만으로 충분히 상황을 이겨 나갈 수 있다면, 그렇게 해도 괜찮을 것이다."라고 버나드 목사는 평가했다.

버나드 목사가 날카롭게 지적한 것처럼, 쿠오모는 자신에게 우호적인 자리에도 모습을 드러내기를 꺼리는 것처럼 보였다. 그리고 예비선거에 패하고 나서야 뒤늦게 유권자들과의 접촉을 늘렸어야 했다고 후회하는 듯했다. 실제로 본선을 앞두고는 평상복 차림으로 거리에서 많은 사람들과 악수를 나누는 모습이 자주 포착되었다. 본선을 겨냥한 새로운 선거운동 방식은 오히려 역효과를 낳기도 했다. CNN의 글로리아 파즈미노Gloria Pazmino 기자가 보도한 바에 따르면, 쿠오모가 이스트 할렘의 공공주택단지를 방문했을 때 한 남성이 "쿠오모와 반갑게 악수를 나누더니 품에서 핸드폰을 꺼내 쿠오모와 나란히 서서 셀카를 찍었다. 무려 3선의 관록을 자랑하는 전직 주지사는 카메라 앞에서 멋진 미소를 지어 주었다. 그 순간 남성은 '당신이 또 한 번 패하는 모습을 빨리 보고 싶네요.'라고 말했다."

● ● ●

노련한 정치인인 쿠오모 자신도 알고 있었겠지만, 그의 선거캠프와 픽스 더 시티 등 함께 일하는 이들도 우울한 본선 전망을 내놓았다. 반면 맘다니와 그를 돕는 밀레니얼 세대는 기가 오를 대로 올라 있었다. 조란 맘다니 캠프는 쿠오모와의 본선 대결을 '미래 대 과거', '활력 넘치는 후보와 지친 후보', '낙관과 냉소'의 대결로 규정지었다.

예비선거 직전 주말, 쿠오모는 13년 전에 발생한 초대형 허리케인 샌디에 대처했던 자신의 위기대응 능력을 과시하면서 "행정은 현장실습의 장이 아니다."라고 말했다. 맘다니가 행정 경험이 부족한 점을 지적하는 수많은 공세 가운데 하나였다. 그러나 실제로는 허리케인 샌디에 대한 부실한 대처로 당시 쿠오모 주지사가 거센 비판을 받았던 것이 사실이다. 실제 행정에서도 쿠오모의 위기관리 능력은 그리 훌륭하지 않았고, 선거 과정에서도 위기관리 능력이 떨어지기는 마찬가지였다.

11

안전벨트 꽉 매고

"맘다니, 홀로코스트 비판 거부." 5월 16일 아침, 휴대전화의 알림음이 울리면서 자극적인 제목의 메일이 도착했다. 정치 분야의 영향력 있는 매체인 〈폴리티코〉가 발행하는 아침 뉴스레터 '뉴욕 플레이북'의 기사였다. 조란이 격랑에 휘말린 것이다. 이로부터 시작된 논란은 40일 후, 조란의 승리가 확정되고 축하파티가 열리는 그 순간까지도 끝나지 않았다. 그동안 이스라엘에 대한 맘다니의 입장은 뉴욕 시장선거의 핵심 쟁점이 되었다.

바로 전날인 5월 15일, 이 급진적인 후보는 애스터 플레이스 인근의 퍼블릭 시어터에서 열린 후보토론회에 참석했다. 진보성향의 매체로 알려진 〈헬 게이트〉와 〈뉴욕 포커스New York Focus〉가 주최한 토론회였다. 맘다니는 다른 두 후보(쾌활한 브래드 랜더와 다소 유머러스한 스콧 스트링어)보다 먼저 무대 아래로 내려갔다. 우리는 맘다니가 어디로 가는 것인지 의아해했다.

다음 날 아침, 선거캠프의 공식 SNS 계정에 올라온 게시물을 통해 조란이 어제 이스트 빌리지에서 부쉬윅에 있는 롤러스케이트장 제나두Xanadu로 바쁘게 이동했다는 것을 알 수 있었다. 수백 명의 열광적인 지지자들과 함께한 현장 파노라마 영상이 올라와 있었다. 그런데 아침에 잠에서 깨자마자 〈폴리티코〉가 날린 기습적인 펀치에 한 방 맞았으니 맘다니의 심사도 꽤나 어지러웠을 것이다. 이처럼 조란에게 비판적인 시온주의자들이 공세의 고삐를 강하게 조여 들어오는 동안, 조란을 지지하는 친팔레스타인 진영에서는 조란의 이스라엘에 대한 입장이 전보다 어정쩡해졌다는 비판이 나오기도 했다.

〈폴리티코〉의 기사는 제목은 자극적이었지만 그 내용을 보면 논리가 그렇게 잘 짜여 있지는 않았다. 그러나 〈뉴욕 포스트〉와 소셜미디어의 추종자들은 이러한 공세를 확대 재생산하고 있었다. 뉴욕주 의회는 중요한 역사적 사건부터 AI 같은 최첨단 과학과 관련된 문제까지 수십 건의 결의안을 채택한다. 그리고 이 결의안은 당연히 표결 과정을 거쳐야 한다. 조란은 2025년에도 홀로코스트를 비난하는 결의안에 찬성표를 던졌다. 다만 공동발의자로 이름이 올라와 있지 않은 것뿐이었다.

조란은 5월 16일에 녹화한 동영상을 통해 자신이 홀로코스트 결의안을 지지한 사실을 분명하게 밝히며 논란의 진화에 나섰다. 조란이 직접 설명한 바에 따르면, 워낙 많은 다양한 결의안에 대하여 공동발의자로 이름을 올려 달라는 요청을 받기 때문에, 연초에 어떠한 결의안에 대해서도 공동발의자로는 참여하지 않기로 마음을 먹었다는 것이다. 〈폴리티코〉는 원래부터 맘다니에게 호의적인 매체는 아니었지만, 이런 식으로 루퍼트 머독 휘하의 매체들 같은 막무가내식 비방을 한 적은 거의 없었다.

"나는 조란 맘다니의 지지자는 아니다. 그러나 그가 홀로코스트 결의안에 공동발의자로 참여하지 않았다는 사실에 무슨 대단한 의미가 있는 것처럼 몰아가는 것은 뉴욕주 의회의 생리를 전혀 모르는 자들이나 할 수 있는 짓이라고 생각한다." 〈폴리티코〉의 날 선 보도가 있고 나서 이틀 후, 주 하원의원인 미카 라셔Micah Lasher가 X에 올린 글이다. 어퍼 웨스트 사이드를 지역기반으로 하는 유대계 민주당 정치인인 라셔는 자신을 포함한 동료 의원들은 "하루에도 수십 통의 이메일을 받는다"면서, 과도한 결의안 발의 요구 자체가 우스꽝스럽다고 생각한다고 말했다.

〈폴리티코〉나 〈뉴욕 포스트〉, 혹은 이들과 비슷한 생각을 하는 몇몇 언론들은 사실을 일일이 확인하는 것을 사소한 일이라고 생각했을지도 모른다. 〈폴리티코〉는 2021년부터 철저한 친이스라엘 성향을 드러내고 있는 독일 출판사 악셀 슈프링거Axel Springer가 소유하고 있었다. 5월 19일에는 앤드루 쿠오모의 오랜 측근이 소유하고 있는 무료 조간 신문 〈AMNY〉가 사설을 통해, 조란이 "홀로코스트의 참상을 규탄하는 서면을 채택하는 데 반대 표결을 했기 때문에" 뉴욕시장으로서 자격이 없다는, 어리석으며 사실과도 다른 주장을 펼쳤다.

뉴욕시는 그 유명한 찰스 디킨스의 표현과 같이 "어리석음의 시대"* 21세기판이 재현되고 있는 듯 보였다.

---

*   찰스 디킨스의 대표작인 《두 도시 이야기》의 첫 문장에 나오는 문구이다.

조란 캠프의 홍보 책임자였던 앤드루 엡스타인은 홀로코스트에 관련된 〈폴리티코〉의 비방 기사 당시 상황을 생생하게 기억하고 있다. 조란의 집과 가까운 아스토리아에 거주하고 있던 30대 후반의 앤드루는 당시 그 기사를 보자마자 "이게 뭐 하는 짓이야?"라고 소리를 지르며, 문자메시지와 이메일을 연달아 작성하며 대응에 나섰다고 한다. 앤드루는 물론이고 맘다니 캠프의 정치국장이었던 줄리언 거슨과 미디어 전략가인 모리스 카츠도 모두 유대인이다.

〈폴리티코〉는 또 주의회가 이스라엘을 옹호하는 또 다른 결의안을 채택할 때 조란이 이를 지지하지 않은 것을 주목했다. 보도가 있었던 주의 금요일 아침, 조란은 정치적으로 논란이 덜한 공약이라고 할 수 있는 뉴욕시 소상공인을 돕는 방안을 발표하는 기자회견을 열었다. 회견의 백브리핑에서 이스라엘 문제에 관한 기자들의 질문이 나왔다. "이스라엘도 국가로 존재할 권리가 있다는 것을 인정하십니까?"

"물론입니다. 이스라엘은 국가로 존재할 권리가 있습니다." 조란의 답변은 명료했다. 소셜미디어에서는 밀레니얼 세대들 사이에서 이스라엘 문제에 집착하듯 매달리는 언론을 조롱하는 게시물이 홍수처럼 터져 나왔다. 조란은 자신의 입장을 분명하게 밝혔음에도 불구하고, 언론은 그를 예민한 문제를 교묘하게 비켜 가는 인물로 취급했다.

어쩔 수 없었다. 앤드루 엡스타인과 캠프의 홍보영상 제작 담당자인 도널드 보렌스타인Donald Borenstein은 이러한 보도를 반박하는 조란의 입장을 설명하는 동영상을 제작하는 데 그날 오후를 다 써야 했다. 그날 밤, 앤드루와 도널드는 저녁을 먹기 위해 밖으로 나갔다.

밤 10시 반쯤, 앤드루는 귀가하자마자 조란의 전화를 받았다. 지칠 줄을 모르는 이 에너지 넘치는 후보는 그 시간에 자신의 홍보 담당자를 메디슨 스퀘어 가든 앞으로 불러냈다. 지금 막 뉴욕 닉스가 숙적인 셀틱스를 꺾고 플레이오프 첫 라운드에서 승리했다는 것이었다. 마치 NBA 파이널에서 우승을 한 듯한 착각이 들 정도로 거리에 축제 분위기가 넘치고 있다고 했다.

그 주 초에, 이미 조란은 메디슨 스퀘어 가든 앞 야외 응원장에서 닉스 팀 모자를 거꾸로 눌러쓴 자신의 모습을 영상으로 찍어 올렸었다. 소매 없는 셔츠를 입은 한 중년 남성이 오른팔로 조란의 어깨를 감싸고 왼손으로는 후보의 머리 위를 가리키고 있었다. 카메라의 교묘한 각도 덕분에 조란의 머리 위에서는 알록달록한 닉스 팀 로고가 박힌 농구공이 빙글빙글 돌고 있었다. 동영상 속의 조란은 "이것 보세요. 지금 제가 머리로 공을 돌리고 있어요!"라고 외쳤다. 이 장면은 다양한 종류의 소셜미디어 플랫폼에서 큰 인기를 끌었다. 자발성과 즉흥성이 만들어 낸 결과였다.

앤드루는 전화를 끊고 바로 메디슨 스퀘어 가든 쪽으로 이동해서 수석보좌관인 스펜서 골드버그와 조란을 만났다. 그곳에서 넥타이를 맨 사람은 조란이 유일했다. 한창 상승세를 이어 가고 있는 조란은 옷깃에 마이크를 달고 밝은 표정으로 거리에서 이 사람 저 사람과 대화를 나누며 인터뷰를 시도하고 있었다. 그곳에 모인 젊은이들 대부분은 소셜미디어에 익숙한 사람들이고 상당수는 공연무대에 서기를 꿈꾸는 예비 연예인이기도 해서 인터뷰는 아주 재미있게 진행됐다. 언뜻 보기에

20대 동유럽 출신으로 보이는 덩치 큰 젊은 친구가 "기분 최고입니다."라고 하자, 21세 라틴계라고 밝힌 다른 청년이 끼어들어 자신은 "조란에게 투표할 것"이라고 분명하게 말했다. 그러자 닉스 유니폼과 그 색깔에 맞춰 비니 모자를 쓰고 있는 통통한 흑인 청년이 즉석에서 코믹한 퍼포먼스를 보여 주었다. 역시 20대 청년인 그는 닉스의 다음 라운드 상대인 페이서스를 향해 진지한 태도로 미리 애도의 뜻을 표했다. "미안해요. 정말 미안해요. …당신들에게 미안한 것이 전혀 없어서 정말 미안해요!" 그는 조란의 카메라를 향해 짐짓 애통한 듯 절규를 했고 주변에 모여든 사람들 모두는 배를 잡고 웃었다. 조란도 함께 매우 즐거워했다.

앤드루는 바로 집으로 돌아와 영상 편집에 매달렸다. 새벽 3시 반쯤에 선거캠프 공식 계정에 이때의 동영상이 올라왔다. 홀로코스트 문제로 맹폭을 당하면서 시작된 하루는 이렇게 들뜨고 신나는 분위기로 끝났다. 조란은 혼란 속에서도 재미를 찾기를 멈추지 않았다. 증오는 가끔은 무시함으로써 잠재울 수 있다는 것을 충분히 보여 주었다.

기성의 정치 문법과는 전혀 다른 전략과 전술을 능수능란하게 구사하는 젊은 후보가 거리에서 신나게 노는 동안, 그의 이름과 얼굴 그리고 전하고자 하는 메시지가 현장은 물론 경기장과 술집에서 닉스의 경기를 지켜보던 많은 사람들에게 전해지고 있었다. 예비선거 기간 동안 조란 캠프의 선거본부장으로 활약한 엘 비스가드 처치는 이렇게 말했다. "우리는 닉스의 플레이오프 기간 동안 조란의 이름과 얼굴을 폭넓게 알리는 데 전력을 다했습니다. 승리는 마음에 기쁨과 가능성으로 가득 찰 때 쟁취할 수 있다는 것을 우리는 알고 있었습니다."

4월 말부터 조란의 유세 동영상이 전파를 탔다. 다른 후보들과 비교할 때 가장 빨랐다. 닉스의 플레이오프 기간 초반부에 첫 선거 홍보광고가 방송됐다. 민주당 계열의 컨설턴트인 리베카 캐츠Rebecca Katz가 운영하는 파이트 에이전시에서 제작한 이 30초짜리 광고는 최첨단 기법을 동원하여 쿠오모와 애덤스, 그리고 그들의 뒤를 밀어주는 억만장자들을 비판하고 있다. 플레이오프가 막바지로 다다를 무렵에 또 다른 TV광고가 선보였다. 이 동영상에서는 조란이 세입자들을 찾아가서 자신의 임대료 동결 계획을 직접 설명하고 있다. 뉴욕시 아파트 건물이 뒷배경으로 쓰였기 때문에, 언뜻 보면 전설적인 뮤지컬 〈웨스트 사이드 스토리West Side Story〉의 한 장면을 연상케 하는 연출이었다. 다만 뮤지컬과 다른 점은 조란이 춤을 추고 노래하는 대신 시종 진지했다는 것이다. 이 남아시아계 출신 젊은 후보는 진지하게 자신의 메시지를 전하고 있었다.

닉스는 페이서스와의 다음 라운드에서 패하고 플레이오프를 통과하는 데 실패했지만, 챔피언이 되기 위한 조란의 여정은 계속됐다. 여론조사는 기성 정치질서에 도전하는 이 젊은 도전자의 뚜렷한 상승세를 통계로 보여 주고 있었다. 그리고 상승세가 계속될수록 맘다니는 또 다른 새로운 적을 만나게 되었다.

• • •

이스라엘 문제를 빌미로 조란에 대한 공세는 점점 더 심해지고 있었지만, 조란을 지지하는 뉴욕시민들은 오히려 계속해서 늘어났다. 5월 첫 주쯤, 마리스트 칼리지*가 3,400명의 민주당 유권자를 상대로 실시한 여론조사에 의하면, 쿠오모가 37-18%로 맘다니보다 앞서 1위를 달리고 있었다. 그러나 표 분산으로 인해 최하 순위 후보에 투표한 표를 다음 순위 후보에게 배정하는 선호투표 집계를 다섯 차례나 하고 나서야 과반 후보가 드러나는 것으로 조사되었다.

5월 14일부터 18일까지 맘다니 캠프는 판세를 점검하기 위해 진보성향의 여론조사 기관인 워크벤치 스트래티지Workbench Strategy에 의뢰하여 비공개 여론조사를 실시했다. 그 결과 1라운드에서는 쿠오모가 41-28%로 앞서지만, 선호투표 집계를 마치면 최종 승자는 7라운드에 이르러서야 가려지는 것으로 나왔다. 특정 후보 측의 의뢰로 행해지는 내부용 비공개 여론조사는 의뢰자 쪽으로 일정 부분 표쏠림이 나타날 수밖에 없다는 점을 감안해야 한다. 게다가 워크벤치 여론조사의 표본은 500명에 불과했다. 그럼에도 불구하고, 5월 중순에 행해진 이 여론조사 결과는 조란이 이변을 일으킬지도 모른다는 가능성이 가시적으로 보이기 시작했음을 알려 주고 있었고, 그 기세가 점점 빨라지고 있다는 것도 보여 주고 있다.

〈폴리티코〉의 매서운 비판기사가 나오고 며칠 뒤에, 조란은 브루클린 고와너스에서 열린, 2024년에 창간한 진보성향 무슬림 잡지 〈아카시아Acacia〉의 이슈 론칭 파티**에 참석하여 연설을 했다. 그의 연설에

---

*　뉴욕주 포킵시에 있는 사립대학으로 여론조사에 특히 유명하다. 이 대학의 여론조사, 즉 'Marist Poll'은 미국 언론과 정치권에서 신뢰도가 높은 조사로, CNN, NPR, PBS 같은 매체에서 자주 인용된다.

**　미국의 정기 간행물들은 특별히 파급력이 크거나 의미 있는 내용을 담은 새로운 호나 특집호를 발간하면, 이를 기념하거나 알리는 행사나 파티를 연다.

대한 현장의 분위기는 호의적이었지만, 아나스 살레Anas Saleh라는 팔레스타인계 미국인 활동가로부터 거센 항의도 받았다.

"이스라엘도 국가로 존재할 권리가 있음을 인정하면서 팔레스타인 해방을 외치는 것"은 모순이고 위선이라는 것이 살레의 주장이었다. 살레는 자신의 가족들이 지금도 무력 공격에 시달리는 팔레스타인에 살고 있다고 말하면서, "이스라엘은 지도에서 사라져야 한다"고 주장했다. 맘다니는 그의 말을 끝까지 들었지만, 살레는 답변을 하기도 전에 자리를 떠나 버렸다.

이 사건은 베이 리지를 중심으로 활동하고 있는 단체인 위딘 아워 라이프타임Within Our Lifetime*의 설립자이며 팔레스타인계 미국인 무슬림의 지도자인 네르딘 키스와니Nerdeen Kiswani가 소셜미디어에 올린 게시물을 통해 널리 퍼졌다. 조란이 식민지배국의 국가 지위를 인정한 것은 "있어서는 안 될 일"이라고 키스와니는 주장했다. 키스와니는 맘다니가 "집단학살을 자행하는 미치광이를 말로 달랠 수 있다고 생각한다"고 비판했다.

필자가 〈드롭 사이트 뉴스〉와의 인터뷰에서 설명했듯이, 조란은 자신의 입장에 대한 우려에 대해 피하지 않고 정면 대응했다. 살레로부터 항의를 받은 다음 날, 조란은 파크 슬로프 지역에서 활동하는 흑인 인권운동가 키엔 도로쇼Ceyenne Doroshow가 주최한 지역 동성연애자 관련 타운홀 미팅에 참석했다. 참석자 중 상당수는 팔레스타인을 옹호하는 시위에 참여했던 이들이었다.

---

*   뉴욕에서 활동하는 급진적인 팔레스타인 지지 운동 단체

조란은 시장으로서 트랜스젠더 인권 보호를 위한 자신의 공약을 상세하게 밝히기에 앞서 "여러분 중 많은 분들이 고심하고 계실 문제를 먼저 짚고 넘어가고 싶다"며 운을 떼었다. 그는 팔레스타인의 인권과 해방, 그리고 가자지구에 대한 자신의 입장은 전혀 변하지 않았음을 분명하게 강조했다.

"지금까지 지켜 온 원칙과 행보에 반하는 일은 없을 것입니다. 우리 가운데 누구도 이스라엘의 전쟁범죄가 계속되고, 심지어 더 심해지고, 수천 명의 아이들이 학살당하는 상황을 외면해서는 안 됩니다."라고 말했다. 이어서 그는 이스라엘에 대한 BDS 지지 입장을 재확인하는 한편, 이스라엘의 전쟁범죄를 지원하는 뉴욕 내 비영리단체의 면세 혜택을 박탈하는 '낫 온 아워 다임Not on Our Dime' 법안에 대해서도 언급했다.

한편 앤드루 엡스타인은 성명을 통해 "조란은 이스라엘이 존재할 권리가 있으며 국제법을 준수할 책임이 있다는 점, 그리고 그 법을 지키게 하기 위한 비폭력운동을 지지한다는 신념을 일관되게 유지해 왔다"고 강조했다.

조란은 조금도 흔들리지 않았다. 팔레스타인의 권리에 대한 지지 의사를 철회하거나 조금도 수정하지 않았다. 그렇다고 이스라엘을 비판하는 사람들을 달래려고도 하지 않았다. 이는 결과적으로 양쪽 방향 모두로부터 공격을 받는 상황을 자초한 측면이 있었다. 물론 한쪽의 화력이 다른 쪽보다 훨씬 막강한 것도 사실이었다.

6월이 시작되면서 조란은 확실히 상승세를 타고 있었다. 그러나 승리를 확신할 수 있는 정도까지는 아직은 아니었다. 나는 맘다니 캠프의 선거 자문역을 맡고 있던 뉴욕시 차세대 선거 전략가인 마이클 랭Michael Lange에게 판세의 흐름에 관하여 물어보았다.

2021년 예비선거에서 에릭 애덤스가 1순위 표를 29만 표나 얻었던 것을 떠올리며, 조란이 1순위표 25만 표를 득표하는 것이 가능하다고 생각하느냐고 물었다. 그는 대답했다. "가능하다고 생각합니다. 총투표수가 100만 표를 넘으면 가능합니다." 우리의 도발적인 후보는 브루클린에서 높은 지지율을 보이고 있고, 퀸스 북서부에서도 많은 표를 모으고 있었다. 그러나 랭의 진단처럼, 맘다니가 승리하려면 맨해튼에서도 상당히 많은 득표를 할 필요가 있었다.

6월 2일 월요일 늦은 밤, 퀸스 출신의 한 극우성향 시의원이 조란을 향해 또 다른 공격을 개시했다. 비키 팔라디노 의원은 전체 51명 가운데 6명의 공화당 의원 중 한 사람으로, 퀸스 북부 화이트스톤을 지역기반으로 하는 열렬한 트럼프 지지자이다.

아마도 팔라디노 의원 측은 맘다니에게서 치명적인 뭔가를 찾아내기 위해 맘다니가 2019년 이후에 트위터에 올린 메시지들을 샅샅이 뒤진 것으로 보였다. 그리고 드디어 "완벽한 한 방"을 먹일 만한 뭔가를 찾아냈다고 생각한 것 같았다. 그녀는 자신이 찾아낸 내용을 X에 올려 3만 3천 명에 달하는 팔로워들과 공유했다.

2020년을 향한 대선 레이스의 구도가 형성되고 있을 무렵, 조란은 버니 샌더스가 2016년에 대권에 도전했을 당시 선거운동 사진들 가운데 자신이 등장하는 사진 세 장을 트위터에 올렸다. 그 가운데는 조란이 니나 터너Nina Turner와 함께 버니 샌더스를 홍보하는 작은 팻말을 들고 찍은 사진도 포함되어 있었다. 당시 주의회 의원을 꿈꾸고 있던 조란은 사진과 함께 이런 글을 적었다.

"나는 2016년에는 시민권이 없었기 때문에 버니 샌더스에게 한 표 던지고 싶어도 투표를 할 수 없었다. 2020년 나의 생애 첫 대통령 선거 투표에서 그를 지지할 수 있다는 것이 얼마나 다행스러운 일인가? 더 설레는 것은 투표용지에 내 이름을 그와 함께 올려 올버니에서 워싱턴으로 이어지는 정치혁명에 나서게 되었다는 사실이다."

이 글을 통해 맘다니는 2018년에 드디어 미국과 우간다 이중국적자로서 투표권을 행사할 수 있게 되었다는 기쁨과 자부심을 드러내고 있다. 그러나 팔라디노는 이 글을 꼬투리 잡아 버서리스트birtherist*들의 증오감을 부추겼다. 팔라디노는 다음과 같이 말했는데, 퀸스 사람들 가운데 팔라디노의 말에 찬성하는 사람이 적어도 한 사람**은 있었을 것이다.

"미국 시민권을 갖게 된 지 10년도 채 안 되는 사람을 주요한 공직자로 선출하다니 제정신으로 할 수 있는 일인가? 게다가 지금까지 이 나라가 지켜 온 모든 것을 증오하고, 우리가 추구해 온 모든 가치를 훼손하기로 작정한 급진좌파 인사를 말이다. 무조건 추방해야 한다."

---

*   이민자 출신의 정치인에 대하여 미국인으로서의 정통성이 부족하다고 공격하는 사람들을 뜻한다.

**   트럼프를 가리킨다.

여기서 마지막 한 줄이야말로 팔라디노가 무슨 말을 하고 싶어 하는 지를 명확하게 보여 주는 부분이다.

몇 년 전만 해도 뉴욕에서 저명인사가 노골적으로 '배타적 민족주의'를 강조하며 이민자에 대한 편견을 드러냈다가는 거센 비난을 면치 못했을 것이다. 신문사가 사설을 동원해서 이를 비난했을 것이고, 종교지도자들과 시민운동가들은 사과를 요구했을 것이다. 그리고 증오를 조장하는 이에게 공직 사퇴를 요구하는 목소리도 거세게 일었을 것이다.

"누구라도 분노하지 않을 수 없는 일이었습니다." 오랜 세월 동안 시민운동가로 활동해 온 노먼 시걸Norman Siegel이 당시에 필자에게 했던 말이다. 맘다니 캠프나 맘다니와 연대를 하고 있는 민주당의 다른 후보들은 팔라디노를 비난했지만, 놀랍게도 정부 인사들이나 종교 지도자들, 그리고 나름 권위 있다는 언론사 편집진은 대부분 이 일을 외면했다.

〈뉴욕 타임스〉가 조란의 단호한 대응을 비교적 비중 있게 보도해 주었다. "살해하겠다고 협박하고, 이슬람 혐오에 기초한 편견을 가지고 나를 공격하더니, 이제는 현직 시의원이 나를 추방해야 한답니다. 이 정도면 분명하게 드러났다고 생각합니다. 이번 일은 트럼프와 그를 추종하는 아첨꾼들이 초래한 결과입니다." 브래더 랜더도 비슷한 비난 성명을 발표했다. 아드리엔 애덤스나 앤드루 쿠오모 등 경쟁 후보들도 가세하여 이번 일에 대한 유감을 표명했다. 그러나 그것이 전부였다.

문제는 〈뉴욕 타임스〉의 이 기사를 읽다 보면, 중간쯤에 가서 기사가 이상하게 흘러간다는 것이다. "쿠오모는 열렬하게 이스라엘을 지지하는 사람이다. 반면 맘다니는 가자지구에서 이스라엘이 행한 일을 가리켜 '학살'이라고 단정 지어 말한다."라고 쓰고 있다. 스스로 '기록의 신문'이라 자칭하는 이 신문은 같은 기사에서 조란이 BDS 운동, 즉 이스라엘에 대하여 보이콧하고 투자를 철회하고 제재하자는 운동을 지지해왔다고 '친절하게' 상기시켰다.

팔라디노는 조란을 비난하면서 굳이 중동에서 벌어지는 분쟁을 자세하게 언급하지 않았다. 그럼에도 〈뉴욕 타임스〉는 팔라디노가 "이스라엘의 강력한 지지자"라는 사실을 애써 강조해 준 것이다. 게다가 이 기사는 2024년 5월에 몇몇 대학 캠퍼스에서 친팔레스타인 시위가 벌어지자, 이 화이트스톤의 여전사가 시위대를 "도살해야 할 괴물들"이라고 지칭했던 사실까지 대수롭지 않게 말해 주었다.

팔라디노는 맘다니를 공격한 자신의 행위를 이렇게 변호했다. "이 사건을 보면 트럼프 대통령의 대규모 추방 정책이 왜 필요한지를 잘 알 수 있습니다." 즉 "또 다른 조란"이 미국 사회에 자리 잡기 전에 모조리 제거해야 한다는 것이 그녀의 주장이었다.

그러나 이 노장 여성 정치인에게는 미안한 일이지만, 판세를 뒤집기에는 이미 너무 늦은 시점이었다. 조란은 낡은 편견을 비웃는 젊은 유권자들로부터 압도적인 지지를 받고 있었다.

불과 얼마 전까지만 해도 〈뉴욕 타임스〉는 뉴욕에서 벌어지는 크고 작은 사건들을 세심하게 다루는 신문이었다. 그런데 이 '존경받는 언론사'가 언제부터인지 뉴욕경찰이 대학 캠퍼스에 난입하여 발포를 해도 별로 신경을 쓰지 않는 지경에 이르렀다. 그러나 정작 〈뉴욕 타임스〉가 팔라디노의 망언을 대수롭지 않게 다루고 넘어간 것보다 더 충격적인 것은 〈뉴욕 포스트〉도 그녀의 발언을 거의 다루지 않았다는 것이다.

평소 머독의 쓰레기 언론은 팔라디노의 사소한 발언까지 빼놓지 않을 정도로 서로 끈끈한 관계였다. 지난 5월 중순, 뉴욕시의 음식물쓰레기 퇴비화 계획을 발표하자 팔라디노는 "퇴비 수거용 통은 얼음이나 채워서 맥주를 차게 만드는 것 외에는 써먹을 데가 없는 물건"이라고 비꼬았고, 〈뉴욕 포스트〉는 이러한 시시콜콜한 기사까지 비중 있게 실어주었다. 그런데 이 신문이 조란에 대한 그녀의 공격을 짐짓 무시한 것이다. 정확하게 그 이유를 알 수는 없지만, 머독의 충실한 추종자들조차 조란에 대한 그녀의 주장에 동의하기는 힘들었던 모양이다.

한편, 아직은 현직 시장인 애덤스는 팔라디노에 동조할 것인가, 비난할 것인가를 놓고 고심이 컸던 것처럼 보였다. 결국 제3의 견해를 내놓았다. 그는 이미 몰려드는 이주민들로 인해 뉴욕은 완전히 붕괴할 것이라고 말한 바 있고, 자신에게 가해지는 부패혐의는 이주민 문제로 자신이 바이든 행정부를 비난한 것에 대한 정치보복이라고 주장했던 사람이다. 그러나 그는 이 시점에 자신이 이민자에 대해 관대한 사람으로 보이고 싶지도 않고, 반트럼프 진영에 속한 것처럼 비치고 싶지도 않았던 것 같다.

"모두 표현과 발언의 수위를 낮춰야 합니다." 그는 뉴욕시민들을 향해 "악의적이고, 증오가 담긴 언사"를 자제하라는 하나 마나 한 이야기를 던졌다. 어느 누구도 그의 맥 빠진 조언을 비중 있게 보도하지 않았다.

12

토론회장의 뜨거운 열기

5월 말이 될 즈음, 조란의 경쟁자가 왜 초조해하는지 그 이유가 구체적으로 드러나기 시작했다.

뉴욕의 지역 뉴스채널인 PIX11과 정치 전문매체인 〈더 힐The Hill〉의 공동 의뢰로 에머슨 대학이 실시한 여론조사 결과, 쿠오모는 순위 투표제에 따른 개표 집계를 할 경우 10라운드에 가서야 겨우 승리를 할 것으로 예측됐다. 〈포브스〉의 유튜브 매체인 '포브스 브레이킹 뉴스Forbes Breaking News'에서는 "앤드루 쿠오모, 뉴욕시장 예비선거에서 민주사회운동 후보 조란 맘다니에게 패배 가능성 있나?"라는 질문을 던졌다.

6월 2일 아침, 조란의 캠프는 비중 있는 정계 인사 한 사람이 조란에 대한 지지선언을 했다고 발표했다. 2010년부터 2013년까지 뉴욕시 감사원장을 역임해 아시아계 최초로 뉴욕시 단위의 선출직 공직자로 기록된 바 있는 존 리우 주 상원의원이 그 주인공이었다. 1967년 대만에서 태어난 그는 어린 시절 가족과 함께 미국으로 왔다. 그는 시의원인 팔라디노의 지역구 바로 남쪽에 있는 플러싱과 베이사이드 등 퀸스의 아시아인 밀집 지역을 기반으로 하는 인물이다. 그는 감사원장으로 재직하면서 블룸버그 시장과 충돌하기도 했고, 2013년에는 서민을 대변하는 좌파 정치인의 깃발을 들고 뉴욕시장직에 도전하기도 했다. 그리고 뉴욕시 전역의 소수인종 커뮤니티로부터 폭넓은 지지와 존경을 받고 있다.

리우 의원은 시청 앞에서 열린 조란 지지 기자회견에서 이렇게 말했다. "나는 어린 나이에 이민 온 아시아계 미국인이며, 이 도시로 온 모든 이민자들의 친구라고 자부합니다. 조란과 나는 우리 공동체가 겪는 고충, 그리고 공동체의 교육과 경제적 역량 강화에 집중해야 한다는 필요성에 크게 공감하고 있습니다." 그는 이어서 새로운 바람을 몰고 온 이 젊은 후보는 다수 시민들의 소액기부를 통해 자금을 모금했기 때문에 금권세력에 얽매이지 않고, 누구에게도 빚진 것이 없는 자유로운 후보라고 강조했다.

그러면서도 리우 의원은 자신이 이 퀸스 출신 젊은 동료 의원을 전폭 지지하지만, 이스라엘-팔레스타인 문제에 관해서는 생각이 다르다는 점도 솔직하게 밝혔다. 그러나 역설적인 이야기지만, 그처럼 이스라엘-팔레스타인 문제에서 진보적이지 않고 이스라엘을 지지하는 인사마저도 조란을 지지하고 있다는 점이 조란의 지지세를 확장하는 데는 도움이 되었다. 맘다니가 친팔레스타인 성향이라는 이유로 지지를 꺼리던 고령층 유권자들의 마음이 움직일 수 있는 계기가 마련된 것이다.

그러나 팔레스타인 문제를 부각시켜 조란의 상승세를 누르려는 매체들은 리우 의원의 조란 지지선언을 좀 다른 각도에서 보도했다. 〈폴리티코〉의 '뉴욕 플레이북'에는 이런 제목의 기사가 올라왔다. "친이스라엘 정치인, 조란에 대해 비판적 지지선언."

한편 맘다니 캠프는 리우 의원의 지지선언을 대중에게 알리는 감각적인 동영상을 제작해 공개했다. 두 사람이 시청역 지하철 계단을 함께 올라가는 장면으로 시작하는 이 동영상은 틱톡과 인스타그램에서 큰 반향을 불러일으켰다.

2주 후 조란 캠프는 기발한 동영상을 하나 게시했다. 1988년에 브루클린의 아이티계 미국인 가정에서 태어나 자란 시의원 치 오세와 리우가 자신들이 맘다니를 지지하는 이유를 중국 만다린어로 설명하는 영상이었다. 소셜미디어 게시물은 보다 많은 사람들에게 공유되기를 바라고 올려지기 마련이다. 그리고 많은 이들에게 공유되면 세대를 아우르는 위력을 발휘하게 된다. 시민활동가이자 도서편집자인 앤디 샤오Andy Hsiao가 이 영상에 대해 이렇게 말했다. "89세나 된 우리 어머니까지도 좋아하시더군요!"

자신의 이미지를 스스로 구축해 내는 조란의 아이디어로 인해 리우의 지지선언으로 누릴 수 있는 효과를 극대화시킨 것이다. 같은 사건이라도 주류 미디어를 통해 보도되는 내용과, 후보가 직접 제작해서 자신의 채널에 올린 게시물을 통해 전해지는 내용은 크게 다른 법이다.

선거 캠페인이라는 측면에서 정보를 가공하고 유통시키는 이런 기발한 능력은 중요한 무기다. 저널리즘을 처음 공부하게 되면, 미디어는 독자들에게 정보를 전달하는 기능에 충실해야 하고, 특정 권력의 이익에 봉사해서는 안 된다고 배운다. 그러나 맘다니가 급부상하자, 언론들은 이스라엘을 비판하는 모든 이들의 입을 틀어막으려고 하는 세력들을 돕기 위해서 할 수 있는 모든 노력을 기울이는 것처럼 보였다. 그러나 언론의 이런 노력은 오히려 역효과가 난 듯했다. 민주당을 지지하는 많은 유권자들 사이에서 민주사회운동 출신 후보의 친팔레스타인 견해가 공감을 얻고 있었고, 또 다른 많은 유권자들은 이스라엘을 지지하느냐 여부를 자신의 표심을 결정하는 중요한 기준으로 삼지 않았다.

조란을 표적으로 하는 비방기사가 끊임없이 쏟아지는 상황에서, 조란이 다양한 수단을 동원해 스스로를 변호하는 것을 누가 비난할 수 있겠는가.

● ● ●

리우가 조란에 대한 지지를 선언하고, 팔라디노는 조란을 반란자 같은 정치인이라며 추방을 요구하던 바로 그 월요일, 상대적으로 많은 이들의 주목을 받지는 못했지만 뉴욕시 정치 판도의 변화를 보여 주는 세 번째 사건이 있었다. 그날 저녁, 역사와 영향력 면에서 뉴욕 시민단체의 양대 산맥이라 할 수 있는 뉴욕시민자유연맹NYCLU: New York Civil Liberties Union과 전미유색인종지위향상협회NAACP: National Association for the Advancement of Colored People 뉴욕지부에서 개최한 시장후보 토론회가 열렸다.

이날 토론회가 열린 장소인 쿠퍼 유니언의 그레이트 홀은 에이브러햄 링컨이 대통령 후보 시절 연설을 한 곳이다. 노예 폐지론자의 수장이라고 할 수 있는 프레더릭 더글러스나 버락 오바마 대통령도 연단에 섰던 유서 깊은 장소이다. 1993년에는 마리오 쿠오모 주지사가 이 자리에서 빌 클린턴 대통령을 좌중에 소개하기도 했다. 그럼에도 불구하고 이 토론회가 열린 2025년 6월 2일 밤, 마리오 쿠오모의 아들은 다른 곳에서 다른 일로 바빴던 모양이다.

조란과 다른 후보 일곱 명은 이날의 토론회에 참석하기로 했다. 불참한 쿠오모는 이날 행사를 주최한 양대 단체 가운데 하나인 뉴욕시민자유연맹으로부터는 큰 지지를 받지 못하고 있었다. 그러나 이번에 시장직에 도전하면서 유색인종 단체의 중장년 흑인 회원들은 중요한 공략 대상이었다. 이날의 행사를 제대로 보도한 매체는 할렘을 기반으로 활동하는 긴 역사를 가진 언론사 〈암스테르담 뉴스〉가 유일했다. 이 매체의 기사는 쿠오모가 아무런 설명 없이 불참했다고 보도했고, 그 기사를 읽은 사람이라면 쿠오모에 대해서 좋은 감정을 갖기는 어려웠을 것이다.

가장 유력한 후보 가운데 한 명이 보인 무례한 행위가 언론을 통해 광범위하고 대대적으로 보도되지 않았다는 것은 지금까지 당연하게 여겨졌던 규칙이 더 이상 제대로 작동하지 않고 있다는 사실을 보여 준다. 그러나 쿠오모의 계산은 정확했다. 자신이 지금까지 대부분의 후보토론회에 불참했기 때문에, 언론이 또 한 번의 불참에 별다른 관심을 두지 않을 것임을 미리 짐작하고 있었던 것이다. 그는 평소에도 시민단체라는 것을 그리 중요하게 생각하지 않는 사람이었다.

그런 쿠오모도 뉴욕시의 선거자금 지원 프로그램에 의한 지원을 받고 있었기 때문에, 의무적으로 참여해야 하는 TV토론회가 두 차례 있었다. 그중 첫 번째 토론회는 6월 4일에 열릴 예정이었다. 선두를 달리는 후보이든 하위권 후보이든 상관없이 이 첫 토론회는 심혈을 기울여서 준비하기 마련이다.

헤지펀드를 경영하는 억만장자이자 마이클 블룸버그의 추종자인 휘트니 틸슨은 당선 가능성이 매우 낮은 후보 가운데 한 명이었지만, 쿠오모보다 더 보수적인 행보를 보이며 자신의 존재를 드러내려고 애를 썼다. 정치 경력이 일천한 틸슨은 영화 〈바보The Jerk〉의 극 중 주인공 스티브 마틴을 닮았으며, 반노조운동 단체인 '티치 포 아메리카Teach for America'를 설립하는 데 중요한 기여를 한 인물로 알려져 있다. 그는 쿠오모를 거들어 맘다니가 행정가로서 경험이 없다는 점을 맹렬하게 공격했다. 그런데 그 누구도 이 초보 정치인이 시 정부를 운영할 만한 경험이 있는지 의문을 표하지 않았다는 것은 기이하기 짝이 없는 일이었다.

수요일로 예정된 토론회를 앞두고 틸슨 측은 조란을 겨냥해 무차별 공격을 퍼부었다. 틸슨 캠프는 조란이 MAGA 진영의 핵심 인사인 '국경의 차르' 톰 호먼에 맞서 분노하는 장면을 포함해 몇 개 장면을 짜깁기하여 '문밖의 사회주의자들Socialists at the Gate'이라는 제목의 15초짜리 동영상 광고를 만들어 공개했다. 그러나 이미 많은 민주당원들은 맘다니의 거침없는 행보에 익숙해 있었고, 그것은 맘다니에 대한 지지로 이어지고 있었다.

쿠오모와 마찬가지로 틸슨도 유대인은 아니다. (부인은 유대인이라고 한다.) 그러나 뉴잉글랜드 출신의 전형적인 와스프WASP*인 그 역시

---

* 백인, 앵글로색슨, 개신교를 이름

이스라엘에 대한 맘다니의 태도에 분개하고 있었다. '문밖의 사회주의자들' 동영상 광고는 화면에 "반유대주의"라는 글귀가 흐르는 가운데, 좌파들이 "시온주의 제국주의에 대량학살 책임을 요구하고 있다"고 경고하는 목소리가 들린다. 틸슨의 캠프는 시청자들이 조란을 향해 분노하기를 바라며 이런 광고를 제작했을 것이다. 그러나 오히려 시청자들은 이 광고를 통해서 이스라엘이 팔레스타인 사람들을 향해 불의한 범죄를 저지르고 있다는 것을 새삼스럽게 자각하게 되는 역효과가 나타났다.

틸슨은 또 조란과 그 동료들의 "자본주의 반대" 구호는 따로 설명하지 않아도 시청자들에게 큰 충격을 줄 것이라고 판단했다. 휘트니 틸슨도 빌 애크먼이나 블룸버그 혹은 그 비슷한 사람들이 갖고 있는 편견을 고스란히 지니고 있었던 것이다. 상위 1% 사람들은 자본주의가 가장 이상적인 시스템이라고 생각하는 게 당연했다. 그들의 시각에서는 자본주의에 반대한다는 것 자체가 도무지 납득할 수 없는 일이었다.

● ● ●

드디어 수요일 밤, 조란은 30록30 Rock*에 당당한 모습을 드러냈다. 악단이 우디 거스리의 명곡 〈이 땅은 당신의 땅This Land Is Your Land〉을 재즈풍으로 연주했다. 이는 과거 버니 샌더스가 유세 주제곡으로 애용

---

* 록펠러센터의 도로명 주소가 30번지여서 '30록'이라고 부른다. 건물 이름뿐 아니라, 미국 3대 방송사 가운데 하나인 NBC 본사도 이 건물에 있기 때문에, 미국 자본주의와 주류 미디어 권력을 상징한다.

하던 음악이다. 자유분방하고 에너지 넘치는 자원봉사자들이 "임대료 동결, 보편적 보육", "조란을 시청으로"라는 글귀가 적힌 포스터를 들고 환호하는 가운데, 이 후보는 매우 여유롭고 잘 준비된 모습으로 등장했다.

토론이 시작되자마자, 조란의 출마가 이번 선거의 주요한 의제를 좌지우지하고 있음이 드러났다. 이날 진행자로 나선 WNBC-TV의 정치 전문 기자 멜리사 루소Melissa Russo는 다음과 같은 말로 토론회를 시작했다. "뉴욕시민들을 대상으로 한 여론조사에서 유권자의 제1 관심사인 것으로 드러난 고물가 부담 문제부터 이야기해 보겠습니다." 그는 뉴욕의 일반 거주자들이 생계비 문제로 얼마나 많은 부담감을 느끼는지 간단하게 설명한 뒤, 후보들을 향해 이 문제를 해결하기 위해 "당장 쓸 수 있는 해결책"이 될 만한 "핵심적인 아이디어"를 하나씩만 제시해 달라고 요청했다.

믿기 힘든 상황이 전개되었다. 굳이 야구에 비유하자면, 앞에서 다른 후보들이 한마디씩 하고 나서 조란이 7번 타자로 타석에 섰다. 앞의 여섯 타자는 아무리 봐도 헛스윙 삼진아웃 이상은 아니었다. 다들 정치와 토론에 수십 년 경험을 가지고 있었고, 사회자가 당장 적용할 수 있는 핵심적인 해결책을 제시해 달라고 두 번이나 이야기했음에도 불구하고, 앞의 다섯 후보는 자신의 이력과 장기적 목표에 초점을 맞추는 그럴듯하지만 하나 마나 한 이야기로 시간만 때운 채 타석에서 물러났다.

6번 타자인 틸슨이 타석에 들어설 차례가 되었을 때, 패널 가운데 한 사람인 〈텔레문도 뉴욕Telemundo New York〉의 로사리나 브레튼Rosarina

Bretón이 "당장" 쓸 수 있는 대책을 내놓으라는 것이 질문의 핵심 요지임을 다시 한번 강조했다.

어느 만화 주인공을 연상케 하는 억만장자 틸슨은 짐짓 당당한 표정으로 말했다. "당장이라는 게 그래도 2년은 필요하겠지요." 이 대형 헤지펀드 경영자는 "임대료를 동결"하는 대신 "민간 부문의 규제를 풀어서" 약 200만 호의 신규 주택을 공급하여 임대료를 20% 정도 낮추겠다고 공약했다. (이 정도 공약이라면 2년 가지고는 어림없는 일이다.) 결국 간단하고 단순한 질문에 대하여 명쾌한 답변을 내놓은 사람이 여섯 명 가운데 한 명도 없었다는 것이다.

당당하고 에너지가 넘치는 '신인' 7번 타자가 타석에 들어서서 주최 측을 향해 간단하고 의례적인 감사를 표한 뒤 이렇게 말을 이어 갔다.

"우리는 지금 미국에서도 가장 물가가 비싼 도시, 그리고 그 도시 안에서도 하필이면 '30록'이라는 건물에서 생방송을 진행하고 있습니다. 그리고 저는 뉴욕을 좀 더 살기 부담스럽지 않은 도시로 만들겠다고 시장직에 도전하고 있습니다. 시정부로부터 임대료 규제를 받는 아파트가 200만 호쯤 있는데, 우선 이 아파트의 임대료를 동결하겠습니다. 그리고 전국에서 가장 느린 대중교통을 무료화하여 생활비도 절감하고, 교통 속도도 높이겠습니다. 그리고 보편적 아동보육을 실현하겠습니다. 재원을 어떻게 감당하려고 그러느냐고 반문하시겠지만, 상위 1%, 즉 쿠오모 주지사께서 대다수 시민인 노동자들보다 훨씬 아껴 주시는 억만장자와 우량 대기업들에게 세금을 좀 더 걷으면 됩니다. 그들에게 합당한 수준의 세금을 요구할 것이고, 뉴욕시는 살아가기 고달프지 않은 도시로 바뀔 것입니다."

조란은 여유 있는 미소로 답변을 마무리했다. 내용도 세련되었고, 전달력도 이보다 더 훌륭하기는 어려울 만한 그런 답변이었다. 맘다니는 지금까지 수천 명의 선거운동원이 유권자들의 집을 일일이 방문하여 들려주었던 것과 똑같은 이야기를 시청자들에게 건네고 있었다. 뉴욕시민들은 이 떠오르는 신예 정치인이 자신의 공약이 실현 가능한 공약이라고 진심으로 확신하고 있다는 사실을 눈으로 확인할 수 있었다.

또한 그는 자신을 99% 시민의 대변자임을 유권자들에게 각인시킴과 동시에 쿠오모의 입장을 난처하게 만들었다. 블룸버그와 도어대시의 후원을 받는 주지사가 상위 1%를 위한 후보라는 공격을 어떻게 부인할 수 있겠는가?

첫 번째 질문에 대해 여유 있게 대응했다는 것만으로 조란이 이날 토론에서 승리했다고 말할 수는 없을 것이다. 그러나 왜 모든 연령대, 다양한 계층의 많은 유권자들이 이 젊은 도전자에게 열광하는지 그 이유는 확실히 확인되었다. 물론 맘다니를 거세게 두드리는 괴물들도 분명 존재했다. 당시 백악관의 주인도 그랬고, 지금 맘다니와 같은 무대에서 찌푸린 얼굴로 앉아 있는 베이비붐 세대 후보도 그중 하나이다.

쿠오모를 거세게 몰아붙인 것은 조란 한 사람만은 아니었다. 약체 후보이기는 하지만 브롱크스 출신의 전직 주의원인 마이클 블레이크Michael Blake는 성추행 혐의를 받은 전력이 있는 쿠오모를 "시민 안전의 최대 위협"이라고 몰아붙였다. 그의 이러한 발언은 다음 날 언론 보도의 헤드라인을 장식했다. 과거 시의회 의장을 지낸 바 있는 아드리엔 애덤스는 쿠오모가 팬데믹 기간 중 소수민족 거주지역에 대한 코로나19 안전조치를 '지연'시켰다고 비난했다. 브래드 랜더도 선두주자인 쿠오모의 주장이 거짓말투성이라고 몰아세웠다.

　이번 토론회의 시청률은 4년 전의 시청률보다 높았던 것으로 집계되었다. 72만 5천 명의 시청자가 채널을 고정하고 있었다. 그 가운데는 떠오르는 신예에게 열광한 사람들도 있고, 쿠오모를 보고 싶어 하는 사람들도 있었겠지만, 시청률이 높을수록 조란에게는 유리한 것이 분명했다. 조란은 더 많은 유권자의 투표 참여가 절실했던 반면, 쿠오모는 투표율이 낮을수록 유리하다는 것이 일반적인 분석이었다.

● ● ●

　토론회에서 오간 공방전도 중요하지만, 토론이 끝난 후 언론이 토론의 어느 장면을 특별히 강조하여 보도하는가는 더 중요하다. 이날 토론회의 전반부는 TV로, 후반부는 인터넷으로 중계되었지만, 2시간이나 되는 토론 전체를 끝까지 시청한 시청자는 많지 않을 수도 있다. 많은 시민들은 다음 날 각종 매체가 보도한 수많은 뉴스 클립을 듣고 보면서 선거를 바라보는 자신만의 판단을 형성해 간다.

　지역의 뉴스 보도들을 통해서 대중에게 비쳐진 바만 놓고 보면, 조란이 가장 선전한 후보라는 점은 조란의 라이벌 후보들의 캠프에서도 인정하지 않을 수 없었다. 대개 후보자 토론 생중계의 주요 시청자는 고령층이다. 그리고 주요 지역방송의 고위층 인사 대부분은 쿠오모와 관계가 각별한 사람들이다. 그럼에도 불구하고 그러한 방송사들이 제작하는 뉴스에서 맘다니에 대한 긍정적인 보도가 쏟아져 나온 것이다. 뉴스는 긍정적이든 부정적이든 논란의 중심에 서 있는 인물에게 취재를 집중할 수밖에 없다.

목요일 아침, NY1은 팻 키어넌Pat Kiernan이 진행하는 아침 인기 프로그램에서 조란이 쿠오모를 상대로 억만장자들의 후원금에 기대 선거를 치른다고 몰아세우는 영상을 내보냈다. 가장 시청률이 높은 것으로 알려진 WABC-TV는 퀸스 출신의 젊은 주의원 조란 맘다니가 팬데믹 기간 중 저소득층에 대한 의료지원 예산을 삭감한 쿠오모를 '신뢰한 것'이야말로 인생 최대의 실수라고 자책하는 장면으로 프로그램을 시작했다. FOX5 역시 선두주자인 쿠오모가 맘다니, 블레이크, 아드리엔 애덤스, 랜더 등으로부터 난타당하는 장면으로 프로그램을 열었다.

맘다니에게 조롱당하는 쿠오모의 모습을 보도하지 않은 매체는 거의 없었다. 그날 밤 가장 화제가 된 발언은 조란 본인을 "트럼프의 가장 끔찍한 악몽"이라고 지칭하면서, "자신이 믿는 가치를 위해 실제로 싸우는 무슬림 출신의 진보적 이민자"라고 스스로를 설명한 것이었다. 이에 대하여 쿠오모도 지지 않고, "트럼프는 맘다니 정도는 뜨거운 칼이 버터를 베고 지나가듯 아주 가볍게 요리해 낼 것"이라고 맞받았다. 이는 쿠오모가 사용하기 전에 이미 〈포브스〉지에 두 차례 등장한 바 있는 표현이다.

쿠오모에게도 득점의 순간이 없지는 않았지만, 전체적으로 '마리오의 아들'은 조란의 트위터 활용을 불편해하는 등 마치 딴 시대에 살고 있는 것 같은 모습을 보여 주었다. 더 황당한 것은 그가 두 건의 스캔들로 공직을 떠난 지 4년이나 지났음에도 불구하고, 팬데믹 당시의 요양원 관련 사태나 성희롱 의혹 등에 관해서 아직 제대로 된 명료한 답변을 내놓지 못하고 있다는 것이었다.

반면 이스라엘과 팔레스타인에 대한 토론은 2시간짜리 토론이 거의 끝날 무렵에야 이루어졌다. 지난 3주 동안 조란이 이 문제로 모든 언론으로부터 집중 공격을 받았던 것을 감안하면 예상 밖의 일이었다. 하지만 이날 토론에서 오간 말들은 여전히 타블로이드 신문들 입장에서는 기사화할 만한 소재를 또다시 제공해 주었다. 쿠오모, 틸슨, 아드리엔 애덤스, 스콧 스트링어 등과 달리, 맘다니는 자신이 시장으로 당선되면 첫 방문지로 이스라엘을 선택하지는 않을 것이고, 대신 자신은 뉴욕을 지키며 뉴욕 내에서 얼마든지 발생할 수 있는 "유대인 증오나 혐오와 정면으로 맞서" 유대인을 포함한 모든 뉴욕시민의 안전을 지킬 것이라고 말했다.

이어 이스라엘도 국가로서 "존재할 권리"가 있느냐는 질문에 대해 조란은 "물론입니다. 모든 국가는 국제사회에서 동등한 권리를 누리면서 존재해야 합니다."라고 잘라 말했다. 쿠오모와 틸슨은 맘다니가 이 문제에마저 여유 있게 대응해 나가자 불편한 기색이 역력해 보였다.

베이비붐 세대에 속하고 상당히 우편향적인 정치성향을 띠고 있는 경쟁자의 입장에서 볼 때, 조란의 이 두 발언은 기존의 정치적 문법에서 완전히 벗어난 것으로 여겨졌을 것이다. 틸슨은 자신이 시장으로 당선될 가능성은 낮지만 만약 당선된다면 이스라엘을 생애 네 번째로 방문할 것이고, 이어서 우크라이나를 방문할 것이라고 말했다.

미국은 해마다 7월이면 독립을 축하하는 불꽃놀이가 전역에서 펼쳐지지만, 올해는 아직 한 달이나 남아 있는 6월의 토론장에서 때아닌 불꽃이 튀고 있었다.

13

경보 발령!

30록에서의 토론이 끝난 직후 조란 캠프는 또 하나의 중대발표를 하면서 기세를 올렸다. 알렉산드리아 오카시오 코르테스 의원이 맘다니 지지를 밝혔다는 소식이었다. 퀸스 북서부를 대표하는 정치인이고 밀레니얼 세대를 대변하는 주요 정치인 가운데 한 사람, 그리고 민주사회운동 출신 사회주의자인 그녀의 지지로 맘다니는 순식간에 전국적인 주목을 받는 인물로 떠올랐다.

〈뉴욕 타임스〉가 이 소식을 보도한 직후부터 조란은 주류 언론의 집중 조명을 받았다. 민주당의 유력인사들도 그를 주시하기 시작했다. 토론 다음 날 밤, MSNBC의 유명 진행자인 젠 사키Jen Psaki는 맘다니의 유세 방식을 당의 리트머스 시험지라 평가했다. 이 신인 정치인은 2024년 대선 당시 트럼프 지지자들에게 다가갔던 자신의 방식을 일관되게 강조해 왔다.

수요일의 토론에 참여했던 후보 가운데는, 코르테스가 조란을 공개적으로 지지하는 바람에 입장이 난처해진 후보가 한 사람 있었다. 주 상원의원이었던 제시카 라모스Jessica Ramos는 선거전 내내 크게 주목을 받지 못하는 하위권 후보였다. 이 후보는 오랫동안 코르테스와 대립관계를 유지해 온 인물로, 라모스 상원의원의 지역구인 잭슨 하이츠, 코로나, 이스트 엘머스트는 코르테스 하원의원의 지역구이기도 했다.

코르테스가 조란에 대한 지지를 선언하자, 라모스는 자신의 라이벌인 코르테스를 공격하려고 했지만, 오히려 스스로 웃음거리로 전락하고 말았다. 그녀는 몇몇 선출직 공직자들의 행보를 그대로 따라 하려고 했다. 2021년 당시 정의감을 명분으로 내세우며 쿠오모의 사퇴를 촉구했던 적지 않은 지역 정치인들이 지금은 당선 가능성이 높아 보인다는 이유로 쿠오모를 지지하고 나섰는데, 라모스도 그 대열에 합류한 것이다. 여러 미디어 플랫폼에서 라모스를 향한 조롱이 쏟아졌다.

금요일 오전, 쿠오모는 카펜터스 유니언 홀에 모인 기자들 앞에서 여전히 위세 당당한 태도로 말했다. "라모스가 나를 지지한 것이지, 내가 그 사람을 지지한 것은 아니잖아요?"라며 라모스와 확실하게 거리를 두는 발언을 했다. 코르테스가 쿠오모의 발언을 SNS에 공유하며 "웃겨도 이렇게 웃길 수가 없네."라는 문구를 남겼다. 구구한 비판보다도 말 한마디로 두 상대를 동시에 보내 버리는 그야말로 '일타쌍피'였다.

라모스의 쿠오모 지지와 이에 대한 쿠오모의 냉소적인 언급이 왜 그토록 언론의 관심을 끌었을까? 사실 당시 필자가 X에 올린 글과 같이, 이것은 그저 가십거리일 뿐이었다. 지지율이 바닥인 후보가 선두를 달리는 후보를 지지하고 나선 것이 그녀 자신의 양심의 소리에 귀를 기울인 결과인지는 알 수 없지만, 이유야 어떻든 예비선거 결과에 미치는 영향이 크면 얼마나 크겠는가?

그들에게는 미안한 얘기지만, 어느 진영이 분열하고 내부 총질이 일어났다는 보도는 역시 조회수 올리기에는 아주 좋은 뉴스이기는 하다.

* * *

바로 그 금요일 아침, 맨해튼 시내에는 대중의 관심에 목말라하는 또 다른 사람이 하나 있었다. 닷새 전, 선셋 파크에서 조란 일행을 향해 위협적인 행동을 했던 RR이 이번에는 금융가 한복판에서 열린 맘다니의 유세 현장에 나타난 것이다. 그러나 그는 바로 수갑이 채워져 연행되었다.

PIX11이 이 해프닝을 비교적 객관적으로 설명했다. "용의자는 유세장에 나타나 맘다니의 면전에서 이스라엘과 유대인들에 대한 그의 지지가 부족하다고 비난했고, 맘다니의 자원봉사자 한 사람이 이를 제지하자, 그의 팔을 물어뜯은 것으로 알려졌다."

당시 55세였던 RR은 자주 푸에르토리코 깃발을 들고 나타났기 때문에 그가 유대인인지는 확실하지 않다. 어쨌든 그는 쿠오모나 휘트니 틸슨, 그리고 〈뉴욕 포스트〉가 우호적으로 다루는 여러 인물들처럼 자신도 반유대주의에 맞서는 투사인 양 행동했다. 어쩌면 그가 진정으로 유대인들을 옹호한 것이라기보다는 그저 무슬림 후보가 싫었는지도 모를 일이다. 조란을 향한 분노가 지나쳤는지, 그는 뉴욕시민의 주거문제 해결을 위해 오래 활동해 온 여성 활동가의 팔뚝을 물어뜯는 폭력을 저질렀고, 맨해튼 지방경찰청은 그를 경미한 폭력 혐의로 기소했다. 언론은 이 사건을 크게 다루지 않았다. 아마도 그 시간 대부분의 언론과 기자들은 제시카 라모스의 쿠오모 지지 발표 현장에 주의를 기울이고 있었을 것이다.

조란은 6월 6일 하루 종일 이슬람의 양대 명절 가운데 하나인 '이드 알아드하'를 기념하기 위해 아쿠아블루 색상의 쿠르타를 입고 다녔다. 뉴욕시 공립학교들이 2015년부터 매년 두 차례의 이슬람 이드축제 기간 동안 휴교한다는 사실은 뉴욕시에서 이슬람의 교세가 만만치 않게 성장했음을 보여 준다. 그리고 금요일 저녁, 맘다니는 한 교회를 방문했다.

반독점운동을 벌여 온 시민운동가 리나 칸은 "이드축제 기간을 교회에서 보낸 건 이번이 처음이네요."라고 농담조로 이야기했다. 2014년 민주당 예비선거에서 쿠오모와 경쟁한 적이 있고, 늘 리나 칸과 긴밀한 유대관계를 이어 온 제퍼 티치아웃도 웨스트 13번 거리에 위치한 처치 오브 더 빌리지Church of the Village에서 열린 토론회에 패널로 함께 참석했다.

이들 세 사람이 바가지요금 근절 문제와 경업금지제도 철폐* 등을 논의하려는 순간, 갑자기 친팔레스타인 여성 활동가 한 사람이 자리에서 일어나서 "이스라엘의 국가로서 존립할 권리"에 대한 반대 구호를 외치며 맘다니의 입장을 요구했다. 이 시위자는 진행요원에 의해 끌려

---

* 특정 기업에 근무하다가 퇴사한 사람이 일정 기간 안에 동종업종 기업에 취업하거나 동종업종 사업체를 창업하는 것을 금지하는 제도

나가면서도 "타협주의자들은 불타는 지옥으로 떨어져야 한다!"라고 외쳤다. 이런 해프닝이 일어난 후 패널들은 억만장자와 거대독점기업, 그리고 쿠오모 주지사 등에 대한 비판적인 토론을 계속 이어 갔다.

〈세마포르Semafor〉의 데이브 웨이글Dave Weigel이 이날 현장에서 촬영한 영상을 확인해 보니, 이 소동이 있고 난 후 히잡을 쓴 또 다른 여성 시위자가 일어나서 먼저 끌려 나간 여성과 같은 구호를 분노 섞인 목소리로 외치고 있었다. 그녀는 이스라엘의 권리를 인정하는 것은 이슬람 신앙에 반하는 처사라고 주장했다. 조란은 이날의 소동에 대해서 국제법상의 의무는 지켜져야 한다는 자신의 입장을 다시 확인하면서, "제가 신실한 무슬림인지 여부를 함부로 재단하는 것은 도를 넘는 행위입니다."라고 말했다. 맘다니나 칸 모두 평생 잊을 수 없는 이드축제로 이날을 기억하게 될 것 같다.

이스라엘과 팔레스타인을 둘러싼 문제에 관련해서 공격하는 이들은 주로 정치적 기득권자 세력이다. 그러나 지금 언급한 사례에서 보듯이, 스스로 좌파임을 자임하는 민주사회운동 출신 후보는 급진 좌파로부터도 공격을 당하고 있었다. 어쨌든 조란은 막 사회운동가에서 정치인으로 변신한 이상, 머지않아 과거 동료들은 물론 자신에게 영감을 받고 성장하고 있는 후배 시민운동가들과도 어쩔 수 없는 이견을 확인하고 충돌하게 될 것은 분명해 보인다.

● ● ●

같은 날 아침, 조란은 HOT 97의 〈에브로 인 더 모닝Ebro in the Morning〉

에 출연했다. 이는 인기 있는 FM 라디오 프로그램으로, 다양한 다른 플랫폼을 통해서도 송출되는 인기 힙합 프로그램이다. 한때 미스터 카다멈이라는 예명으로 활동했던 조란 입장에서는 흑인과 라틴계 유권자가 상당수 포함되어 있는 것이 분명한 힙합 팬들과 청취자들에게 자신의 공약을 설명할 수 있는 아주 좋은 기회였다.

베이 에리어에서 자라며 히브리 계열 학교를 다니기도 했던 1975년생 진행자 에브로 다든Ebro Darden은 조란의 핵심 공약을 이행하기 위한 재원을 어떻게 마련할 것인지 물으면서 이날의 긴 인터뷰를 시작했다. 조란은 자신의 부자증세 계획을 들으면 래퍼 출신으로 엄청난 성공을 거둔 사업가인 50센트 같은 이들은 "마음이 무척 불편할 것"이라고 대답했다. 조란도 앞으로 예비선거 과정에서 격렬한 논쟁이 벌어질 것을 예감했지만, 이날 에브로는 맘다니의 설명에 공감하는 듯 보였다.

에브로는 떠오르는 신예 정치인에게, "세금을 올리면 부자들이 뉴욕을 떠날 것"이라는 상위 1%와 그들에게 기대어 사는 사람들의 논리에 반박할 수 있는 기회를 주었다. 맘다니는 구체적인 수치를 들면서 실제로는 그 반대 현상이 벌어지고 있다고 답했다. 치솟는 생활물가를 감당하지 못해 뉴욕을 떠나는 이들은 슈퍼부자가 아니라 노동자들이라는 것이다. 에브로도 맘다니에 동조하며 "부자들은 늘 헛소리만 하지요."라고 대꾸했고, 조란은 "그건 제가 한 말이 아니고, 사회자가 한 말입니다. 하지만 맞는 말이기는 합니다."라고 재치 있게 맞장구쳤다.

이 프로그램의 라틴계 공동진행자인 로라 스타일즈Laura Stylez가 화제를 전환하여, 신선식품을 제대로 구하기 어려운 "식료품 사막" 지역에 시에서 운영하는 식료품점을 열겠다는 공약에 대해 질문했다. 맘다니는 자신의 지역구에 있는 대규모 공공주택단지인 퀸스브리지 하우스의 주민들이 실제로 겪고 있는 사례를 들어 이에 대해 설명했다. 마지막으로 진행자들은 팔레스타인의 권리를 옹호하면서도 이스라엘의 권리도 존중하는 이른바 '보편주의적' 입장에 대한 맘다니의 설명을 들었다. 또 다른 공동진행자인 피터 로젠버그Peter Rosenberg는 설명이 끝나자, "진보적인 유대인 사회로부터도 꽤 폭넓은 지지를 받을 수 있겠네요."라고 말하며 우호적으로 인터뷰를 마무리했다.

한편 후보 간의 1차 토론회가 끝난 후, 주류 언론매체들은 주로 이스라엘 관련 문제와 공약 이행을 위한 천문학적인 비용 문제를 거론하며 맘다니에 대한 공격을 이어 가고 있었다. 오늘날의 방송매체들의 정치 보도는 그 길이가 점점 짧아지고 있는 추세여서 당사자인 후보의 해명은 잘해야 한두 마디의 짧은 코멘트밖에 반영해 주지 못한다. 게다가 특정 정치인을 깎아내리겠다고 마음먹고 내보내는 비판기사가 건설적인 공방을 담아 줄 리는 만무하다.

이런 상황에서 에브로를 포함한 프로그램 제작진은 조란이 자신의 입장을 청취자들에게 소상하게 알릴 수 있는 귀중한 기회를 제공해 준 셈이었다. 그로부터 3주 후, 비영리 뉴스매체 〈도큐먼티드 뉴욕Documented NY〉의 프라즈왈 바트Prajwal Bhat 기자는 자신이 직접 만난 튀르키예 이민자 출신 택시 운전기사 에르한 툰첼Erhan Tuncel과의 인터뷰를 소개했다. 그는 택시를 몰면서 조란의 인터뷰를 주의 깊게 들었다고 한다. 단 한 차례의 인터뷰가 선거 전체에 얼마나 영향을 미치는지 정확하게 계산해 내기는 어렵지만, HOT 97을 즐겨 듣는 힙합 팬들 사이에서 맘다니에 대한 지지도는 적지 않게 올라간 듯 보였다.

미디어계에 종사하는 거물급 흑인 인사가 맘다니에게 관심을 보인 것은 에브로가 처음은 아니었다. 자메이카계 미국인 코미디언인 데서스 나이스Desus Nice와 콤비를 이루어 보데가 보이즈Bodega Boys라는 이름으로 활동하는 도미니카계 미국인 키드 메로Kid Mero도 있었다. 둘 다 브롱크스 출신이다. 메로는 4월 말 조란과 처음 만난 자리에서 쿠오모 전 주지사를 "망신당한 멍청이"라고 부르며 대화를 시작했고, 자연스럽게 메로의 팬들을 조란의 팬으로 끌어들일 수 있었다.

예비선거 마지막 10일 동안 키드 메로는 조란의 유세를 도우며 큰 역할을 했다. 그런데 엄청난 팬을 거느리고 있는 인기 연예인이면서 조용히 조란에게 힘을 실어 준 방송인이 또 있었다. 바로 사우스 캐롤라이나 출신의 샬러메인 더 갓이다. 그는 최소한 450만 명이 청취한다는 전국 단위 라디오 방송 프로그램인 〈더 브렉퍼스트 클럽The Breakfast Club〉의 메인 공동진행자이다. 이 프로그램은 라디오 청취자 말고도 인스타그램과 틱톡을 통해서도 그 못지않은 열성팬을 확보하고 있다.

샬러메인은 지난 10년 동안 민주당의 주류 기득권 인사들에 대해 늘 비판적인 입장을 보였지만, 그렇다고 버니 샌더스를 지지하지는 않았다. 그는 2020년 대선 당시 버니 샌더스의 공약에 흑인 유권자들이 당면하고 있는 현안에 대한 확실한 해결책이 담겨 있지 않다고 주장했다. 이러했던 그도 6월 11일 아침, 신예 정치인 조란에게 확실히 깊은 인상을 받은 듯했다.

조란은 지하철이나 그 밖의 공공장소에서 정서적인 불안 증세를 보이는 사람들이 있다면 즉시 전문적으로 훈련된 지원팀을 현장으로 파견하겠다는 공약을 설명했다. 그러자 이 영향력 있는 방송 진행자는

"그거 아주 좋은 생각이군요."라고 화답했다. 평소 정신건강에 대한 인식개선 운동을 앞장서서 지지해 왔던 샬러메인은 이 영상을 따로 짧게 편집하여 450만 명의 인스타그램 팔로워에게 공유했다. 댓글창에는 "정치인치고 말이 너무 잘 통한다."라는 댓글이 달렸고, 6시간 만에 200개의 '좋아요'를 받았다.

나아가 샬러메인은 "장차 민주당의 미래를 담당할 사람이라면 저 구태의연한 세력들을 과감하게 폐기 처리해야 한다"고 말하기까지 했다. 그 폐기처리 대상은 "쿠오모뿐 아니라 척 슈머와 그 일당들까지"라고 그는 덧붙였다. 이에 조란은 "무슨 말인지 충분히 이해합니다. 저도 도널드 트럼프를 등장시킨 그런 리더십을 줄곧 비판해 왔습니다."라고 답했다.

2주 후 예비선거 결과가 나왔을 때, 조란은 25~39세 밀레니얼 세대로부터 강력한 지지를 받았다. 뉴스레터 플랫폼인 서브스택에서 활동하는 좌파성향의 조시 에팅어Josh Ettinger는 X를 통해 여론의 동향을 관찰한 결과, 해당 연령대에 속하는 남아시아계뿐 아니라 흑인 유권자들이 대거 투표소로 나왔다고 분석했다. 조란이 젊은 유색인종 유권자의 표를 많이 얻은 것이 오로지 〈더 브렉퍼스트 클럽〉에 출연한 것 때문만은 아니겠지만, 이 프로그램이 젊은 도전자의 득표율을 올리는 데 나름 기여한 것은 분명했다.

샬러메인의 영향력을 지나치게 과장할 필요는 없다. 그러나 조란이 할렘과 브루클린 지역에서 얻은 득표 결과를 보면 그가 상당한 영향력을 가진 힙합계의 거물인 것은 분명하다.

조란은 상당히 바쁜 일정에도 불구하고 애써 시간을 내어 스태튼 아일랜드를 다시 찾았다. 그의 핵심 공약인 '무상교통'이 전혀 선례가 없는 공약이 아니라는 것을 널리 알리기 위함이었다. 이 섬의 주민들이 맨해튼을 오갈 때 이용하는 해상 교통수단이 바로 무료로 운영되는 페리였다.

　　이때쯤에는 조란이 소셜미디어에 어떤 게시물을 올렸다 하면 그 내용이 무엇이든 간에 폭발적인 반응이 일었다. 조란이 올린 이 페리 관련 동영상도 특별한 연출이나 기술이 가미되지 않았음에도 불구하고 굉장한 호응을 얻었다. 더 중요한 것은 이 지역의 신문인 〈스태튼 아일랜드 어드밴스Staten Island Advance〉가 그의 방문을 호의적으로 보도해주었다는 것이다. 평소에 섬에 거주하면서 소외감을 느껴 왔던 노년층 거주자들 입장에서는 유명인사이자 떠오르는 신예 정치인의 방문이 분명 반가웠을 것이다.

　　쿠오모는 전략이 부재한 듯 선거유세에 일관성이 없어 보였고, 결과적으로 새로운 지지층을 확보하는 데 성공하지 못했다. 그럼에도 불구하고 마이클 블룸버그만큼은 처음부터 끝까지 쿠오모에 대한 지지 입장을 바꾸지 않았다. 블루미(〈뉴욕 포스트〉가 블룸버그를 부르는 애칭이다)는 떠오르는 조란에 위협을 느꼈다. 쿠오모는 주지사 시절 호화 콘도 개발업자들에게 극도로 호의적이었으며, 블룸버그 자신도 부동산 개발업자들의 강력한 우군이었으므로, 그가 마지막까지 쿠오모의 득표를 위해 총력을 다한 것은 당연한 일이었다. 전직 뉴욕시장이기도 했던 블룸버그는 '사회주의'란 단어가 언급되는 것만으로도 심한 불안감을 느끼는 사람이었다.

2020년에도 블룸버그는 민주당 대선 예비선거에서 버니 샌더스를 낙마시키기 위해 11억 달러*나 쏟아부은 바 있다. 당시 민주당 전국위원회는 워낙 거부이기 때문에 거의 후원금을 모으지 않고 자기 돈으로 선거유세를 벌였던 블룸버그도 후보자 토론회에 참석할 수 있도록, 토론회 참석을 위해 확보해야 할 최소 후원자 수를 규정한 당헌까지 개정해 주었을 정도였다. (그렇게 해서 우여곡절 끝에 참석한 토론회에서 엘리자베스 워런에게 호되게 당한 것은 너무나도 널리 알려진 블룸버그의 흑역사다.) 이 전직 뉴욕시장은 돈으로 표를 사려고 한다는 싸늘한 유권자들의 시선 때문인지 예비선거 과정에서 미국 50개 주 어느 곳에서도 승리하지 못했다. 그가 승리한 곳은 미국 자치령인 사모아가 유일했다.

늘 그렇듯이 100% 마음에 들 수는 없는 것이고, 완벽한 선택지가 없는 상황에서 쿠오모를 지지하는 것이 차선의 선택이었다는 점을 블룸버그도 인정했다. 그럼에도 불구하고 이 억만장자는 쿠오모가 주지사 시절 라과디아 공항을 대대적으로 개보수하여 현대화한 것은 높이 평가했다. 어쨌든 쿠오모를 적극 지지하는 블룸버그의 모습은 언뜻 '우울해' 보이기까지 했다. 그래도 그는 이후 일주일 동안 조란의 당선을 저지하기 위해 픽스 더 시티가 펼친 지저분한 선거 캠페인에 무려 850억 달러를 지원했다.

---

* 당시 환율로 약 1조 4천억 원 이상이다.

조란은 쿠오모에 대한 블룸버그의 지지선언을 오히려 쿠오모의 선두 자리를 흔들어 대는 기회로 역이용할 수 있었다. 맘다니 측은 "쿠오모 주위에 억만장자들이 결집하고 있다. 오로지 그들의 위태로운 입지를 지켜 줄 수 있는 사람은 쿠오모뿐임을 알고 있기 때문이다."라고 주장했다.

〈뉴욕 타임스〉도 선거에 나름 영향력을 발휘하려고 애를 쓰고 있었으나, 스스로에게 치명적인 상처를 입히는 어처구니없는 결정을 내렸다. 2024년 여름 무렵, 〈뉴욕 타임스〉는 전국 규모의 선거가 아닌 지역 선거에서 더 이상 특정 후보를 지지하지 않겠다는 도저히 이해하기 힘든 결정을 내렸다. 이런 식으로 자신이 누릴 수 있는 영향력을 스스로 포기하는 매체는 없다. 그럼에도 불구하고 〈뉴욕 타임스〉의 캐슬린 킹스버리Kathleen Kingsbury 논설실장은 그 이유를 제대로 설명하지 못했다.

4년 전에는 당시 신예 정치인이었던 캐스린 가르시아에 대한 공개지지를 천명했었고, 결과는 에릭 애덤스에게 패하기는 했으나 거의 이길 뻔했던 아쉬운 승부였다. 또 같은 해 맨해튼 지방검찰청장 선거에서 앨빈 브래그Alvin Bragg가 굉장한 재력을 무기로 한 경쟁자를 이길 수 있었던 데는 〈뉴욕 타임스〉의 지지선언이 큰 몫을 했었다.

2025년 예비선거 구도가 대체로 형성될 즈음, 킹스버리 논설실장이 특정 후보를 지지하지 않기로 한 결정을 번복할지도 모른다는 소문이 돌기 시작했다. 또 신문사 측이 어느 후보를 지지할지를 결정하기 위해 뉴욕의 여러 주요 인사들의 자문을 구하고 있다는 말도 돌았다.

6월 12일 아침, 이 '회색의 여인'(〈뉴욕 타임스〉 특유의 차분하고 절제된 논조를 반영하여 20세기 내내 따라다니던 별칭이다)은 마침내 이번 선거에 대한 최초의 비중 있는 논평을 발표했다. 15명의 유력인사들에게 자문을 구한 결과, 그중 7명이 브래드 랜더를 시장직에 가장 적합한 후보로 꼽았다는 것이었다. 맘다니는 2명으로부터 지지를 얻어 쿠오모, 틸슨과 함께 공동 2위라고 했다.

자문에 응한 패널들은 이 신문의 주요 독자층이기도 한 뉴욕시 중산층부터 도시 엘리트들까지의 성향을 반영하고 있었다. 패널들의 약력을 감안해 볼 때, 노동계층의 표심을 반영하는 패널은 한 명뿐이었다. 도시 인구의 20%가 이런저런 노조에 가입되어 있음에도 말이다. 블룸버그가 뉴욕시장으로 재직할 당시 부시장을 지냈던 극우성향의 맨해튼 연구소Manhattan Institute 소장은 틸슨을 지지했다. 안경 브랜드인 와비파커Warby Parker의 공동창업자는 쿠오모를 긍정적으로 평가했고, 유명 레스토랑 경영자인 대니 메이어Danny Meyer는 랜더가 시장이 되어야 한다고 응답했다.

브루클린의 정치운동가이고 아시아계 그래픽 디자이너인 빅터 응Victor Ng과 오랫동안 브롱크스의 흑인 커뮤니티 공동체운동을 펼쳐온 마이클 존슨Mychal Johnson이 조란을 위해 표를 던졌다. 〈뉴욕 타임스〉가 유력인사들을 상대로 한 조사결과를 발표한 것은 그날 밤에 열릴 토론회에서 랜더에게 힘을 실어 주고자 하는 의도였을 것이지만, 과거 주요한 선거 때마다 이 신문이 특정 후보에게 공개적인 지지를 선언하고 전폭적으로 힘을 실어 준 것과 비교하면 확실히 다른 방식으로 이번 선거를 대하고 있었다.

〈뉴욕 포스트〉가 선거에 개입하는 방식이 마치 조폭 조직원이 상대방의 머리를 맥주병으로 세차게 갈기듯 지나치게 공격적이었다면, 이번 선거에서 〈뉴욕 타임스〉는 전례 없이 수동적이고 어정쩡한 공세를 취하고 있었다. 굳이 말로 표현하자면, "우리가 랜더를 지지하겠다는 건 아냐. 그런데 우리가 아는 몇몇 사람들에게 물어보니, 랜더를 좋아하는 사람들이 좀 있더군."이라고 말하는 정도라고 할까?

블루미와 〈뉴욕 타임스〉는 그래도 조란을 떨어뜨리기 위해 서로 손을 맞잡고 공동전선을 펼치는 듯 보였으나 결과는 예상과는 다르게 흘러갔다.

● ● ●

6월 12일 목요일 밤, 뉴욕시립대학교의 존 제이 형사사법대학에서 두 번째이자 마지막 공식 토론회가 열렸다. 이날 토론은 NY1이 주관했다. 진행은 〈인사이드 시티 홀〉의 에롤 루이스와 WNYC의 간판 진행자인 브라이언 레러Brian Lehrer, 그리고 뉴스 전문매체인 〈더 시티〉의 케이티 호넌Katie Honan이 공동진행자로 나섰다.

이번 토론회에는 제시카 라모스와 마이클 블레이크 두 후보는 불참했고, 일곱 명의 유력 후보들이 각각 60초간의 기조연설을 하면서 시작했다. 세 번째로 기조연설을 한 틸슨이 처음에는 자신의 약력을 소개하다가 갑자기 조란을 향한 공격에 돌입했다. 이 엄청난 자산가는 손가락을 사방으로 휘두르며 다음과 같이 주장했다. "우리는 풍부한 경험을 가진 유능하고 실질적인 성과를 낼 수 있는 시장이 필요합니다. 여기저기에 귀여운 영상이나 올려서 대중의 주의를 끄는 소셜미디어 스타를 필요로 하는 것이 아니란 말입니다.” 당시 틸슨은 1순위 득표수에서 맘다니보다 무려 45만 표나 뒤질 것으로 예측되는 상황에서 이런 말을 한 것이다.

조란은 여섯 번째 차례였다. 부자증세와 이를 통한 생활물가 안정, 트럼프에 대한 비판, 우파 억만장자들로부터 거액의 지원을 받은 쿠오모에 대한 비판, 권위주의에 대한 견해, 이민자로서의 자신의 경험, 그리고 새로운 세대의 리더십과 풀뿌리운동 등을 경쾌하게 언급하고, “우리와 함께하십시다. 뉴욕을 모두가 감당할 수 있는 비용으로도 살아갈 수 있는 도시로 만듭시다.”라고 호소했다. 그리고 이어서 연단에 나선 쿠오모는 다소 낮은 톤으로 자신이 “관리 능력이 있고 경험이 풍부한 시장”임을 강조했다.

불안한 선두를 달리고 있던 쿠오모는 조란의 이력에 경영과 행정 능력을 짐작해 볼 만한 것이 전혀 없다는 이야기로 조란을 반복적으로 공격해 왔다. 쿠오모는 WCBS의 영향력 있는 기자인 마샤 크레이머와 WABC의 고참 기자인 N. J. 버켓N. J. Burkett 등 자신의 우군으로 분류되는 중견 기자들을 미드타운 이스트 어딘가의 작은 공원으로 불러 모았다. 그가 주지사 시절 자주 했던 ‘로즈 가든’식 회견을 재현한 것이다. 여기서도 그는 젊은 라이벌을 비하하면서, 자신의 가장 큰 후원자인 블룸버그에 대해서는 “뉴욕의 마지막 관리자형 시장”이었다고 치켜세우며 그와의 연대를 강조했다.

한편 토론장에서 에롤 루이스는 나이 문제를 질문했다. 조란이 당선되면 100년 만에 처음으로 최연소 시장이 등장한다는 점, 반대로 쿠오모가 당선되면 역대 최고령 시장이 된다는 점, 둘 다 문제가 아니냐는 질문이었다. 이에 33세의 젊은 후보는 잘 준비된 답변을 내놓았다. "나의 선거 캠페인 과정을 보고 판단해 주십시오. 저는 상근직원 두 명과 함께 지지율 1%에서 시작했습니다. 지금 저는 100만 가구의 유권자들을 일일이 방문하는 3만 6천 명의 봉사자들의 지원을 받는 후보가 되었습니다."

반면 같은 질문에 대해 67세의 쿠오모는 맘다니가 충분한 업적을 쌓지 못했다는 별로 인상적이지 않은 답변을 했다. 누가 들어도 선두주자답지 않은 동문서답식 답변이었다. 이는 노련한 민주당원인 쿠오모가 그날도 이름을 잘못 발음한 젊은 후보에게 반격의 빌미를 주었다. 그리고 그 반격이 인터넷 세상을 뒤흔들었다.

전 세계로 퍼진 동영상 클립을 보면, 조란은 확신에 찬 어조로 이렇게 반박한다.

"쿠오모 씨에게 한 말씀 드리지요. 제 경력에 관하여 말하자면, 저는 한 번도 수치스러운 이유로 공직에서 사퇴한 적도 없고, 저소득층을 위한 의료 예산을 삭감한 적도 없습니다(청중의 거센 환호와 박수). 저는 뉴욕대중교통국으로부터 수억 달러를 훔친 적도 없습니다. 저는 성추행으로 고소한 13명의 여성들에게 산부인과 기록을 요구하는 소송을 내며 괴롭혀 본 적도 없습니다. 제가 그런 일을 하지 않은 이유는 단 하나입니다. 제가 당신과 같은 사람이 아니기 때문입니다. 그리고 제 이름은 맘다니입니다. 엠-에이-엠-디-에이-엔-아이, 맘다니입니다(거센 환호와 박수). 상대 이름을 제대로 부르는 법부터 배우셔야겠습니다. 이런 사소한 것부터 함께 바로잡아 가십시다."

2분할된 화면의 한쪽에서 젊은 도전자가 30초에 걸쳐서 상대를 맹폭하는 동안, 반대쪽의 '골리앗'은 내내 고개를 살짝 숙인 채 분노를 삭이는 듯 보였다. 이 와중에도 편견 가득한 이 폭군은 다시 한번 맘다니의 이름을 잘못 발음했고, 맘다니는 이를 다시 교정해 주었다.

인터넷 세상은 열광했다. 전 세계적으로 가장 영향력 있는 정치 전문 콘텐츠 스트리머로 알려진 하산 파이커도 토론은 사실상 거기서 끝났고, 더 나아가서 예비선거 역시 그 순간 끝난 것이나 다름없었다고 논평했다.

앤드루 엡스타인은 "2차 토론 며칠 전의 리허설에서 제가 쿠오모의 대역으로 나섰습니다. 그 자리에서 저는 꼭 쿠오모가 그러하듯이 계속해서 조란의 이름을 잘못 발음하면서 조란의 심기를 자극했습니다." 리허설 중에 조란의 이름을 틀리게 발음하자는 것은 홍보팀 부책임자인 레카 선더Lekha Sunder의 아이디어였다고 엡스타인은 말했다. 그렇게 함으로써 조란의 전의가 불타오르도록 자극할 수 있다고 예측한 것이다.

존 제이 대학에서 열린 2차 토론은 마치 신들린 듯 링 위를 휘젓는 무하마드 알리의 영혼이 소환된 듯이 보였다. 실제로 알리는 과거 자신의 라이벌을 향해 자기 이름을 제대로 발음하라고 큰소리쳤던 일화가 있다.

• • •

이틀 뒤, 존 제이 대학에서 불과 두 블록 떨어진 곳으로 무대가 옮겨졌다. 3천 석의 공연장인 '터미널 5'의 입장권을 구하기는 하늘의 별 따기였다. 한때 우간다 수도 캄팔라 공연에서 오프닝을 맡아 바람잡이 공연자로 무대에 섰던 조란이 이제는 맨해튼에서 메인 공연자로 등장한 것이다. 제시카 라모스의 숙적인 알렉산드리아 오카시오 코르테스도 이날 무대에 함께 등장했다.

이날은 키드 메로가 진행을 맡았다. 유세팀의 이벤트 코디네이터인 케이티 라일리Katie Riley가 현장 실무책임과 기획을 맡았으며, 줄리언 거슨이 섭외 업무를 맡아 인상적인 찬조 연설자를 등장시켰다. 한때는 쿠오모의 든든한 우군이었던 운수노조 지도자인 존 사무엘센John Samuelsen과 존 리우, 그리고 전미 남아시아계 미국인 노동연맹ASAAL의 방글라데시계 회장인 마프 미스바 우딘Maf Misbah Udin 등이 무대에 올랐다. 민주사회운동의 알렉사 아빌레스와 클레어 발데즈Claire Valdez도 마이크를 잡았다.

진행자 키드 메로가 주로 20대 청년들로 이루어진 관객의 열기를 끌어올렸다. 그리고 50대의 사무엘센이 등장하여 특유의 브루클린 억양으로 조란의 무료 대중교통 공약을 강력하게 홍보했다. 다음은 아빌레스 차례였다. 그는 보리쿠아*이며, 사무엘센과 비슷한 연배이고 당연히 그 나이에 맞는 올드스쿨** 스타일의 연설자였다. 청중이 아빌레스의 말에 열광적으로 화답하여 애덤스 시장과 쿠오모, 그리고 그 뒤를 받치고 서 있는 억망장자들을 조롱할 때마다 그녀는 "맞습니다. 여러분들의 말이 옳습니다."라는 말을 거듭 반복했다.

---

*   푸에르토리코계 뉴욕인들이 혈통에 대한 자부심을 담아 스스로를 부르는 말
**   전통적인 뉴욕의 노동계 스타일의 연설 태도를 일컫는 말

아빌레스는 "팔레스타인인의 자유"를 지지한다는 이유로 친이스라엘 강경파가 자신을 겨냥하여 공격하고 있다고 말했다. 그러자 무대 위에 있던 맘다니의 다국적 지지자들이 열렬한 환호를 보냈다. 역시 다국적인 다음 세대의 관객들이 그 열기를 받아 함께 열광하는 모습은 그야말로 장관이었다.

노동자계층의 사람들이 주도하여 온 도시가 한 목소리로 국제적인 연대를 외치는 이런 모습은 마이클 블룸버그나 〈뉴욕 타임스〉, 〈뉴욕 포스트〉가 그렸던 풍경은 아니었다. 그러나 대세는 이미 그렇게 흘러가고 있었다.

14

'사랑'의 승리

예비선거일이 임박하자 조란은 핵심 측근들에게 마지막 '회심의 일 격'을 준비해 줄 것을 요청했다. 이 말은 정책 입안자들 사이에서는 다 양한 뉘앙스로 사용되는 말이지만, 여기서 조란이 요청한 것은 자신의 선거운동의 본질을 직관적으로 드러내는 확실한 이벤트를 준비해 달라 는 것이었다. 예비선거의 마지막 주, 판세가 요동치는 한복판에서 맘다 니 팀은 확실한 한 방을 준비하기 위해 이마를 맞댔다.

당시 조란 캠프의 실무책임자였고 지금은 연설문 담당으로 일하고 있는 줄리언 거슨은 대중을 사로잡는 매력을 지닌 후보 맘다니가 맨해 튼의 최북단에서부터 시작해서 남단까지 걸어가면서 시민들과 접촉하 는 이벤트를 가져 볼 것을 제안했다. 그는 이러한 이벤트가 조란의 아 버지인 마무드 맘다니가 1960년대 중반 학생비폭력조정위원회SNCC 시위에 참여했던 당시를 떠올리게 할 것이라고 했다. 훗날 거슨은 필자에게 이렇게 말했다. "맘다니는 각박한 시대를 사는 사람들에게 희망과 즐거움의 에너지를 내뿜어 주는 인물이니, 최대한 많은 사람들과 교감할 수 있는 거리 한복판으로 밀어 넣는 것이 최선이라고 생각했죠."

조란은 줄리언의 제안을 흔쾌히 받아들였고, 세부적인 기획에 돌입했다. 엘 비스가드 처치는 현장책임을 맡아 경호, 보안, 자원봉사 등의 인력배치 계획을 세웠다. 선거캠프 부책임자인 케이티 라일리는 행진 경로와 세부적인 동선을 설계하는 일을 맡았다. 막 초여름으로 접어드는 예비선거 전 마지막 금요일인 6월 20일 밤은 쾌청할 것이라는 일기 예보가 나왔다. 모든 것은 순조롭게 준비되었다. 이제 야구로 말하자면 홈런, 크리켓으로 말하자면 식서라고 할 수 있는 마지막 일격을 가할 일만 남았다.

줄리언과 수석보좌관 스펜서 골드버그가 행진하는 내내 밀착 수행하는 가운데, 하얀색 드레스셔츠를 입고 검은 넥타이와 검은 바지 그리고 회색 운동화 차림의 조란은 수많은 사람들과 댑*을 하고, 친근하게 어깨를 맞대고, 서로를 향해 엄지손가락을 치켜들고, 손가락으로 V사인을 주고받았다. 맘다니 일행이 브로드웨이를 따라 어퍼 웨스트 사이드를 통과하자, 수많은 젊은 여성들이 맘다니를 보고 발을 구르며 손뼉을 쳤고, 남성들은 환호성을 질렀다.

타임스퀘어의 밝은 빛 안으로 들어서자 샬러메인, 〈에브로 인 더 모닝〉, 키드 메로, 그리고 그의 파트너인 데서스 등의 팬으로 보이는 수많

---

* 댑(dab)은 한쪽 팔을 비스듬히 위로 들어 올리고 동시에 고개를 반대쪽 팔꿈치 안쪽으로 푹 숙이는 듯한 동작으로, 힙합 스타일의 인사법 혹은 자신감을 표현하는 몸짓이다.

은 힙합 추종자들이 조란과 엉켜 기념촬영을 했다. 뉴욕의 상징과도 같은 장소가 젊은 흑인들과 유색인종 청년들에 의해 점령되었다. 그들은 젊은 사회주의자에게 커다란 애정을 보내고 있었다. 마이클 블룸버그 같은 사람들로서는 결코 일어나기를 바라지 않았던 광경이 펼쳐진 것이다. 타임스퀘어라는 이름이 〈뉴욕 타임스〉라는 거대 언론사가 바로 옆에 있다는 점에서 유래된 것을 생각하면 더더욱 그러했다.

자정이 넘도록 이스트 빌리지 여기저기를 누비고 다니는 조란을 보려고 20대 청년들이 술집에서 쏟아져 나왔다. 그들은 뉴욕시장 후보라는 사람이 자신과 별로 나이 차이가 나지 않는다는 사실을 새삼스럽게 실감하며 호기심 가득한 시선으로 그를 바라보았다. 적당히 취한 듯한 한 건장한 청년은 조란과 악수를 나눈 뒤, 마치 우상처럼 여기던 록스타와 악수한 것처럼 광기 어린 소리를 질러 댔다. 예비 시장 후보는 뉴욕대학교 인근의 피오렐로 라과디아 동상 옆에서 사람들과 함께 사진을 찍었다.

조란 유세팀에서 함께한 영상 제작자 도널드 보렌스타인이 연출하여 촬영한 방대한 분량의 영상을 올리비아 베커Olivia Becker가 편집하여 3분짜리 동영상으로 만들었다. 이 동영상은 한 달 만에 일론 머스크의 플랫폼 X에서만 1,500만 회의 조회수를 돌파했다. 조란의 어머니인 영화감독 미라 네어가 이동하던 중 조란을 껴안으며 "몸에 안 좋은 것만 먹고 다니는 것 같다." 하며 걱정하는 모습을 담은 19초 분량의 틱톡 영상은 230만 회 이상의 조회수를 기록했다.

맨해튼 북단의 인우드 힐 파크에서 남단의 배터리 파크까지는 최단 거리로 걸어도 12.5마일이다. 그냥 걷기만 해도 5시간쯤 걸린다. 근처

여기저기 들르면 거리는 늘어나고, 지지자들과 악수하고 셀카 촬영 요청을 일일이 응해 주다 보면 시간은 한없이 길어진다. 조란 일행이 배터리 파크의 스태튼 아일랜드 페리 터미널에 도착한 것은 새벽 2시 15분쯤이었다. '맨해튼 왈츠'라고 이름 붙여진 이날의 행군은 8시간 만에 끝났다.

맘다니는 30명쯤 되는 젊은 지지자들과 함께 밝은 표정으로 단체사진을 찍었다. 〈헬 게이트〉의 맥스 리블린 내들러에 따르면, 후보는 사진촬영을 마치고도 지지자들과 30분이나 더 대화를 나눈 뒤 떠났다고 한다.

그날의 행사가 모두 마무리된 뒤 조란은 맥스에게 이렇게 말했다. "몸은 파김치가 되었지만, 아드레날린으로 버티고 있습니다. 우리는 지금 딱 우리가 목표했던 그 자리에 도달한 것 같습니다." 예비선거 72시간 전의 상황이었다.

조란은 스태튼 아일랜드를 오가는 24시간 운행 무료 페리에 탑승하는 대신 아스토리아의 집으로 향했다. 그는 토요일 아침 할렘에서 열리는 알 샤프턴 목사가 주최하는 모임에 참석하고 연설도 해야 했기 때문에 잠시라도 쉬어야 했다. 그날 연설에서 조란은 자신의 이름에 왜 '콰메'가 들어가는지 설명했다. 청중의 반응은 우호적이었고, 아버지인 마무드 맘다니가 과거 학생비폭력조정위원회의 가두시위에 참가했었다는 사실도 알렸다. 바로 몇 시간 전 밤에 할렘을 훑고 다녔던 강행군을 언급하지는 않았지만, 적지 않은 사람들이 이 사실을 이미 알고 있었다.

월요일에는 워싱턴 DC를 중심으로 활동하는 사회주의 성향의 유튜

버인 '굿 폴리틱 가이GoodPoliticGuy', GPG가 조란이 올린 금요일 밤의 도보행진 영상을 트윗했다. 그는 다음 날 있을 예비선거에서 맘다니가 승리하기를 기원한다면서, 좌파성향 시민들의 마음을 대변하듯 이렇게 적었다. "신이시여, 살다 보면 좋은 일이라고는 도통 일어나지 않는다는 것을 압니다만, 이번 한 번만은 우리 손을 들어 주시기를 기원합니다."

● ● ●

조란의 맨해튼 행진이 있었던 금요일 아침, 브루클린에 사는 아사드 단디아는 "금요일은 축복의 날"이라는 트윗을 올렸다. 그는 조란 캠프가 미리 130곳이 넘는 모스크에 연락을 취한 것을 언급하며, 조란과 자신이 포옹하며 웃는 사진을 올렸다. 그는 웃는 형상의 이모티콘과 함께 이렇게 적었다. "저는 수니파 무슬림이고 당신은 시아파 무슬림이니, 무슬림 사회에 기반을 확실히 닦은 셈이지요?"

아사드는 1992년 코니아일랜드 병원에서 태어났고, 브라이튼 비치에서 파키스탄계 수니파 무슬림 부모님과 함께 살았다. 그가 졸업한 미드우드 소재의 제임스 매디슨 고등학교는 척 슈머와 버니 샌더스가 졸업한 학교이기도 하다. 블룸버그 시장의 임기 마지막 해, 단디아는 '라자 대 뉴욕시'라고 불리는 사건 소송에 원고의 한 사람으로 참여하기도 했다. 이 소송 결과에 따라 뉴욕경찰의 무슬림 공동체 사찰이 크게 줄어들었다.

지금 그는 역사학자로 활동하면서 뉴욕 역사 투어 가이드로 일하고 있다. 2024년, 조란이 시장 출마를 고민하면서 조언을 구하기 위해 브루클린을 기반으로 활동하는 아사드에게 먼저 연락을 해서 만났고, 그것을 계기로 둘은 친구가 되었다. 웨스트 빌리지에 있는 '카페 레지오'에서 처음 만났을 때 아사드는 베이컨에그치즈롤과 뉴욕의 상징인 그리스 커피컵이 그려진 티셔츠를 입고 있었다.

조란은 셔츠에 그려진 베이컨을 보고 농담 삼아 짓궂은 시비를 걸었고, 아사드는 "걱정 마세요. 돼지고기가 아니에요. 칠면조 베이컨입니다."라고 답하며 금방 친해졌다고 한다.

2021년 가을, 미래의 시장 후보 조란은 택시기사들과 함께한 단식투쟁을 끝낼 무렵, 자신은 대개 금식을 마치면서 대추야자를 먹는다고 말한 적이 있다. 나는 아사드에게 그러한 라마단 문화와 조란의 단식투쟁 사이에 무슨 관계가 있느냐고 물어보았다.

"라마단의 정신은 희생입니다. 타인을 돕는다는 마음으로 식욕과 성욕을 비롯한 다른 욕구를 참아 냅니다."라고 아사드는 설명했다. 마라톤을 뛰는 것 못지않게 금식 또한 큰 자기 절제가 있어야 한다.

필자가 조란을 처음으로 인터뷰한 것은 3월 말이었다. 그때 조란은 주마Jummah를 기다리고 있다고 말했다. 주마는 매주 금요일 정오의 기도 시간이 지난 후 이른 오후에 열리는 이슬람 예배 모임이다. 이 젊은 정치인은 예비선거 기간에도 주마 예배를 꾸준히 참석했다. 그는 주마에 대해서, "세상을 잠시 잊을 수 있는 좋은 휴식의 시간입니다. 선거 유세가 한창일 때 만인의 주목을 받는 후보가 아닌 그저 공동체 구성원의 한 사람이 되어 나 자신을 완전히 내려놓는 그 짧은 시간은 정말 경이로운 시간입니다."라고 말했다. 선거 막바지가 되면 후보의 주변은 단 한 순간도 조용할 수 없기 때문에, 종교적인 시간에 느끼게 되는 짧은 정적의 의미는 무엇과도 비할 바가 아닐 것이다.

독실한 무슬림이기도 한 조란이 장기전을 치르려면, 자신의 안에서 끊임없이 재생되는 에너지를 잘 저장하고 안배하여 사용할 줄 알아야 한다. 예비선거 기간 동안 그와 함께 일했던 사람들 가운데 그의 지치지 않는 체력에 경의를 표하지 않는 사람은 없었다.

앤드루 엡스타인에 따르면, 조란은 낮 시간 동안 주로 피넛버터나 바나나 스무디로 영양 섭취를 했다고 한다. 조란은 아침에는 차이를 마시고, 항상 그런 것은 아니지만 오후에는 아이스커피를 마셨다. 물론 물은 늘 많이 마신다. 밤에는 그때그때 상황에 따라 다양한 음식을 먹는데, 인도음식을 많이 좋아한다고 한다. 조란에 우호적인 기사를 거의 써 주지 않는 〈뉴욕 타임스〉도 조란의 어머니 미라 네어가 직접 치킨 비리야니를 요리해 주었다는 보도를 한 적이 있다. 조란에 대한 몇 안 되는 미담 기사였다.

예상을 뒤엎은 조란의 승리 직후에 로라 루머Laura Loomer, 찰리 커크Charlie Kirk, 그리고 '@endwokeness' 등 일론 머스크의 플랫폼에서 활동하는 친트럼프 계열의 파워 인플루언서들은 2023년의 한 인터뷰 영상을 올렸다. 맘다니가 닭고기와 밥이 담긴 할랄 음식을 손으로 먹는 모습이 담긴 영상이었다. 손으로 밥을 집어 먹는 것은 남아시아나 아프리카에서는 전혀 이상할 것이 없는 식사 문화이지만, 트럼프 진영은 맘다니가 보통의 일반적인 미국인과는 다른 '이질적인 문화권'에 속한 사람이라는 것을 강조하여 공격하는 빌미로 사용한 것이다. 텍사스 출신의 한 차세대 극우파 연방 하원의원은 "문명화된 미국에 사는 사람들은 이런 식으로 식사하지 않는다. 서구의 관습에 따르든지, 아니면 제3세계로 돌아가라."라고 공격했다.

맘다니가 예비선거에서 승리했을 때, 조지아 출신의 MAGA 계열의 하원의원인 마조리 테일러 그린Marjorie Taylor Greene은 자유의 여신상이 부르카*를 입은 모습의 이미지를 온라인을 통해 유포했다. 터커 칼슨Tucker Carlson은 조란을 "다른 나라에서 태어난 멍청한 녀석"이라고 빈정거렸다. 극우 포퓰리스트이자 전략가인 스티브 배넌Steve Bannon은 왜 극좌 포퓰리스트가 6월의 예비선거에서 승리했는지 이유를 파악하려고 애를 썼다. 배넌은 〈미트 더 프레스Meet the Press〉의 진행자인 크리스틴 웰커Kristen Welker에게 이렇게 말했다. "이 친구는 젊지만 정말 노련합니다. 마음속으로는 아주 급진적인 생각을 하지만, 그것을 대중에게 아주 밝고 낙천적인 방식으로 설파합니다. 그러면 사람들은 이 친구가 자신들을 위해 싸워 주고 있다고 느낍니다. 생활물가처럼 공화당이 딱히 해법을 제시하지 못하는 문제에 관해서 말입니다."

그러는 동안 트럼프는 상위 1%만이 행복해할 만한 감세정책을 밀어붙이고 있었다.

● ● ●

6월 22일 일요일 밤, 크라운 하이츠에서는 노동가족당 관련 집회가 열렸다. 예비선거 승리를 향한 거의 막바지 집회로 치러진 이 행사는

---

* 전신은 물론 얼굴까지 가리는 이슬람 여성 전통의상

시종 활기로 가득했다. 이 행사의 주최자는 티시 제임스와 치 오세였고, 자바리 브리스포트, 저스틴 브래넌 등 쿠오모와 정치적으로 반대편에 서 있는 다른 후보들도 함께했다. 티시 제임스는 2008년 대선에서 오바마가 일으켰던 돌풍을 상기시키면서, "조란은 2008년 이후 한 번도 본 적 없었던 돌풍을 일으키고 있다"고 선언했다.

하지만 마지막 한 주는 수많은 위기가 발생한 기간이기도 했다. 6월 17일 화요일, 이 급진적인 정치 신인은 네버-트럼프Never-Trump 성향의 매체인 〈더 불워크The Bulwark〉와 팟캐스트로 생중계되는 인터뷰를 가졌다. 한 시간 정도 진행된 대화가 마무리될 무렵, 한때 잽 부시Jeb Bush의 캠프에서 일한 적도 있는 진행자 팀 밀러Tim Miller가 이스라엘과 팔레스타인 그리고 반유대주의 문제를 거론하고 나섰다.

밀러는, "'인티파다intifada*의 세계화'라는 문구는 좌파 인사들이 자주 외치는 구호입니다. 어떤 이들은 나름 선한 의도로 이런 구호를 외치기도 하겠지만, 아주 폭력적인 의도를 담아서 외치는 사람들도 있지 않습니까?"라고 물었다. 진행자는 이 구호가 실제로 유대인에 대한 폭력을 선동하는 목적으로 악용된 사례를 들지는 못했다. 그러나 조란의 답변은 그에게 적대적인 친이스라엘 진영 사람들에게 공격의 빌미를 주었고, 그로부터 몇 주간 실제로 상당한 공격을 받게 되었다.

조란은 반대편에 있는 사람들이 요구하는 격렬한 비난을 쏟아붓지 않았다. 이날 조란의 답변은 '트럼프가 통치하는 미국'에서는 사상범 취급받기에 딱 좋은 말이었다. 조란은 반사적이고 자극적인 비난의 말

---

* 팔레스타인 사람들이 이스라엘에 저항하여 벌이는 민중봉기를 지칭하는 말

을 하는 대신에 '맥락'과 '뉘앙스'를 강조하고 싶었던 것 같다. 그는 먼저 "10월 7일에 발생한 끔찍한 전쟁범죄"를 언급한 뒤, 그 사건으로 유대인 시민들이 느꼈던 공포에 대하여 들었던 일화를 이야기했다.

이미 조란은 혐오범죄 방지를 위한 프로그램을 대폭 확대하겠다고 공약한 것이 있었지만, 진행자는 현장활동가들의 '구호'에 집착하여 진행을 이어 갔고 대화는 아래와 같이 흘러갔다.

맘다니: 저는 특정한 단어 사용을 금지한다는 따위의 주장이나 아이디어에는 거부감이 많습니다. 그런 것은 '트럼프식의 국가 경영 방식'을 떠올리게 합니다.

밀러: 알겠습니다. 하지만 '인티파다의 세계화'라는 구호에 대하여 그렇게 불편하게 느끼지 않는다는 말처럼 들리는군요?

맘다니: 저는 그 구호가 사람마다 다르게 쓰인다는 사실을 알고 있습니다. 저는 그 구호를 외치는 많은 사람들의 마음속에 팔레스타인의 인권 수호를 통해 평등과 동등한 권리를 쟁취하고자 하는 간절한 갈망이 있다고 생각합니다. 어려운 점이 뭐냐면, 홀로코스트 박물관에서도 바르샤바 게토 봉기를 아랍어로 번역하면서 이 단어를 사용했다는 것입니다. 인티파다라는 단어의 본뜻은 투쟁이기 때문입니다. 9·11 테러 이후 시대를 살아온 젊은 무슬림으로서 저는 아랍어 단어들이 왜곡되고, 변질되고, 어떤 의도를 합리화하는 데 악용된 사례를 너무 많이 알고 있습니다. 그렇기 때문에 '뉴욕의 유대인 시민들의 안전'을 지키는 데 많은 노력을 기울여야 한다는 것이 저의 결론입니다.

좌파진영의 저명인사들은 조란의 답변이 사려 깊었다고 평가하며 박수를 보냈다. 브루클린 대학의 코리 로빈Corey Robin 교수는 "자기 소신을 양보하지 않고 유권자들에게 영합하지 않으면서도 모든 유권자들이 우려하는 바에 세심하게 응답한 품격 있는 모범답안"이었다고 평가했다. 이전에는 "이스라엘도 국가로 존재할 권리가 있다"는 맘다니의 입장을 맹렬하게 비난했던 '위딘 아워 라이프타임'의 설립자인 네르딘 키스와니도 결단력 있는 답변이라는 찬사를 보냈다.

그러나 짧고 자극적인 문구가 지배하는 시대에 대중은 사려 깊은 답변이 낯설게 느껴질 수 있다. 어떤 이들은 조란의 의도를 잘못 이해했고, 어떤 이들은 의도적으로 왜곡하여 확대하고 재생산했다. 그에 대한 격렬한 비난은 7월까지 계속되었다. 앤드루 쿠오모, 하킴 제프리스, 그리고 화이자Pfizer의 CEO를 비롯해서 이 사회주의자의 돌풍을 무력화시키고자 하는 많은 유명인사들이 비난을 부추겼다. 폭풍 같은 공세가 한 달쯤 지속될 무렵, 민주당의 젊은 뉴욕시장 후보 캠프에서는 거대 제약회사 측 인사들과 그 지지자들을 향해, "맘다니 본인은 정작 한 번도 사용한 적이 없는 그 구호를 다른 사람들이 사용하지 못하도록 저지하겠다"고 밝혔다.

10월 말부터 6월 중순까지 조란과 그의 캠프는 전술적으로 의미 있는 수준의 실수를 거의 저지르지 않았다. 그러나 네버-트럼프 진영에게까지 문을 열어 준 것은 득보다는 실이 더 많은 선택이었다. 예비선거는 민주당적을 가지고 있는 사람만 유권자로 등록할 수 있기 때문에, 구태의연한 공화당 지지자들까지 의식할 필요는 없었다.

〈더 불워크〉와의 팟캐스트 방송이 있기 전날 밤, 맘다니는 또 다른 팟캐스트 방송인 〈메이다스 터치The Meidas Touch〉에도 출연하여 대담을 나눴다. 이 프로그램은 매우 인기 있으며 반트럼프 성향인 것도 확실하지만, 〈더 불워크〉와는 달리 공화당 부시 계파의 색채도 전혀 없다. 진행자는 콜린 캐퍼닉Colin Kaepernick*의 변호사이기도 한 벤 메이셀라스Ben Meiselas였고, 대화는 시종 우호적인 분위기로 진행되었다. 반면 팀 밀러는 명백한 함정을 준비해 놓고 진행을 했다. 물론 충분히 피할 수도 있었던 함정이었다.

　그 자신도 유대인인 코리 로빈이 지적했듯이, 맘다니를 드러내 놓고 비판하는 밀러나 하킴 제프리스 같은 이들 가운데 상당수는 "유대인도 아니면서, 유대인들과 그들이 느낀다고 주장하는 공포감을 대변하는 데 앞장서는 부류의 사람들"이다. 가톨릭 가정에서 자라난 전직 주지사 쿠오모는 예비선거가 끝난 뒤인 7월 중순에 햄프턴의 한 유대교 회당에 모인 대체로 부유층에 속하는 유대교 신자들에게 "유대인들 대다수는 조란에게 투표한 것이 분명하다." 단언했다. 이에 대해 피터 베이나트는 X에 올린 분석글에서, 쿠오모는 많은 유대인들이 맘다니에게 투표했다고 했지만 여전히 "유대계 뉴욕시민들의 안전을 위해서는 본선에서 맘다니를 패배시켜야 한다"는 생각을 하고 있다고 썼다. 그러면서 한마디 덧붙였다. "참으로 앞뒤가 완벽한 논리이다." 물론 이는 쿠오모를 비꼬는 역설적인 표현이다.

　예비선거 직후 베이나트가 분석글에서 말했듯이, 조란의 승리를 통

---

* 　미국 프로 미식축구 NFL 선수이며 유색인종 차별에 맞서 경기 시작 전 국가 연주 시 기립하는 대신 무릎을 꿇는 자세를 취해 항의 표시를 처음 시도한 선수로 유명하다.

해 뉴욕시민들 사이에서 팔레스타인에 대한 우호적인 여론도 폭넓게 형성되어 있음을 확인할 수 있었다. 미국 정치사에서는 전례가 없는 새로운 흐름이 형성되었음을 말해 주는 결과였고, 친이스라엘 성향의 분석가들도 이 점은 인정하지 않을 수 없었다. 한편 35세 이상의 자유주의 성향 유대인들은 대체로 브래드 랜더와 비슷한 입장을 가지고 있는 것이 분명했다. 랜더는 3위를 기록했는데, 랜더를 1순위로 지지한 대다수의 유권자들은 2순위로 맘다니를 지지했다. 랜더는 6월 말, CNN의 제이크 태퍼Jake Tapper와의 인터뷰에서 자신과 동료 유대인들은 체스판의 말처럼 비비에게 이용당하는 것을 반대한다고 밝혔다.

태퍼를 비롯한 전국의 주요 언론들은 조란의 승리를 다루고 분석하는 보도에서도 애써 조란 돌풍의 핵심 원인이었던 민생문제를 비켜가는 대신, 이스라엘-팔레스타인 문제를 계속해서 다루었다. 코르테스와 신시아 닉슨의 캠프에서 활동했던 민주당 전략가인 왈리드 샤히드Waleed Shahid는 예비선거가 끝난 6월 24일 이후부터 한 주일 동안의 보도에 대하여 흥미로운 분석을 내놓았다.

자유주의 성향의 MSNBC나 중도 성향의 CNN, 보수 성향의 폭스뉴스 등 거의 대부분의 언론매체들이 성향을 불문하고 이스라엘과 팔레스타인 문제에 관하여 보도량의 60% 이상을 할애하여 예비선거 결과를 분석했다. 물론 폭스 뉴스가 154건으로 가장 많았다. 이는 다른 두 매체와 비교하면 거의 두 배 이상 많은 수치였다. 샤히드에 따르면, 이러한 보도 중 64%가 이스라엘이나 반유대주의를 명시적으로 언급했다고 한다. 어떤 평론가는 폭스 뉴스에서, "하마스의 동조자들이 뉴욕에서 승리하고 있는데, 언론은 이에 대해 침묵하고 있습니다."라고 했다. 자신의 강경발언이 바로 그 언론에 의해 보도되고 있는데도 언론이 침묵한다고 했으니, 스스로 얼마나 앞뒤가 안 맞는 말인지 알고는 있었는지 모르겠다.

이러한 주요 언론들과는 달리, 뉴욕의 지역 TV방송들은 조란의 생계비 관련 공약을 더 비중 있게 보도했다. 샤히드가 분석한 바에 따르면, 폭스 계열의 지역 방송을 포함해 이들 지역 방송사들에서 이스라엘 관련 논란을 보도한 비중은 전체의 40%를 조금 넘는 정도였다.

쿠오모는 7월 20일 햄프턴 유대교 회당의 발언에서 자신의 '가족 전통'을 강조했다. 시장선거 예비선거의 패자는 이날 연설에서, "나는 주지사로 재임하면서 나의 선배 주지사이기도 한 아버지와 같이 이스라엘의 입장을 대변하는 데 늘 앞장서 왔습니다."라고 했다. 맹목적 충성만큼 위험한 전통은 없다. 에릭 애덤스 시장이 11월 본선거를 앞두고 내놓은 슬로건도 "반유대주의의 종식"이었다.

같은 민주당 안에서도 베이비붐 세대들이 이스라엘을 맹목적으로 옹호하는 동안, 젊은 세대 당원들 사이에서는 친팔레스타인 여론이 넓게 확산되고 있었다. 중요한 것은 평등과 평화를 지향하는 젊은 세대 당원들의 세력이 점점 커지고 있었다는 것이다.

● ● ●

'인티파다의 세계화' 구호를 둘러싼 논란이 터진 후 몇 주간 자신에게 쏟아진 화살에 대해 조란 맘다니가 직접 언급한 것이 있다. 2021년 민주당의 뉴욕시장 예비선거에서 3위를 차지했던 마야 와일리가 맘다니 지지를 발표하는 이스트 할렘의 노상 기자회견장에서 그는 다소 감정에 북받친 모습이었다. "나 자신은 물론 내가 사랑하는 사람까지 신변의 위협을 받고 있습니다. 그러나 저는 가급적 이에 대해 언급하지 않으려고 노력합니다. 인종차별의 궁극적인 목적은 사람들의 관심을 다른 곳으로 돌리는 주의 분산이기 때문입니다." 조란은 눈물을 참으며 이렇게 말하고는, 다시 생활물가를 잡아 뉴욕을 살기 편한 도시로 만드는 문제로 돌아갔다.

맘다니가 도시의 거리 구석구석을 걸어 다니며 시민들을 접촉한 것과는 다르게 쿠오모는 자신의 닷지 차저 차량 운전석에서 좀처럼 내리려고 하질 않았다. 6월 16일 월요일, 〈데일리 뉴스Daily News〉의 조시 스트랫먼Josie Stratman 기자는 미드타운 어느 곳의 좌회전 차선에 주차되어 있는 이 유력 후보의 차량 사진을 올렸다. 그렇지 않아도 엄청난 교통체증을 더욱 악화시키는 행위였다. 차량이 주차되어 있는 사이, 전직 주지사는 인근 호텔의 노조 본부를 들르고 있었는데, 결과적으로 그 단체의 지지를 얻는 데는 성공했다고 해도 '닷지 차저의 황제 주차' 사건에 대한 엄청난 언론 보도는 막판에 얻어 낸 지지를 상쇄하고 남을 정도였다.

한편 조란을 향한 독설은 뉴욕시 엘리트 계층을 중심으로 빠르게 확산되었고, 그것이 조란에게 악재로 작용한 것은 사실이다. 휘트니 틸슨 역시 이슬람 혐오에 기반한 분노를 자극하려고 애를 쓰고 있었다. (6월의 여론조사에 따르면, 그는 경제적으로는 상위 1%에 속한 사람이겠지만, 지지율은 바닥을 기고 있었다.) 그는 야르물케라고 불리는 유대인 전통모자를 쓰고 친트럼프 성향의 정통파 유대인들이 많이 거주하는 브루클린의 보로 파크를 찾았다.

그리고 바로 이어서 이날 만난 시민들과 나눈 대화를 녹화하여 '인티파다의 세계화' 문제에 대한 시민들의 반응을 담은 71초짜리 영상도 발표했다. 사실 그는 '인티파다의 세계화' 문제를 수면 위로 끌어올린 장본인이기도 했다. 영상을 보면 야르물케를 쓴 한 노인이 조란이 팀 밀러에게 했던 답변을 두고 "그 친구의 말이 마음에 들지 않아요."라고 하며, 이 젊고 급진적인 후보에 대해 "위험한 존재"라고 덧붙여 말하고 있다. 순간 보로 파크의 빵집은 격렬한 정치적 비난과 분노가 표출되는 뜨거운 현장으로 변한다.

유대인으로 보이지는 않는 어느 중년 백인 남성도 야르물케를 쓴 WASP인 틸슨에게 "맘다니는 위험한 인물로 보입니다."라고 말한다. 틸슨은 마치 불붙은 쓰레기통에 기름을 들이붓듯이, 맘다니 같은 인물이 우리 주변에 숨어 있으니 "늘 주변 경계를 게을리해서는 안 됩니다." 하고 부추긴다. 휘트니 틸슨이 말하는 '맘다니 같은 인물'이 맘다니 한 사람을 지칭하는 것인지, 수많은 젊은 무슬림들을 말하는 것인지는 확실하지 않다.

틸슨의 이러한 공격은 막장 수준의 비열한 짓이었다. 조란을 "추방"하라고 선동했던 비키 팔라디노의 말 못지않게 비난받아 마땅하지만, 실제로는 그렇지 않았다. 제이콥 콘블루 기자가 X에 올리면서 처음으로 세상에 공개된 문제의 동영상은 다음 달까지 무려 30만 회의 조회수를 기록했다. 트럼프와 머스크가 지배하는 시대라서 그런지 증오는 빠른 속도로 확산되었다.

틸슨 캠프가 조란에 대한 비방을 담은 동영상을 발표하기 불과 몇 분

전, 다른 곳에서 훨씬 선동적인 반조란 성명이 발표되었다. 홀로코스트와 관련된 조란에 대한 비방이 5월 중순부터 시작되었고, 그것이 점차 확장되어 감에 따라 누군가 '히틀러'를 끌어들여 조란을 비난하는 것도 시간문제였다. 그리고 실제로 예비선거를 불과 4일 남겨 놓은 시점에서 유명한 홀로코스트 생존자이자 작가인 엘리 위젤Elie Wiesel의 아들, 엘리샤 위젤Elisha Wiesel이 반맘다니 대열에 참전했다.

어딘지 불길하게 느껴지는 음악을 배경으로 깔고 발표된 1분 정도 분량의 성명에서, 골드만 삭스에서 정보를 총괄하는 업무를 담당하기도 했던 엘리샤는 팔레스타인 지지 성향을 분명하게 드러내고 있는 자가 시장으로 당선될 경우 초래될 미래를 엄중히 경고했다. 화면에는 히틀러의 연설 장면과 나치의 깃발, 총격전, 집단검거 등의 장면이 이어지는 가운데, "말은 폭력이 되었고, 폭력은 암처럼 전이되었고, 결국 제노사이드라는 결과로 이어졌습니다."라는 엘리샤의 음성이 흘러나온다.

엘리샤 위젤은 "유대인을 향한 새로운 공격"이라 언급하면서, 먼저 10월 7일에 하마스에 의해 자행된 납치 행위와 미국 여러 도시에서 발생한 반유대주의 테러사건과 관련된 짧은 영상을 먼저 보여 준다. 그리고 뉴욕에서 열린 친팔레스타인 비폭력 시위 영상을 덧붙였다. 엘리샤는 화면에 보이는 현수막에 적힌 '인티파다'라는 한 단어를 그가 전하고자 하는 극우적 메시지의 확고한 증거로 활용하고 있다. 즉 이스라엘에 관한 비판은 그 내용이 무엇이건 무조건 반유대주의라는 것이다.

조란은 20초쯤 지난 시점에 처음 등장한다. 시장 후보인 그가 시민운동가들 앞에서 자신이 보도인 대학에서 '팔레스타인 정의를 위한 학생모임'이라는 단체의 지부를 설치하는 데 큰 역할을 했다고 말하는 장면이다. 이어서 영상은 한 뉴스 보도로 이어지는데, 이 단체의 뉴욕주 여러 지부들이 "민간인에 대한 폭력 사용을 옹호"했다는 내용이다. 위젤은 보도인 대학이 뉴욕주가 아닌 메인주에 있다는 사실은 굳이 밝히지 않았다.

이 동영상의 마지막은 아우슈비츠에 서 있는 엘리 위젤의 모습으로 끝난다. 엘리 위젤 옆에는 오프라 윈프리가 마치 카메오 출연을 한 듯이 서 있다. 엘리샤 위젤은 이렇게 당부한다. "여러분의 유대인 친구들, 그리고 유대인이 아닌 친구들에게 꼭 이야기하십시오. 순위별 선호투표에서 조란 맘다니에게 투표해서는 안 됩니다. 투표를 통해 반유대주의를 패배시켜야 합니다." 제작비용은 위젤 가족이 모두 부담했다고 하는 이 동영상의 끝은 '#DoNotRankMamdani맘다니를 순위에 넣지 마세요'라는 해시태그로 마무리된다. 이후 한 달 동안 이 동영상은 X에서만 150만 회의 조회수를 기록했다.

틸슨과 위젤이 불을 붙인 지 이틀 만에, 비슷한 메시지가 적힌 현수막을 꼬리에 단 소형 비행기가 로어 맨해튼 상공을 선회하는 비행을 했다. 이 비행기와 메시지는 선셋 파크에서도 육안으로 볼 수 있었다. 하늘을 나는 현수막에는 "인티파다의 세계화로부터 뉴욕을 구합시다. 맘다니를 거부합시다."라는 호소문이 적혀 있었다. 오랫동안 쿠오모의 대변자를 자임해 온 일론 머스크의 플랫폼 X는 이 사실을 알리는 데 큰 기여를 했다.

또 다른 극우 민족주의 세력이 지원사격에 나섰다. '쿠오모를 지지하는 인도계 미국인들의 모임Indian Americans for Cuomo'이라는 외곽 후원단체가 3,600달러를 들여 옥외 현수막 광고를 걸었다. 이에 앞선 지난 5월에 퍼블릭 시어터에서 열린 후보 초청 토론회에서 조란은 힌두 민족주의자인 나렌드라 모디Narendra Modi 인도 총리를 비판한 적이 있었다. 당시 이 행사의 공동후원사인 〈뉴욕 포커스〉의 발행인 아카시 메타Akash Mehta는 참석한 후보들에게 인도 총리에 대한 질문을 던졌는데, 맘다니는 이에 대해 답변하면서 자신의 친가가 인도 구자라트 출신이라고 밝혔다. 구자라트는 뭄바이 북서쪽의 큰 주로, 2000년대 초반에 모디가 권력 기반을 다진 곳이기도 하다.

그 자리에서 조란은 "현재 인도 총리는 과거 구자라트에서 무슬림들을 학살한 사건에 대한 책임이 있습니다."라고 지적했다. 그는 이렇게 잘라 말했다. "베냐민 네타냐후와 모디 총리에 대해 이중 잣대를 적용해서는 안 됩니다. 네타냐후와 마찬가지로 그 역시 전범입니다."

반면 쿠오모는 네타냐후를 확실히 지지하는 것이 분명했지만, 모디에 대해서는 아무런 언급을 하지 않았다. 어쨌든 '인티파다의 세계화'를 규탄하는 현수막이 공격하고 있는 후보는 맘다니 한 사람뿐이었다. 무플보다는 악플이 낫다는 말이 사실이라면(악플로 자신의 지명도를 높이는 것으로 말하자면 트럼프 대통령만 한 사람이 없겠지만) 엄청난 공세에도 불구하고 맘다니가 입은 상처가 크지 않은 이유를 충분히 이해할 수 있을 것이다.

● ● ●

조란이 6월 24일 예비선거에서 승리를 확정했을 때는 사방에서 살해 협박이 밀려 들어왔다. '미국 이슬람 관계 위원회Council of American

Islamic Relations' 등 관련 단체에 따르면, 당선 직후 사흘 동안만 해당 후보와 캠프를 겨냥한 혐오나 협박 관련 신고가 125건 이상 접수되었다고 한다. 같은 기간에 온라인상에 등장한 이슬람 혐오 표현과 비속어는 6,200건이 넘었다. 친이스라엘 열성파인 빌 애크먼은 급기야 9·11 사태를 거론하고 나섰다. 2004년, 조란의 부친인 마무드 맘다니가 "자살폭탄 테러범들을 일종의 군인으로 봐야 한다"고 발언한 것을 근거로 조란을 알카에다 옹호자라고 주장했다.

에릭 애덤스 시장이 쿠오모의 패배를 받아들이는 태도도 빌 애크먼이나 대니얼 러브 등과 묘한 연대를 구축했다. 이들 두 사람은 쿠오모가 예비선거에서 대패하자 발 빠르게 손절했다. 평소 자신의 속셈을 애써 숨기지 않았던 애크먼은 X에 올린 글을 통해 스스로 자원해서 나설 기입후보write-in candidate*를 물색해 보겠다고 말했다. 그러나 이들 두 사람은 그런 후보를 찾는 데 실패했고, 결국 맘다니의 본선 대항마로 에릭 애덤스를 지원하기로 했다. 러브를 포함한 친이스라엘 강경파는 지난 2024년 봄, 컬럼비아 대학교에서 친팔레스타인 시위가 열렸을 때 애덤스 시장에게 강제해산을 촉구했던 사실이 있다. 계산이 확실한 정치인인 애덤스 시장은 그때 네타냐후를 지지하는 이들 억만장자들의 요구를 이행해 준 대가로 상당한 액수의 선거자금을 거둬들이는 데 성공했다.

---

* 미국에만 있는 독특한 선거제도 가운데 하나이다. 투표용지에는 정식 후보로 등록된 사람들의 이름 밑에 따로 공란이 마련되어 있다. 유권자는 정식 후보들 가운데 지지하는 후보가 없다면, 공란에 자신이 당선되기를 바라는 사람의 이름을 직접 적어 넣을 수 있다. 정당 공천을 받지 못했거나 등록기한을 놓친 후보들에게 기회를 주기 위한 제도이다.

무소속으로 시장선거 본선에 출마하기로 결심한 애덤스는 자신의 재선 캠프 핵심 직책의 인선 권한을 애크먼과 러브에게 위임하는 조건으로 그 둘의 지원을 받아 냈다. 그들은 캠프 책임자로 유진 노Eugene Noh를 낙점했다. 노는 지역 정치권에서 '수단과 방법을 가리지 않는 저돌적인 인물'로 널리 알려진 사람이다. 유진 노는 예비선거에서 휘트니 틸슨의 현장책임을 맡았던 사람인데, 당시 틸슨이 300만 달러 이상의 자금을 쏟아붓고 8,500표를 득표한 것을 감안하면 투자 대비 수익률ROI은 매우 낮았던 셈이다. 과연 러브와 애크먼은 사람을 보는 안목이 대단한 것 같다.

애덤스의 막후 실세로 알려진 프랭크 카로네Frank Carone는 〈뉴욕 타임스〉와의 회견에서, "우리는 댄과 빌이 훌륭한 판단을 내렸다고 생각합니다."라고 하면서, "두 분은 자신들이 원하는 것은 무엇이든지 누리고 살 수 있는 분들이지만, 지금은 민생의 최전선에서 뉴욕을 걱정하며, 생활물가 문제의 중대성을 깊이 이해하고 있습니다."라고 덧붙였다.

이렇게 상황파악이 안 되는 막후 실세가 있다니! 사실 뉴욕의 유력 언론들도 크게 다르지 않았다.

●　●　●

6월 14일 사전투표일이 코앞으로 다가왔을 무렵, 하산 파이커와 메디 하산 등 영향력 있는 논객들이 6월 12일 토론에서 맘다니가 자기 이름의 철자를 하나하나 강조하며 쿠오모를 난처하게 했던 해프닝을 알리는 데 힘을 보태고 있었고, 같은 시기 〈뉴욕 타임스〉 수뇌부는 깊은 고뇌에 빠져 있었다. 인터넷 세상에서는 이미 대세가 완전히 기울었음을 짐작케 하는 내용들을 곳곳에서 발견할 수 있었다. 〈뉴욕 타임스〉는 주말 내내 대응책을 마련하면서 끝까지 최선을 다하고 있었지만, 밖에서는 코르테스와 그 동료들이 조란의 열광적인 지지자들을 결집시키는 모습을 지켜볼 수밖에 없었다. 시민들의 에너지가 분출하는 것을 보면서 이 '회색의 여인'이 큰 불안감을 느낀 경우가 몇 번 있었는데, 당시도 그러했다.

6월 16일 월요일, 〈뉴욕 타임스〉 편집국은 전례 없는 성명을 발표했다. "혼탁한 시장선거에 대해 시민들에게 드리는 조언"이라는 제목으로, 맨해튼이 5개 자치구의 경제 및 권력 중심지가 되기 전의 도금시대* 뉴욕을 떠올리게 하는 글이었다. 미드타운의 마천루를 지배하는 억만장자들이 자기들의 입맛대로 도시를 지배하는 지금의 두 번째 도금시대에 딱 어울리는 내용이었다.

수많은 억만장자들 가운데서도 〈뉴욕 타임스〉가 가장 높이 떠받드는 사람은 분명히 따로 있었다. 편집국은 블룸버그 시장 시절 그의 지배를 받는 경찰이 소수민족 계열의 10대 소년들에게 공포감을 심어 주고, 모스크에까지 정보원을 은밀하게 침투시키기는 했지만,** 그럼에도

---

*   도금시대(Gilded Age)는 마크 트웨인이 1873년에 발표한 소설 제목에서 유래한 용어이다. 겉은 황금으로 치장되었으나 안으로는 그렇지 않은 시대적 상황을 가리킨다. 경제가 폭발적으로 성장하고 철도왕, 석유왕이라고 불리는 억만장자들이 등장하고 초고층 건물이 들어서서 겉으로는 화려하지만, 안으로는 극심한 빈부격차, 권력의 부패, 노동 착취, 빈민 문제 등으로 가득한 병든 모습을 하고 있는 시기를 도금시대라고 불렀다. 연구자들은 19세기 후반을 1차 도금시대로, 현재를 2차 도금시대로 본다.
**   이는 블룸버그가 시장으로 재임하던 시절에 시행된 불심검문(Stop-and-Frisk) 정책

불구하고 블룸버그식 "효율 경영"의 필요성에 공감하고 있다고 선언했다. 블룸버그식 효율성에 대한 편집국의 공감은 진심이었던 모양인지, 별로 길지도 않은 성명에 '효율'이라는 단어가 다섯 번이나 등장했다. 그리고 성명의 말미에는 휘트니 틸슨이 "블룸버그의 후계자 자격으로 출마한 후보"라는 말이 슬그머니 끼워 넣어져 있었다.

빌 디블라지오가 도입한 '보편적 유아교육universal pre-K' 정책은 매우 성공적으로 안착된 제도라는 것이 일반적인 평가다. 그러나 나름 스스로 똑똑하다고 자부하는 〈뉴욕 타임스〉 편집진의 평가는 달랐다. 디블라지오로 인해 "뉴욕의 초중고 공교육 시스템인 K-12가 퇴보"했다는 것이다. 블룸버그의 열렬한 추종자인 그들은 디블라지오의 유일한 업적은 "최근 확실하게 눈에 띄는 도시의 쇠퇴에 기여한 것"이라고 단언했다. 이 날카로운 비수 같은 비판이 사실이었다면 꽤나 아팠을 것이다.

〈뉴욕 타임스〉 측은 조란에 대해서는 일단 그의 특유의 "카리스마"와 "신선한 이미지"에 대해서는 마지못한 칭찬으로 시작한 뒤, 이렇게 나름 회심의 일격을 날렸다. "안타까운 것은 맘다니가 선거전을 통해서 내건 주요 공약들을 보면, 뉴욕이 직면하고 있는 과제들과는 전혀 어울리지 않는다는 것이다." 이어서 "이 민주사회주의자는 거대한 도시의 행정을 책임지려면 반드시 존중해야 할 '절충'이라는 것을 너무 모른다. 조란이 내건 공약 가운데 지금 이 도시에 꼭 필요한 것은 별로 없다."라

을 비판한 것이다. 당시 경찰은 특별한 혐의가 없음에도 의심스럽다는 이유만으로 행인들을 세워 몸수색을 했는데, 흑인이나 중남미계 청년들에 대한 수색이 압도적으로 많아 인종차별이라는 비판을 받았다.

고 평가하며, "우리는 맘다니가 뉴욕 유권자들의 투표용지에 이름을 올릴 자격이 없다고 확신한다."라고 결론 내렸다. 그러나 이는 대다수 유권자들의 생각과는 크게 달랐다.

〈뉴욕 타임스〉는 '불심검문'과 '무슬림 감시'가 일상적으로 행해진 블룸버그 시대를 겪으면서 성장한 이 33세의 후보가 "감히 디블라지오를 '내 생애 최고의 뉴욕시장'이라고 말한 것은 매우 충격적이다."라고 했다. 〈뉴욕 타임스〉 편집국장은 마리오의 아들이야말로 뉴욕시민의 유일한 선택 대안이라고 확신하면서, 그렇게 생각하는 중요한 이유로 블룸버그가 그를 지지하고 있다는 점을 꼽았다. 하지만 사실 그는 불과 4년 전인 2021년에는 쿠오모의 사퇴를 촉구했던 사람이다.

〈뉴욕 타임스〉의 주장을 쉬운 말로 바꿔 말하자면, "쿠오모도 마음에 들지는 않지만, 그래도 맘다니보다는 낫다" 정도라고 할 수 있다. 앞서서 〈뉴욕 타임스〉는 이번 선거에서 특정한 후보를 공개적으로 지지하지 않겠다고 선언했기 때문에, 이 성명은 유권자에게 전직 주지사를 지지해 주기를 '권고'하는 수준으로 이해될 수밖에 없었다. 이 성명에서는 팔레스타인 문제에 관한 조란의 입장을 문제 삼지는 않았다. 그러나 지금까지 이 신문이 이스라엘을 선명하게 지지해 온 것을 생각하면, 조란에 대한 이 신문의 적대감이 어디에서 기인하는지는 충분히 짐작할 수 있다.

이러한 지나친 공격은 오히려 역효과를 냈고, 결국 〈뉴욕 타임스〉가 또 한 번 자기 발에 걸려 넘어지는 결과를 낳았다. 온라인상의 여러 플랫폼에서 〈뉴욕 타임스〉를 조롱하는 여론이 크게 형성된 것이다. 수많은 젊은 독자들은 자신들이 귀하게 여기는 가치를 혐오하고 가차 없이 평가 절하하는 매체를 구독할 수 있느냐고 꼬집었다. 디블라지오 전 시장은 〈뉴욕 매거진〉의 니아 프레이터Nia Prater와의 인터뷰에서, 예비선거 막판에 와서 난데없이 쿠오모 지지를 호소하고 나서는 것은 "비겁하고 위선적인" 행위라고 꼬집었다. 그는 또 진보정치에 대한 이런 공세가 〈뉴욕 포스트〉에서 나왔다면 그러려니 했을 것이라고 덧붙였다.

〈뉴욕 타임스〉는 예비선거가 끝난 후에도 민주당의 공식 후보가 된 맘다니에 대한 태도를 전혀 누그러뜨리지 않았다. 오히려 〈뉴욕 포스트〉와 크게 다르지 않은 정도의 적대감을 계속 드러냈다. 〈뉴욕 타임스〉는 앞에서 이미 언급한 바 있는, 맘다니가 컬럼비아 대학교를 지원할 당시의 사소한 해프닝을 문제 삼기도 했다. 스스로 '기록의 신문'임을 자부해 온 이 매체는 7월 말에 이 사건을 또다시 들춰냈다.

한편 미드타운에서 총기난사 사건이 발생하자, 〈뉴욕 타임스〉는 〈뉴욕 포스트〉와 앤드루 쿠오모와 합세하여 사건 당시 조란이 우간다에 있었다는 사실을 걸고 넘어졌다. 〈뉴욕 타임스〉는 지방면에 실린 한 기사를 통해 "맘다니는 아주 절묘한 시기에 뉴욕을 떠나 있었다"고 하며, 신혼여행을 이유로 10일간 우간다를 여행한 것이 마치 그가 한 지역의 지도자로서 일하는 데 중대한 결격사유인 것처럼 보도했다. 그러나 실상은 좀 달랐다. 이 민주당의 젊은 후보는 사건 발생 36시간 후에 뉴욕으로 돌아왔고, 두 명의 피해자의 유가족들은 맘다니를 따뜻하게 맞아 주었다.

〈뉴욕 포스트〉는 선거 당일이 될 때까지 맘다니 관련 기사를 1면에 배치하지 않았다. 선거 전 10일 동안 이스라엘의 이란 공습을 열렬히 지지하느라 맘다니를 비중 있게 다룰 틈이 없었기 때문이다. 그러다가

6월 24일 자 1면에, "제발 아니라고 말해 줘, 조!"*라는 경고성 기사를 실었다. 그 아래에는 "〈뉴욕 포스트〉는 오늘 예비선거에서 유권자들에게 급진적이고 반유대적인 사회주의자를 거부할 것을 촉구한다"는 말도 안 되는 부제가 붙어 있었다.

이 기사에서는 2021년의 어느 집회에서 연설하는 조란의 모습이 1면 거의 전체를 채우고 있는데, 그의 옆에는 히잡을 쓴 여성 활동가가 "유일한 해법은 인티파다, 혁명"이라는 문구가 적힌 '위딘 아워 라이프 타임'이 제작한 포스터를 들고 서 있다. 그 여성의 사진 아래에 배치된 작은 텍스트 상자에는 맘다니가 여전히 '인티파다 세계화'라는 구호를 지지하고 있다는 악의적인 설명이 담겨 있다. 〈뉴욕 포스트〉의 종이신문을 읽는 독자들은 과거에 비해 크게 줄었지만, 그래도 그 기사를 읽었을 충성스러운 독자들에게는 신문이 전하고자 하는 메시지가 확실하게 전달되었을 것이다.

그날 오전, 나는 퀸스에서 활동하는 알리 나즈미Ali Najmi와 짧은 대화를 나누었다. 조란의 선거 자문 변호사였던 나즈미는 뉴욕시에서 무슬림들의 정치적 위상을 높이는 데 큰 기여를 한 인물이다. 우리는 〈뉴욕 포스트〉를 상대로 명예훼손 소송을 제기하면 어떨지에 관해 이야기했다. 알리는 "조란이 반유대주의적인 발언을 한 적은 단 한 번도 없습니다."라고 분명하게 말했다. 그러나 머독의 거대 언론재벌이 거느리고

---

* 　1979년에 발생한 사건에서 유래한 관용구이다. 당시 최고의 스타였던 조 잭슨이 돈을 받고 승부를 조작한 것이 밝혀졌고, 법정을 나오는 조 잭슨에게 한 어린 팬이 "Say it ain't so, Joe!"라고 외치며 울부짖었다. 조 대신에 조란의 이름의 두 철자 'Zo'를 배치하여, 팬들을 배신한 조 잭슨에 빗대어 조란을 시민을 배신한 자로 묘사한 것이다.

있는 막강한 변호인단과 법적 공방을 벌이는 것은 엄청나게 큰 비용이 든다는 사실을 생각하지 않을 수 없었다.

다음 날에는 "뉴욕시에서 긴급구조 요청을 보냅니다NYC SOS"라는 헤드라인의 기사가 실렸고, 그때부터 조란은 이 타블로이드 신문 1면에 수시로 주인공으로 등장했다. 심지어 예비선거가 끝나고 나서도 첫 한 주 동안 무려 네 번이나 1면을 장식했다. 7월 5일, 1면 톱기사의 제목은 "Uganda Be Joking"이었다. 이는 '농담한 거지?'라는 의미의 관용적 어구인 'You gotta be joking?'을 조란이 우간다게임을 감안하여 슬쩍 바꾼 문구였다. 기사는 맘다니가 컬럼비아 대학교에 원서를 내면서 발생한 해프닝을 〈뉴욕 타임스〉가 대대적으로 보도했던 내용을 다루고 있다. 비방기사를 확대 재생산하는 것은 머독 계열의 황색언론에 딱 어울리는 행태였다.

2주 후, 조란은 그래픽 아티스트인 아내 라마 두와지와 신혼여행차 우간다로 떠나면서 〈뉴욕 포스트〉를 향해서 한마디했다. 전형적인 아프리카풍의 비트가 배경음악으로 깔린 가운데 조란은 "여러분은 제 신혼여행 소식도 〈뉴욕 포스트〉 1면에서 접하게 될 겁니다. 그게 신의 뜻Inshallah일 겁니다."라고 말하면서, 1면에 실릴 관련 기사 제목 몇 개를 나름대로 예상했다. "행방불명? 아프리카로 간 맘다니", "우간다가 보고 싶어 할 거야Uganda Miss Me",* "진심일 리 없어프리카He Afri-Can't Be Serious"** 등.

---

*   'You're gonna miss me'의 변형이다.

**   'He can't be serious'에 맘다니가 아프리카 출신임을 암시하는 afri를 삽입했다.

7월부터 캠프 안에서 보직을 변경하여 크리에이티브 에디터라는 직책을 수행하고 있던 앤드루 엡스타인은 자신과 조란이 모두 화제가 되었던 그 영상을 함께 기획했고, 맘다니가 언급한 가상의 헤드라인들은 본인이 직접 생각해 낸 것이라고 필자에게 말했다. 예비선거 기간 동안 '조란을 뉴욕시청으로' 팀과 여러 차례 협업했던 멜티드 솔리즈Melted Solids 소속 그래픽 디자이너 데비 사슬로Debbie Saslaw는 실제 〈뉴욕 포스트〉의 1면 사진이라고 해도 누구나 속을 만한 가짜 1면 표지를 제작했다. 이 작업의 촬영은 도널드 보렌스타인이 담당했다.

맘다니와 동료들은 명예훼손으로 소송을 제기하여 지루한 싸움을 벌이는 대신 기발한 아이디어와 조롱으로 〈뉴욕 포스트〉를 상대한 것이다. 그러나 문제의 타블로이드 신문은 조란 측이 패러디한 영상과 그래픽을 문제 삼는 기사를 써대며 반박했다. 클릭 수에만 집착하다가 자신의 꾀에 넘어가 제풀에 허우적거리는 모습이었다.

●　●　●

조란이 지지율 2위 자리를 안정적으로 지키고 있었지만, 여전히 20%포인트나 뒤지고 있던 지난 5월 15일, 〈인디펜던트〉의 발행인이자 편집장인 존 탈턴은 '조란 맘다니의 승리를 향한 여정'이라는 기사를 웹사이트에 올렸다. 그러고 나서 6주 후, 이 기사로 인해 존 탈턴은 현대판 노스트라다무스였음이 확인되었다.

기사에서 존 탈턴은 조란이 승리하려면 세 가지가 요소가 반드시 충족되어야 한다고 주장했다. 그 세 가지란 '청년층 표심이 요동치며' 대거 투표장으로 나올 것, 남아시아 및 무슬림 커뮤니티의 대대적인 결집, 그리고 임대료 규제 대상 아파트에 거주하는 세입자들의 강력한 지지였다. 뉴욕의 8 대 1 매칭펀드 시스템 덕분에 맘다니는 선거자금을 넉넉하게 확보할 수 있었고, DSA를 주축으로 돌아가는 현장조직은 말 그대로 '거대한 자원봉사 군단'이었다. 탈턴이 기사에서 말한 대로, 알렉산드리아 오카시오 코르테스와 노동가족당의 지지는 큰 힘이 되었고, 6월에 열린 두 차례 TV토론은 조란에게 두각을 나타낼 절호의 기회로 작용했다.

다만 누구도 예측할 수 없었던 변수가 하나 있었다. 그것은 바로 이스라엘-팔레스타인 문제가 어느 후보에게 유리하고 불리하게 작용할 것인가 하는 것이었다. 훗날 대단한 선견지명이 있었던 것으로 확인된 〈인디펜던트〉 기사가 나간 바로 다음 날 아침, 〈폴리티코〉가 조란을 겨냥하여 홀로코스트 관련 비난 기사를 냈다. 그 파장은 일파만파로 확산되었다. 당시만 해도 브래드 랜더와 맘다니는 딱히 적대적인 관계는 아니었지만, 이 기사를 계기로 이슬람 혐오를 기반으로 반유대주의를 무기로 사용하는 친이스라엘 강경파와 맞서야 한다는 공감대가 형성되면서, 두 사람의 관계는 긴밀한 동맹관계로 발전했다.

6월 13일 금요일, 조란과 랜더는 서로에 대한 교차지지를 통한 연대를 발표했다. 두 사람은 센트럴파크에서 촬영한 유쾌한 분위기의 영상에 뉴욕의 상징인 그리스 커피컵을 들고 등장하여 각각 상대에 대한 교차지지 의사를 분명하게 밝혔다. 그리고 예비선거일 전날 밤, 두 사람은 〈스티븐 콜베어의 레이트 나이트Late Night with Stephen Colbert〉에 출연해 많은 대화를 나눴다. 이날의 방송 대담은 특별히 새로운 내용은 없었지만, 두 사람 사이의 연대만큼은 분명하게 확인해 주었다.

조란의 승리를 위한 로드맵이라고 불러도 될 만한 존 탈턴의 기사가 나간 후 한 달 동안, 전 하원의원인 자말 보먼, 공익옹호관 주만 윌리엄스Jumaane Williams, 노동가족당, 코르테스, 그리고 코르테스의 멘토로 알려진 니디아 벨라스케스 하원의원 등의 지지선언이 이어졌다. 특히 벨라스케스는 조란이 이민세관단속국ICE의 추방 조치에 강력하게 맞설 것을 다짐한 것을 높이 평가했다.

6월 14일 토요일, 사전투표가 시작되었다. 상황은 조란에게 나쁘지 않게 전개되고 있었다. 생애 첫 투표자로 나온 이들이 많았는데, 이는 30세 미만 젊은 세대와 새롭게 정치에 관심을 갖게 된 무슬림 및 남아시아계 유권자들이 대거 투표장으로 몰려들었음을 말해 주었다.

할렘과 워싱턴 하이츠는 임대료 규제 제도의 영향을 받는 임대주택에 거주하는 사람들이 많은 지역인 데다, 뉴미디어를 통한 힙합 인플루언서들의 영향력이 크게 미치는 지역이다. 이곳에서 조란은 압도적인 지지를 받았다. 선거 막바지, 키드 메로는 업타운의 젊은이들이 조란과 직접 만나서 열광하는 모습을 담은 동영상을 올렸다.

할렘에서 태어나고 자라, 할렘의 아들이라고 자처하는 진보성향의 흑인 주 상원의원인 로버트 잭슨Robert Jackson은 6월 18일 조란 지지 의사를 밝히면서, 두 사람이 함께 나란히 걸어서 지하철을 타는 장면을 연출했다. 70대이지만 활기 넘치는 잭슨 의원은 자신의 인스타그램에, "나와 함께 투쟁하는 동지를 업타운으로 데려왔다."라는 메시지를 올렸다.

주 상원의원인 구스타보 리베라Gustavo Rivera도 일찌감치 조란 지지를 선언했는데, 이는 그의 지역구인 브롱크스 중부의 포드햄 로드 주변을 공략하는 데 큰 도움이 되었다. 사전투표가 진행되는 기간 중에 마이클 블레이크와 맘다니는 리베라 의원 지역구에서 남쪽으로 몇 블록 떨어진 곳에서 만나 서로를 교차지지할 것을 선언하는 짧은 영상을 함께 촬영했다. 브롱크스를 대표하는 전직 하원의원인 블레이크는 나중에 필자에게 당시 분위기를 전해 주었다. 그들이 같이 영상을 찍은 후 모리사니아에서 함께 걸을 때, "거리에서 뿜어져 나오는 긍정의 에너지가 온몸으로 느껴졌습니다. 조란의 돌풍은 진짜였습니다." 결국 이 지역에서는 쿠오모가 더 많은 득표를 하기는 했지만, 맘다니는 기대 이상으로 선전했다.

맘다니는 베드 스타이에서도 높은 지지를 얻었는데, 이곳은 할렘과 마찬가지로 급격한 젠트리피케이션을 겪고 있는 곳이지만 여전히 많은 흑인들이 거주하는 지역이다. DSA를 못마땅하게 생각하는 이들은 이두 동네에서 사회주의를 지지하는 사람들은 지금 막 새로 이주해 들어온 이들뿐이라고 말하곤 했지만, 이번 선거 결과는 이런 주장을 무색하게 만들었다. 전체적으로 쿠오모는 흑인 거주 지역으로 분류되는 곳에서 여전히 맘다니를 16% 차이로 앞섰지만, 그가 이곳을 자신의 지지기반으로 여기고 훨씬 더 큰 격차를 보일 것이라고 예상했던 것을 감안하면, 쿠오모는 이보다 훨씬 더 크게 이겼어야 했다.

주거복지 운동가인 찰리 듈릭Charlie Dulik이 〈뉴욕 포커스〉에 쓴 글에서 자세하게 기술했듯이, 많은 세입자들이 조란을 지지하며 하나로 뭉쳤다. 세입자가 다수를 차지하고 있는 뉴욕시의 52개 선거구에서 조란은 쿠오모를 12%포인트 차이로 이겼다. 반면 쿠오모는 주택 소유자가 다수를 차지하고 있는 13개 선거구 가운데 11개 선거구에서 승리했다. 임대료 인상 규제를 받는 아파트에 거주하는 약 240만 명 주민 가운데 40% 이상이 이민자이고, 75% 이상은 유색인종이다.

주 하원의원으로 DSA 출신인 파라 수프란트 포레스트는 "크라운 하이츠 지역의 고령 흑인 유권자들은 대부분 임대료 안정화 정책의 적용을 받는 주택이나 아파트에 살고 있다. 조란의 '임대료 동결' 공약이 그들의 마음을 크게 움직였다."라고 설명했다. 이곳에서도 쿠오모는 지역 지도자들과의 오랜 유대관계와 높은 인지도 덕분에 승리하기는 했지만, 조란도 예상보다 많은 득표를 했다.

쿠오모는 세입자들이 그토록 조란에게 열광한 이유를 잘 모르는 것 같았다. 결국 예비선거에서 패하고 무소속으로 본선에 출마할 것을 결심한 후 에롤 루이스와 나눈 대화를 보면 여실히 드러난다. NY1의 간판 진행자인 에롤 루이스는 쿠오모가 어린 시절을 보냈던 퀸스의 홀리스우드를 함께 걸으며, 주택을 소유하는 것이 왜 그렇게 중요한지를 묻는 아주 대답하기 쉬운 질문을 던졌다. 그러나 예비선거에서 떨어진 이 후보는 그 기회도 제대로 살리지 못하고 헛스윙을 하고 말았다.

쿠오모는 에롤 루이스에게 주택 소유자들은 "지역사회에 대하여 헌신하는 문화"를 공유하고 있는 사람들이라고 평가했다. 오랫동안 뉴욕시 외곽에 거주해 온 그는 주택 소유자를 그곳을 지키는 기둥이라고 여긴 반면, 세입자들은 수시로 전입하여 들어오고 나가는 뜨내기라고 생각하고 있었다. 그는 루이스에게 세입자들이란 단지 며칠 머물면서 "수건을 몇 장까지 쓸 수 있는지"나 따지는 호텔 투숙객 같은 존재라고 말했다. 며칠 뒤에 조란은 에롤 루이스와의 스튜디오 인터뷰에서, 쿠오모가 자기 집을 소유하고 있지 않은 수백만 도시 거주자들을 비하했다고 비판했다.

• ● •

예비선거의 마지막 주에 조란은 상당히 긴박한 분위기 속에서 파키스탄계 매체인 〈지오 뉴스Geo News〉와 인터뷰를 했다. 진보성향의 진행자인 샤제브 칸자다Shahzeb Khanzada는 주로 우르두어로 진행하면서, 자신은 가자지구에서 이스라엘이 벌이는 일을 제노사이드라고 생각한다고 전제하고, 뉴욕의 유대인들은 이러한 일련의 사태를 어떻게 바라보느냐고 물었다. 한창 지지율을 올리고 있던 이 젊은 후보는 주로 영어로 답변하면서, 이스라엘의 전쟁범죄에 분노하는 유대인 유권자들로부터 자신이 점점 더 많은 지지를 얻고 있다고 답했다.

뉴욕시의 파키스탄계 미국인들이 대거 맘다니를 중심으로 모여들었다. 브루클린의 '리틀 파키스탄'이라 불리는 지역에서는 맘다니에게 몰표를 주었다. 나중에 조란의 승리가 확정된 후, 이 지역의 유명 파키스탄 식당인 자이로 킹Gyro King은 프로스펙트 파크에서 자축 행사를 열고 500인분의 식사를 무료로 내놓았다.

선거전 마지막 몇 주 사이에, 조지아주 최초의 무슬림 주의원으로 2024년 민주당 전당대회 연단에 오르지 못했던 루와 로만Ruwa Romman을 비롯한 팔레스타인계 미국인 커뮤니티 지도자들이 조란 맘다니를 위해 베이 리지, 아스토리아, 브롱크스 지역을 돌며 호별 방문유세를 벌였다. 뉴욕시 5개 자치구 중 남아시아계나 무슬림 주민의 비중이 높은 지역에서 맘다니는 전폭적인 지지를 얻었다.

예비선거 직전, 조란은 이집트계 미국인 코미디언인 카림 라마Kareem Rahma가 여러 개의 다양한 플랫폼을 통해서 내보내고 있는 〈서브웨이테이크SubwayTakes〉라는 프로그램에 출연했다. 많은 무슬림들이 시청하는 이 프로그램에서 조란과 카림 두 친구는 메트로카드*를 가짜 마이크로 삼아 대화를 나누며, 후보의 주요 공약에 대해 토론했다. 그렇지 않아도 많은 시청자를 자랑하는 이 프로그램은 인스타그램 인플루언서 웨어 더 피스Wear the Peace 덕분에 훨씬 더 높은 조회수를 기록할 수 있었다.

민주당 계열의 컨설턴트인 아미트 싱 바가Amit Singh Bagga가 X에 올린 글에 따르면, 예비선거일인 6월 24일이 가까워지자 이스트 브롱크스의 예멘계 주민들과 켄싱턴의 방글라데시계 주민들, 그리고 잭슨 하이츠와 퀸스 중부지역에 거주하는 다양한 국가 출신의 남아시아계 이민들이 자신들과 비슷한 외모를 가진 이 후보를 중심으로 하나로 뭉치는 양상을 보였다고 한다. 나중에 1순위 지지표를 집계한 결과를 보면, 이들이 거주하는 지역의 상당히 많은 선거구에서 조란은 4년 전에 에릭 애덤스가 얻었던 득표수보다 두 배 이상 높은 득표를 했다.

〈도큐먼티드 뉴욕〉은 시민운동가인 자그프리트 싱과 드럼 비트의 주도로 "우르두어, 벵골어, 펀자브어, 네팔어, 티베트어, 가이아나 크리올어 등을 구사할 수 있는 대규모의 다문화 자원봉사자 조직을 결성해 시 전역의 이민자 거주 지역을 돌며 호별 방문유세를 전개"했다고 보도

---

* 뉴욕시에서 지하철과 버스를 탑승할 때 사용하는 교통카드

했다. 아미트 싱 바가는 이러한 전략이 큰 효과를 보았다고 평가하면서 이렇게 말했다. "사람들은 누군가가 자신이 진정으로 관심을 가지고 있는 문제에 관해 자신들이 사용하는 언어로 설명하려고 하면, 쉽게 마음을 연다. 그 반대의 경우는 당연히 거부감이 일어날 수 있다."

예비선거일 직전의 토요일, 변화를 위한 뉴욕 커뮤니티NYCC는 DSA 뉴욕지부, CAAAV, 드럼 등과 함께 잭슨 하이츠에서 열띤 집회를 열었다. 히잡을 쓴 젊은 연설자들은 트럼프 정부의 이민 탄압을 강력히 규탄했고, NYCC 소속의 흑인과 유색인종 인권운동가들은 억만장자를 비판하는 현수막을 곳곳에 내걸었다. 한편에는 붉은 용 그림과 함께 "임대료 동결" 구호가 적힌 포스터가 높이 걸려 있었다. 조란은 예정된 순서에 맞춰 연단에 등장하여 타샤 드럼*을 멋지게 두드리며 신명나는 유세를 벌인 뒤에 예정된 다음 장소로 이동했다.

다음 날인 일요일 오후, 100명이 넘는 자원봉사자들이 선셋 파크에서 조란 맘다니와 알렉사 아빌레스의 당선을 위한 유세를 벌였다. 도시의 다른 한편에서 맘다니를 향해 "반유대주의자"라는 굴레를 씌운 상대 후보가 큰 규모의 유세를 벌이는 동안, 급부상 중인 젊은 시장 후보는 이렇게 바쁘게 움직이고 있었다. 평화를 위한 유대인의 목소리JVP와 전미자동차노조UAW: United Auto Workers 9A지부**도 많은 인원을 동원해 주었다. 또 DSA의 숙련된 유세 관리자들은 호별 방문유세를 할 자원봉사자들에게 마지막 주의사항을 전달하며 전의를 다졌다.

뉴욕시립대학교 교수이며 맘다니 캠프에서 자원봉사자로도 활동한 존 휘틀로John Whitlow는 그날 오후 선셋 파크에서 많은 유권자들을 만났지만, 앤드루 쿠오모에 대한 "자발적이고 분명한" 지지 의사를 보이는 사람은 거의 못 보았다고 말했다. 선셋 파크 인근 차이나타운의 거의 모든 찻집이나 커피숍의 창문에는 조란의 포스터가 붙어 있었다고. 쿠오모의 지지세가 압도적이어서 트럼프의 요새라고까지 불렸던 보로 파크와는 대조적으로, 선셋 파크에서는 이 DSA 소속 후보에 대한 압도적인 지지세가 확인되고 있었다.

본유세가 열리기 전에 있었던 사전유세에서 알렉사 아빌레스 의원은 빌 애크먼과 대니얼 러브 등으로부터 거액의 자금을 받아 제작된, 자신을 공격하는 내용의 비방성 우편물들을 공개했다. 그녀는 이 자리에서 그 내용이 너무 터무니없다며 웃어넘겼다. 그러면서, "마르셀라 미타인스 주 하원의원(조란과 금요일 밤의 맨해튼 행진에도 함께했던)도 말하길, 자신과 알렉사는 예비선거 승리를 확신하고 있다면서, 이제는 이기는 게 아니라 '압도적으로 이기는' 게 목표라고 했습니다."라며 분위기를 끌어올렸다. 실제로 아빌레스와 옆 선거구의 진보 정치인인 샤하나 하니프는 친이스라엘 강경파 세력이 지지하는 후보를 완파했다.

7월 말에 선거관리위원회에서 순위별 선호투표제도에 따른 개표의 세부 과정을 공개했다. 1차 투표를 집계한 결과 조란은 47만 표를 얻어 쿠오모를 8만 표 이상 앞섰다. 게다가 브래드 랜더를 1순위로 지지한 투표자들의 75%가 2순위 지지자로 조란을 선택한 덕분에 최종집계에서 쿠오모를 13만 표 차이로 따돌렸다. 아론 나라프가 X에서 설명했듯이, 5순위 안에 선택된 표수를 비교해 보면 쿠오모는 맘다니는 물론 랜더, 아드리엔 애덤스에게도 뒤지면서 4위에 그쳤다. 심지어 대표적인 부자 동네인 서튼 플레이스에서도 사회주의자 후보가 수백 표를 얻어 냈다.

DSA 뉴욕지부의 구스타보 고디요Gustavo Gordillo는 팟캐스트 프로그램 〈더 딕The Dig〉에 출연하여 조란의 예비선거 승리에 대해 "지난 한 세기 동안 좌파와 사회주의운동 진영이 이룬 가장 위대한 성과"라고 평가했다. 그는 "우리는 중요한 선거를 앞두고 모든 노동계급을 망라한 유권자의 연합을 구축해 냈습니다. 이는 모두가 불가능하다고 여겼던 일입니다."라고 말했다. 예비선거의 승리는 주요 노조 조직의 눈에 띄는 지원 없이 사회주의운동 진영에 의해서 이룬 성취이지만, 예비선거에 이어진 본선거를 앞두고 뉴욕시 대부분의 노조 조직이 조란의 진영에 합류했다.

아미트 싱 바가가 이끄는 연구조직은 7월 말에 광범위한 조사결과를 발표했다. 그 내용에 따르면, 조란은 아시아계 유권자들과 유색인종 남성, 개혁파 유대인, LGBTQ+* 유권자, 유색인종 여성, 그리고 대중교통 이용자들에 이르는 거의 모든 인구 집단에서 매우 강력한 지지를 받은 것으로 확인되었다.

한마디로 결론을 말하자면, 2025년의 민주당 뉴욕시장 예비선거는 조란과 그 동료들이 상대 진영을 '완전히 박살낸' 선거였다.

---

* 　다양한 성소수자를 망라하여 칭하는 약칭

"그는 100% '미치광이 공산주의자'다." 트럼프는 예비선거 다음 날, 자신이 설립한 소셜플랫폼인 트루스 소셜Truth Social에서 이렇게 말했다. 그로부터 일주일 후, 이 속 좁은 독불장군은 다시 한번 "이 미친 공산주의자가 뉴욕을 파괴할 것"이라고 말하며, 그가 가지고 있는 시민권 자체가 의혹투성이라고 주장했다. 또 맘다니가 ICE의 이민자 추방 작전을 저지할 경우 그를 체포할 것이라고 엄포를 놓았다. 트럼프 정부의 부통령은 이 사회주의자가 미국 독립기념일을 맞아 국가와 독립에 대한 충분한 "감사"를 표명하지 않았다고 트집을 잡기도 했다.

MAGA 진영의 수장이기도 한 트럼프는 7월 중순 무렵, 선거의 패자인 쿠오모를 슬그머니 손절해 버린 에릭 애덤스 시장이나 공화당 후보 커티스 슬리와Curtis Sliwa의 바람과는 다르게, 쿠오모를 여전히 칭찬하고 나섰다. 캐럴라인 래빗Karoline Leavitt 백악관 대변인은 기자들 앞에서 대통령은 '잼 더니'*가 뉴욕시장으로 당선되는 것을 원치 않으며 쿠오모를 지지할 것이라고 대통령의 공식 입장을 밝혔다.

그러자 캐시 호컬 주지사와 하킴 제프리스 하원의원 등 뉴욕의 민주당 주요 인사들은 조란을 향해 가해지는 트럼프의 압박을 강하게 비판하고 나섰다. 그렇다고 민주당의 이 두 거물급 인사가 이미 민주당 유권자들이 압도적인 표로 선택한 후보를 지지하고 나선 것은 아니었다. 적어도 7월 말까지는 그랬다. 척 슈머 상원의원 역시 지지를 유보하고

---

*   Zem-donny, 맘다니를 비하한 발음

있었다. 커스턴 질리브랜드 상원의원도 마찬가지였다. 그녀는 WNYC
의 브라이언 레러에게 조란이 "글로벌 지하드"를 언급했다는 이유로 그
를 비난했는데, 이는 명백한 허위사실이었다.

이 정도면 사과를 하지 않고 그냥 넘어가기는 힘든 말실수였다. 그
러나 그녀와 뉴욕의 민주당 주요 인사들은 자신이 속한 정당의 후보를
지지해야 한다는 여론의 압박을 거의 받지 않았다. 조란이 주거비용 부
담 문제를 주요 의제로 삼아 치열하게 싸우는 동안, 척 슈머가 이끄는
민주당 지도부는 구경만 하고 있는 인상이었다.

척 슈머는 2000년대 초반부터 중산층 문제에 집중하는 방향으로 당
을 이끌어 왔다. 상대적으로 노동계급의 지지를 잃는 것은 감수하고 넘
어가도 괜찮다고 생각하는 듯했다. 정작 그가 심각하게 생각하는 것은
미국의 특정 동맹국에 대한 국내외의 비판이었다. 최근에 그는 〈뉴욕
타임스〉의 우파성향 칼럼니스트인 브렛 스티븐스Bret Stephens와 나눈
대화에서, "내가 심혈을 기울이는 문제는 좌파진영 쪽도 중동 문제에서
만큼은 친이스라엘 성향을 유지하도록 하는 것"이라고 말했다.

평소에 그렇게 통찰력 있는 발언을 별로 하지 않는 사람이라고 평가
되는 척 슈머가 그렇게까지 말했다면 꽤나 의미심장하게 받아들여야
한다. 최근 몇 년 동안 좌파진영의 움직임을 보면, 척 슈머는 스스로 자
신에게 부여한 '임무 수행'에 실패한 것 같다. 그러나 그가 왜 그렇게 조
란을 깎아내리려 했는지는 분명하게 알 수 있다. 아마도 조란이 그랜드
아미 플라자에서 했던 팔레스타인 관련 발언이 꽤 오랫동안 그의 귀를
맴돌았던 것 같다.

하킴 제프리스가 제럴드 내들러Jerrold Nadler 의원의 행보에 발을 맞

추지 않은 이유는 확실하지 않다. 내들러는 어퍼 웨스트 사이드를 지역 기반으로 하고 있고, '의회 유대인 코커스Congressional Jewish Caucus' 회장을 맡고 있음에도 예비선거 직후 맘다니 지지를 선언했다. 그러나 연방 하원에서 민주당의 최고 거물급 인사로 분류되는 제프리스는 여전히 '인티파다의 세계화'라는 구호에 심각한 우려를 표하고 있었다. 물론 그는 평소 사회주의를 노골적으로 경멸해 왔고, 오랫동안 이스라엘을 적극적으로 지지해 온 정치인이기는 하다.

그렇다고 제프리스가 평소 에릭 애덤스와 긴밀히 연대해 온 것은 아니기 때문에, 그의 입장에서는 여전히 쿠오모가 유일한 대안으로 여겨졌을 것이다. 그러나 쿠오모가 완패한 예비선거 결과를 놓고, 차기 하원의장을 꿈꾸는 그는 난감했을 것이다. 조란이 하킴 제프리스의 지역구에서 12%포인트 차이로 승리한 데다, 지역구의 주 상원의원이자 DSA 출신인 자바리 브리스포트가 호시탐탐 기회를 엿보고 있는 상황이었기 때문이다.

호컬 주지사는 2022년에 처음으로 주지사 선거에 출마했을 때, 뉴욕시의 억만장자들을 위해 주의회의 소득세 인상 시도를 지지하지 않겠다고 약속한 바 있었다. 1%에 대한 당과 정파를 초월한 극진한 예우는 '제2의 도금시대'라고 불리는 현시대의 특징이다. '약탈적 자본'에 대한 논의와 비난 없이 단 1분도 지나칠 수 없는 시대이다. 좌파 저널리스트인 켄 클리펜스타인Ken Klippenstein이 X에 글을 올렸듯이, 예비선거 직후 CNN은 "자본주의를 좋아하지 않는다"고 밝힌 조란과의 인터뷰 기사를 내보낸 바로 다음 꼭지에 제프 베이조스의 5천만 달러 규모의 베니치아 호화 결혼식을 크게 다루는 보도를 내보냈다.

예비선거 며칠 후에 조란은 〈미트 더 프레스〉의 진행자인 크리스틴 웰커에게 "억만장자가 존재해서는 안 됩니다."라고 말해 큰 파장을 일으켰다. 파키스탄계 미국인으로 버니 샌더스의 수석고문을 지낸 파이즈 샤키르Faiz Shakir는 MSNBC의 한 토론 프로그램에 출연하여 맘다니가 과거 루스벨트 대통령이 경제 엘리트를 자처하는 적대세력에게 보여 준 반응을 그대로 따라 해야 한다고 말하면서, "그들의 증오를 기꺼이 환영하라."라고 조언했다.

베이비붐 세대와 X세대 출신의 슈퍼부자들이 열심히 자신이 가진 돈을 세는 동안, 차세대 리더들은 더 평등한 미래를 고민하고 있었다. 최근 유고브YouGov가 실시한 설문조사에 따르면, 18~29세에 속하는 미국 거주자들 가운데 62%가 사회주의에 대해 우호적으로 생각하는 것으로 드러났다. 7월 중순, 〈드롭 사이트 뉴스〉라는 매체가 운영하는 X 계정에는 인기 코미디언 앤드루 슐츠Andrew Schulz가 출연하는 팟캐스트 영상이 올라왔다. 영상에서 슐츠는 조란이 내건 민주사회주의라는 의제는 "지지층이 원하는 것이고, 모든 시민들이 열광하는 것"이라고 말했다. 그러자 진행자는 "솔직히 말하자면, 그것이 바로 미국이 원하는 것이지요."라고 맞장구쳤다.

6월 내내 각계각층의 스타급 인사들이 속속 조란 주변으로 모여들었다. 영화 〈델리 보이즈Deli Boys〉의 주연 배우이고 평소 팔레스타인에 우호적인 입장을 밝혀 온 코미디언 사가 셰이크Saagar Shaikh와 아시프 알리Asif Ali, 아스토리아에 거주하는 진보성향의 코미디언 스타브로스 할키아스Stavros Halkias, 그리고 웨스트 빌리지의 주민이며 팝음악의 아이콘인 로드Lorde 등이 이 젊은 사회주의 정치인의 지지 대열에 합류했다. 예비선거 당일에는 영화감독인 에바 두버네이Ava DuVernay가 인스타그램을 통해 조란과 대화를 나눴다. 같은 날 아침, 오랫동안 버니 샌더스를 지지해 온 슈퍼모델 에밀리 라타이코프스키Emily Ratajkowski가 인스타그램을 통해 조란과 대화하는 장면을 담은 짧은 동영상을 올려 소셜미디어 세계를 뜨겁게 달궜다. 이 동영상에서 그녀는 가슴에 '조란을 지지하는 핫걸들'이라는 문구가 새겨진 티셔츠를 입고 있었다. '조란을 지지하는 핫걸들'이라는 모임은 이름 그대로 패션업계 여성들로 결성된 단체이다. 이 단체는 선거운동 기간 내내 재기 발랄한 응원전을 벌였고, 6월 중순에는 '조란과 닮은 사람 찾기 대회'를 개최하여 꽤나 높은 관심을 집중시켰다.

누군가를 비판하는 사람은 물론이고, 현장에서 지지활동을 벌이는 사람들조차, 유명한 사람들이 캠프에 가세하면 이를 '대중의 관심을 얻고자 하는 자기과시 행위'라며 거부감을 나타내기 쉽다. 그럼에도 불구하고 1930년대 구좌파의 '문화전선cultural front'은 랭스턴 휴스, 폴 로브슨, 우디 거스리, 도로시아 랭 등 수많은 전설 같은 예술가들의 지지를 이끌어 낸 과거가 있다. 그로부터 30년쯤 후에 신좌파로 불리는 이들이 흑인 자유를 위해 싸우던 현장에는 로큰롤, 모타운, 펑크가 울려 퍼졌다. 혁명은 그 자체로 고된 법이지만, 그것을 표현하는 방식은 창의적일수록 좋고, 그러한 창의성은 적극적으로 장려되어야 한다. (글쎄? 반대편에서는 키드 록*이 나서서 썰렁한 농담이나 한마디 날려 주려나?)

---

*   극우성향으로 알려진 가수

사람들의 관심사는 조란의 뜻하지 않은 상승세에 당황한 뉴욕의 억만장자들의 반응이었다. 이들은 극소수 집단이기는 하지만 결코 무시해서는 안 되는 사람들이다. 이제 시장 후보가 된 젊은 사회주의자는 다음 달인 7월, 이들 상위 1%와 회동할 기회가 생겼다. 그런데 그는 이날의 모임에서 우파 엔터테인먼트 업계의 거물이자 친이스라엘 계열의 핵심 인물인 제임스 티시James Tisch를 알아보지 못했다고 한다. 이 재력가는 맘다니가 시장이 되면 뉴욕시 고위관료로 일하고 있는 자신의 딸 제시카 티시Jessica Tisch를 해고할지 계속 유임시킬지 궁금했을 것이다. 제시카는 냉정한 기술관료형 인물이고, 전직 경찰 출신인 에릭 애덤스 시장의 4년 임기 동안 무려 네 번이나 교체된 뉴욕경찰국장 가운데 네 번째 경찰국장이었다. 이에 대해 맘다니는 확실한 답변을 하지 않았다.

예비선거가 끝난 직후의 첫 번째 토요일 밤, 승리를 거머쥔 후보는 도시 전역의 지지자들에게 감사의 표시를 전했다. 브루클린의 바클레이스 센터에 모여든 아이티 사람들을 향해 조란은, "여러분은 전 세계를 향해 자유가 무엇인지 가르쳐 주었기 때문에, 우리 뉴욕시도 일어나 아이티와 함께할 것입니다."라고 말했다. 같은 시간, 도심을 가로질러 비콘 극장에서는 코미디언 라미 유세프Ramy Youssef가 최근 석방된 마무드 칼릴과 함께 맘다니를 무대로 불러 올려 객석을 가득 메운 관객들을 열광시켰다. 무슬림 시인인 하니프 압두라키브Hanif Abdurraqib는 〈뉴요커New Yorker〉지에 기고한 글에서, "마무드와 조란이 나란히 서서 웃고 있는 모습을 잠깐이나마 보는 것만으로도 큰 기쁨"이라고 했다.

맘다니와 그를 지지하는 다음 세대 유권자들의 가치관은 뉴욕의 권력 엘리트들의 그것과는 근본적으로 다르다. 누군가 그들에게 친팔레스타인 성향이라는 딱지를 붙이고, 공산주의자라는 낙인을 찍어도 전혀 개의치 않는 사람들이다. 투표 성향 분석에 관한 한 최고의 전문가이며 조란 캠프의 고문으로 활동한 마이클 랭은 아무런 거리낌 없이 아스토리아 남부에서 윌리엄스버그에 이르는 이스트 리버 강변지역을 '공산주의의 축Commie Corridor'이라고 명명했을 정도이다. 이 지역에서 젊은 사회주의자 후보에게 몰표가 나왔으니 그렇게 불러도 이상한 일은 아니었다. 나이 든 유권자들이라면 자신들에게 공산주의자라는 딱지가 붙으면 무척 불쾌해하겠지만, 20대들은 그저 웃어넘기고 말 뿐이다.

●　●　●

"우리는 지금 뉴욕시에 새로운 여명이 비치는 것을 느끼고 있습니다." 조란은 새벽 5시 30분에 아스토리아에서 있었던 기자회견에서 말했다. 그날 하루는 정말 길었다. 한밤중에 롱아일랜드 시티에서 승리를 확인하는 연설을 하기까지, 하루 종일 시내 곳곳을 누비며 시민들을 만났고, 마지막에는 알렉산드리아 오카시오 코르테스와의 감격스러운 포옹으로 하루를 마무리했다.

쿠오모가 패배를 인정한 직후, NY1 채널 생방송에 조란의 중요 참모인 알리 나즈미가 모습을 드러냈다. 축하 인파는 대형 화면에 등장한 나즈미의 모습을 보며, 마치 과거 프로 권투의 영웅 무하마드 알리를 연호하는 듯이 "알리! 알리!"를 외쳤다. 그는 2013년, 팔레스타인계 활동가인 린다 사르소어 등과 함께 '무슬림 민주당 클럽Muslim Democratic Club'이라는 당내 조직을 공동설립한 사람이다. X의 무슬림 민주당 클럽 계정은 알리를 가리켜 "조란의 형제이자, 영원한 민중의 챔피언"이라고 설명하고 있다.

이튿날 아침, 퀸스의 시민운동가인 자슬린 카우르는 축하파티에서 남아시아계 남성 한 사람과 함께 환하게 찍은 사진을 올렸다. 사진 속에는 이들 두 사람 뒤편에 리나 칸*이 여러 사람들과 함께 어울리고 있는 모습도 보였다. 카우르는 사진에 이런 설명을 달았다. "어젯밤, 나는 함께 단식투쟁을 벌였던 택시기사들 그리고 노조원들과 함께 우리의 친구가 승리를 선언하는 모습을 지켜보았다."

카우르는 이 글에서 자신을 의미하는 단어로 대문자 I 대신 의도적으로 소문자 i를 사용했다. 이는 조란의 승리가 어느 한 사람만의 공으로 돌릴 수 없음을 비유적으로 드러내기 위함이었다. 이번 승리는 점점 성장해 가는 남아시아계와 무슬림 공동체들, 그리고 DSA 및 그와 비슷한 노선을 지향하는 좌파운동가들, 팔레스타인을 지지하는 시민들과 힙합군단, 그리고 투표장으로 대거 쏟아져 나온 뉴욕 5개 자치구 청년들의 노력이 함께 어우러진 결과였다. 반면 마이클 블룸버그와 그의 우군인 〈뉴욕 타임스〉, 〈뉴욕 포스트〉, 빌 애크먼, 그리고 마리오의 아들에게는 참담한 패배였다.

그리고 휘트니 틸슨의 헛발질도 잊어서는 안 되겠다. 아니, 어쩌면

---

* 현 미국 연방거래위원회(FTC) 의장으로, 거대 IT기업(빅테크)의 독점을 규제하는 '저승사자'로 불리는 인물이다. 그녀가 이 파티에 있었다는 것은 조란 맘다니의 승리가 중앙 정치권의 진보세력에게도 큰 관심사였음을 보여 준다.

잊어버리는 게 나을지도 모르겠다. 조란은 지난 10월 〈가디언〉지 에룸 살람과의 인터뷰에서, "우리가 이 도시를 아무리 사랑하더라도 우리가 감당할 수 없는 비용 때문에 이 도시에서 살 수 없다면 무슨 의미가 있겠습니까?"라고 말했던 적이 있었다. 예비선거가 끝나고 몇 주가 지나 흥분이 좀 가라앉았을 즈음, 조란 캠프에서 함께한 영상 제작자 도널드 보렌스타인은 지난 선거유세 기간을 되돌아보며, "우리가 제작한 영상물의 가장 중요한 원칙"은 "도시와 도시 안의 모든 사람들에 대한 진심 어린 사랑을 담는 것"이었다고 말했다. 유세 기간 마지막 6주 동안 사방에서 쏟아지는 증오와 악감정 섞인 공세에도 불구하고, 조란은 자신이 진심으로 사랑하는 이 도시를 향하여 6월의 햇살처럼 빛나는 애정을 담은 목소리를 내고 있음을 거듭 강조했다.

이제 미래 정치의 새로운 장을 본격적으로 열기에 앞서, 과거의 한 장면을 되새기면서 젊고 재기 발랄한 후보의 선거 분투기를 마무리하고자 한다. 지난 5월, 〈헬 게이트〉와 〈뉴욕 포커스〉가 주최한 퍼블릭 시어터의 시장후보 토론회에서 조란은 뉴욕시를 다룬 영화 가운데 스파이크 리 감독의 〈똑바로 살아라Do the Right Thing〉를 가장 좋아하는 영화로 꼽았다. 이 영화가 개봉된 해는 미국 내의 인종갈등이 극에 달했던 1989년이었고, 공교롭게도 민주당의 뉴욕시장 후보를 뽑기 위한 예비선거 시기였다. 당시에는 데이비드 딩킨스와 3선 현역이었던 에드 코치가 격돌했었다.

이 영화에는 명장면이라고 불릴 만한 독백 장면이 있다. 빌 넌이 분한 극중 인물인 라디오 라힘이 스파이크 리가 연기한 주인공 무키에게 자신이 왜 오른손에는 사랑love, 왼손에는 증오hate라고 새겨진 황동 너

클을 끼고 있는지 설명을 한다. 브루클린의 베드 스타이 지역의 어느 한 거리에서 섀도복싱을 하면서 라힘은 말한다. "한 손이 언제나 다른 한 손과 싸우고 있는 거야."

화면을 통해 펼쳐지는 이 가상의 결투에서 처음에는 '증오'가 '사랑'을 로프로 몰아 넣으며 맹공을 퍼붓는다. 그러나 이내 '사랑'이 극적인 반격을 가하고, 연이은 강타로 '증오'를 케이오시킨다. 그렇게 라힘은 무키에게 "사랑한다"고 말한다. 그러나 영화는 이 말과는 정반대로 비극으로 치달았다.

1989년 스파이크 리 감독의 이 명작 영화와는 달리, 2025년 뉴욕시 민주당 경선은 '사랑'의 승리였다.

- 2025년 8월 3일

브루클린 선셋 파크에서

PART
2

맘다니 시장을 만나다
MEET MAYOR MAMDANI

15

집단치료가 필요해?

나이 지긋한 베이비부머 세 명이 술집에 들어선다. 불명예 속 퇴진한 전직 주지사(앤드루 쿠오모), 곤경에 처한 현 시장(에릭 애덤스), 그리고 보안관 흉내 내는 정치 지망생(커티스 슬리와)이다. 술집 안에서는 X세대 변호사(짐 월든)가 밀레니얼 세대 사회주의자(맘다니)에게 결투를 신청하고 있다. 정치인 둘은 주먹을 치켜들고 변호사 편에 서서 덤벼들지만, 가디언 엔젤*이 이들의 싸움을 말린다. 좌파 정치인은 상처 하나 없이 상황을 모면한다.

2025년 늦여름의 뉴욕시 시장 선거전은 이렇게 흘러가고 있었다. 황혼기에 접어든 고참 정치인들은 허둥대며 조란 맘다니에게 공격을

---

* 가디언 엔젤스(Guardian Angels)는 1979년에 뉴욕에서 창설된 민간 범죄예방 단체이다. 경찰은 아니지만, 시민이 직접 치안을 관리한다는 취지로 만들어졌다. 초기에는 논란이 많았으나 지금은 뉴욕의 중요한 상징적인 존재이다.

퍼부어 댔다. 신참 도전자 한 명은 어떻게든 세상의 이목을 끌며 링에 오르려고 했다. 자신을 겨냥한 이런 파상공세에 민주당 후보 맘다니는 무하마드 알리의 로프 어 도프rope-a-dope* 전술을 구사하는 듯 보였다. 상대가 헛펀치를 마구 날리도록 내버려 두는 전술이었다. 그러나 체력 좋은 베이비부머 후보들은 지치지도 않았다.

"앤드루는 달리 할 일이 없잖아요?" 마리오 쿠오모의 전 수석고문 마이클 델 주디체Michael Del Giudice는 〈뉴욕 타임스〉의 베테랑 기자 애덤 네거니Adam Nagourney에게 이렇게 말했다. 네거니는 1982년 뉴욕주지사 선거 때부터 쿠오모 가문을 취재해 온 기자이다. 쿠오모는 2025년 예비선거에서 선두를 달리다 무너지고, 11월 본선에서 무소속으로 출마했다. 말년의 쿠오모에게 선택지는 많지 않은 듯했다. 그는 베냐민 네타냐후에게 법률 지원을 약속했지만 전쟁범죄든 다른 사건이든 간에 그에게 변호를 의뢰할 것 같지는 않았다. 쿠오모에게 선거 출마 이외에 달리 할 일이라고는 없어 보였다.

예비선거 당시 쿠오모 진영의 판단과 결정 가운데 그나마 괜찮아 보였던 것은 11월 본선에 무소속 후보로 출마하기 위해 미리 유권자들로부터 충분한 청원서명을 받아 둔 것이었다. 무소속으로 출마하는 후보는 이런 과정을 거쳐 투표용지의 본인 이름 아래 있는 소속정당 란에 자신만의 구호나 식별문구를 인쇄해 넣을 수 있다. 자신의 스타일과 그간의 실적을 강조해 온 방식에 걸맞게, 쿠오모는 '투쟁과 성취Fight and Deliver'라는 이름의 구호를 채택했다.

---

* 권투에서 로프에 기대서 상대의 힘을 뺀 뒤 반격하는 전법

예비선거 동안, 그는 고령층 유권자들에게 자신이 DSA 뉴욕지부가 주도하는 반란으로부터 민주당을 지킬 수 있는 대안이라고 반복해서 강조했다. 당에서 사회주의자 후보인 맘다니를 정식 후보로 인정하자, 이제 그는 젊은 세대들과 맞서 싸우기 위해 당의 전통적인 지지층을 포섭하려 했다. 이것이 성공했다면 이 '투쟁과 성취' 후보는 뉴욕 민주당을 대혼란에 빠뜨렸을 것이다. 쿠오모가 코르테스와 조란, 그 외의 DSA 출신 선출직 공직자들뿐 아니라, 2021년 주지사 사퇴를 부추겼던 당 지도부 주류 인사들에 대해서도 앙심을 품고 있는 것을 감안하면, 그는 오로지 조란을 향한 복수에만 온통 마음을 쏟고 있는 것처럼 보였다. 본인이 직접 작명한 식별문구가 암시하듯, 그가 순순히 물러날 가능성은 전혀 없어 보였다.

사실 그의 목표는 자신의 당선보다도 상대방과 그를 후보로 정한 당을 망가뜨리는 것이었지만, 겉으로는 그럴듯하게 내걸 명분은 있어야 했다. 이를 위해 그는 다시 한번 자신의 아버지를 소환했다. 그는 X에 이런 고정게시물을 올렸다. "저의 아버지 마리오 쿠오모가 그러하셨듯이 저 또한 평생 민주당원이었지만, 올해만큼은 '투쟁과 성취'라는 구호를 내걸고 무소속 후보로 출마합니다. 투표하실 때 이 점을 꼭 기억해 주십시오." 그러나 이 글에는 자신의 당적 이탈과 무소속 출마를 정당화할 만한 어떤 타당한 근거도 담겨 있지 않았다. 참고로 아들 쿠오모는 웅변 실력에서 아버지만큼 뛰어난 기량을 보이지 않는다는 것이 세간의 평가다.

비록 그가 맘다니를 위협하는 유일한 도전자는 아니었으나, 크고 작은 소동으로 정치판의 시선을 끄는 데는 단연 독보적이었다. 전후 퀸스에서 자란 또 다른 사내*처럼, 전직 주지사 쿠오모도 화난 표정으로 독설을 내뱉는 것이 언론의 관심을 끄는 데 아주 효과적이라는 점을 본능적으로 알고 있었다. 8월의 무더운 한여름, 앤드루의 독설은 정말 요란했다.

●　●　●

중요한 문제는 6월 말의 예비선거에서 굴욕적으로 패한 후에도 쿠오모는 자신을 되돌아보고 반성하지 않았다는 것이다. 그가 7월 중순에 햄프턴스의 친네타냐후 성향 유대교 회당에 가서 이스라엘에 대한 무조건적인 충성을 다짐한 것만 봐도 그렇다. 한때 선두를 달렸던 이 노회한 정치인은 좌파 후보인 맘다니에게 패한 가장 큰 원인을 자신이 "충분히 공격적이지 못했기 때문"이라 주장하며 "내가 너무 신사적이었다"고 말했다. 한마디로 그는 가을 본선에서 맘다니를 상대로 진흙탕 싸움을 제대로 벌일 준비를 하고 있었다.

8월 내내 쿠오모는 조란이 살고 있는 지역인 아스토리아의 임대료 규제 대상 아파트를 공략했다. 조란 자신이 임대료 규제 대상 아파트에 거주하는 것에 대해 문제 제기를 한 것이다. 물론 이 논란은 그리 크게 확대되지는 않았지만, 그 논란의 불길이 사그라진 후에도 '투쟁과 성취'라는 구호를 내건 그는 정당한 비판이든 비열한 인신공격이든 가리지 않고, 손에 잡히는 대로 마구 집어던지듯이 퍼부어 댔다. 그럼에

---

*　　도널드 트럼프를 가리킨다.

도 불구하고 공격이 거의 먹히지 않는 듯하자 더 극단적인 방법까지 동원할 기세였다. 그는 당선 가능성이 없는 또 다른 후보인 짐 월든Jim Walden과 합세하여 수류탄을 투척하기도 했다.

한편 현 시장인 에릭 애덤스도 무소속으로 출마하면서 투표용지의 정당 란에 기입해 넣을 자신의 식별구호로 '안전하고 저렴하게/반유대주의 종식Safe&Affordable/EndAntiSemitism'이라는 문구를 선정했다. 그러나 당시 여론조사에 따르면 그는 재선을 위해 시장선거에 출마한 역대 뉴욕시장들 가운데 기록적인 최저치를 보이며, 지지율을 두 자리로 끌어올리기 위해 안간힘을 쓰고 있는 처지였다. 게다가 애덤스는 그로부터 한 달 동안 대형 스캔들로 인해 엄청난 논란에 시달리게 된다. 그의 고문인 위니 그레코Winnie Greco가 뇌물로 지역 언론 기자를 매수하려한 사실이 드러나 전국 언론의 헤드라인을 장식한 것이다.

그레코가 이런 스캔들의 주인공이 된 것은 별로 이상할 것도 없는 일이었다. 2024년 애덤스가 부패 관련 혐의로 조사를 받을 당시, 브롱크스에 있는 그녀 소유의 주택 두 곳도 FBI의 압수수색을 받은 전력이 있다. 8월 20일, 할렘 선거유세 현장에서 그레코가 현금이 담긴 빨간 봉투 여러 개를 허스Herr's*의 사워크림 앤드 어니언 감자칩 작은 사이즈 봉지에 넣어 인터넷 매체 〈더 시티〉 기자 케이티 호넌에게 건넨 사실이 드러났다.

'감자칩 게이트'가 벌어진 다음 날에는, 맨해튼 지방검찰청의 앨빈 브래그 검사가 시장의 최측근인 잉그리드 루이스 마틴Ingrid Lewis-Martin을

---

* 미국의 유명 감자칩 및 스낵 브랜드

4건의 뇌물수수 혐의로 기소했다. 이미 다른 사건으로 기소된 상태였기에 그녀는 총 8건의 부패 혐의로 재판을 받게 됐다. 기소 내용에 따르면 루이스 마틴이 훌루Hulu의 드라마 시리즈 〈갓파더 오브 할렘The Godfather of Harlem〉에 카메오로 출연하는 대가로, 인근에 위치한 제작사가 반대해 온 그린포인트 거리 안전 프로젝트를 저지하는 데 도움을 주었다는 것이다. 연이어 터진 측근 스캔들로 인해 시장이 시청에 입성할 때부터 자랑해 온 '스웨거swagger, 위풍당당한 태도' 이미지는 탈출구를 찾지 못하고 헤매는 '스태거stagger, 비틀거리다'의 이미지로 바뀌었다.

평소 멀쩡해 보였던 여러 명의 경쟁후보들이 이런 식으로 우스꽝스러워진 반면, 과거에 우스꽝스러웠던 커티스 슬리와는 확연히 진지해졌다. 공화당 후보인 그는 더 이상 상징인 붉은 베레모를 쓰지 않았고, 트레이드마크였던 '가디언 엔젤스' 복장 대신 정장을 자주 입었다. 지난 40년 넘게 자원방범대 조직의 리더이자 우파 미디어 인사로 활동해서 누구나 아는 이름이었던 그는 맘다니의 이름을 정확하게 발음하고, 선거 내내 젊은 차세대 리더를 존중한 유일한 후보였다.

2025년 뉴욕시장 민주당 예비선거가 시작될 무렵만 해도 밀레니얼 세대 사회주의자가 민주당 후보가 될 것이라 장담하는 사람은 거의 없었다. 본선이 막 시작된 시점에서 슬리와 같은 과격한 방송인이 다른 베이비부머 후보들보다 더 품위 있게 선거운동을 할 것이라 예상한 이도 드물었다. 햄프턴스를 중심으로 모여 있는 뉴욕 최상류층 엘리트들은 조란의 부상으로 깊은 불만 속에 여름을 보내고 있었다. 〈뉴욕 타임스〉는 이를 두고 '집단치료'가 필요한 시간이라고 선언했다. 어쨌든 본선은 시작되었고, 이 선거는 뉴욕의 연극 애호가들이 참 좋아했을 것 같다는 생각이 들 정도로 황당하고 유쾌한 한 편의 코미디극처럼 전개되었다.

● ● ●

예비선거 막판에 조란이 기가 막힌 역전승을 거두고 민주당 후보가 되는 바람에 모든 후보들이 선거전략을 대대적으로 수정해야 했다. 그들은 예비선거 내내 쿠오모가 앞서갔기 때문에 쿠오모를 상대할 준비를 하고 있었다. 그러나 막상 DSA의 상징적 인물이 본선 여론조사 1위에 오르는 것을 보며, 서로 다투던 모든 경쟁자들은 한 가지만큼은 확실하게 의견 일치를 보았다. '사회주의자가 시청을 장악하게 해서는 안 된다'는 것이었다.

이렇게 해서 형성된 맘다니에 대한 일치된 적대감은 백악관을 차지하고 있는 70대의 뉴욕 부동산 개발업자*에 의해 증폭되었다. 그는 비비 네타냐후와의 회담 중 "공산주의자가 시장이 되는 것을 보고 싶지 않다"고 말했다. 퀸스 출신의 이 거대한 불도저는 곧 맘다니에게 '꼬마 공산주의자Little Communist'라는 별명을 붙였다.

에릭 애덤스와 슬리와는 트럼프의 지지를 얻기 위해 치열하게 싸웠지만, 도널드 트럼프는 8월 내내 '마리오 쿠오모의 아들'에 대한 노골적인 지지를 보내고 있었다. 앤드루 쿠오모와 '프레드의 아들' 트럼프 사이의 인연은 꽤 깊었다. "직설적으로 말하겠습니다. 난 대통령을 아

---

* 트럼프를 가리킨다.

주 잘 압니다." 2025년 8월, 우파성향 미디어계 거물인 지미 핀켈스타인Jimmy Finkelstein의 사우샘프턴 저택에서 열린 파티에서 민주당 예비선거에서 탈락한 쿠오모는 이렇게 말했다. 여름 내 쿠오모는 모금을 위해 햄프턴스를 여러 차례 오갔지만, 이번 방문은 MAGA 세력과의 연결고리 때문에 특별한 주목을 받았다.

1980년대부터 이 도시에서 가장 유명한 부동산 거물이었던 트럼프는 오랫동안 마리오 쿠오모의 선거 자금줄 역할을 해왔다. "저는 트럼프의 내면 한구석에 실제로 뉴욕에서의 명예 회복을 간절히 바라는 마음이 있다고 믿습니다." 앤드루 쿠오모는 이렇게 주장했는데, 이는 트럼프가 대통령 선거 당시 고향인 뉴욕에서 세 차례나 처참하게 패배한 것을 염두에 둔 발언이었다. 대부분은 대통령을 움직이는 동력이 '복수심'이라고 말하겠지만, 쿠오모는 여기에 더 고상한 미사여구를 덧붙였다. 쿠오모는 핀켈스타인의 부인인 패멀라 그로스가 멜라니아 트럼프와 각별한 사이라는 점을 분명히 알고 있었다.

평생을 민주당원으로 살아온 그가 MAGA의 지지를 얻기 위해 애를 쓰고 있었다. 그와는 퀸스 지역의 동네 친구 사이라고 할 수 있는 트럼프는 2024년에 뉴욕시 유권자로부터 30%의 지지를 받았다. 쿠오모는 여기에 더하여 보수적인 민주당원들의 표까지 받아 내겠다는 계산을 하고 있었던 것이다. 전직 주지사인 그는 햄프턴스의 자산가들 앞에서 대통령이 난립하는 후보들 사이에서 교통정리를 해줄 것이고, 결국 본선은 자신과 맘다니의 양자구도로 펼쳐질 것이라고 장담했다. 그는 햄프턴스의 큰손들에게 "모든 것이 순조롭게 흘러가고 있습니다."라고 말했다고 한다. 그러나 〈폴리티코〉가 그의 발언을 보도한 이후, 그의 오랜 측근인 리치 아조파르디는 주장했다. 그들 선거캠프는 "어느 누구에게도 도움을 요청한 바 없고, 기대하지도 않는다"고.

다른 것은 몰라도 그는 '투쟁과 성취'라는 식별구호를 내건 사람답게 싸울 준비만큼은 되어 있었다. 경선 참패의 원인이 "공격적이지 못했기 때문"이라는 조언을 누가 했는지는 불분명하지만, 쿠오모 본인을 포함해 캠프 내부든 외부든 그를 아는 사람이라면 누구나 한 가지에는 동의했다. 소셜미디어 활용 방식에 대대적인 업그레이드가 필요하다는 점이었다.

쿠오모는 6월경 조란에게 거의 따라잡혔을 당시 21세기식 소통 방식을 "머리로는 이해했으나 실전에 제대로 사용할 수 있을 정도로 숙달하지 못했음"을 자인한 바 있다. 쿠오모는 소셜미디어 속성 과정을 거친 후, 본격적으로 사용에 나섰다. 카메라를 똑바로 응시하며 17분 30초 동안 혼자 떠드는 영상으로 2025년 예비선거 캠페인을 시작하던 과거 모습과는 확실히 달랐다. 밈과 점프컷* 그리고 평범한 시민들과 담소를 나누는 후보자의 짧고 강렬한 장면 등이 그 자리를 대신했다.

쿠오모는 8월 초에 〈블룸버그 서베일런스Bloomberg Surveillance〉에 출연해 본선을 위한 소셜미디어 전략 수정안을 설명했다. 〈BS〉는 미디어 거물에서 뉴욕시장으로의 변신을 보여줬던 마이클 블룸버그가 소유한 미디어 네트워크에서 오랫동안 방영해 온 금융 토크쇼이다. 〈헬게이트〉의 애들런 잭슨에 의하면, 〈BS〉의 진행자 톰 킨이 무더운 여름날 나비넥타이를 매고 조란을 지지하는 길 잃은 청년들을 걱정하며 앤드

---

*   화면을 툭툭 끊는 편집

루에게 앞으로 3개월 동안 어떤 변화를 모색할 것인지 질문했다고 한다.

쿠오모는 웹캠을 통해, "무엇보다 중요한 것은 소셜미디어입니다. 특히 30세 미만의 젊은 층에게는 그렇습니다. 제가 지금 아주 집중하고 있는 부분입니다."라고 자신 있게 대답했다. 그러면서도 그는 뉴욕시에서의 삶의 비용에 관한 조란의 공약이 "현실적인 해결책이 아님"을 차세대 유권자들에게 알리겠다고 다짐했다. 그는 민생 문제에 대해서는 그저 늘 하던 이야기를 반복했다. 애들런 잭슨이 기사를 통해 말했듯이, 쿠오모는 아직도 "경제 문제에 관해 그럴듯한 이야기 몇 마디만 던져 주면 Z세대를 휘어잡을 수 있다"는 생각을 하는 것 같았다. 이 꽉막힌 베이비붐 세대 정치인은 미래의 리더들을 아주 쉽게 속일 수 있다고 여전히 착각하는 듯했다.

6월의 충격적인 패배 이후, 쿠오모는 경선 실패의 원인이었던 '로즈가든식 접근법'을 과감히 버렸다. 그는 이제 거리로 나가기를 꺼리지 않았고, 가끔은 가벼운 비즈니스 캐주얼 차림으로 나타났다. 이 노련한 정치인은 미드타운 거리에 깜짝 등장하거나 스태튼 아일랜드 페리에 올라타기도 했다. 다만 경쟁자인 조란과는 달리, 페리가 무료라는 사실을 굳이 강조하지는 않았다. 새로 개편된 캠페인 홍보팀은 인스타그램에 '호감이 느껴질 만한' 콘텐츠를 대거 게시했다. 팔로워들은 인스타그램에서 쿠오모의 이름이 적힌 손수건을 두른 털북숭이 강아지를 볼 수 있었다. 또한 마리오 쿠오모의 장남인 그가 퀸스 홀리스에 있는 그의 어린 시절 옛집 앞에서, 밀레니얼 세대에 속하는 세 딸들 중 머라이어 케네디 쿠오모에게 가족사에 얽힌 감상적인 일화들을 들려주는 장면도 올라왔다.

8월 말에, 갑자기 친근한 이미지를 연출하기 시작한 이 67세의 정치인은 인근 롱아일랜드 교외지역과 구분이 어려울 정도로 비슷한 그의 옛 동네에서 자동차 정비소 올-앤-올All-n-All을 방문했다. 그는 10대 시절 '크로스 아일랜드 콜리전Cross Island Collision'이라는 이름의 정비소에서 일하면서 판금도색 작업을 하던 때를 회상하며 향수에 젖었다. 머슬카*를 좋아하는 후보와 중년의 백인 정비소 주인이 서로 맞장구를 치며 지금 뉴욕에는 정체를 알 수 없는 각종 규제들이 소상공인의 사업에 장애물이 되고 있다는 점에 동의했다. 쿠오모는 관료주의에 젖은 이런 불필요한 규제를 타파하겠다고 다짐했다.

뉴욕을 구성하는 5개 자치구를 누비며 민심잡기에 나서기는 했지만, 이 한물간 스타는 조란이 예비선거에서 무려 50만 명이나 되는 뉴욕시민으로부터 1순위 득표를 한 본질적인 이유를 아직도 파악하지 못하고 있었다. '임대료 동결, 버스 무상운영 및 증차, 보편적 보육', 이 세 가지 핵심 공약은 뉴욕 유권자들의 마음을 움직이고 있었다. 이와 대조적으로 마리오의 아들은 유권자들이 관심 있는 것은 후보가 지금까지 보여준 실적이라고 초지일관 주장했는데, 결국 그의 전략은 본질적으로 '내일'보다는 '어제'에 초점을 맞추고 있음을 부인하기는 어려웠다.

• • •

2024년 10월 말에 조란이 시장선거에 출마하기 훨씬 전부터 DSA

---

* 요즘의 세련된 스타일의 자동차와는 달리, 투박하고 예스럽지만 출력이 좋은 자동차

뉴욕지부는 '임대료 동결'을 줄기차게 부르짖고 있었다. 쿠오모는 조란이 뉴욕의 모든 집과 아파트의 임대료를 동결하려 한다는 근거 없는 주장을 퍼뜨렸지만, 맘다니는 선거운동 기간 내내 자신의 핵심 공약은 뉴욕시의 임대료 보호 프로그램으로 관리받는 약 100만 가구 아파트에만 적용된다는 점을 반복해서 분명히 말해 왔다.

관련 사례를 하나 들어 보자면, 2025년 1월에 블루스 시*를 쓰는 시인이자 가수인 아자 모네Aja Monet가 'NYC 윈터 재즈페스트' 무대 위로 조란을 불러 올렸다. 조란은 클럽을 가득 메운 청중 앞에서 자신을 짧게 소개한 후, 주거비 부담 완화와 "뉴욕시의 꿈"을 회복하겠다고 역설했다. 그는 "임대료 보호 프로그램의 적용을 받는 아파트에 거주하는 모든 세입자들을 위해 임대료를 동결하겠습니다."라고 분명히 밝혔다.

물론 거대 도시 뉴욕에는 130만 가구 이상의 주민들이 임대료 보호 프로그램의 규제를 받지 않는 아파트에 살고 있다. 그러나 그의 임대료 동결 공약이 실제로 시행되면 약 250만 명의 뉴욕시민이 혜택을 볼 수 있다. 이들은 세입자보다는 집주인들에게 친화적이었던 에릭 애덤스 시장 재임기간 동안 12%의 임대료 인상을 감내해야 했던 사람들이다.

조지 W. 부시 시절의 공화당 전략가 칼 로브Karl Rove의 수법을 본떠, 쿠오모는 맘다니가 경선에서 승리한 직후부터 맘다니의 가장 강력한 강점을 공격하기로 결심했다. 그것은 바로 뉴욕의 모든 인종과 세대를 아우르는 '임대료 안정화 대상 세입자'들로부터 얻고 있는 지지였다.

사람들이 투표할 때 자신의 경제적 유불리가 누구에게 투표할지를

---

* 블루스 음악이 가진 정서와 리듬을 반영한 시의 한 장르

정하는 가장 중요한 기준이 된다는 현실을 고려하면, 이러한 전략은 정치적으로 매우 위험한 일이다. 게다가 임대료 보호 혜택을 누리는 이들이 비단 저소득층 뉴욕시민만은 아니다. 이 프로그램은 중산층 세입자들에게도 자산을 축적할 수 있는 기회를 제공한다. 그럼에도 불구하고 쿠오모와 그의 측근들은 이 쟁점을 두고 조란을 맹비난하기로 결심한 것 같았다. 그것이 자신에게 참패를 안겨 준 사회주의자에게 모욕을 퍼부을 수 있는 빌미라고 생각한 듯했다.

8월 8일 금요일, 쿠오모는 온라인상에 사실상의 '화염병'을 투척했다. 그는 포효하듯, X에 이런 글을 올렸다. "어젯밤 뉴욕시 어딘가에서, 한 미혼모와 그녀의 아이들이 노숙자 쉼터에서 잠을 자야 했습니다. 바로 당신, 맘다니 의원이 그녀가 살아야 할 임대료 규제 아파트를 차지하고 있기 때문입니다." 그는 조란이 주의원으로서 받는 연봉인 14만 2,000달러를 포함해 그의 집안 소득내역을 자세하게 나열한 후, 한술 더 떠서 이렇게 덧붙였다. "지도자는 도덕적 선명성을 보여 줘야 합니다. 이제 그는 그 집에서 나가야 합니다."

당연히 쿠오모의 이 '퇴거 통보'는 일론 머스크의 봇bot이 판치는 X에서 큰 불길처럼 번져 나갔다. 첫 게시물은 9월 중순까지 3,500만 회의 조회수를 기록했다. (관련 발언들 역시 수백만 명의 눈길을 끌었다.) 트럼프 시대의 특징은 '격정적이고 앞뒤 안 맞는 헛소리'가 먹혀든다는 것이다. 억만장자들에게 부추김을 받아 사회주의자를 혐오하는 일부 군중은 맘다니를 향한 쿠오모의 연타가 마치 짜릿한 두 배의 도파민처럼 느껴졌을 것이다.

'투쟁과 성취'라는 슬로건을 내건 이 사내는 나름 치밀한 각본에 따라 공격을 전개했는지 모르지만, 따지고 보면 유치원생 수준의 조롱에 불과했다. 주지사 시절, 쿠오모는 맨해튼의 부동산 개발업자들에게 무한한 애정을 표현했던 인물이다. 노숙자를 챙겨 본 적이 없는 사람이라는 말이다. 게다가 노숙자 쉼터에 사는 누군가가 맘다니가 사는 아파트에 입주해서 월 2,300달러의 임대료를 감당할 수 있다는 것은 완전한 헛소리였다. 실제로 맨해튼에 살면서 연간 10만 달러나 되는 임대료를 내며 호화주택에 거주하는 쿠오모가 던진 이런 허황된 공격은 "이 사람은 오랫동안 교외 부촌에서 평범한 뉴욕시민들과는 동떨어진 삶을 살고 있다"는 쿠오모에 대한 조란의 평소 평가를 재확인해 줄 뿐이었다.

그것 말고도 쿠오모는 계속해서 맘다니를 향해 매우 쿠오모다운 산발적인 공격을 계속했다. '투쟁과 성취'를 슬로건으로 내건 후보답게 그는 비열하거나, 야만적이거나, 못된, 혹은 이 세 가지가 모두 뒤섞인 발언을 마구 쏟아 냈다. 본인도 세 딸의 아버지임에도, 그는 조란이 신혼여행차 다른 대륙으로 여행하는 것을 비난하며, 후보의 집안 배경까지 모독하려 했다. 한 달 후에는 조란의 어머니까지 비방했는데, 미라 네어 감독의 영화에 카타르 계열의 자금이 투자된 것을 들어 이슬람 극단주의와 연관 있다는 듯 암시를 주는 〈뉴욕 포스트〉 보도를 가져와 떠들어 댄 것이다.

어쨌든 쿠오모는 득점을 위해 할 수 있는 노력을 다하는 가운데, 자신의 가계도까지 활용했다. 임대료 관련 공격을 퍼붓던 날, 흔들리는 도전자인 쿠오모는 마초적인 냄새 가득한 경고를 내뱉었다.

"혹시 잊었을까 봐 다시 한번 말하는데, 난 마리오의 아들이자 앤드리아의 손자인 앤드루 쿠오모다. 분수를 모르고 헤비급 경기에 뛰어든 경량급 @ZohranKMamdani를 환영한다. 이건 두 남자의 싸움이다. 벌써 지쳐 보이는군, 그래. 이제 겨우 2라운드야."

말은 그렇게 했지만, 쿠오모의 모습은 〈록키〉의 실베스터 스탤론보다는 무하마드 알리에게 3라운드도 안 되어 처참하게 얻어터진 제리 쿼리와 훨씬 비슷해 보였다.

쿠오모가 억지에 가까운 공세를 쏟아 내자 조란은 재치 있게 받아쳤다. "완전히 저한테 꽂혔나 봐요!" 얼마 지나지 않아 〈고다미스트〉의 브리지드 버긴Brigid Bergin과 엘리자베스 킴Elizabeth Kim 두 명의 기자가 맘다니가 사는 아스토리아의 아파트를 직접 찾아가 취재를 했다. 8월 중순의 일이었다. 그곳에서 만난 한 주민은 "편안한 곳이기는 하지만, 그렇게 공격받을 만큼 화려하거나 사치스러운 곳은 아니에요."라고 말했다. 맘다니의 이웃 가운데 그의 급여가 그곳에 사는 사람치고는 지나치게 많다고 말하는 사람은 아무도 없었다.

아스토리아의 임대료 규제 아파트에 거주하는 조란의 이웃들은 물론, 뉴욕 전역의 세입자 권리옹호 운동을 지지하는 사람들은 쿠오모가 내놓은 이른바 '조란 법Zohran's Law' 공약에 거세게 반발했다. 이는 임대료 규제 프로그램의 적용을 받는 아파트에 거주하더라도, 임대료가 세입자 연소득의 30%를 넘지 않으면 이 프로그램을 적용하지 말자는 주장이었다. 세입자들의 경제적 안정성을 높여 주어도 시원치 않을 텐데, 쿠오모의 공약은 건물주에게만 막대한 불로소득을 안겨 주는 것이었다. 참고로, 이들 아파트의 주인 가운데 상당수는 월스트리트에서 사모펀드를 운영하는 기업들이다. 맘다니를 향한 쿠오모의 분노는 언뜻 보면 '대중과 함께하는 분노' 같지만, 사실은 대중의 지지를 도저히 받을 수 없는 무리한 공약이었다. 이는 그렇지 않아도 고전 중인 도전자가 스스로에게 치명타를 먹인 꼴이었다.

●　●　●

맘다니는 쿠오모의 끈질긴 공격을 오히려 조롱하며 날카롭고 능수 능란하게 대응했다. 임대료 논란이 일어난 직후인 화요일 오후, 조란은 짧고 강렬한 문구와 함께 영상을 게시했다. "#ReleaseTheCuomoList쿠 오모 리스트를 공개하라" 이 해시태그는 당시 세상을 떠들썩하게 했던 제프 리 엡스타인Jeffrey Epstein의 성추문 사건 관련 해시태그를 모방한 것이 었다.

90초도 채 되지 않는 이 짧은 영상에는 전직 주지사의 성추문과 팬 데믹 당시 논란을 다룬 뉴스보도 영상들이 잘 편집되어 담겨 있었다. 영상 속에서 조란은 이렇게 말한다. "쿠오모가 주지사직에서 물러난 뒤 4년 동안 무엇을 하며 지냈는지, 민주당 경선에서 참패한 것 말고는 알 려진 것이 없습니다." 옆에 배치된 화면상자에는 56% 득표율을 얻고 미소 짓는 승자(조란)와 44%에 머무는 득표율로 패한 뒤 잔뜩 찡그리 고 있는 2위 낙선자(쿠오모)의 모습이 묘하게 대비되는 당시 저녁뉴스 영상이 흘러나오고 있다. '레프트 훅' 한 방을 제대로 먹인 셈이다.

민주당 후보는 오른손으로 가로등을 짚고 서서, 지난 몇 년간 쿠오모 가 운영하는 컨설팅 회사에 용역을 의뢰했던 '미스터리한 고객들'의 정 체에 의문을 제기한 기사 헤드라인을 나열한다. 조란이 날카롭게 지적 했듯, 올버니의 전 실세인 쿠오모는 2024년 한 해 동안에만 50만 달러 이상을 "긁어모았음"에도 불구하고, 구체적으로 "누가 자신의 고객이었는지 밝히기를 거부"하고 있었다. 조란은 쿠오모와 투자자 앤드루 파카스Andrew Farkas의 오랜 유착관계를 지적한 〈뉴욕 타임스〉 보도를 인용하며, 파카스가 제프리 엡스타인과도 밀접한 관계였다는 점을 강조한다. 무슬림 후보인 조란은 미소를 지으며 "하비비Habibi, 친구여, 당신의 고객 명단도 공개해 보시지요?"라는 말로 영상을 끝맺는다.

이 화제의 동영상은 쿠오모와 엡스타인 사이에 어떤 부적절한 연관이 있는지 제시하고 있지는 않지만, 조란도 자신을 악의적으로 공격하는 경쟁자에 맞서서 필요하다면 얼마든지 똑같은 진흙탕 싸움에 나설 준비가 되어 있음을 보여 주었다. 또한 이 후보가 2위 추격자의 스캔들로 얼룩진 과거 기록을 이용해 반격에 나설 것임을 시사했다. 같은 주, 조란은 추락한 선두주자*가 왜 여전히 본선 레이스에 남아 있는지 묻는 기자들에게, "앤드루 쿠오모는 유권자들이 '노'라고 말했는데도, 그 간단한 단어의 뜻조차 이해하지 못하는 사람"이라고 조롱했다. 이렇게 조란은 상대방을 '약탈자'이자 '상처 입은 패배자'로 묘사했는데, 쿠오모는 매일같이 그런 모습을 보여 주며 조란의 말이 사실임을 스스로 입증하고 있었다.

쿠오모는 조란이 입으로만 약자를 위하는 '리무진 사회주의자'**라는 인식을 심어 주고 싶어 했다. 그러나 곤두박질치는 지지율에서 보듯이 이러한 전략은 아무런 효과를 얻지 못했다. 평생 정치인으로 살았던

---

* 예비선거에서 선두를 달리다가 탈락한 쿠오모를 가리킨다.
** 우리 식으로 표현하면 '강남 좌파'를 뜻하는 말이다.

그가 스스로 자수성가한 사람이었다면 그의 공격이 어느 정도 무게감을 가졌을지도 모른다. 하지만 퀸스 출신의 대통령과 마찬가지로, 전직 주지사 쿠오모 역시 부모 덕분에 자신의 지위를 쉽게 구축한 인물이다. 그러한 그가 조란을 특권층으로 몰아붙이는 공격을 펼친 것이 대중의 눈에 과연 어떻게 비쳤을지 의문이다.

조란은 재치 있는 동영상을 계속 만들어 냈고, 곳곳에 뼈 있는 농담을 섞어 놓았다. 쿠오모가 다시 햄프턴스로 향했다는 소식을 공유하며 맘다니는, "고향이 그리웠나 봅니다?"라고 짧게 한마디 던졌다. 소셜미디어에서는 여러 문단의 긴 글보다 이런 짧은 말 한마디가 더 강력할 수 있다.

●　●　●

쿠오모 캠프가 판에 박인 선거용 콘텐츠를 만들어 올리는 동안, 조란 캠프는 계속해서 사람들의 마음을 흔드는 게시물을 선보였다. 전국적인 헤드라인을 장식했던 어느 게시물의 경우는 아예 맘다니의 모습이 보이지 않는다. 대신 HBO 드라마 〈더 길디드 에이지The Gilded Age〉에서 철도재벌 조지 러셀 역을 맡았던 진보적 성향의 배우, 모건 스펙터Morgan Spector가 등장한다. 이 영상의 공격 목표는 쿠오모가 아니었다.

9월 초에 올라온 이 게시물은 햄프턴스의 막강한 재력을 자랑하는 상위 1%들이 맘다니에 대해 느끼는 반감을 과장해서 보도한 〈뉴욕 타임스〉의 최근 기사를 겨냥하고 있었다. 〈뉴욕 타임스〉 스타일 섹션 담당기자인 제이콥 번스타인Jacob Bernstein이 쓴 그 기사는 "뉴욕의 차기 시장에 대한 최상류층의 인식?"이라는 질문을 제목으로 달았지만, 그 답은 뻔했다.

영상 속의 스펙터는 정장을 차려입은 '악덕 재벌' 조지 러셀의 모습 그대로 등장한다. 그는 〈더 길디드 에이지〉의 시대적 배경에 딱 맞는 큼지막한 가죽 서류철을 열고 그 안의 내용을 한 문장씩 느릿느릿 낭독한다. 91초 분량의 이 영상은 고풍스러운 대저택 서재를 배경으로 하고, 영상 내내 클래식 음악이 흐르고 있다. 스펙터는 민주사회주의자 조란의 부상에 대한 햄프턴스 부유층의 집단적 반응을 묘사하기 위해 기자가 쓴 "기겁"이나 "집단치료" 같은 단어를 특별히 강조하며 읽어 내려간다. 또한 이 배우는 추락한 선두주자인 쿠오모의 이름을 "앤드루 M. 큐-오-모Cue-oh-mo"라고 아주 품격 있게 발음하며 가장된 귀족적 분위기를 보태 주고 있다.

리드 칼리지를 졸업한 스펙터는 〈더 길디드 에이지〉 주연을 맡아 크게 유명해지기 전에 버니 샌더스, 알렉산드리아 오카시오 코르테스, 코넬 웨스트, 나오미 클라인 등 저명한 진보 인사들이 출연해 사회주의 전통을 찬양하는 다큐멘터리 〈크고 무서운 'S'로 시작하는 단어The Big Scary 'S' Word, 2020〉를 제작한 적이 있다. 스펙터는 6월에 〈롤링 스톤〉지와의 인터뷰에서, "조란 맘다니는 환상적인 후보라고 생각한다"고 밝히기도 했다.

조란 캠프의 앤드루 엡스타인은 필자에게 이렇게 말했다. 〈뉴욕 타임스〉에 실린 문제의 기사를 처음 읽었을 때 "완전히 터무니없다고 느꼈고, 패러디하기 딱 좋은 소재라고 생각했어요." 앤드루는 조란이 직접 기사를 낭독하기를 원했다고 한다. 그러나 캠페인 선임고문인 자라 라힘Zara Rahim이 스펙터가 철도재벌이라는 드라마 속 역할과 그의 정치적 신념을 고려할 때 완벽한 적임자라고 제안했다. 촬영은 브루클린 하이츠에 거주하는 한 맘다니 지지자의 집에서 진행됐다. 앤드루 엡스타인은 화제가 된 게시물을 올리고 열흘 뒤에, "그 영상이 〈뉴욕 타임스〉 내부에서도 꽤나 화제가 됐다는 얘기를 들었어요."라고 덧붙였다.

대부분의 정치인은 뉴욕 최고 부자들과의 대립을 피하려 한다. 2025년 예비선거를 통해서도 확인했듯이, 상위 1% 부유층은 자신들을 비판하는 후보를 떨어뜨리기 위해 경쟁 후보에게 막대한 자금을 지원한다. 예술계 저명인사들 또한 국가적 담론을 주도하는 매체인 〈뉴욕 타임스〉와 원만한 관계를 유지하고 싶어 한다. 하지만 맘다니와 스펙터는 그런 '힘 있는 자들'에게 대항하는 것을 두려워하지 않았고, 오히려 자신감 넘치는 풍자를 통해 그들과 맞섰다.

16

덤벨 게이트

예비선거 기간 동안 조란은 바닥을 훑는 풀뿌리 캠페인을 전개하면서, 가가호호 방문유세에 투입될 자원봉사자들의 집회에서 자주 격려 연설을 하곤 했다. 하지만 예비선거 승리 이후, 그의 소통 방식은 변했다. 유력 후보가 된 그는 대규모 야외행사에서 대중 앞에 모습을 드러내는 빈도가 훨씬 줄어들었다. 그것은 그의 뜻이라기보다는, 안전상의 고려 때문이었다.

이 책의 앞에서 밝힌 바와 같이, 조란이 2025년 새해 첫날에 코니아 일랜드에서 해마다 열리는 축제에 참여했을 때만 해도 그는 당시 캠프의 홍보 책임자였던 앤드루 엡스타인하고만 동행했다. 〈인디펜던트〉의 발행인 존 탈턴은 조란이 차가운 바닷물 속으로 뛰어들기 전, 산책로에서 그들 두 사람과 대화를 나눈 것을 기억하고 있다. 예비선거 직후 엡스타인이 필자에게 설명한 것처럼, 이제 승자인 조란은 뉴욕경찰

경호팀 없이는 함부로 움직이지 않았다. 앤드루는 "정말 기분이 묘합니다. 조란을 포함해 모두가 여전히 적응 중입니다."라고 말했다.

기자들과 즉석에서 대화를 나누거나 예고 없이 외출하던 일은 이제 과거의 기억이 되었다. 9월, 〈인사이드 시티 홀〉의 진행자 에롤 루이스가 맘다니를 인터뷰할 때도 뉴욕경찰 소속의 SUV 차량 한 대가 아스토리아 주변을 걷는 두 사람의 뒤를 바짝 쫓았다. 이제 국제적인 거물이된 그에게 보호가 필요하다는 사실에는 의문의 여지가 없었다. 게다가그를 향한 살해 협박도 계속되고 있었다.

9월 10일, MAGA 성향의 인플루언서 찰리 커크가 암살당하는 사건이 발생하자, 필자를 포함한 조란 지지자들은 이 좌파성향 무슬림 후보에게도 유사한 일이 벌어지지 말라는 법이 없다는 두려움이 커졌다. 특히 9·11 기념일이 임박한 시점이라 긴장감은 더했다. 맘다니는 삼엄한경비 속에서 그라운드 제로Ground Zero에서 열린 추모행사에 참석한 후,그날 하루 동안 대중의 눈에 띄지 않는 곳에 머물렀다. 일주일 후, 퀸스지방검찰은 지난 6월에 유력한 차기 지도자를 협박했다며 제러미 피스텔Jeremy Fistel을 22개 항의 혐의로 기소했다. 보스턴 외곽의 유대교 정통파 가정에서 자라 현재 텍사스 북부에 거주 중인 44세의 피스텔은,무슬림 시장 후보에게 차량 폭탄테러를 가하겠다고 위협하고 이스라엘국방군IDF을 언급하는 음성메시지를 남긴 혐의를 받았다.

당시 맘다니와 앤드루 쿠오모에 한참 뒤처져 있었고, 심지어 커티스슬리와에게도 밀리고 있던 에릭 애덤스 시장은 이 틈을 놓치지 않고 민주당 후보인 맘다니를 비판했다. 전직 경찰 출신인 그는 한때 뉴욕경찰을 비판했던 인사가 이제는 피스텔의 검거로 이어진 경찰 수사 덕을 보고 있다는 사실이 "아이러니"라고 말했다. 4위로 처진 거물 정치인이 어떻게든 존재감을 유지하기 위해 애쓰는 모습이었다.

● ● ●

노동절이 다가올 무렵, 선거전은 마치 한 편의 부조리극처럼 변해 가고 있었다. 8월 23일 토요일, 조란은 흑인 권익향상 단체인 '500 맨500 Men'이 주최한 거리축제에 참여하기 위해 크라운 하이츠를 방문했다. 매년 열리는 이 행사에서는 서커스와 더블더치double dutch* 강습 등 젊은이들이 좋아하는 다양한 프로그램이 준비되어 있었다. 야외 운동장으로 맘다니가 들어서자 순식간에 모든 이의 이목이 집중됐다.

그를 "차기 시장"이라 부르며 열광적으로 환호하는 20대 흑인 보디빌더들의 성화에 못 이겨, 조란은 스포츠재킷을 벗어던지고 자기 몸무게와 비슷한 약 135파운드**의 벤치프레스에 도전하기로 했다. 그는 보조자의 도움을 받아서야 겨우 미션을 완수할 수 있었다. MAGA 계통의 인플루언서인 '@LibsofTikTok'은 즉각 'lol'***이라는 비웃음과 함께 이 영상을 게시했다. 〈뉴욕 포스트〉도 놓치지 않고 달려들었다. 게스트들과 끝도 없이 수다를 떠는 것으로 유명한, 오스틴에 거주하는 근육질의 팟캐스터는 170만 명의 회원을 보유한 자신의 레딧Reddit 그룹에

---

* 양쪽에서 긴 줄 두 개를 서로 반대방향으로 돌리고 그 안에서 한 명 이상이 뛰는 줄넘기 묘기의 일종
** 약 61킬로그램
*** 'ㅋㅋㅋ' 정도의 웃음을 표현하는 약어이다.

이 영상을 공유했다. 친나렌드라 모디 성향의 미디어 〈힌두스탄 타임스Hindustan Times〉는 그들의 방대한 구독자들에게 정체불명의 X 계정을 인용한 기사를 내보냈는데, 그 제목은 "약해 빠진 소인배Weak Little Man"였다.

예상대로 에릭 애덤스와 앤드루 쿠오모도 크게 흥분했다. 애덤스 시장은 X에 자신이 역기를 드는 영상과 함께 다음의 글을 올렸다. "예순넷 대 서른셋. 평생 고된 노동 대 금수저. 시장이라는 직무의 무게는 '맘다라미(맘다니+피라미)'가 감당하기엔 너무 무겁다." 쿠오모의 반응은 그보다는 덜 유치했지만, 그 역시 테스토스테론을 과시하고 있다. "자기 몸무게만큼의 벤치프레스도 못 하는 친구가 세계에서 가장 중요한 도시를 이끄는 그 무게를 어떻게 짊어지겠나?"

애덤스도, 쿠오모도 벤치프레스 실력과 뉴욕시를 이끄는 능력 사이에 어떤 상관관계가 있는지를 설명할 필요성은 느끼지 못하는 것 같았다. 두 알파메일은 그런 비판이 어떤 함의를 갖는지 깊이 생각하지도 않았다. DSA 뉴욕지부의 수전 강Susan Kang은 '덤벨 게이트'라는 이름으로 회자되기 시작한 이 사건에 대해 〈인사이드 시티 홀〉의 진행자 에롤 루이스에게 이렇게 말했다. "만약 여성 후보들에게 필라테스 대결을 강요한다면 무슨 일이 벌어질까요? 상상해 보세요."

크라운 하이츠 거리축제 현장으로부터 그리 멀지 않은 곳에서 조란은 다른 종류의 운동능력을 선보였다. 고등학교 시절 축구부 주장이었던 그는 구두를 벗어던지고 브루클린 박물관 근처에 설치된 거대한 공기주입식 다트판을 향해 공을 찼다. 조란의 천적인 〈뉴욕 포스트〉조차 그가 "능숙하게" 그리고 "신나게" 점수를 올렸다고 인정할 정도였다. 2주

후, 이 사회주의자 후보는 축구에 대한 애정을 다시 한번 특이한 방식으로 드러냈는데, 이번에는 이를 자신의 핵심 가치인 '생활비용 안정'과 연결 지었다.

9월 9일, 조란은 정장 차림으로 축구를 하는 영상을 올렸다. 2026년 월드컵 티켓 가격을 지나치게 비싸게 책정한 FIFA를 비판하는 의미를 담은 영상이었다. 맘다니가 이 동영상을 공개한 시점은 미국·멕시코·캐나다가 공동 개최하고, 뉴욕 인근지역인 뉴저지 메도랜즈에서 결승전이 열리기로 예정된 전 지구적 행사의 티켓 판매가 시작된 무렵이었다. FIFA의 이른바 가변가격제*로 인해, 10월 중순에 이르자 결승전의 경우 가장 저렴한 티켓이 무려 2,800달러까지 치솟았다.

예비선거 때와 마찬가지로, 조란이 내놓은 메시지는 유쾌한 즐거움과 공적인 메시지가 절묘하게 어우러졌다. 양복을 입고 축구를 하는 동영상에서 조란은 익살스럽게 과장된 영국식 어투로 말문을 열고, 이어서 자신의 화려한 볼 컨트롤 능력을 뽐낸 뒤, FIFA의 가격책정 체계에 대해 담백하게 설명한다. 그러고는 지지자들에게 자신의 캠프 '조란을 뉴욕시청으로' 홈페이지에 접속하여 청원에 서명해 달라고 요청하면서, 동시에 FIFA는 바가지 상술을 중단하고 티켓의 15%를 지역주민들에게 할당해야 한다고 촉구한다. 맘다니는 "탐욕"이라고 적힌 레드카드를 이 초자본주의적인 글로벌 기구에 꺼내 드는 것으로 영상을 마무리하고 있다.

---

*   가변가격제(dynamic pricing)는 수요의 많고 적음에 따라 판매자가 가격을 올리고 내리는 판매 방식이다.

맘다니가 현란한 발재간을 선보이는 동안, 8월 말의 크라운 하이츠 축제 현장에서는 또 다른 '알파메일' 후보가 주먹 자랑을 하다가 혹독한 대가를 치렀다.

누가 봐도 당선 가능성이 희박했던 짐 월든 후보가 무모하게도 뉴욕 경찰 한 명과 복싱 스파링을 붙기로 했다. 그는 척 슈머 의원의 부인인 아이리스 와인셜Iris Weinshall과 힘을 합쳐 프로스펙트 파크 웨스트의 자전거도로 설치를 막으려 했던 것으로 이름이 조금 알려진 변호사 출신인데, 결국 뇌진탕 증세를 보여 병원으로 옮겨졌다. 이 경험 많은 소송 전문가는 링거를 맞으며 검지손가락으로 자신의 머리를 가리키고 있는 사진을 인스타그램에 올렸다. 적어도 이 초보 후보의 행동은 '선거에 출마하다throw one's hat into the ring'라는 관용구에 문자 그대로의 새로운 의미를 부여한 셈이 되었다.

신경계 관련 진료를 받고 회복 과정을 거치며, 지지율 1% 미만이던 월든은 상황을 객관적으로 보기 시작했다. 록키 흉내를 내며 기세를 올리던 그는 이내 자신이 가망 없음을 인정하고 시장 선거운동을 중단하겠다고 발표했고, 그의 이러한 행보는 1면 톱 기사로 배치되는 분에 넘치는 대접을 받았다. 이 위대한 복서는 선거운동을 중단하고 다시 로펌으로 돌아가면서 조란에게 휘트니 틸슨 스타일의 날 선 비판을 퍼부었다. 그는 민주당 후보인 조란이 "경찰에 대한 극심한 편견, 공산주의에 대한 진심 어린 헌신, 그리고 반유대주의적 집착"을 가지고 있다고 비난한 것이다.

●　●　●

머스크의 플랫폼에서 활동하는 수많은 맘다니 지지자들이 같은 경험을 했겠지만, 필자 역시 이번 선거전에 대한 어떤 발언을 X에 올리면, 글을 올리기가 무섭게 '시티데스크NYC_CityDeskNYC_'라는 봇이 올리는 신랄한 댓글들을 받았다. 아마 필자만의 독특한 대처법이었겠지만, 나는 그 스팸 댓글 제조기계에게 결투를 신청했다.

이전에 별도의 단행본으로 출판된 이 책의 전반부 글에서, 나는 조란이 예비선거에서 상대를 '완전히 박살냈다'라고 마무리 지었었다. 나는 이 말을 강조한 홍보 동영상을 친구들과 함께 만들었는데, 이에 대해 시티데스크가 맹공격을 퍼붓기 시작했다. "함의 책은 희망의 메시지가 아니라, DSA를 향한 팬픽*일 뿐이다." 시티데스크 봇은 이렇게 주장하며, "세금으로 운영되는 식료품점"과 "인티파다 세계화"를 비난하는 트윗을 도배했다.

나도 명예를 걸고 맞받아쳤다. "그래 한번 붙어 보자. 이봐, 로봇. 오늘 밤 9시에 바클레이스 센터 앞에서 만나자고." 입만 살아 있는 그자는 끝내 나타나지 않았다.

반맘다니 광풍은 도를 지나치게 넘고 있었다. 시티데스크의 2,600명 팔로워 대부분은 '생각을 할 줄 아는 실제 인간들'이었을 것이다. 그 계정의 프로필에는 레터_Rhetor_라는 회사에서 만든 AI 생성 콘텐츠라고 명확히 적혀 있었고, 모든 게시물에 X의 '자동화'라는 안내기호가 붙어 있었음에도 그 많은 사람들이 추종하고 맞장구치고 있었다. 뉴욕 소셜미디어계에서 꽤 낯익은 인물 한 명을 포함해, 열렬한 조란 헤이터들은

---

*   누군가의 팬이 자신이 추앙하는 이를 주인공으로 쓴 창작 소설

로봇이 쏟아 내는 끈질기고 반복적인 공격을 기꺼이 자신들의 계정에 퍼 날랐다.

9월 중순 기준으로, 시티데스크의 팔로워 명단에는 많은 MAGA 추종자들뿐 아니라, X에 글을 올려 상습적으로 맘다니를 공격해 온 60대 백인 변호사 마리아 댄질로Maria Danzilo, 자신을 '에릭 애덤스 시장의 특별 보좌관'이라 소개하는 40대 라틴계 교육행정가 토미 토레스Tommy Torres, 그리고 프로필에 꽤 높은 수준의 학위를 가지고 있다고 밝히고 있는 다양한 지식인들이 포함되어 있었다.

2천 명 넘는 팔로워를 거느리고 있는 시티데스크 계정이 팔로우하는 사람은 단 3명뿐이었다. 이는 보통 초특급 인플루언서들에게나 관찰되는 특이한 현상이다. 그 셋 중 한 명은 이 봇을 운영하는 기업이라는 레터사의 사이하즈프리트 싱Saihajpreet Singh이었다. 캐나다에 거주하는 20대 남성으로, 평소 시크교 터번을 반드시 착용하고 다니는 사람이었다. 칼턴 대학교 출신의 소프트웨어 엔지니어인 그는 예비선거 이후, "많은 사람들로부터 미움을 받고 있다"고 인정했다. 싱의 거주지인 오타와의 유서 깊은 보수 매체 〈오타와 시티즌Ottawa Citizen〉에 의하면, 이 스팸 제작자는 처음에 트럼프와 그의 친구 머스크의 전폭적인 지지 속에서 MAGA를 대변하는 봇인 'DOGEai'를 만들었다가 거센 비난을 받은 전력이 있는 인물이다.

단조롭게 운영되던 싱의 이 안티 맘다니 계정은 짐 월든이 가망 없는 시장선거를 스스로 포기한 직후에 잠시 주목을 받았다. 짐이 링에 수건을 던진 다음 날 아침, 나는 그전까지 무모한 선거운동을 계속하고 있던 짐 월든의 캠프로 저 멀리 슈리브포트에 사는 어느 선상 카지노 도

박업자 가문의 자금이 유입되었음을 의심케 하는 일련의 고액기부금 내역을 X에 폭로했다. 그러나 짐 월든이 사퇴했다는 소식을 아직 접하지 못한 게 분명해 보이는 시티데스크는 이렇게 글을 올렸다. "딕슨 가문이 월든을 지지하다니? 부패에 맞선 정말 현명한 투자가 아닌가?"

● ● ●

노동절 직후 월든은 링에서 내려왔지만, 더 유명한 맘다니의 세 적수는 맘다니를 가운데 놓고 '원형 사격대형'을 형성했다. 이 말은 좀 더 알기 쉽게 설명하면, 서로에게 총구를 겨누며 자멸하기 시작했다는 말이다. 이 고집불통 3인조가 유일하게 합의한 점은, 사회주의자인 선두주자가 시장으로 당선되는 것을 막기 위해서는 세 명 중 두 명이 사퇴해야 한다는 것이었다. 이른바 보수 후보 단일화를 모색하기 시작한 것이다.

애덤스, 쿠오모, 슬리와, 이 세 사람은 문학적인 소양이 높은 이들은 아니었지만, 이들의 술수는 실로 셰익스피어의 비극을 뺨치는 수준이었다. 트럼프 행정부가 애덤스 시장에게 사퇴의 대가로 주택도시개발부HUD 자리를 제안할 것이라는 소문이 돌았다. 그러나 소문이 사실이라고 해도, 항상 강력한 스포트라이트를 받고 싶어 하는 애덤스의 갈증을 채워 주기에는 턱없이 부족한 제안이었다.

애덤스가 반격에 나섰다. 전임 주지사의 막후 술수에 현직 시장이 분노한 것이다. 9월 어느 날, 애덤스는 기자회견을 열어 "앤드루 쿠오모는 뱀이자 거짓말쟁이"라고 선언한다. 그가 분노에 찬 성명을 발표한 곳은 시장 관저인 그레이시 맨션Gracie Mansion 밖의 아주 울창한 정원 앞이었는데, 마침 그곳은 뱀, 특히 줄무늬 뱀이 살기에 딱 좋은 서식지였다.

9월 초 지지율이 15% 안팎을 기록하던 공화당 후보 슬리와는 자신이 트럼프의 워싱턴 행정부에서 직책을 맡을 것이라는 소문이 돌자 그 어떤 제안도 받아들이지 않을 것이라고 일축했다. 사실 이 소문이 현실화된다면 그것은 민간 치안유지 단체인 가디언 엔젤스의 베테랑 활동가인 그를 '물 밖에 나온 물고기'로 만드는 꼴이나 마찬가지였다. 게다가 그것은 뉴욕 지역의 모든 공화당 당원들이 공공의 적으로 여겼던 오랜 숙적인 쿠오모에게 선물을 안겨 주는 꼴이나 다름없는 일이었다. 무소속 후보인 쿠오모가 승리하면 오랜 기간 유지되어 왔던 뉴욕시의 양당 체제에 큰 위협이 될 것이다.

어디로 튈지 모르는 변덕스러움을 자랑하는 트럼프 대통령은 〈폭스 앤드 프렌즈〉에 출연해서 커티스는 "프라임 타임용이 아니다."라고 말하며 자당 후보의 뒤통수를 시원하게 가격해 버렸다. 또한 트럼프는 슬리와가 과거에 펼쳤던 동물 구조활동을 비하하며, "그는 시장 관저에서 많은 고양이들과 함께 살기를 원하겠지만, 우리에겐 수천 마리의 고양이가 필요 없어요."라고 빈정댔다. 황제 트럼프의 공격은 이렇듯 매우 거셌지만, 공화당 시장 후보는 굳세게 버텼다.

9월 5일 금요일, 〈뉴욕 타임스〉는 네 명의 기자가 공동집필한 기사를 통해, 트럼프의 중동 특사이자 동료 억만장자 부동산 개발업자인 스티브 위트코프Steve Witkoff가 대통령에게 애덤스를 주사우디아라비아 미국 대사로 임명할 것을 건의했다고 보도했다. 이는 크게 주목을 받는 자리는 아니지만, 보통 최고 수준의 외교관들이 맡아야 하는 자리이지 쫓겨난 뉴욕시장의 노후생활을 위해 마련된 자리는 아니다. 잠시나마 전직 경찰 출신인 애덤스가 또 다른 '경찰 출신 시장'의 전철을 밟게 될지도 모른다는 추측이 나돌았다. 과거 민주당 소속 윌리엄 오드와이어 시장(1946~1950년 재임)이 뉴욕경찰의 부패 스캔들에 휘말려 시청을 떠나 주멕시코 미국 대사로 부임한 전례가 있었기 때문이다.

트럼프는 애덤스를 사우디아라비아 리야드로 보내는 문제에 대해 기자들 앞에서 분명히 밝혔다. "그럴 생각이 전혀 없소." 그러나 곧이어 한 자락의 여지를 남겼다. "그렇게 하는 게 딱히 잘못된 일도 아니지만……."이라고 덧붙인 것이다. 하지만 애덤스 시장은 자신이 사랑하는 고향을 떠날 수도 있다는 소문에 강한 불쾌감을 드러냈다. 9월 5일 금요일 늦은 오후, 그레이시 맨션 밖에서 열린 기자회견을 앞두고 많은 관측통은 애덤스가 재선 포기를 발표할 것이라 예상했다. 하지만 트럼프나 쿠오모와는 다른 퀸스 지역 출신인 현직 시장 애덤스는 기자들 앞에 서자마자 맹공을 퍼부었다. 〈뉴욕 타임스〉 취재팀이 언급했듯이, 애덤스가 마리오 쿠오모의 아들을 뱀이자 거짓말쟁이라고 비난할 때 그는 격정을 이기지 못하는 모습이었다.

그레이시 맨션 회견에서 애덤스는 쿠오모와 맘다니 두 사람을 싸잡아 "버릇없는 애송이들"이라고 몰아세웠다. 같은 주간에 나온, 〈뉴욕 타임스〉와 시에나 대학교가 함께 실시한 여론조사에 따르면, 자칭 '블루칼라 시장'이라는 그의 지지율은 뉴욕시 유권자의 단 9%에 불과했다. 현직 시장인 그는 모든 자치구와 모든 계층에서 맘다니에게 뒤지고 있었다.

만신창이가 된 현직 시장은 다른 후보들의 청렴성을 지적하며 맹공을 퍼붓는 한편, 본인만의 '꼼수'를 동원하기도 했다. 9월 4일 목요일에 애덤스 캠프는 무함마드의 1,500번째 탄생일을 축하한다는 명목으로 20여 명의 이맘과 무슬림 여성 지도자들을 시청으로 불러 모았다. 하지만 막상 도착한 이슬람 지도자들은 대경실색했다. 애덤스 측과 캠프가 미리 밝힌 대로 그 자리는 예언자 무함마드를 기리는 자리이기도 했지만, 동시에 시장의 재선을 지지하는 행사로 준비되었던 것이다.

모하메드 문타카 사코Mouhamed Mountakhka Sakho라는 이맘은 〈뉴욕 포스트〉 기자에게, 자신이 받은 행사 안내문에는 분명히 기념행사라고만 적혀 있었을 뿐 시장선거에 관한 언급은 전혀 없었다고 했다. 사코는 "정치인은 결국 정치인일 뿐"이라며, "어디를 가든 본색을 드러내기 마련"이라고 덧붙였다.

그리고 다음 날 아침, 〈뉴욕 타임스〉가 사우디아라비아 대사직과 관련해서 시중에 오가는 얘기들을 보도한 것이다. 그렇게 시간이 묘하게 겹치다 보니 시청에서 열었던 무슬림 집회는 애덤스 측이 리야드에 있는 많은 사람들을 의식해 연출한 행사처럼 보이기도 했다. 애덤스 캠프는 이슬람 지도자들을 시청으로 불러 모으기 위해 행사의 목적을 속였다는 의혹을 부인했지만, 의문은 여전히 풀리지 않았다. 에릭 애덤스는 급격히 추락하는 정치적 위상을 회복하기 위해 종교계 인사들을 '무대 소품'으로 활용할 만큼 차가운 인물인가? 간단하게 답하자면, 원래 그런 사람이었다.

● ● ●

조란의 인지도는 예비선거 전에 비해서 몰라보게 높아졌다. 그러나 그는 자신의 높은 유명세에 취하지도 기대지도 않겠다는 태도를 분명히 했다. 그는 예비선거에서 이변을 만들고 자신에게 승리를 안겨 준 유권자들에게 아낌없는 감사를 표했다.

8월 중순의 어느 비 내리는 일요일 오후, 그는 브루클린 미드우드에서 열린 '파키스탄의 날' 축제에 참석했다. 후보는 인파로 북적이는 거리축제에 합류했고, 참가자들에 둘러싸인 채 사진을 찍었다. 한 사진에는 히잡을 쓴 두 명의 미소 짓는 중년 여성 곁에서 환하게 웃고 있는 맘다니의 모습이 담겼고, 그의 경호팀은 카메라 앵글 밖에서 맘다니 주변을 주시하고 있었다.

이 선두 후보는 DSA 뉴욕지부와 연대한 수많은 지역 풀뿌리 시민단체들이 자신의 예비선거 승리에 결정적인 기여를 했다는 사실을 잊지 않았다. 8월 말에, 맘다니는 워싱턴 스퀘어에 위치한 유서 깊은 교회인 저드슨 기념 교회Judson Memorial Church에서 승리 축하 행사를 열었다. 이 자리에는 동아시아 및 방글라데시계 세입자들을 결집시킨 'CAAAV 보이스'와 남아시아 및 인도-카리브해계 유권자들을 끌어낸 '드럼 비트' 회원들이 함께했다. 9월 첫째 주 토요일 저녁에는, 버니 샌더스와 함께하는 브루클린 대학 행사로 향하는 길에 프로스펙트 파크에서 비를 맞으며 소풍을 즐기던 드럼 비트 회원들과 합류하기도 했다.

얼마 후에는 '인종 및 경제 정의를 위한 유대인 모임JFREJ'이 주최한 대규모 행사에 참석했다. 예비선거 당시 맘다니와 브래드 랜더 두 사람의 공조 유세를 기념하는 자리였다. 9월 둘째 주 일요일, 조란 캠프는 예비선거가 개시된 시점부터 줄곧 조란을 지지해 온 JFREJ의 자매 조직인 '평화를 위한 유대인의 목소리'와 함께 대대적인 호별 방문유세를 벌였다. 선거운동원들은 척 슈머의 아파트 건너편에 위치한 브루클린 그랜드 아미 플라자에 일단 모였다가 유세를 위해 사방으로 흩어졌다.

한편, 맘다니는 베냐민 네타냐후에 대해 국제형사재판소ICC가 발부한 체포영장을 집행하겠다는 자신의 공약을 분명하게 재확인했다. 9월 11일, 〈뉴욕 타임스〉와의 대담에서 이 예비 시장 후보는 2026년으로 예정된 네타냐후 총리의 뉴욕 첫 방문 때 뉴욕경찰에 체포 명령을 내려 그를 체포하겠다는 약속을 "이행"하겠다고 확약했다. 그러나 〈뉴욕 타임스〉의 해설 기사에 따르면, 미국은 ICC에 가입한 나라가 아니기 때문에, 뉴욕시장을 포함하여 미국 내의 행정기관이나 공직자가 ICC가 발부한 영장을 집행할 권한이 있는지에 대해서는 법률적 검토가 필요하다.

하지만 조란은 네타냐후가 맨해튼에 머무는 동안 내렸던, 2024년 9월의 군사 명령에 주목했다. 그가 유엔에서 자신이 벌이는 전쟁의 정당성을 역설하는 연설을 마친 직후, 비비의 군대는 레바논의 아파트 단지 여러 동을 폭격하여 아예 평지로 만들어 버렸다. 민간인을 표적으로 삼음으로써 또 다른 전쟁범죄를 저지른 것이다. 9월 중순에 실시한 여론조사에 따르면, 현재 벌어지고 있는 학살극 속에서 뉴욕시 민주당원의 57%가 팔레스타인 측에 지지를 표명했으며, 이스라엘을 지지하는 비율은 18%에 불과했다.

앤드루 쿠오모는 그동안 네타냐후를 확고히 지지해 왔다. 앨런 더쇼비츠가 이끄는 비비의 대ICC 변호인단에 합류한 것에서도 분명히 알 수 있는 일이었다. 그러나 그는 이제 태도를 급변하여 이스라엘 '비판자'로 변신했다. 지지율 2위를 달리던 이 경쟁자는 9월 15일 〈뉴욕 타임스〉의 니컬러스 판도스Nicholas Fandos에게 가자지구의 상황이 "끔찍하다"고 갑작스럽게 털어놓았다. 기존 입장을 완전히 바꾸는 그의 태도는 매우 조심스러웠다. 판도스가 지적했듯, 평생 이스라엘 강경파로 살아온 그는 네타냐후와의 거리를 "슬며시 벌렸을 뿐"이었으며, "이스라엘 국방군IDF을 비판하지 않으려 주의"를 기울였다.

정치인의 입장 변화가 이토록 진정성 없게 느껴지는 경우도 드물다. 비비 일당이 전쟁범죄를 저지르고 있는 것 아니냐는 판도스의 압박에 네타냐후의 변호인이기도 한 그는 판단을 유보했다. 그러고는 "그것은 내가 좀 더 법률적인 분석을 한 후에야 답할 수 있는 문제"라는 애매한 답변을 내놓았다.

실제로 쿠오모가 이 문제에 대한 그의 입장을 새롭게 정리하기 위해 그 어떤 종류의 분석이라도 수행했다는 증거는 어디에도 없다. 지지율이 정체된 쿠오모는 결국 자신의 숙적이 이번 선거의 뜨거운 감자인 이스라엘-팔레스타인 문제로 기세등등하게 자신을 공격할 만한 빌미를 확실하게 제공해 준 꼴이 되었다. 조란의 캠프는 "나는 비비의 편에 선 적이 없다"는 쿠오모의 〈뉴욕 타임스〉 인터뷰 문구를 강조하며, 그가 전쟁범죄 혐의자인 네타냐후의 변호인단에 합류하겠다고 발표했던 과거 영상을 짧게 편집해 올렸다. 이 영상은 순식간에 널리 퍼져 나갔다.

10월 7일 하마스의 이스라엘 공격 직후, 조란은 '평화를 위한 유대인의 목소리' 활동가들과 지역 DSA 선출직 공직자 동료들과 함께 "집단학살이 임박했다"고 경고한 바 있다. 슬프게도 이날 이후 2년간 이어진 대규모 살육은 맘다니와 그 동료들의 통찰이 옳았음을 증명해 주었다. 반면, 갑자기 지금까지와는 전혀 다른 입장을 발표해야만 하는 쿠오모의 처지는 애처로울 뿐이었다.

사람이 자신의 본모습을 숨기는 것은 쉽지 않다. 갈팡질팡하던 이 도전자는 곧 자신의 본모습을 드러냈다. 〈뉴욕 타임스〉와의 인터뷰가 보도된 바로 다음 날, 전 주지사 쿠오모는 기자들에게 조란이야말로 국제법을 부당하게 집행하려 한 죄로 "체포되어야 마땅하다"고 기염을 토했다.

어쩌면 쿠오모는 깊이 생각해 보지 않고 이런 말을 했을지도 모르겠다. 그러나 전쟁범죄는 결코 간단히 넘길 문제가 아니다.

17

경찰과 도둑

조란은 예비선거 기간 내내 뉴욕경찰의 '예산 삭감'을 더 이상 지지하지 않는다고 분명하고도 반복적으로 밝혔다. 하지만 그의 주요 경쟁자 세 명은 선두주자인 조란이 과거에 그러한 구호를 지지했다는 사실을 집요하고도 요란하게 들먹였다.

2020년 조지 플로이드George Floyd 사건에 대한 대대적인 항의시위가 벌어졌고, 많은 시민운동가들이 경찰 예산 삭감을 요구했는데, 그 이유는 운동가들마다 다양했다. 교도소 폐지론자들은 실제로 경찰에 세금을 투입해서는 안 된다고 주장했다. 결국 이들의 주장은 기존의 사법형사제도를 완전히 없애고 새로운 시스템을 고안해 보자는 것이었다. 반면 또 다른 사법정의 옹호자들은 경찰 예산을 누군가를 붙잡아 벌을 주는 데 쓰는 대신, 정신건강을 위한 조치나 관련 프로그램으로 재배분하고자 했다. 조란과 조란 캠프의 입장은 당연히 후자에 속했다.

줄리아니 시대(1994~2001) 이후, 뉴욕경찰은 도시 비즈니스 엘리트들의 강력한 뒷받침을 업고 시정과 지역언론 양쪽에 막강한 권력을 휘둘러 왔다. 〈뉴욕 포스트〉를 비롯한 머독 휘하의 매체들은 항상 경찰의 공식 입장을 대변하며 그 목소리를 키워 주곤 했다. 선거철이 되면 후보들은 표심을 잡기 위해 입버릇처럼 엄정한 '법과 질서'를 강조하며 〈뉴욕 포스트〉의 지지를 끌어내기 위해 온갖 수를 썼다. 2021년, 에릭 애덤스가 시장에 당선된 것도 이러한 분위기를 잘 탔기 때문이었다. 그런데 지지율이 가장 높은 시장 후보가 감히 뉴욕경찰을 비판하는 좌파 정치인일 경우, 다른 후보들은 〈뉴욕 포스트〉의 논조에 영합하기 위해 한바탕 공중제비를 넘고, 광대놀음도 마다하지 않는다.

● ● ●

이 책의 앞부분에서 설명했듯, 지역사회안전국DCS을 신설하겠다는 맘다니의 공약은 예비선거 기간 동안 그리 큰 주목을 받지 못했다. 하지만 본선거에서 '경찰 예산 삭감'을 둘러싸고 어수선한 시비가 벌어지자, 조란은 이를 자신의 비전을 온전히 드러낼 기회로 삼았다.

민주당 후보인 그가 구상한 바에 따르면, DCS는 공공질서 문제를 보건학적 관점에서 접근한다. 무장한 경찰관 대신 정신건강 전문가팀에게 정서적 불안을 겪는 이들이 연루된 비폭력 사건을 담당하게 한다는 것이다. 이는 인근 뉴저지주 뉴어크를 포함한 여러 도시에서 성공을 거둔 바 있는 정책이다. 9월 초, 뉴욕경찰 고위간부 출신인 로드니 해리슨Rodney Harrison이 맘다니의 계획에 힘을 실어 주며, 이 제안이 도입되면 경찰이 "강력범죄와 총기 관련 사건, 그리고 강도 사건 등에 집중할 수 있게 될 것"이라고 주장했다.

곧이어 조란은 5년 전 조지 플로이드 항의시위 당시 뉴욕경찰을 '인종차별주의자'라고 규정한 것에 대해서 사과하겠다고 〈뉴욕 타임스〉를 통해 밝혀 많은 형사사법 관련 시민운동가들을 놀라게 했다. 로드니 해리슨은 맘다니의 DCS 제안을 지지한다면서, "그가 일선 경찰관들에 대한 존중과 지지를 표명한 것을 높이 평가한다"고 언급했다. 내년 1월 취임 가능성이 커진 상황에서, 이 예비 시장 후보는 매우 다양한 인종으로 구성된 뉴욕경찰청 소속의 일선 경찰관들에게 자신이 그들을 인종차별주의자로 간주하지 않는다는 신호를 보내는 듯했다. 그러면서도 조란은 자신이 제안한 DCS 신설 안에 대해서는 분명한 태도를 유지했다.

9월 초, 컬럼비아 대학교 언론대학원에서 맘다니와 대담을 나눈 에롤 루이스 역시 이 계획을 높이 평가했다. 루이스는 〈뉴욕〉지에 기고한 칼럼에서, "공부하는 후보인 맘다니가 덴버와 필라델피아 등 여러 도시에서 입증된 정신건강지원 분야의 혁신 사례들을 스스로 학습한 노력은 인정받아야 한다"고 설명했다. 대담 도중 맘다니는 범죄율의 동반 하락을 보여 주는 구체적인 통계를 줄줄 읊었다. 루이스의 말대로, 이 선두주자의 개혁 과제는 더 많은 경찰 투입을 외치며 〈뉴욕 포스트〉의 눈에 들려 애쓰는 경쟁자들과는 "차원이 다른 것"이었다.

이 좌파 지도자가 무질서 문제에 대해 처벌 위주가 아닌 새로운 접근법을 제시하는 동안, 중도우파 성향의 경쟁자 세 명 중 두 명은 줄리아니 시대의 전술에 매달렸다. 커티스 슬리와는 전임 시장 줄리아니의 지지를 얻긴 했지만, 그의 목소리는 앤드루나 에릭보다는 덜 위협적이었다. 전직 주지사와 현직 시장은 퀸스 출신 주의원인 맘다니가 성매매의 비범죄화를 지지했다는 점을 집중적으로 부각시켰다.

2021년 뉴욕주 주의회 의원으로 일하기 시작한 직후, 조란은 뉴욕주 형법에 오랫동안 존재해 온 성노동자에 대한 가혹한 처벌 규정들을 삭제하는 법안을 지지하게 되어 "강한 자긍심과 열정"을 느낀다고 말한 바 있다. 그중 가장 대표적인 것이 이른바 '성매매 목적의 배회'를 금지하는 조항에 관한 것이었다. 아스토리아 지역 출신의 주의원인 맘다니는 당시 그 조항을 고치기 위해 활동가들이 수년간 노력해 왔음을 언급하며, 지지자들이 이를 '트랜스젠더 보행 권리 보장법'이라 부른다고 설명했다. 맘다니는 뉴욕경찰이 저지른 폭력사건들을 간략히 열거한 뒤, 자신의 표를 "경찰의 괴롭힘에 맞서 온 모든 트랜스젠더 여성에게 헌정한다"고 밝히기도 했다.

DSA 출신의 줄리아 살라자르와 좌파성향의 제시카 라모스가 주 상원에서 이 법안을 옹호하는 동안, 하원에서는 1971년부터 의원직을 지켜 온 자유주의 성향의 민주당원 딕 갓프리드Dick Gottfried가 이 법안의 지지자로 나섰다. 이 원로급 베테랑 정치인의 지지는 트랜스젠더 권리 옹호 조치가 비단 차세대 활동가들만의 전유물이 아님을 보여 주었다. 성매매 비범죄화 법안을 지지한 또 다른 거물급 원로 민주당 인사가 있었다. 놀랍게도 그는 의회를 통과한 법안에 서명하여 발효시켰던 당시의 주지사, 앤드루 쿠오모였다.

다시 8월 중순으로 돌아와서, 전직 주지사는 자신이 2021년에 그 법안을 승인했다는 사실조차 기억나지 않는다고 주장했다. 〈시티 앤드

스테이트〉의 홀리 프레츠키와 리베카 루이스가 지적했듯, "쿠오모가 자신이 서명한 수많은 법을 모두 기억할 수는 없겠지만, '트랜스젠더 보행 금지' 조항 폐지는 수년간의 공개적인 찬반토론과 논쟁 끝에 이뤄졌으며 전국적인 언론매체들까지 대대적으로 보도했던 사안"이었다. 당시 NPR_{National Public Radio}의 보도에 따르면, 쿠오모의 집무실은 이 법안에 대한 보도자료까지 배포했으며, 뉴욕주의 수장인 그가 직접 이 법을 "우리 경찰 시스템의 결정적인 개혁"이라고 부르기도 했다.

기억이야 날 수도 있고 안 날 수도 있겠지만, 망토 없는 이 십자군은 이제 고담시티의 존엄을 지키겠노라 맹세하고 나섰다. 팬데믹 시절의 일과였던 브리핑을 재현하기 위해 미드타운에서 가진 기자회견에서 쿠오모는 맘다니와 그의 DSA 동료들이 지지한, 성매매를 더욱 폭넓게 비범죄화하는 2025년 올버니 법안에 시비를 걸며 세간의 이목을 집중시켰다. 격분한 도덕주의자로 변신한 그는 자신의 새로운 숙적 조란의 발언을 인용했다. 조란이 과거 쿠오모의 철천지원수였던 빌 디블라지오가 시작했던 성매매 단속방식 완화 정책을 이어 가겠다고 언급한 대목이었다. 전임 주지사는 그 비쩍 마른 전임 시장의 이름만 들어도 피가 거꾸로 도는 듯했다.

여기에 〈뉴욕 포스트〉가 편애하는 또 다른 후보가 불난 집에 부채질을 하듯 가세하고 나섰다. 에릭 애덤스 시장은 성노동에 대한 맘다니의 입장을 두고, "그가 어떤 코란을 읽고 있는지 모르겠다"며, "내가 읽는 성경에는 그런 내용이 없다"고 하면서 논쟁에 뛰어들었다. 시장직을 지키고자 하는 이 현직 시장은 미국에서 가장 유명한 세속적 분석가 중 한 명에게서 힘을 얻기도 했다. 애덤스의 지지자인 대중 심리학자 닥터

필Dr. Phil은 자신의 주 시청층인 고령 관객들에게, 맘다니가 "미국 최대 도시에 도덕적인 타락을 강요하고 있다"고 경고했다.

쿠오모의 입장에서는 조란을 주저앉히는 것 못지않게, 역시 현직 시장에게 도덕적 우위라는 고지를 내주지 않는 것도 중요했다. 8월 마지막 주에 불명예스럽게 주지사직에서 물러난 바 있었던 그는 20장에 달하는 강렬한 파워포인트 슬라이드를 동원해 파상공세를 퍼부었다. 그는 조란 캠프가 공식적으로 발표한 공약에도 들어 있지 않은 여러 이야기들을 맘다니의 공약과 억지로 엮어 버렸다. 마리오의 아들은 조란에게 주홍글씨를 새기려는 것 같았다. DSA 뉴욕지부에서 지지하지 않는 전미 DSA의 입장과 주장을 마치 조란의 입장인 것처럼 왜곡하며 비판을 해댔다.

'투쟁과 성취'라는 구호를 내건 이 후보가 제작한 슬라이드 자료에는 DSA 전국 조직이 주장하는 여러 가지 사항들 가운데서 추려 낸 열 가지 "경악스러운" 입장들을 순위를 매겨 정리한 후 약간의 살이 붙여져 있었다. 이 10개의 리스트 가운데 9위는 "이스라엘에 대한 보이콧, 투자철회 및 제재BDS, 그러나 우간다에 대해서는 침묵"이었다. 이를 근거로 네타냐후의 변호인인 쿠오모는 맘다니가 모국인 우간다의 가혹한 동성애 탄압*에 대해서는 무시하고 있다면서, 그를 반유대주의적 위선자로 몰아세웠다. 목록의 그다음은 "성노동 및 마약거래의 비범죄화"였고, 쿠오모는 성매매에 대한 자신의 강경한 입장을 재차 강조했다.

---

*　우간다의 장기 독재자인 요웨니 무세베니 대통령은 스스로 기독교인임을 자처하며 동성애자가 적발되면 사형에 처하는 법률을 제정하고 시행하여 국제적인 비난에 직면한 바 있다.

3위는 "모든 경범죄 처벌 중단", 그리고 대망의 1위는 "경찰 예산 삭감" 이었다.

쿠오모는 이렇듯 파상적인 늦여름의 공세를 퍼부었지만, 그 결과 는 그리 신통치 않았다. 에롤 루이스가 〈뉴욕〉지 칼럼에서 지적했듯, "유권자들은 공공안전에 대한 맘다니의 접근방식에 마음을 열고 있는 것"으로 보였다. 9월 첫째 주에 실시된 〈뉴욕 타임스〉와 시에나 대학 교의 공동 여론조사에 따르면, 범죄 문제를 더 잘 처리할 후보로 맘다 니(30%)를 꼽은 응답자가 쿠오모(29%)를 선택한 이들보다 근소하게 더 많았다. 현재 시청을 지키고 있는 전직 경찰간부 출신 에릭 애덤스 는 고작 15%를 기록하며 체면을 구겼다.

뉴욕시민들이 경찰의 역할을 바라보는 관점에 근본적인 변화가 일 어났다고 단정하기에는 아직 일렀다. 하지만 맘다니가 제시한 '처벌 위 주가 아닌 새로운 방향'에 대한 지지가 점점 두터워지고 있음은 분명했 다. 반면 쿠오모는 이번에도 시대의 흐름을 거스르며 허우적거리고 있 는 듯 보였다.

● ● ●

6월 말의 예비선거에서 승리하여 파란을 일으킨 조란은 예비선거에 서 쿠오모나 다른 후보들을 지지했던 지역 민주당 지도자들의 지지를 끌어내며 즉각적으로 자신의 우호세력을 확장해 나갔다. 제럴드 내들 러와 아드리아노 에스파이야트Adriano Espaillat 하원의원을 비롯해 브루 클린과 맨해튼 민주당 조직의 수장 등 여러 핵심 인물이 빠르게 합류했다. 그러나 당 내에서 가장 막강한 권력을 쥔 인물들은 여전히 맘다니 편이 아니었다.

척 슈머 상원의원과 하킴 제프리스 하원의원, 그리고 캐시 호컬 주지사가 민주당 경선의 명백한 승자인 조란을 지지할 것인지를 두고 의구심을 표하는 보도가 여름 내내 끊이지 않았다. 과거 당의 실세였던 쿠오모와 에릭 애덤스가 민주당 시장 후보를 낙마시키기 위해 처절하게 움직이고 있었음에도, 당 지도부는 이를 크게 문제 삼으려고 하지 않는 모습이었다. 한편, 롱아일랜드 출신의 보수적 민주당 의원 두 명은 시의 좌파 선두주자를 저지하기 위한 캠페인을 벌였으며, 그중 한 명은 "맘다니가 승리한 것은 사회주의 때문이 아니다."라고 단언하기도 했다.

척 슈머가 조란에게 적대감을 품은 이유는 분명했다. 이 노련한 상원의원은 그해 초 〈뉴욕 타임스〉의 보수적인 칼럼니스트 브렛 스티븐스에게 "나의 역할은 좌파 인사라고 하더라도 친이스라엘 성향을 유지하도록 만드는 것"이라는 유명한 말을 남긴 바 있다. 연방 상원의 소수당인 민주당 원내대표인 그는 이스라엘의 제노사이드 자행을 용인해야 한다고 믿는, 이제는 급격히 줄어들어 많지 않은 일부 뉴욕시민들의 입장을 대변하고 있었다. 따라서 척 슈머가 친팔레스타인 성향의 시장 후보를 지지할 가능성은 없다고 보아야 했다. 게다가 조란은 10월 7일의 사건 직후, 파크 슬로프에 있는 척 슈머의 자택 앞에서 시민 불복종 운동을 벌였던 인물이다. 슈머의 임기는 2028년에 종료되고 다음 선거까지는 한참 남았기 때문에, 표를 의식해 당장 노선을 변경해야 할 필요도 없었다. 〈뉴욕 타임스〉 역시 그에게 책임을 묻거나, 거세게 그의 노선 변경을 몰아붙일 생각이 없기는 마찬가지였다.

척 슈머야 그럴 수 있다고 치더라도 하킴 제프리스까지 당의 공식 후보에 대한 지지를 유보하는 것은 적지 않게 당혹스러운 일이었다. 조란은 예비선거 당시 하킴의 선거구에서 12% 차이로 승리했으며, 수많은 DSA 뉴욕지부 회원들은 조란을 시장으로 최종 당선시키기 위해 열을 올리고 있었다. 브루클린 중앙에서 퀸스 남부까지 이어지는 자신의 지역구에서 일고 있는 조란 지지 열풍에도 불구하고 제프리스는 움직이지 않았다.

8월의 마지막 화요일, 조란과 하킴은 베드 스타이 중앙에 위치한 코너스톤 침례교회Cornerstone Baptist Church에서 회동했다. 이 자리에는 제프리스의 우군이자 마찬가지로 맘다니 지지를 거부하고 있던 브루클린 출신의 하원의원 이베트 클라크Yvette Clarke, 그리고 20명가량의 흑인 목회자들과 지도자들이 함께했다. 언론의 출입은 금지되었으나, NY1의 아야나 해리 기자는 제프리스와 클라크가 "맘다니를 지지할 기색을 전혀 보이지 않았다"고 보도했다.

그날 밤 제프리스의 오랜 측근이기도 한 NY1의 에롤 루이스는 하원 민주당 지도부의 속내를 설명했다. 루이스의 해석에 따르면, 브루클린의 이 거물들은 '허드슨강 서쪽' 유권자들이 당의 좌클릭을 어떻게 바라볼지를 두려워하고 있었다. 뉴욕시에서 민주사회주의자가 권력을 잡는 것이 뉴저지에서 캘리포니아에 이르는 여러 경합 주의 민주당 지지세에 구체적으로 어떤 위협이 되는지 제대로 가늠해 보기가 쉽지 않다는 것이었다. 하지만 좌파의 승리가 전국 단위의 주요한 유력 기부자 그룹이 원하는 바는 아니라는 점만큼은 아주 분명하게 느끼고 있었다.

제프리스와 클라크는 슈머와 마찬가지로 이스라엘에 대한 저자세 기조를 늘 유지하고 있는 정치인이었다.

하킴이 조란에 대한 지지를 표명하지 않자, 팟캐스트 방송인인 브리아나 조이 그레이와 서브스택에서 작가로 활동하고 있는 켄 클리펜스타인 등 진보적인 지식인들은 소셜미디어를 통해 제프리스를 향해 끊임없이 조롱했다. 날이 서 있는 랩 가사까지 인용해서 제법 까칠하게 글을 쓰고 연설하는 것으로 유명한 제프리스였지만, 정작 이 문제에 관해서만은 회피성 답변과 상투적인 문구로 가득 찬 입장만 내놓았다. 9월 중순, 이스라엘에 비판적인 좌파성향의 크리스 밴 홀런Chris Van Hollen 메릴랜드주 상원의원이 맘다니를 지지하지 않는 당 지도부를 향해, 부유한 기부자들에게 목을 매고 있는 "줏대 없는 정치인들"이라고 직격탄을 날렸다. 이에 대해 하킴의 홍보팀은 "크리스 밴, 뭐라고?"라고 맞받아쳤다. 민주당은 단일대오를 형성하지 못하고 있었다.

중도성향의 캐시 호컬 뉴욕주지사는 노동절 연휴까지는 슈머나 제프리스와 보조를 맞췄다. 하지만 8월 말, 조란의 선거캠프 변호사인 알리 나즈미는 2026년에 재선에 도전해야 하는 호컬이 "마음을 돌리고 있다"고 내게 귀띔했고, 이 말은 곧 사실로 드러났다. 호컬 주지사는 6월 예비선거 직전의 주말에 맘다니를 강력하게 지지해 주었던 티시 제임스 검찰총장과 긴밀한 관계를 유지하고 있었다. 9월 중순, 이 온건파 주지사가 조란에 대한 지지를 선언하자, 〈뉴욕 포스트〉는 1면에 검은 베레모를 쓰고 공산주의를 상징하는 붉은 배경 앞에 선 그녀를 "호컬 동지"라고 묘사하는 터무니없는 삽화를 실어 불편한 기색을 드러냈다.

호컬이 맘다니를 지지하고 나선 결과, 민주당 뉴욕주 지역 당 부의장이자 그녀의 핵심 우군이었던 제이 제이콥스Jay Jacobs와 불편한 관계가 되었다. 롱아일랜드를 대변하는 다른 우파 민주당원들과 입을 맞춘 듯, 제이콥스는 즉각 호컬의 행보를 비판했다. 그는 DSA를 비난하며 맘다니의 이스라엘에 대한 태도를 문제 삼았다.

이러한 당 내 분열은 쿠오모에게는 적지 않은 어부지리를 얻을 기회였지만, 그는 이번에도 제 발등을 찍고 말았다. 〈뉴욕 타임스〉가 어떤 인터뷰 자리에서 대수롭지 않게, 생존하는 민주당 인사들 가운데 가장 존경하는 사람을 꼽아 달라고 요청하자, 마리오의 아들은 "떠오르는 사람이 아무도 없다"고 답했다. 분명 슈머나 제프리스, 그리고 롱아일랜드의 맘다니 혐오론자들 입장에서는 매우 기분이 상했을 만한 답변이었고, 쿠오모가 그들을 별로 도움이 되지 않는 존재로 여기고 있다고 '오해'하기에 충분했다.

• ● •

조란의 예비선거 승리는 뉴욕의 기득권층에 큰 충격을 주었지만, 전국의 주요 진보성향 인사들은 이 새로운 시장 후보를 적극적으로 옹호하고 나섰다. 엘리자베스 워런 상원의원은 7월에 전국으로 방송되는 토크쇼에 출연해 맘다니에 대한 지지 의사를 밝힌 데 이어, 8월 초에는 민주당 후보인 그와 함께 뉴욕 시내를 순회했다. 워런은 이 신예 정치인이 뉴욕의 억만장자들을 위협하고 있다고 선언했다. 그들 억만장자들은 시장이 자신들 앞에 "무릎을 꿇기"를 기대하는 사람들이기 때문이라는 것이다. 또한 워런은 보편적 보육 서비스를 구축하겠다는 DSA 후보의 계획을 치켜세우는 한편, 주거비 부담 문제를 논의하려는 전국의 민주당원들에게 "뉴욕시가 그 논의의 출발점"이라고 강조했다.

워런의 맘다니 지지가 유독 큰 무게감을 가졌던 이유는 단순히 그녀가 뉴욕 자유주의자들 사이에서 인기가 높았기 때문만은 아니었다. 2021년에 취임한 보스턴의 진보적 시장 미셸 우는 워런의 후계자로, '무료 교통' 시스템 도입을 시정의 핵심 과제로 삼아 왔던 사람이다. 조란 역시 6월 예비선거 당시 열린 TV토론에서 미셸 우를 "존경한다"고 말한 바 있다.

버락 오바마를 포함한 전국적인 지명도를 지닌 민주당 인사들 또한 지지의 목소리를 냈다. 비록 현재 좌파진영 내에는 오바마의 팬이 그리 많지 않지만, 그는 전직 대통령으로서 여전히 흑인 민주당원들 사이에서 높은 인기를 누리고 있다. 오바마와 그 측근들의 지지는 뉴욕시의 강력한 표심 집단인 흑인 유권자들 사이에서 조란의 입지를 굳히는 데 큰 도움이 되었다. 9월 여론조사 결과, 흑인 유권자의 41%가 이 좌파 민주당 후보를 지지하는 것으로 나타났다. 이는 34%인 쿠오모와 고작 11%에 그친 에릭 애덤스를 앞지르는 수치였다. 시카고와 보스턴의 당내 거물들은 브루클린의 정치인들보다 뉴욕시 예비선거 결과를 훨씬 더 객관적인 시각으로 바라보고 있었던 셈이다.

브루클린의 유서 깊은 동네 플랫부시 출신인 버니 샌더스 역시 조란을 지원하기 위해 그가 전국을 돌며 진행하고 있는 순회집회인 '과두정치와의 투쟁Fighting Oligarchy' 행사를 뉴욕에서 열었다. 9월 6일 토요일, 샌더스와 맘다니는 맨해튼에서 열린 연례 노동절 행진에 함께 참여했고, 사우스 브롱크스에서는 알렉산드리아 오카시오 코르테스까지 합류하여 학생들에게 책가방을 나눠주는 행사를 가졌다. 이 세 명의 사회주의자는 이어 아스토리아 거리를 함께 거닐었다. 그날 저녁, 버니는 브루클린 대학에서 열린 조란의 활기찬 타운홀 미팅에도 참석했다.

이 행사에서 맘다니는 뉴욕시립대학교 측이 친팔레스타인 활동을 탄압하고 있는 상황을 비판하며 연설의 포문을 열었다. 지난봄 캠퍼스 시위 이후, 이 학교의 브루클린 대학 본부는 시위에 참여한 비전임 교수 네 명의 계약을 갱신하지 않았다. 조란은 "그 어떤 교수진도 팔레스타인의 인권을 지지했다는 이유로 징계를 받아서는 안 된다"고 역설했다. 이어 마이크를 잡은 버니는 네타냐후의 대학살에 투입되는 미국의 군사지원금을 끊자는 것은 "전혀 급진적인 주장이 아니다"라고 선언하며 청중의 기립박수를 이끌어 냈다.

반세기에 가까운 나이 차이에도 불구하고, 이 두 좌파 정치인의 호흡은 완벽했다. 샌더스는 스스로를 민주사회주의자라고 부르지만 DSA에 가입되어 있지는 않다. 브루클린 대학 행사에서 맘다니는 2019년 10월 롱아일랜드 시티에서 열린 버니의 집회에서 자신의 주의회 선거 캠페인을 처음 시작했다고 회상했다. 청중 중에 한 사람이 보육비 부담에 대해 우려를 표하자, 조란은 강당 로비에 마련된 DSA 뉴욕지부의 홍보부스를 방문해 보라고 권유하기도 했다.

그날 오전, 이들 두 지도자는 아스토리아에 있는 아프가니스탄식 케밥 식당에 함께 앉아 버니 샌더스가 버몬트주 벌링턴 시장으로 재직하던 시절의 경험에 대해 담소를 나눴다. 샌더스는 취임 직후 대대적인 나무 심기 캠페인을 시작했는데, 이것이 지역에 대한 시민의 자부심을 높이고, 자신의 더 큰 정치적 의제에 대한 지지를 끌어내는 밑거름이 되었다고 회상했다. 9월 중순경, 〈더 네이션〉지는 이날의 신구 정치인의 대화가 담긴 "시장이 시장에게Mayor to Mayor"라는 제목의 동영상을 특집기사로 다루었다.

• ● •

라이벌들이 진흙탕 싸움에 빠져 허우적거리고 있을 때, 조란은 미래에 대한 낙관론을 펼치며 앞으로 나아갔다. 쿠오모와 에릭 애덤스, 그리고 슬리와, 이들 세 사람은 정도의 차이는 있었으나 모두 과거에 매몰되어 있었고, 특히 뉴욕시 유권자들에 대해 구태의연한 믿음을 고수하고 있었다. 여름이 끝나 갈 무렵 폭스 뉴스가 실시한 여론조사에 따르면, 자본주의를 옹호하는 응답자는 48%에 그쳤다. 응답자의 41%가 이제는 사회주의를 긍정적으로 바라보고 있었다. 일론 머스크가 조만간 '조만장자'의 반열에 오를 것이라는 전망 속에서, 시대의 흐름은 명백히 좌파의 손을 들어 주고 있었다.

맘다니가 도시의 막대한 부의 집중을 완화하기 위해 온건한 재분배를 주장한 것과 달리, 그의 경쟁자들은 자본주의의 수호자를 자처하고 나섰다. 8월 말, 쿠오모는 폭스 채널의 진행자 마리아 바티로모에게, "뉴욕시민들은 사회주의자가 아닙니다."라고 단언했다. 에릭 애덤스 역시 트럼프의 화법을 흉내 내며 기자들에게, "맘다니는 민주당원이 아니라 공산주의자"라고 몰아세웠다. 선거전 후반에 이르러 슬리와는 뉴욕을 "세계 자본주의의 심장"이라고 강조하면서, 이를 반드시 지켜 내겠다고 다짐했다.

조란은 이번 선거에서 단연 최연소 후보였음에도 불구하고, 그의 캠프는 뉴욕시의 풍요로웠던 과거에 대하여 상대 캠프보다 훨씬 더 깊은 관심을 기울였다. '덤벨 게이트' 다음 날, 조란의 마초적인 경쟁자들이 어떻게든 득점을 하기 위해 유치한 경쟁을 벌이고 있을 때, 맘다니 캠프는 '일요일 보물찾기'라는 행사를 열었다. 이 행사에는 1천 명이 넘는 깨어 있는 뉴욕시민들이 모여들었다. 조란은 행사를 홍보하는 영상에 등장하여, '허스'사의 어니언 감자칩을 먹으면서 이 역사 행사의 시작을 알렸는데, 이는 에릭 애덤스의 최측근인 위니 그레코가 저지른 이른바 '감자칩 게이트'라고 불리는 뇌물 스캔들을 교묘히 꼬집은 것이었다.

보물찾기 행사는 뉴욕시의 뿌리 깊고 유구한 부패의 역사를 게임 형식으로 순례하도록 설계되었다. 유니언 스퀘어의 옛 태머니 홀 본부에서 출발하여, 대공황 시기 태머니 홀의 정치꾼들이 구호기금을 가로채도록 방관했던 보드빌vaudeville* 스타 출신 시장 지미 워커의 이름을 딴 웨스트 빌리지의 공원(제임스 J. 워커 파크)을 경유했다. 참가자들은 시내버스를 타고 각 지점을 이동했는데, 이는 맘다니 캠프의 핵심 공약인 무상 대중교통 공약과 관련된 이동방식이었다.

조란과 모든 참가자들은 아스토리아에 있는 아프가니스탄 카페 '리틀 플라워Little Flower'에서 순례 일정을 마무리했다. 이는 뉴욕의 마지막 다문화권 시장을 기념하기 위한 설계였다. 카페의 이름인 '리틀 플

---

* 19세기 말부터 20세기 초까지 미국에서 유행했던 대중적인 코믹 뮤지컬을 말한다. 뮤지컬이라고는 하지만 노래, 춤, 마술, 아크로바틱, 짧은 연극 등이 섞인 공연이다. 지미 워커는 정계에 입문하기 전, 보드빌 무대에 서던 연예인이었다.

라워'는 피오렐로 라과디아 시장의 별명이기도 하다.*

　보물찾기 행사의 주요 경유지를 설계하는 데 참여한 나탄 라스트Natan Last는 크로스워드 퍼즐 제작 전문가이다. 그는 "소위 항상 고상하고 우아하게 말하고 행동할 법한 사람들이 이렇게나 순수하고 진지하게 행사에 참여하여 즐기는 모습에 깊은 인상을 받았다"고 말했다. 브루클린 출신의 30대 청년인 라스트는 이렇게 함께 시간을 보낸 경험이 강한 공동체의 연대감을 형성했다고 설명했다. "이스트 리버 파크로 이어지는 보행교를 건너면서, '존 린지 러닝트랙**이 어디 있나요?'라고 지나가는 이들과 스스럼없이 대화를 나눴어요." 맘다니가 시장선거에 뛰어든 첫날부터 내걸었던, 사람들을 하나로 모으겠다는 구호는 결코 빈말이 아니었다.

　2025년 여름이 끝나 갈 무렵, 조란은 다른 후보들을 여유롭게 따돌리고 선두를 달렸다. 9월 19일, 〈뉴욕 타임스〉의 전국 특파원 애니 카니Annie Karni는 "맘다니 후보가 뉴욕시장 관저 그레이시 맨션으로 가는 탄탄대로에 올라선 것으로 보인다"는 예측기사를 내놓았다. 게다가 에릭 애덤스 시장이 여름의 마지막 주말 동안 공식석상에 모습을 드러내지 않자, 그가 "조용한 퇴장"을 준비하고 있다는 소문이 돌았다. 그러나 그는 얼마 후에 예상과는 달리 '요란하게' 후보직을 사퇴하게 된다. 그

---

* 　라과디아 시장은 아시아나 아프리카 혹은 라틴계 출신 시장은 아니지만, 아일랜드계가 정치계를 좌지우지하던 당시에 아버지가 이탈리아계 가톨릭 신자이고 어머니는 유대인이었으므로 넓은 의미에서 다문화권 비주류 시장이었다고 할 수 있다.

** 　존 린지(John Lindsay)는 1966년부터 1973년까지 시장으로 재직하면서 공원을 정비하여 시민들이 여가와 야외활동을 즐길 수 있도록 많은 노력을 기울인 인물이다. 보물찾기의 중간 과정에 과거 그가 조성한 러닝트랙이 있었던 지점을 답사하도록 되어 있다.

리고 '커티스 슬리와 2.0'이라는 구호를 내건 슬리와 후보는 끝까지 완주하겠다는 의사를 밝혔다.

한편 앤드루 쿠오모는 우파성향 민주당의 거두 람 이매뉴얼Rahm Emanuel을 중심으로 캠프의 전열을 정비했다. 그는 슬리와와 에릭 애덤스가 모두 사퇴한다면 '투쟁과 성취' 후보에게 승산이 있다고 계속해서 주장했다. 차세대 진보 지도자에 맞선 쿠오모의 '성전'에 새롭게 합류하는 인사들은 그리 많지 않았지만, 없지도 않았다. 9월 중순에 우디 앨런이 독립 언론사인 더 프리 프레스The Free Press의 대표 바리 와이스에게 자신은 마리오 쿠오모의 아들을 지지한다고 밝혔다.

조란에 대한 쿠오모의 인신공격성 비난은 여름 내내 이어졌고, 가끔은 가족까지 들먹였기에 조란도 불편한 심기를 드러냈다. 그러나 이러한 공세가 조란에게 특별히 불리하게 작용하지는 않은 듯했다. 그는 8월 중순경에 기자들에게 이렇게 말했다. "주지사를 극도로 비호감으로 만들기 위해 내가 딱히 할 일은 없습니다. 본인이 이미 충분히 알아서 잘하고 있는 것 같습니다."

18

뉴욕의 가을

막 가을로 접어들 무렵, 많은 미국인들이 위협적인 존재로 인식하고 있는 미국 대통령과 전쟁범죄 혐의로 ICC에 기소된 이스라엘 총리가 뉴욕을 찾아왔다. 노회한 두 품격 없는 정치인은 경쟁적으로 유엔을 조롱했다. 시장선거의 선두주자인 조란 맘다니는 이 두 인물을 강력히 규탄했고, 지지자들은 가자지구에서 벌어지는 제노사이드에 반대하며 미드타운의 거리를 가득 메웠다.

반면, 에릭 애덤스 시장은 네타냐후를 따뜻하게 맞아 주었다. 그는 총회장에 모인 각국의 외교관들이 집단 퇴장하는 상황에서도 아랑곳하지 않고 이 범법자의 연설을 경청했다. 사면초가에 몰린 뉴욕시청의 수장은 비비가 "서구 세계와 우리의 삶의 방식을 수호하고 있다"고 주장했다. 하지만 그는 국제적인 여론과는 아주 동떨어진 생각을 하고 있었다.

이틀 뒤, 에릭 애덤스는 마침내 재선 도전 중단을 선언했다. 시장이 직접 발표한 영상 메시지에는 특유의 장례식 같은 분위기가 감돌았다. 에릭 애덤스는 돌아가신 어머니의 대형 사진을 들고 프랭크 시나트라의 〈마이 웨이My Way〉가 배경에 깔린 다소 감상적인 분위기 속에서 그레이시 맨션의 카펫 깔린 계단을 내려왔다. 고작 예순다섯임에도 그는 인생의 마지막 무대인사를 하며 은퇴를 하는 배우처럼 보였다. 그의 그럭저럭 '감동적인' 마지막 무대는 거의 9분 동안이나 길게 이어졌다.

허세로 점철되었던 시대가 비참한 종말을 맞이하는 모습이었다. 에릭 애덤스의 사퇴 성명을 1968년 LBJ*의 사퇴 선언과 비교하는 이는 거의 없었다. 당시 존슨 대통령은 반전을 부르짖던 유진 매카시Eugene McCarthy 후보가 초반 돌풍을 일으키자 TV를 통해 재선 도전 포기를 선언한 바 있다. 부패 스캔들에 끈질기게 시달려 온 시장이 재선을 포기할 무렵, 그의 지지율은 고작 10%에 불과했다. 캐시 호컬, 하킴 제프리스를 비롯한 여러 민주당 지도자들이 에릭 애덤스를 치켜세웠지만, 그의 은퇴를 아름답게 여겨 주는 사람은 별로 없었다.

에릭 애덤스의 향후 행보를 두고 9월 초부터 소문이 무성했다. 워싱턴 행정부에서 한 자리를 맡을 거라든가, 사우디아라비아 대사 설, 또는 뉴욕에서 새로운 자리를 맡게 될 것이라는 이야기도 있었다. 그러나 현실로 이루어진 것은 아무것도 없었다. 한편, 시장 관저인 그레이시 맨션에서는 또 한 편의 '음모극'이 진행되고 있음이 드러났다. 에릭 애

---

* 미국에서는 린든 B. 존슨(Lyndon Baines Johnson, 1963~1969년 재임) 대통령을 애칭으로 LBJ라고 부른다.

덤스의 막후 해결사인 프랭크 카로네가 현직 시장이 경선에서 하차하기 훨씬 전부터 이미 앤드루 쿠오모를 돕고 있었다는 사실을 거리낌 없이 인정한 것이다.

기자들은 다음 1월 1일 차기 시장이 취임하기 전까지, 이 임기 말의 레임덕 시장과 그의 무리가 어떤 모의를 꾸밀지에 주목했다. 10월 초에 시장은 알바니아를 깜짝 방문했다. 그가 공석인 주알바니아 대사 자리를 노린 것인지는 확실치 않았다. 다만 그는 알바니아 총리이자 오랜 세월 사회당을 이끌어 온 에디 라마Edi Rama 옆에서 밝게 웃으며 사진을 찍었다. 평소 사회주의자들을 원수처럼 여겼던 그이지만, 이 자리에서만은 사회주의에 대한 어떤 거부감도 드러내지 않았다.

쿠오모가 에릭 애덤스의 사퇴로 반사이익을 얻은 것은 분명했다. 그러나 그가 '투쟁과 성취'라는 구호를 내걸고 가야 할 길은 아직 험난했다. 에릭을 지지하던 10%의 유권자가 전부 앤드루에게 옮겨 간다 하더라도, 그는 여전히 맘다니에게 10%포인트 차이로 뒤지는 상황이었다. 표가 모두 그에게 넘어갈 정도로 시장을 지지하는 유권자들의 눈에 쿠오모가 매력적일지도 의문이었다. 9월 초까지만 해도 애덤스가 그레이시 맨션 밖에서 쿠오모를 향해 노골적인 불쾌감을 드러내는 발언을 한 적이 있었다는 점도 신경 쓰이는 대목이었다. 사퇴 발표 이틀 후, 〈뉴욕 포스트〉는 "조란 맘다니를 혐오하는 에릭 애덤스, 한때 '뱀이자 거짓말쟁이'라고 불렀던 앤드루 쿠오모에게까지 손을 내밀다."라는 자극적인 헤드라인의 기사를 내보냈다. 어쨌든 공동의 적을 앞에 놓고, 이 두 노련한 정치인은 극적으로 손을 잡았다.

한편, 불명예를 뒤집어쓰고 물러난 주지사라는 수식어를 항상 짊어지고 다녀야 하는 쿠오모는 맘다니를 향한 분노 수위를 높였다. 애덤스가 수건을 던진 다음 날, 에롤 루이스와 진행한 야외 인터뷰에서 쿠오모는 맘다니를 "실존적 위협"이라고 거듭해서 말했다. 그는 좌파가 이끄는 도시는 마약 전시장으로 변하고 성매매가 판을 치게 될 것이라고 경고했다. 올버니에서 뉴욕주를 주름잡던 시절, 마약 합법화를 지지했던 주지사가 바로 자기 자신이었다는 사실은 조금도 중요하지 않은 듯 보였다.

선거의 마지막 6주 동안 쿠오모의 친이스라엘 발언은 도를 넘고 있었고, 〈뉴욕 포스트〉조차 웬만한 발언은 다루어 주지 않을 정도로 과열되어 있었다. 그는 루이스에게 민주당 후보인 맘다니가 "인티파다의 세계화"라는 문구에 대해 취한 입장은 그가 "테러리스트에게 동조하고 있음"을 나타내는 것이라고 말했다. 며칠 뒤, 쿠오모는 〈미트 더 프레스〉의 진행자인 크리스틴 웰커에게 그러한 활동가들이 외치는 여러 가지 구호를 한마디로 요약하면 "모든 유대인을 죽여라"라는 의미인 것이 확실하다고 강조했다.

쏟아지는 포격 속에서도 조란은 흔들리지 않았다. 그는 전국적으로 두터운 시청자 층을 확보하고 있는 낮 시간대 프로그램인 〈더 뷰The View〉에 출연해, 10월 7일에 하마스가 저지른 행위는 "끔찍한 전쟁범죄"라고 전제하면서도, 현재 가자지구에서 자행되는 이스라엘의 제노사이드도 결국 "전쟁범죄에 대하여 또 다른 전쟁범죄로 대응하는 비극"이라고 지적했다. 이어서 "우리가 목격하고 있는 것은 지난 2년 가까이 매시간 단위로 이스라엘군에 의해 팔레스타인 아이들이 죽어 가고 있는 현실"이라고 강조했다. 스튜디오의 방청객들은 "국제법의 보편성"을 역설하는 맘다니의 발언에 환호를 보냈다.

일부 친팔레스타인 비판론자들은 이 좌파 시장 후보가 10월 7일 1주년 소셜미디어 게시물에서 하마스의 전쟁범죄를 먼저 언급한 것을 두고 이스라엘에 "영합"하고 있다며 비난했다. 반대편에서는 네오콘 선동가인 데이비드 프럼David Frum이 "이스라엘의 자위적 활동"에 대하여 맘다니가 "강렬하고 열정적인 분노를 표출했다"며 불쾌감을 드러냈다.

쿠오모가 프럼의 주장에 동조하고 나선 것은 누구나 예상한 바였다. 그는 가자지구에서 벌어지는 일에 대해서는 일절 언급하지 않은 채 "유대인 여러분, 나는 당신들 편입니다."라는 뻔뻔한 성명을 발표했다. 가톨릭 신자임에도 쿠오모는 교황 레오 14세의 평화 호소에 귀를 기울이는 대신, 비비를 전폭적으로 지지하는 쪽을 택했다. 그러나 9월 말의 〈뉴욕 타임스〉와 시에나 대학교의 공동 여론조사에 의하면, 미국 전역에서 팔레스타인을 지지하는 여론이 미세하게 우세한 것으로 나타났다. 응답자의 40%는 이스라엘이 의도적으로 민간인을 살해하고 있다는 데 동의했다. 심지어 MAGA 지지층조차 이스라엘의 만행에 경악하는 여론이 점점 높아지고 있었다. 조사 결과 네타냐후의 학살 행위를 지지한다고 응답한 공화당 지지자의 비율은 두 자릿수 퍼센트포인트 이상 급락했다.

지난 6개월 사이에 조란이 전국적인 거물로 급부상한 것과 〈뉴욕 타임스〉 보도처럼 이스라엘 지지 여론에 "지각 변동"이 일어난 것은 서로 무관하지 않다. 소셜미디어의 아이콘이자 유력한 차기 뉴욕시장으로 떠오른 맘다니가 국내외 현안에 대해 견해를 밝히면, 이제 전 세계가 주목할 수밖에 없다. 급부상 중인 이 좌파 정치인이 자신의 영향력을 국제법의 가치를 알리는 데 사용했다는 사실은 평화운동 진영에게도 큰 힘이 되었을 것이다.

● ● ●

커티스 슬리와는 여전히 쿠오모의 앞길을 가로막는 가장 큰 걸림돌이었다. 9월 말, 공화당 후보 슬리와는 기자들에게 익명의 거물급 인사들로부터 사퇴를 대가로 거액의 보상금을 제안받았다고 폭로했다. 가디언 엔젤스의 창립자인 그는 "일곱 명의 인사들이 향후 몇 년에 걸쳐 나누어 지급하는 조건으로 총 1천만 달러를 제안했다"고 밝혔다. 〈뉴욕 포스트〉가 신뢰하는 한 익명의 제보자에 따르면, WABC 라디오 안에서는 슬리와의 상급자인 존 캐치매티디스 역시 누군가로부터 슬리와를 설득하라는 요구를 받았다고 한다.

사실상의 뇌물수수 제안에 관한 공화당 후보의 이 파격적인 폭로는 뜻밖에도 다른 후보의 지지를 얻었다. 맘다니는 어떤 행사 자리에서 고령의 흑인 의료 노조원들을 폭소케 하며 기자들에게 이렇게 말했다. "앤드루 쿠오모, 에릭 애덤스, 그리고 커티스 슬리와 세 사람 중 제가 가장 신뢰하는 사람은 커티스 슬리와입니다." 이 말에 그 자리에 참석한 많은 흑인 의료 노조원들은 대폭소를 터뜨렸다. 맘다니는 페이스북 팔로워들에게 자신과 노련한 공화당 정치인 슬리와는 "많은 부분에서 뜻이 맞지 않지만, 한 가지에 관해서만은 의견이 일치합니다. 시청은 팔고 살 수 있는 것이 아니라는 것입니다."라고 말했다.

두 사람으로 말하자면, 21세기판 '이상한 커플Odd Couple'*이라 해도 좋을 만큼 모든 면에서 결이 달랐지만, 에릭 애덤스에 대한 평가에서만큼은 뜻을 같이했다. 그러나 같은 뜻을 표현하는 방식은 달랐다. 애덤스가 선거 레이스에서 하차하자, 커티스 슬리와는 그를 '사기꾼'이라 몰아세웠는데, 이는 에릭의 지지층을 흡수하고 싶었다면 절대로 해서는 안 될 말이었다. 반면 조란은 낙관적인 분위기의 영상 성명을 통해 경선 초기부터 고수해 온 애덤스 비판론을 다시금 환기시켰다. 이 선두주자는 재선에 도전하지 않고 단임으로 시장직을 마무리하기로 한 애덤스가 "노동자계층의 뉴욕시민"을 돕겠다는 2021년의 공약을 지키기는커녕, 오히려 "그들의 임대료를 올렸다"고 지적했다. 그러면서 맘다니는 4년이 지난 지금, "새로운 시대가 오고 있다"고 역설했다.

영상 속에서 맘다니는 주 경쟁자에게 도전장을 내밀었다. 그는 쿠오모에게 이렇게 충고했다. "당신 원하는 대로, 트럼프와 당신의 억만장자 친구들이 당신을 위해 판을 정리해 주려고 했나 봅니다. 하지만 잊지 마십시오. 당신 역시 저를 경선 상대로 원했습니다. 제가 가장 만만하게 보였겠지요. 그러나 저는 당신을 13%포인트 차로 이겼습니다. 11월 4일에 그 결과를 재현할 수 있기를 기대하겠습니다. 늘 건강하세요." 쿠오모가 마지막 줄의 인사말에 따뜻함을 느꼈을 것 같지는 않다.

애덤스가 하차한 뒤, 조란은 그래도 가장 위협적인 후보인 2위 후보 쿠오모를 향해 날카로운 잽을 날렸다. 〈뉴욕 타임스〉는 시장이 사퇴한

---

* 　유명한 시트콤 영화이자 연극의 제목으로, 성격이 극과 극인 두 사람이 한 집에서 살면서 벌어지는 해프닝을 다룬 작품이다.

후 민주당과 공화당 후보는 유세현장에서 표심을 적극적으로 공략하고 있는 반면, "앤드루 쿠오모는 기부자들에게 전화를 돌리고 있다"고 보도했다. 맘다니는 이 문장을 강조한 스크린샷과 함께 자신의 X 계정에 "그 사람은 늘 그랬지요."라는 짧은 글을 덧붙였다. 화요일 아침, 기세가 오른 맘다니는 기자들에게 "내가 에릭 애덤스를 지지했던 유권자들의 마음을 얻기 위해 싸우고 있는 동안, 앤드루 쿠오모는 자신의 기부자들을 상대로 혈전을 벌이고 있습니다."라고 말하며 한 방 먹였다.

슈퍼부자들로부터 기부금을 끌어내려는 쿠오모의 노력이 전혀 효과가 없었던 것은 아니다. 그가 성사시킨 가장 눈에 띄는 거래는 알렉스 아즈미Alex Adjmi와의 만남이었다. 아즈미로 말하자면, 1990년대 콜롬비아 마약 카르텔과 연루된 돈세탁 혐의에 대해 유죄가 인정되고 연방 교도소에서 44개월을 복역한 인물이다. 2021년에, 퇴임을 앞둔 트럼프가 부동산 투자가이자 유력한 정치자금 후원자인 아즈미를 사면했다. 과거 에릭 애덤스를 지지했던 아즈미는 이제 쿠오모의 우군이 되었다.

10월 초가 되자, 지난 6월의 예비선거에서 맘다니가 승리할 것을 정확히 예측했던 '폴리마켓'이 이 사회주의자 후보의 당선 확률을 88%로 예측했다. 상황이 이렇게 되자 영리한 투자자들은 빠른 속도로 쿠오모와 거리를 두기 시작했다. 〈더 시티〉의 베테랑 경제 기자인 그레그 데이비드Greg David는 부동산 및 기술산업의 실력자들이 이제 맘다니를 유력한 승자로 보고, 그와 협력관계를 구축하려 애쓰고 있다고 분석했다.

경선 당시 2천만 달러 이상을 쏟아부으며 맘다니를 공격했던 픽스 더 시티는 여전히 공세를 늦추지 않았지만, 예비선거 당시에는 이 단체의 가장 큰 자금줄이었던 마이클 블룸버그와 도어대시가 마치 수도꼭지를 잠그듯 후원을 뚝 끊었다. 〈뉴욕 타임스〉 마라 게이Mara Gay 기자의 10월 초 칼럼 기사에 따르면, 9월 중순 회동을 마칠 무렵 블룸버그는 맘다니에게 깊은 인상을 받은 나머지 이 차세대 리더에게 자신이 시장으로 재임하던 시절 사진을 보여 주기까지 했다고 한다. 다만 도어대시와 달리, 블룸버그는 이후 쿠오모를 돕기 위한 재정 지원을 재개했다.

이 책의 전반부에서도 살펴보았듯이, 예비선거 기간 중 픽스 더 시티가 홍보를 위해 제작한 창작물들은 전혀 창의적이지 못했다. 이 정치활동위원회의 홍보물은 본선무대에서도 아주 조금 나아졌을 뿐이었다. 9월 말, 픽스 더 시티는 30만 달러를 들여서 "뉴욕시장은 초보자가 감당할 수 있는 자리가 아니다"라는 제목의 전단지를 제작 배포했는데, 여기에는 예비선거 내내 사용되었던 엄숙한 표정의 쿠오모 사진을 그대로 돌려막기식으로 사용하고 있다. 이후에 제작된 홍보물에서야 조금 더 밝은 모습이 담긴 사진들이 등장하기 시작했다.

10월 초, X에 빈번하게 올린 배너 광고에는 쿠오모의 얼굴이 나오지 않았다. 대신 "쿠오모가 모든 뉴욕시민을 위해 지하철 안전을 확보하겠다."라는 붉은 글씨의 선명한 공약 뒤로, 포토샵으로 처리된 젊은 백인 커플의 모습이 보였다. 이들이 승강장을 빠져나가다가 계단에 대자로 뻗어 있는 밝은 흰색 옷차림의 부랑자와 마주치는 그림이었다. 광고가 전하고자 하는 메시지는 암울했지만, 적어도 색감만큼은 밝아졌다.

메시지가 이토록 침울한 것을 두고 픽스 더 시티를 탓할 수는 없었다. 문제는 뉴욕 교외에 거주하는 후보자 본인에게 있었다. 1989년부터 2025년 2월까지 쿠오모는 뉴욕시를 구성하는 5개 자치구 밖에서 살고 있었다. 주지사 시절에는 그가 지하철을 타기만 해도 뉴스거리가 될 정도였다. 이제 쿠오모는 '조란을 시청으로'라고 명명된 고속열차가 자신이 머무르고 있는 역을 빠르게 통과하는 모습을 무력하게 지켜볼 수밖에 없었다.

· · ·

10월의 첫 번째 일요일, 화창한 날씨에 맘다니와 경쟁자들은 저마다 곳곳을 돌며 유세를 벌였다. 시청으로 입성하기를 꿈꾸는 세 명의 후보가 선택한 유세 장소, 그리고 이날 그들이 배포한 홍보물 내용을 보면 뉴욕의 정치 지형이 어떻게 변화했는지를 쉽게 알아챌 수 있다.

쿠오모는 새로 개편된 홍보팀과 함께 전통적인 민주당 지지 지역인 스태튼 아일랜드에 있는 퍼스트 센트럴 침례교회First Central Baptist Church의 흑인 고령 신자들을 만나는 것으로 아침을 시작했다. 정교하게 제작된 50초 분량의 영상 게시물에는 쿠오모의 간단한 인사말, 교회 오르간 연주자의 반주, 그리고 흑인 특유의 흥이 넘치는 성가대 찬양 모습이 담겼다. 그러나 후보의 메시지에는 딱히 새로운 것이 없었다.

쿠오모는 이날 짧은 인사말을 하는 자리에서 자신의 아버지가 "마리오 쿠오모라는 신사"였음을 교인들에게 상기시킨 뒤, 자신이 뉴욕주 검찰총장과 주지사가 되기 전에 빌 클린턴 행정부에서 주택도시개발부 장관을 지냈다는 점을 언급했다. 그는 1990년대 당시 "전국에 걸쳐 저렴한 주택을 건설했다"고 과거의 업적을 부각시켰지만, 이는 쿠오모를 반대하는 사람들이 그를 비판할 때 사용하는 단골 메뉴이기도 하다. 세습 정치인인 그는 주지사로 재직하면서 이룬 성과는 전혀 언급하지 않았고, 시장이 되면 무엇을 할지 구체적인 정책을 제시하지도 않았다. 그저 화려한 경력만 봐도 자신이 "뉴욕시를 더 나은 곳으로 만드는 법"을 알고 있음을 증명하고도 남는다며, 그곳에 모인 교인들에게 "여러분을 이전에 가보지 못한 더 높은 곳으로 이끌어 갈 생각을 하니 설레는 군요."라는 근거 없는 무지개만 띄웠다. 식상하기 짝이 없는 판에 박인 문구였다.

스태튼 아일랜드에서 성스러운 예배를 마친 쿠오모는 아주 세속적인 곳으로 향했다. '투쟁과 성취'를 내걸고 달리는 이 후보는 머독의 본사에 입성하여 폭스 뉴스의 진행자인 마리아 바티로모가 진행하는 프로에 출연했다. 그는 맘다니가 시장이 되면 "뉴욕시에 무정부 사태"가 초래될 것이라고 경고했다. 프로그램 끝부분에 섹스 피스톨즈*의 노래라도 크게 틀어야 할 판이었다.

반면, 같은 날 아침 젊은 민주당 후보는 브루클린에 있는 어느 흑인 교회를 찾았다. 맘다니는 베드 스타이의 코너스톤 침례교회에서 매우 따뜻한 환대를 받았다. 이곳은 지난 8월 말에 하킴 제프리스와 회동했던 장소이기도 하다. 제프리스와 함께 이 교회 신자인 에롤 루이스는 X에 조란이 열렬한 환영을 받는 사진을 올렸다. 후보는 담임목사 로런스 E. 에이커 3세Lawrence E. Aker III와 무대 위에서 짧은 대담을 나눴고, 이

---

* 전설적인 록밴드이다. 이들의 대표곡이 〈무정부 상태인 영국(Anarchy in the UK)〉이다.

PART 2 맘다니 시장을 만나다

는 교회 팟캐스트를 통해서도 방송되었다. 맘다니는 그곳에 모인 고령의 흑인 신자들과 시민들을 향해, "모든 분들로부터 표를 얻기 위해 노력하는 것, 그것이 제가 할 일입니다."라고 말했다.

그날 오후, 맘다니는 아스토리아에서 팔레스타인 공동체 지도자들을 만났다. 그는 여덟 명의 남성과 두 명의 여성 참석자와 함께한 사진을 공개하며, "우리 정부의 자금지원으로 가자지구에서 제노사이드가 계속되는 가운데, 그들과 그 가족들이 겪어 온 고통에 귀를 기울이는 시간이었다."라고 밝혔다. 무슬림 시장 후보의 이 게시물은 널리 공유되었고, 그가 자신의 원칙에서 도망치지 않는다는 사실을 보여 주었다.

이 진보진영의 지도자는 할렘과 브롱크스도 빼놓지 않았다. 그곳에서 그는 흑인 및 라틴계 선출직 공무원들과 팀을 이루어 다소 이색적인 선거행사를 열었다. 많은 시민들이 오래된 서류를 처분하고 싶어 하지만 쓰레기통을 뒤지는 이들에게 개인정보가 노출될까 봐 걱정한다는 점에 착안한 행사였다. 맘다니 캠프는 무료 문서파쇄 서비스를 제공했다. 이 독특한 행사는 아이스크림과 DJ 그리고 춤이 어우러진 축제 분위기 속에서 진행되었다.

브루클린의 차이나타운에서는 쿠오모가 얼마 전 논란을 일으킨 바 있는 시의원 수전 쫭Susan Zhuang이 주최한 작은 퍼레이드에 참석했다. 우익성향의 민주당 의원 쫭은 2024년 벤슨허스트 노숙자쉼터 건립 반대 시위 도중에 한 고위 경찰관의 팔뚝을 깨무는 사건을 일으켰다. 평소에는 범죄에 대한 강력한 대응을 강조해 온 에릭 애덤스 시장이 이 사건에 대해서는 "불행한 일"이라는 정도의 립서비스로 정리하고 아무 일 없다는 듯이 쫭 의원을 만나서 논란이 됐었다. 쿠오모 역시 페이스

북을 통해 이 격정적인 정치인에 대한 지지를 드러낸 바 있다.

공화당의 도전자 커티스 슬리와 또한 바쁘게 움직였다. 그는 정장에 자신의 상징과도 같은 '가디언 엔젤스' 베레모를 눌러쓰고 과거와 현재의 정체성을 동시에 드러내며 풀라스키 데이Pulaski Day* 퍼레이드 현장을 찾았다. 맨해튼에서 열린 이 행사는 폴란드 출신 귀족인 풀라스키 장군을 기리는 행사인데, 커티스 슬리와와 그의 아내 낸시 역시 폴란드계 후손이다.

슬리와는 이어서 브루클린 애틀랜틱 애비뉴의 대형 거리축제와 퀸스 우드헤이븐의 소박한 동네잔치에도 참가했다. 지지율 3위인 이 후보는 퀸스 행사에서 다양한 인종으로 구성된 젊은 선거 자원봉사자들에게 둘러싸여 단체사진을 찍었다. 하지만 가디언 엔젤스의 소규모 부대가 조란의 군단에 대적하기에는 역부족으로 보였다.

그날 오후, 집이나 바에서 양키스의 플레이오프 경기를 지켜보던 뉴욕시민들은 선두를 다투는 두 후보 사이의 극명한 차이를 보여 주는 광고를 목격했다. 그 주 초에 쿠오모가 내보낸 본선거 첫 번째 광고는 거센 조롱을 불러일으켰다. 생성형 AI를 과도하게 사용해, 기계가 만든 가공의 뉴욕 노동자들 몸 위에 후보자의 머리만 합성했기 때문이다. 광고 속에서 쿠오모는 경찰 5천 명 증원과 노숙자 거리 퇴출을 공약했지만, 치솟는 뉴욕의 생활비 문제에 대해서는 입을 다물었다. 유권자의 마음을 사로잡으려 부단히 애를 썼지만, 한때의 선두주자였던 그는 오

---

* 미국 독립전쟁 당시 활약한 폴란드 출신 군인이자 귀족인 카시미르 풀라스키 장군을 기리는 날로, 폴란드계 이민들의 행사이다. 그는 미국 기병대의 아버지라고 불린다.

히려 세상 물정 모르는 사람처럼 보일 뿐이었다.

조란은 즉각 X를 통해 반격했다.

"세계적인 예술가와 제작자들이 넘쳐나고 그들이 부단히 다음 일거리를 찾아 헤매는 이 도시에서 앤드루 쿠오모는 예전에 주택정책을 짤 때와 똑같은 방식으로 TV광고를 만들었다. 이번엔 AI로 말이다. 하긴, 어쩌면 진짜 쿠오모보다 가짜 쿠오모가 나을지도 모르겠다."

맘다니의 이 발언은 경선 당시 쿠오모가 저지른 가장 악명 높은 실책 중 하나를 다시금 환기시키며 쿠오모 캠프의 무능함을 날카롭게 꼬집었다. 반면 조란은 경선에서 효과를 톡톡히 봤던 '임대료 동결' 공약을 다시 내세워 영상을 제작했다. 뮤지컬 〈웨스트 사이드 스토리〉를 연상시키는 배경 속에서, 세입자들이 맘다니의 핵심 공약을 열렬히 환영했다. 기계가 제작한 쿠오모의 창작물과 비교하면 그 세입자들이 배우인지 아닌지는 그다지 중요하지 않았다. 중요한 건 그들이 AI 이미지가 아닌 진짜 인간이라는 점이었다.

선거가 4주 앞으로 다가왔을 무렵, 주도권은 확실히 조란에게 넘어와 있었다. 그의 선거 광고가 TV 화면을 통해 유권자들에게 전달되는 동안, 이 DSA 출신 후보를 돕는 수천 명의 자원봉사자들은 직접 유권자들의 집 문을 두드리고 있었다. 지난 6월, 그의 승리를 이끌었던 거대한 지지 연합에는 이제 유색인종 고령 유권자들까지 점점 더 많이 합류하고 있었다. 선거전에 뛰어들 당시만 해도 전직 주지사는 전통적인 민주당 지지층의 성원에 기대를 걸고 있었다. 그러나 결승선이 가까워질수록 마리오 쿠오모에 의지하는 민주당은 힘을 잃어 갔다.

19

신임시장 앞에 놓인 문제들

10월로 접어들자 뉴욕시의 주요 언론매체들은 조란의 승패 여부보다, 그가 당선 후에 어떻게 시정을 운영할 것인가에 더 주목하기 시작했다. 맘다니의 경험 부족을 물고 늘어지는 쿠오모 측의 집요한 공세 속에서, 자칫 함정에 빠지기 쉬워 보이는 질문을 받아도 선두주자인 조란은 결코 이를 피하려 하지 않았다. 결국 예비 정치 지도자가 공직에 올랐을 때 무엇을 할 것인지 묻는 것은 지극히 정당한, 그리고 명쾌하게 답변해야 할 질문이기 때문이다.

조란은 여러 면에서 최근 몇 사람의 전임자들과는 확연히 달랐다. 2025년 10월 18일 기준으로 34세였던 그는 진보시대Progressive Era* 이

---

*   1890~1920년대에 이르는 시대를 이르는 용어이다. 급격한 산업화와 도시화로 야기된 부패와 불평등을 해결하고자 몸부림치던 시대였다.

후 뉴욕 시장선거에서 최연소 후보였다. 이슬람 신앙뿐만 아니라 가문 내력 또한 역대 그 어느 시장 후보와도 달랐다. 이스라엘에 대한 입장도 마찬가지였다. 그리고 무엇보다 스스로를 민주사회주의자로 규정한 조란의 정체성은 뉴욕시민들이 단 한 번도 만나 보지 못한 독특한 지도자상을 보여 주었다. 뉴욕시민들에게는 기억 속에 있는 최근의 어느 정치인보다 진보진영의 왼편에 자리 잡고 있는 시장 후보가 등장한 것이다.

이번 장에서는 잠시 선거전 현장에서 벗어나, 취임 가능성이 매우 높은 미래의 젊은 시장이 이끌어 갈 시 정부 앞에 놓인 여러 가지 문제들을 미리 살펴볼 것이다. 조란은 이미 자신이 어떻게 시정을 이끌 것인지에 대한 기자들의 수많은 질문에 답해 왔고, 덕분에 그의 청사진은 11월 4일 선거일 전에 충분한 검증을 거칠 수 있었다. 실제로 조란은 세대의 교체와 이데올로기적 전환을 동시에 상징하는 인물이기에, 그와 그의 시장 도전을 계기로 선거기간 동안 뉴욕시의 "미래"에 관한 깊이 있는 논쟁이 벌어진 것은 자연스러운 일이었다.

지난여름에 좌파 시장 후보인 그는 〈더 네이션〉의 카트리나 반덴 휴벨Katrina Vanden Heuvel, 존 니컬스John Nichols와 가진 인터뷰에서, 20세기 전반에 밀워키에서 꽃피웠던 '하수도 사회주의'를 언급했다. 위스콘신주 최대 도시인 밀워키는 당시 사회당의 실권자 빅터 버거Victor Berger와 시장 대니얼 호안Daniel Hoan, 1916~1940년 재임의 주도로 상하수도시설과 공공보건 분야에서 획기적인 발전을 이룩했다. 이때 미국노동연맹AFL: American Federation of Labor에 소속되어 있던 좌파성향의 독일계 이민자들이 호안 시장이 양대 주류 정당인 민주당과 공화당의 반대를 극복하는 데 힘을 보탰다.

"하수도 사회주의 사례는 제가 자주 떠올리는 모델입니다." 선두주자인 조란은 휴벨과 니컬스에게 진지하고 확고한 어조로 말했다. 맘다니의 설명에 따르면, 하수도 사회주의는 "이데올로기의 가치는 오직 그것이 무엇을 실현해 내느냐에 따라서만 입증될 수 있다는 믿음"을 확인해 준 대표적인 사례라고 한다. 즉 "노동자들이 매일같이 접하는 서비스와 사회적 공공재, 이를테면 하수도나 깨끗한 식수, 공원 등을 실제로 개선했는가"에 따라 이데올로기의 가치를 입증할 수 있다는 것이다. 그는 자신이 약속했던 '감당할 수 있는 삶의 비용'이라는 과제를 실제로 해결하는 것이 자신의 과업이라고 덧붙여 말했다.

● ● ●

"조란의 승리는 말 그대로 대지진과도 같은 충격이었지요." 9월 말, 시의원인 저스틴 브래넌은 6월 예비선거에서 몰아친 맘다니의 이변에 대해 이렇게 회상했다. "하지만 그건 쉬운 일이었을지도 모릅니다. 결국 시정을 통해 이 모든 정책이 실제로 작동한다는 걸 증명해야 하니까요." 빌 디블라지오 시장 취임 첫해에 유치원 전 단계 무상보육 정책인 UPKUniversal Pre-Kindergarten의 전면적 도입을 도왔던 교육부 고위관리 출신으로서, 브래넌 의원은 자신의 경험에 비추어 이같이 염려했다.

문신을 새긴 하드코어 펑크 기타리스트이고, 거침없는 말투로 유명한 브래넌은 베이 리지에서 자랐다. 이곳은 그가 시의원으로서 두 차례 당선된(2018~2025년) 브루클린 남서부의 지역구이기도 하다. 정계에 입문하기 전 금융권에서 일했던 그는 2017년 당선 이후 탁월한 수치 감각을 발휘하며, 거대한 시 예산을 감독하는 시의회 내 막강한 자리인 재무위원회 위원장을 맡게 되었다. 진보적 민주당원인 그는 에릭 애덤스 시장 재임 동안 아드리엔 애덤스 시의회 의장과 긴밀한 협력관계를 유지했다.

2017년 선거에서 그는 디블라지오와의 연대를 내세우며 DSA 뉴욕 지부 출신 후보였던 카데르 엘 야팀을 꺾었는데, 당시 조란은 바로 그 엘 야팀의 열혈 자원봉사자였다. 시의회에 입성한 후 'JB'라는 애칭으로 통했던 브래넌은 시의회와 주의회의 여러 DSA 출신 의원들과 협력했다. 그의 지역구에는 베이 리지의 '리틀 팔레스타인' 지역도 포함되어 있었고, 브래넌 역시 팔레스타인 조기 휴전을 지지하는 사람이다. 이후 그는 2025년 민주당 감사원장 예비선거에 출마했으나, 강경 친이스라엘 성향 후보인 마크 레빈Mark Levine에게 패했다.

"당시 저의 감사원장 선거공약은 이랬습니다. 우리 시는 1,160억 달러라는 어마어마한 예산을 운영합니다. 그럼에도 사람들은 이 도시에서 살아가기 위해 처절한 사투를 벌여야 한다는 겁니다. 세계에서 가장 부유한 도시에 사는 사람들이 이렇게 고달파서는 안 된다는 것, 그래서 도대체 그 많은 돈을 어디에 쓰고 있는지 따져 보겠다는 것, 그것이 저의 핵심 공약이었습니다." 베이 리지에서 아침식사를 하며 JB는 이렇게 설명했다.

1,160억 달러의 예산은 주로 부동산세, 소득세, 판매세 등을 통해 거둬들인 세 수입에서 나온다. 뉴욕시는 주정부의 승인 없이는 적자 예산을 편성할 수 없다. JB는 자신이 보기에 맘다니와 그의 행정부가 완수

해야 할 가장 중요한 "임무"는 경기침체가 닥쳐도 새로운 정책들이 예산 삭감의 대상이 되지 않도록 "안정적인 세원"을 확보하는 것이라고 했다.

브래넌은 "조란의 공약을 모두 이행하려면 상당한 비용이 듭니다."라고 지적했다. "무료버스 운영만 해도 8억 달러 정도가 소요되지만, 이는 약 70억에서 80억 달러가 필요한 보편적 보육에 비하면 아무것도 아닙니다. 그럼에도 불구하고 노동자들의 삶을 수월하게 만드는 이와 같은 프로그램이 광범위한 경제 성장으로 이어진다는 사실은 이미 입증되었습니다. 나에게는 아이가 없지만, 보편적 보육이 판도를 바꿀 결정적 계기가 될 것임은 분명하다고 생각합니다."

2014년에 보편적 무상 유아교육이 도입될 당시, 브래넌은 교육부 내에서 실무 책임자로 일했다. 대중의 지지를 이끌어 내는 과정에 대해 그는 이렇게 설명했다. "일차적으로 직접 혜택을 보게 될, 어린 자녀를 둔 가정들을 공략했습니다." 오랜 노력을 거쳐 대중의 찬성을 확보한 후에는, "우리는 재계로 찾아가 '이 정책이 얼마나 많은 부모들을 걱정 없이 다시 노동시장으로 이끌어 낼지 생각해 보라'고 설득했습니다. 다행히 재계의 주요 거물급 인사들이 그 점을 이해했습니다."

브래넌은 이어서 말했다. "보육은 자유시장경제 체제의 약점을 명백하게 드러내는 부분입니다. 현재 시정부에서 보육 서비스를 담당하는 실무자들은 자신들이 쥐꼬리만 한 급여를 받고 일한다고 말합니다. 반면 부모들은 시정부에서 약간 도움을 주고 있음에도 불구하고 나머지 비용을 감당하기 어렵다고 아우성입니다. 상황이 이러하다면, 지금은 정부가 개입해 상황을 바로잡아야 할 시점인 것이 분명합니다."

이른 봄부터 조란은 상위 1%와 기업에 대한 세금 인상을 통해 보편적 보육 및 무료버스 정책의 재원을 마련하겠다고 약속했다. 그러나 그것만으로 해결될 일이 아니었다. 이를 실행하려면 올버니에 있는 뉴욕주 의회가 필요한 법률을 만들어 주어야 하고, 비즈니스 엘리트들의 우군이자 중도성향 민주당원인 캐시 호컬 주지사의 지원도 필요하다. (가을의 본선거 기간 중 호컬은 맘다니의 무상보육 정책에는 지지 의사를 밝혔으나, 무료버스 운영에 대해서는 지지하지 않았다.) 본선 유세기간 동안 맘다니는 자신의 핵심 공약을 이행하는 데 제약이 되지 않는 한, 새로운 세금 신설 외에도 예산 재배정 등 필요한 재원을 확보하기 위한 다양한 수단을 적극적으로 검토하겠다고 말했다.

브래넌에 따르면, 뉴욕시의 현재 예산인 1,160억 달러 총액을 유지하면서 내부 조정을 통해 재배정하는 것은 얼마든지 가능하다고 한다. 중복 지출 항목이 무수히 많고, 효율성에 대한 아무런 영향력 평가 없이 관행적으로 운영되는 프로그램에 투입되는 예산도 상당하다는 것이다. 특히 410억 달러라는 엄청난 예산이 책정된 교육부는 관리자들의 고액 연봉과 낭비가 심한 것으로 정평이 나 있다. 브래넌은 "예산 삭감을 고려할 때, 가장 먼저 살펴봐야 할 곳이 바로 그곳"이라고 단언한다.

시의회 재무위원장으로서 곧 임기가 끝나는 그는 또한 과거 시장들, 특히 루디 줄리아니 재임(1994~2001) 당시 시정부가 대기업에 베푼 세제혜택 때문에, 시는 매년 50억에서 60억 달러의 세금을 덜 걷고 있다고 언급했다. "대기업에 대한 이러한 혜택은 이미 20~30년 전부터 시행한 것들입니다. 과연 그런 혜택이 상당한 세월이 지난 지금도 여전히 필요한지, 지금 상황에서도 정당한 혜택인지 따져 볼 필요가 있습니다."

상당한 자금을 필요로 하는 맘다니의 공약을 걱정스러운 시각으로 바라보는 이들이 많은 것에 대해, JB는 현 시장의 예산에 대한 접근 방식에서 비롯된 측면이 있다고 분석했다. 브래넌 의원은 자신이 관찰한 바를 이렇게 말했다. "지난 4년 동안, 에릭 애덤스는 '긴축'이라는 예산 운영 기조를 불필요할 정도로 강력하게 밀어붙였습니다. 뉴욕시는 긴축을 안 해도 될 정도로 재정과 자금이 넉넉합니다. 예를 들자면, 그는 도서관과 방과 후 프로그램 예산을 삭감하겠다고 밀어붙였지요. 그러나 결국 시장 본인이 삭감 결정을 철회한 사실만 봐도, 그가 말하는 '긴축'이 꼭 필요한 것은 아니었음을 입증해 주지요!"

"우리가 조란과 함께라면, 디블라지오 시장 시절처럼 다시 큰 꿈을 꿀 수 있을 겁니다." 브래넌은 이렇게 단언했다.

가을 선거운동 기간 내내, 백악관은 맘다니가 시청을 접수할 경우 뉴욕시에 불이익을 주겠다고 공언했다. 9월 말, 스콧 베선트Scott Bessent 재무장관은 만약 사회주의자 시장이 연방정부에 구제금융을 요청한다면 "제럴드 포드 전 대통령처럼 '당장 꺼져'라고 일축해 버릴 것"이라고 엄포를 놓았다. 사실은 포드 전 대통령이 실제로 그런 말을 직접 한 적은 없지만, 베선트 장관의 발언의 의미는 분명했다. MAGA 세력은 조란을 싫어한다는 것이다.

베선트의 경고사격 직후, 우파성향의 영향력 있는 싱크탱크인 맨해튼 연구소는 "허드슨강 위의 사회주의Socialism on the Hudson"라는 제목의 보고서를 발표하며 좌편향 행보를 본질적으로 위험하게 간주했다. 보고서가 강조한 주요 공포 중 하나는 "정부 서비스를 민간기업에 위임하는 범위를 축소하려는" 맘다니의 의도에 대한 것이었다. 전기·가스 등 공공서비스를 민간기업으로부터 회수하여 다시 공적 통제 아래 두는 등의 조치는 포드 시대 이후 도시가 걸어온 신자유주의 흐름을 뒤집는 일이 될 터였다. 조란 캠프는 주정부 감독 아래 있는 공공서비스 분야에 관여하는 공약을 내놓지는 않았다. 그러나 시장이 자신의 정치적 영향력을 적극적으로 발휘한다면, 올버니의 주정부가 진보적인 정책과 조치를 취하도록 충분히 압력을 가할 수도 있을 것이다.

브래넌은 새로운 시정부가 백악관의 훼방과 다양한 이익집단의 반대에 대비해야 하겠지만, 맘다니의 계획을 가로막는 장애물 중에는 의외로 눈에 잘 띄지 않는 것들도 있을 것이라고 덧붙였다. 변화에 대한 저항은 약 30만 명에 달하는 시 공무원 조직 가운데 중간계층들로부터도 나올 수 있다는 것이다. 이들은 주로 노조의 보호를 받는 공무원들로 구성되어 있다.

JB는 수적으로 상당한 비중을 차지하는 이 계층을 관료적 타성에 찌든 '따개비들'이라고 지칭했다. 그는 교육부에서 일하며 이러한 문제를 직접 목격했다. 그는 개혁 성향을 가진 기관장이 부임하더라도, "1972년부터 그 자리를 지켜 온 중간간부들을 만나게 될 것"이라고 경고했다. "모든 일을 망쳐 놓는 제리 같은 사람들이죠."

이들 베테랑 공무원들이 풍부한 실무경험과 지식을 보유하고 있다는 점은 인정하지만, 자신의 경험상 그들은 혁신보다는 "조직 보호"에 더 치중하는 경향이 크다는 것이다. JB의 표현을 빌리자면, 제리와 그 일당은 "오후 4시 59분에 칼같이 퇴근하고, 시장이 누구든 상관치 않는" 부류라고 했다.

· ● ●

   브래넌의 이러한 말이 진보적 민주당원의 관점을 대변하고 있다면, 인접한 선셋 파크와 레드 훅을 지역구로 둔 동료 의원 알렉사 아빌레스는 DSA 뉴욕지부를 대표하는 인물이다. 알렉사는 친이스라엘 세력의 전폭적인 자금지원을 받았던 자신의 경선 상대를 확실하게 물리치고 본선에 진출해 당선된 바 있다. 당시 상대 후보는 댄 골드먼Dan Goldman으로, 네타냐후 옹호자로 알려진 어느 하원의원의 참모였다.

   10월 중순에 필자는 선셋 파크의 한 커피숍에서 알렉사 아빌레스를 만났다. 그 커피숍의 유리창에는 아빌레스의 선거 포스터가 붙어 있었다. 11월 본선에서 공화당 후보와의 대결을 앞두고 있었음에도, 알렉사는 다음 2026년의 선거에서 댄 골드먼을 상대로 당내 경선을 치를 준비를 이미 착수한 상태였다. 골드먼은 이 지역구에 사무실을 두고 있지만 좀처럼 모습을 드러내지 않는 인물이다. 아빌레스는 11월 중순에 DSA 뉴욕지부의 지지도 얻어 냈지만, 한 달 뒤 브래드 랜더가 맘다니의 지지를 받으며 출마를 선언하자 후보직을 사퇴했다.

   1973년생으로 브루클린의 이스트 뉴욕에서 자란 알렉사는 남편과 10대 청소년 두 딸과 함께 선셋 파크에 살고 있다. 이 지역의 50대 이상 주민 대다수가 그렇듯, 아빌레스 역시 푸에르토리코 출신이며 자신의 보리쿠아 혈통에 자부심을 느끼는 사람이다. 2021년에 시의원에 당선되기 전까지는 비영리단체 경영진이자 지역활동가였으며, DSA의 회원이기도 했다.

   맘다니의 공약에 대한 브래넌의 관점이 시의회 재무위원장으로서의 경험을 바탕으로 한 것이라면, 아빌레스의 시각은 이민자 인권단체 수장으로서의 경험을 통해 형성된 것이다. 기업인들과 접촉할 기회가 많았던 브래넌은 사회 엘리트들이 조란의 부상을 두려워하는 공포감의 원인은, 상당 부분 시청에 대한 "접근권"을 잃게 될지도 모른다는 우려 때문이라고 설명해 주었다.

"저스틴은 나와는 비교할 수 없게 도시 엘리트들과 잘 어울리는 사람입니다." 알렉사가 웃으며 말했다. "그렇죠. 모든 것을 누릴 수 있고 모든 곳에 줄을 댈 수 있는 특권층이 갑자기 그 권리를 잃는다면 그건 아주 힘든 일이겠죠. 그들이 말하는 '공포'란 사실 조란이 자신들이 공감하지 않는 이상을 대변하는 갈색 피부의 사회주의자라는 사실을 좀 더 품위 있게 표현한 것일지도 모르겠습니다."

"뉴욕시장은 사람들에게 시청에 접근하는 권한을 부여할 때 자본 포트폴리오를 그 기준으로 삼아서는 안 됩니다. 모든 시민들을 끌어안고 상대해야 합니다." 그녀는 맘다니가 시장이 되면 아무래도 DSA가 시정에 어떤 방식으로든 영향을 미치겠지만, "뉴욕시청이 거대한 행정 조직"이라는 점, "시청 직원들과 협력업체 인원만 해도 웬만한 도시 전체 인구보다 많고, 예산 규모는 지방의 어지간한 주나 국가보다도 큰 조직"이라는 것을 DSA에서는 반드시 명심해야 한다고 덧붙였다. 즉 DSA 뉴욕지부는 뉴욕 시정에 과도하고 지나치게 간섭할 것이 아니라, 거대 노조와 수많은 옹호단체들이 포함된 아주 넓은 협력 연합체의 일원으로서 자신의 역할을 해야 한다는 것이다.

아빌레스는 시의 현재 지출을 현미경으로 들여다보듯 철저히 점검해야 한다는 브래넌의 의견에 동의했다. "모든 것을 테이블 위에 올려

놓고 살펴봐야 합니다. 방만한 운영과 낭비되는 투자, 그리고 '그저 지금까지 해왔던 일'이라는 이유만으로 관성적으로 지출되는 항목이 너무 많습니다."

지난 4년간 뉴욕의 좌파세력은 에릭 애덤스 시장이 고집한 "긴축 재정" 원칙을 자주 비판해 왔다. 만약 맘다니 시장이 어떤 분야에 대한 지출을 대폭 삭감한다면 이와 유사한 비판에 직면할 수도 있다. 필자는 알렉사에게 차기 행정부가 이러한 조치를 단행한다면 어떻게 대응할 것인지 물어보았다.

"에릭 애덤스가 한 일, 즉 세입과 세출을 비교하여 흑자를 보고 있음에도 불구하고 예산 감축을 강행한 것은 '긴축을 위한 긴축'에 불과합니다. 실제로 들어오는 돈이 없거나 지출에 비해 세입이 부족해서 예산을 축소하는 것과는 분명한 차이가 있습니다." 좌파진영에서는 자원을 엉뚱한 곳에 잘못 쓰는 것을 매우 경계한다. 알렉사는 이렇게 말한다. "사회주의자들은 항상 자원의 재분배를 고민합니다. 조란은 낭비적인 지출로 인해 시민들에게 꼭 필요한 서비스를 제공하는 데 방해가 된다는 사실을 충분히 설득해 낼 수 있을 겁니다."

맘다니나 브래넌과 마찬가지로, 아빌레스 역시 뉴욕 전역의 노동계층 주민들이 직면한 위기에 무관심한 에릭 애덤스 시장에게 비판적이다. "우리는 시장의 협력하에 이민자 공동체를 보호해야 합니다. 지금 당장 조치가 필요합니다. 그런데 에릭 애덤스는 그런 일에 관심이 없었습니다."

내가 알렉사와 만났던 바로 그날 아침, 선셋 파크에 있는 알렉사의 지역구 사무실에서는 지역 내 대규모 멕시코 이민자 공동체를 위한 지원행사가 열리고 있었다. 멕시코 국민들에게 큰 인기를 얻고 있는 좌파 대통령인 클라우디아 세인바움Claudia Sheinbaum은 '이동 영사관'을 추진해 왔는데, 알렉사 아빌레스가 45번가 지하철역 바로 앞에 위치한 자신의 사무실을 '이동 영사관'으로 개방한 것이다. 멕시코 영사관 직원들이 여권과 출생증명서 발급을 도와주었고, 미국에서 태어난 자녀들이 이중국적을 취득하는 절차도 안내해 주었다.

알렉사는 이와 유사한 사업들에 대해 "조란과 강력한 연대를 형성할 수 있을 것으로 기대"한다고 말했다. "부모가 구금될 경우 자녀들이 부모를 도울 수 있고, 최소한 그런 상황에 미리 대비할 수 있게 하고 싶습니다." 이는 이민자 공동체를 이민세관단속국ICE의 공포로부터 보호하겠다는 맘다니의 선거공약을 이행하는 실질적인 방법 중 하나가 될 수 있을 것 같았다. 게다가 이러한 불리 펄핏bully pulpit*에는 막대한 예산이 필요 없다.

●　●　●

10월 한 달간 주요한 전국 언론매체들과 가진 수많은 심층 인터뷰에서, 조란은 현재 뉴욕시의 예산 지출 패턴에 대한 자신의 견해를 밝혔다. 〈뉴요커〉의 편집장 데이비드 렘닉David Remnick이 교육부의 막대한 예산 규모에 관하여 묻자, 맘다니는 "내부 개혁"의 필요성을 언급했다. 특히 교육과정 개발이나 교실 내부설비 등을 제공하는 민간기업과의

---

* 　유명인의 대중적 영향력을 이용한 여론 환기를 뜻하는 용어

계약에 들어가는 교육부 예산이 무려 100억 달러나 된다는 점을 정조 준했다.

조란은 원래 시정부가 어떤 업무를 민간에 외주 위탁을 하는 목적은 시의 예산을 절감하기 위한 것이지만, 이제는 오히려 외부업체들이 비용을 부풀리고 있다고 지적했다. "우리는 쓰레기통 하나를 디자인하는 데 매킨지에 수백만 달러를 지불하는 도시에 살고 있습니다." 이 유명한 경영컨설팅 회사는 시 공립학교부터 라이커스섬 감옥에 이르기까지 모든 분야를 검토한다는 거액의 위탁 계약을 블룸버그 시대 이후부터 디블라지오 때까지도 계속하여 따내 왔다.

맘다니는 자신이 시장이 되면, 시가 보유한 방대한 기존 자원을 더 효율적으로 활용하겠다고 약속했다. 10월 말 〈데일리 쇼Daily Show〉에 출연한 조란은 진행자 존 스튜어트Jon Stewart에게, 그날 오전 기자와 함께 지하철을 타던 중에 노숙인을 만난 이야기를 들려주었다. 현재 취약계층 지원을 위해 정부가 보유하고 있는 주택 중 4,300채가 비어 있는데, 이 수치는 지하철과 거리에서 생활하는 노숙인 수와 거의 일치한다고 그는 지적했다. 이렇게 차세대 후보는 도시의 가장 고질적이고 해묵은 문제에 대해 신선한 해결책을 제시하면서 전 국민의 관심을 자신에게 집중시켰다.

여러 유럽 기자들과 조란 캠프가 주최한 토론회 참석자들이 말했듯이, 맘다니의 주요 핵심 공약 가운데 상당수는 프랑스나 덴마크를 비롯한 웬만한 유럽 국가에서는 전혀 논란 없이, 너무 당연하게 실행되고 있는 정책들이다. 유럽에서도 일부 극보수 세력이 이민자 집단에게 보육과 같은 사회적 혜택을 제공하는 것에 반대하지만, 대부분의 보수주의자들은 그 정도의 공공서비스는 필수적이라는 점에 대체로 동의하고 있다. 그러나 정작 '뉴딜' 정책의 발상지라고 할 수 있는 뉴욕에서, 많은 자유주의 성향의 정치인들이 사회보장 프로그램을 크게 확대하는 것에 반대하고 있다.

조란은 〈데일리 쇼〉에서 수많은 시청자에게 확실하게 말했다. "지금 뉴욕시 정부는 미국에서 가장 부유한 도시인 이곳에서 시민 네 명 중 한 명이 빈곤 속에 살고 있다는 사실을 전혀 이상하게 생각하지 않고 있습니다." 맘다니 시장이 임기 내에 뉴욕시의 거대한 불평등 문제를 어느 정도까지 바로잡을 수 있을지는 여전히 미지수다. 하지만 그가 이를 위해 노력할 것이라는 점에는 의심의 여지가 없어 보인다.

20

배수진을 치다

선거가 막바지로 접어들었다. 조란은 여유 있게 앞서 나가고 있었지만 이에 안주하지 않았다. 지난 6월 예비선거 당시 쿠오모가 막판에 역전을 허용하고 갑작스레 몰락했던 사실을 자주 언급하며, 자신은 그런 실수를 저지르지 않겠다고 여러 차례 강조했다. 그는 지금의 인기에 쉽게 올라타서 시청으로 입성하고자 하지 않았다. 맘다니 캠프는 마지막 순간까지 예비선거 때와 똑같은 방식으로 바닥을 훑는 저인망식 유세를 계속 이어 갔다.

10월 11일 토요일, '커밍아웃의 날National Coming Out Day'을 맞아 조란은 스톤월Stonewall*의 주역이었던 웨스트 빌리지의 트랜스젠더 인권운동가 실비아 리베라Sylvia Rivera의 삶을 기리는 영상을 제작하여 공개

---

* 　1960년대 성소수자 인권운동의 시발점이 된 역사적인 사건

했다. 조란 캠프는 과거 뉴욕시에서 영향력이 있었던 인물들의 당시 활동과 지금 뉴욕이 당면하고 있는 과제를 연결하여 이야기를 나누는 '끝날 때까지 끝난 게 아니다Until It's Done'라는 제목의 시리즈물을 제작하여 여러 플랫폼에 올리고 있었는데, 실비아 리베라에 관한 이 영상은 그 시리즈의 네 번째 에피소드였다. 다른 에피소드에서와 마찬가지로 조란은 해당 인물과 관련이 깊은 장소에 앉아 이야기를 진행했는데, 이번 편의 경우는 1992년 7월 당시 46세였던 리베라가 숨진 채 발견된 크리스토퍼 스트리트 부두였다. 당시 뉴욕경찰은 사인을 서둘러 자살이라고 결론지었으나, 리베라의 동료 대다수는 살해당한 것이라고 믿었다.

2분 남짓한 이 동영상에서 젊은 시장 후보는 도널드 트럼프의 이른바 "트랜스젠더 초토화 운동"을 강력히 비난하며, 정부지원주택과 젠더긍정치료*를 감독하는 LGBTQIA+ 사무국을 신설하겠다고 약속했다. 맘다니는 트랜스젠더 이슈를 "정치적" 이해득실을 따져 외면하기보다는 오히려 전면에 내세웠고, "뉴욕은 트랜스젠더들이 공격받는 것을 방관하지 않을 것"이라고 선언했다. 그는 경제적 부담 완화라는 큰 의제 아래, 소수집단 문제를 배제시키지 않고 포용하는 모습을 보여 주었다.

이튿날, 조란은 프로스펙트 파크에서 열린 '2025 브루클린 가자 5K2025 Brooklyn Gaza 5K' 달리기 대회에 참가했다. 그는 소셜미디어를

---

* 젠더긍정치료(gender-affirming care)란 성 정체성 확정이 필요한 이들을 돕는 의료·심리 서비스이다.

통해 UNRWA유엔 팔레스타인 난민구호사업 기구 기금 마련을 위한 이 행사에
벌써 세 번째 참여하고 있음을 알렸다. 사진 속 맘다니는 대회 공식 흰
색 티셔츠와 검은색 운동복 차림을 하고 있었다. 조란은 올해 대회에서
는 인스타그램 팔로워 2만 명을 보유하고 있는 피트니스 그룹인 '할렘
런'과 함께한다고 밝혔다.

이 행사에 관한 조란의 포스트는 찬사와 분노를 동시에 불러일으켰
다. 위치 위즈덤Witchy Wisdom의 CEO 숀 엥겔Shawn Engel은 매우 뜨거
운 반응을 보이면서 인스타그램에, "세상에, 당신은 안 하는 게 없군요.
정치인이 이토록 문화 속에 깊숙이 스며든 건 처음 봐요. 어느 고등학
교의 열정적인 학생회장 같아요. 긍정적인 의미로요."라는 글을 올렸
다. 반면 엘리스 스테파닉Elise Stefanik 의원은 크게 화를 냈다. 친이스라
엘 강경파인 스테파닉 의원의 반응은 곧이어 X를 뜨겁게 달굴 MAGA
세력의 대조란 공격의 예고편이었다. 그는 가자지구를 옹호하는 맘다
니의 행보에 맞서서 '하마스', '10월 7일 사건', '인질', '반유대주의', 그
리고 '공산주의'까지 들먹이며 민주당 후보와 UNRWA 모두를 맹비난
했다.

맘다니는 선거기간 내내 낙관적이고 당당한 태도로 선거전에 임했
지만, 그도 잠시 주춤거린 적이 있었다. 10월 13일 월요일 밤, 조란 캠
프는 워싱턴 하이츠에 있는 3천 석 규모의 유나이티드 팰리스에서 "우
리의 시대가 왔다Our Time Has Come"라는 이름의 행사를 열었다. 검은
색 배경에 노란색과 주황색 캠페인 로고가 선명하게 대비된 무대 디자
인은 강렬했지만, 본선에 접어든 맘다니의 첫 번째 대형 행사의 이 명
칭이 어딘지 모르게 어색했다. 행사장 곳곳에 붙어 있는 "우리의 시대

가 왔다"라는 구호는, 거대한 새로운 연합 세력을 대표하는 젊은 후보에게 그리 어울리지 않는 슬로건처럼 보였다.

"최고의 구호는 아니었죠!" 당시 조란 캠프의 크리에이티브 디렉터 앤드루 엡스타인도 필자에게 보낸 문자메시지에서 이렇게 인정했다. 그는 이 문구가 "드디어 선거전이 시작되었음을 알리려는 의도"였다고 설명했다. 예비선거와 본선 사이의 4개월이라는 공백기는 맘다니의 핵심 참모진도 지치게 만들었을 것이다. 이후 유튜브에 올라온 해당 연설 영상의 제목은, 그날 밤 후보가 남긴 강력한 마무리 발언이었던 "지금은 우리의 시간Our Time is Now"으로 수정되었다. 이렇게 바뀐 행동 지향적인 구호가 선거 마지막까지 캠프의 중심을 잡아 주었다.

워싱턴 하이츠 집회에 티시 제임스가 나타난 사실을 〈뉴욕 타임스〉와 〈뉴욕 포스트〉 모두 헤드라인 기사로 다루었다. 법무부에 의해 기소된 검찰총장이 기소된 지 불과 나흘 만에 공식석상에 모습을 드러낸 것이다. 티시는 조란을 '남동생'이라고 친근하게 불렀다. 만석을 채운 관중이 제임스를 뜨겁게 환대했지만, 현장을 열광의 도가니로 만든 주인공은 바로 WNBA 스타 나타샤 클라우드Natasha Cloud였다. 뉴욕 리버티의 포인트가드인 그녀는 관중과 함께 "팔레스타인에 자유를!"이라는 구호를 외쳤다. 지난 6월 알렉사 아빌레스가 알렉산드리아 오카시오 코르테스와 함께 맘다니의 집회를 열기로 달구었던 그 순간을 연상시키는 장면이었다.

●　●　●

한편 앤드루 쿠오모는 자선행사나 현장유세보다는 TV 스튜디오에 더 자주 모습을 드러냈다. 그는 여러 차례의 인터뷰를 통해, 맘다니가 승리하면 대통령이 시청을 직접 통제하려 할 것이고 결국 '시장 트럼프' 사태가 벌어질 것이라고 경고했다. (어떤 과정을 통해 그런 일이 일어날 수 있는지는 설명하지 않았다.) 예비선거 기간 동안 친이스라엘 진영의 분노를 부추기며 편가르기를 즐겼던 그가 이제 와서는 조란의 가자지구 지지에 대해 "분열적" 행위라고 주장했다. 그 와중에 쿠오모는 라이벌의 이름을 계속해서 잘못 발음했다.

선거를 3주 앞두고 1위와 2위 후보 간의 지지율 격차가 두 자릿수로 벌어진 가운데, 쿠오모는 격차를 좁힐 가장 확실한 기회인 두 차례의 TV토론을 준비했다. 그러나 예비선거 패배 이후 10월 16일의 토론까지 몇 달의 시간이 있었음에도, 이 노련한 선거꾼은 그날 밤 토론 장소인 '30록'에 그 어떤 새로운 무기도 들고 나오지 않았다. 토론 시작부터 다시 경험의 중요성을 강조하면서, 맘다니에게는 "현장 실습"이 필요하다는, 지금까지 계속 반복해 왔던 식상한 주장을 되풀이했다.

조란은 만일 쿠오모가 당선되면 "자신에게 정치자금을 기부한 억만장자들을 위해 봉사하는 시장이 될 것"이라고 지적했다. 그리고 이어서 택시 운전기사 부채탕감과 무료버스 시범운영 등 최근 몇 년간 자신이 이룬 성과를 강조했다. 곧이어 난타전이 벌어졌다. 쿠오모는 맘다니 후보가 "9·11 테러나 팬데믹 같은 상황"에 준비돼 있지 않다고 경고하며, "그의 이력서에는 어머니 밑에서 인턴을 했다는 한 줄뿐"이라고 비꼬았다. 이 자극적인 비난을 들은 맘다니는 쿠오모의 요양원 스캔들을 들춰내 맞불을 놓았다. 맘다니는 전임 주지사가 "노인들을 죽음으로 내몰았다"고 거세게 몰아붙였다.

이어서 이 차세대 후보는 그날 밤 가장 기억에 남을 만한 발언을 던졌다. 맘다니는 쿠오모를 향해 돌아서며 말했다. "나에게 부족한 경험은 청렴함으로 채우겠습니다. 그런데 당신에게 부족한 청렴함은 아무리 많은 경험으로도 결코 채울 수 없을 것입니다." 조란 캠프의 연설문 책임자인 줄리언 거슨이 전한 바에 따르면, 이 회심의 한마디는 캠프의 수석고문인 자라 라힘의 작품이었다. 이 설득력 있는 한 방은 〈뉴요커〉를 비롯한 여러 주요 언론의 집중 조명을 받았다.

어쨌든 이날 토론은 시작 6분 만에 두 후보 사이의 난타전 양상으로 전개되었다. 선두주자로서는 다소 이례적일 정도로, 조란은 경기 내내 공격적인 자세를 유지했다. 그 와중에 링 위에 올라와 있던 '세 번째 남자'가 끼어들어 상황은 더욱 흥미진진해졌다.

두 후보의 설전을 지켜보던 커티스 슬리와가 "이 방 안에 테스토스테론 수치가 아주 높군요."라고 한마디 얹었다. 20세기 후반 브루클린 특유의 전형적 캐릭터를 보여 주는 슬리와가 이렇게 말하자, C애비뉴의 프랜시스 카이트 클럽에서 OR출판사가 주최하는 토론회 관전 파티에 참석한 사람들 사이에서 커다란 폭소가 터져 나왔다. 모여 있던 진보 인사들 가운데 가디언 엔젤스 창설자인 슬리와의 반응에 동의하는 사람은 없었지만, 많은 이들이 그의 진정성을 존중했고 그가 쿠오모와 달리 유머러스하다는 점에 대해서는 높게 평가했다.

약 240만 명의 시청자가 생중계로 지켜본 이번 토론회의 전반 30분 동안에는 가자지구의 극심한 위기 상황에 대한 격렬한 논의가 진행되었다. 쿠오모는 이스라엘에 대해 어떠한 비판도 내놓지 않았으며, 오히려 맘다니에게 하마스와 하산 파이커, 그리고 '인티파다 세계화' 구호를 "비난"하라고 요구했다. 이에 조란은 팔레스타인인들을 향한 "제노사이드"를 두 차례 언급하며 국제법을 근거로 반박했다. 또한 그는 토론 전반부의 또 다른 주요 쟁점이었던 뉴욕경찰의 향후 개혁 방향에 대해서도 뜻을 굽히지 않았다. 맘다니는 '지역사회안전국'을 신설하겠다는 약속을 반드시 이행하겠다고 다짐했다.

결과적으로 쿠오모는 시청자가 가장 많이 몰린 시간대에 생방송된 토론회에서 상대방에게 결정적인 한 방을 날리는 데 실패하고 말았다. 인터넷을 통해서만 중계된 후반 한 시간 동안에는 그는 이따금 비틀거렸고, 어느 대목에 가서는 마치 가끔 괴이한 행동으로 우려를 낳았던 바이든을 보는 것 같은 혼란스러운 모습을 보이기도 했다. 토론이 끝난 후, 쿠오모가 좋아하는 지역방송 기자들조차 주 시청자 층인 고령자들을 상대로 그가 그럴듯한 득점을 올렸다고 보도하지 않았다. WABC의 N. J. 버켓은 토론회의 승자는 맘다니였다고 잘라 말했고, WCBS의 터줏대감 마샤 크레이머는 슬리와의 선전이 돋보였다고 평가했다.

11월 4일의 승리를 향한 조란의 여정은 순조로웠다. 그러나 잠시 잠깐의 위기도 없지 않았다. 쿠오모가 소설 《모비딕》의 에이해브 선장처럼, 3위의 도전자를 처단하기 위해 작살을 장전하고 있었던 것이다.

● ● ●

10월 15일경의 여론조사 결과를 보면, 쿠오모에게 남아 있는 현실적인 대안은 딱 하나뿐이었다. 지지율 30% 언저리를 맴돌던 이 무소속 후보가 공화당 후보를 지지하는 약 15%의 유권자를 모두 흡수하는 것이다. 이론상으로는, 만약 슬리와의 표를 모두 끌어올 수 있다면 당시 45% 내외의 지지율을 기록하고 있던 맘다니와 마지막 승부를 걸어 볼 수도 있었다.

30록에서 열린 토론회의 다음 날, 쿠오모는 대대적인 미디어 공세에 나섰다. 그는 WABC-TV 기자들에게 "슬리와는 이 경주에서 이길 수 없다"면서, "나는 공화당 수뇌부들이 자신들의 정파적 이익을 위해 조란 맘다니의 승리를 바라고 있다고 생각한다"고 주장했다. 그 주 금요일에 〈뉴욕 타임스〉의 헤드라인은 당시 상황을 이렇게 묘사했다. "쿠오모, 사실상 슬리와에게 후보 사퇴를 애걸하다."

같은 금요일 오후에 조란은 할렘 시의원 유세프 살람Yusef Salaam (억울하게 옥살이를 한 5인* 중 하나)과 함께 브루클린의 영향력 있는 이맘인 시라즈 와하즈Siraj Wahhaj를 방문했다. 와하즈는 맘다니에 대한 지지를 선언했다.

그의 지지선언은 맘다니에게 새로운 표를 많이 가져다줄 것으로 분석될 정도로 파급력이 컸다. 맘다니의 핵심 측근인 아사드 단디아는 X를 통해, 와하즈는 "종파와 학파를 불문하고 미국에서 가장 사랑받는 무슬림 지도자 중 한 명"이라고 평하며, "그의 마음을 얻음으로써 조란

---

*   1989년 발생한 센트럴 파크 파이브 사건을 말한다. 28세의 백인 여성이 잔인하게 성폭행당한 채 발견됐는데, 경찰은 당시 근처에 있던 14~16세의 흑인과 히스패닉 소년 5명을 용의자로 체포해 강압적인 수사로 자백을 받아 냈다. 이들은 실형을 선고받고 6~13년간 옥살이를 했다. 그러나 2002년 다른 사건으로 복역 중이던 연쇄 강간범이 자신이 이 사건의 진범이라고 자백하여 5명은 뒤늦게 무죄 판결을 받았다. 그 가운데 한 명인 유세프 살람은 흑인 인권운동가로 활동하다가 훗날 시의원이 되었다.

은 뉴욕시 무슬림 정치 지형을 완전하게 재편했다"고 밝혔다. 아사드는 2013년 뉴욕경찰의 무슬림 공동체 사찰에 제동을 걸었던 기념비적 소송인 '라자 대 뉴욕시' 사건의 원고단의 일원으로 활동하며 와하즈와 인연을 맺은 바 있다.

그러자 바리 와이스가 이끄는 더 프리 프레스를 필두로, 열성 이스라엘 지지 그룹들이 반격에 나섰다. 와하즈가 1993년 세계무역센터 테러사건 당시에 기소가 되지는 않았지만 테러사건의 배후 공모자로 의심받은 일을 들춰냈다. 사실 연방정부는 와하즈 말고도 169명의 이름을 배후 공모자 의심 명단에 올렸었다. 그러나 이들이 기소되지 않은 것은 수사당국이 이들의 혐의를 입증하지 못했기 때문이다. 그럼에도 조란과 와하즈를 향한 그들의 분노는 수그러들지 않았다. 이에 〈제테오〉의 메디 하산은 "와하즈가 테러공격에 연루되었다면, 왜 기소조차 되지 않았는가?"라고 반문했지만, 이런 합리적인 질문은 거의 주목받지 못했다.

10월 19일 일요일, 〈뉴욕 포스트〉는 "사진폭탄Photobomb"이라는 강렬한 1면 헤드라인 기사로 승부를 걸었다. 와하즈가 조란의 어깨를 감싸안은 채 함께 환하게 웃고 있는 사진이 실렸다. 일론 머스크가 이 공격적인 기사를 인용하며 "와우"라는 짤막한 트윗을 날려 사람들의 관심을 촉구했고, 그의 트윗은 순식간에 3천만 회 이상의 조회수를 올렸다. 머독 휘하의 언론사는 2021년에 와하즈가 〈뉴욕 포스트〉와 같이 에릭 애덤스를 지지했었다는 사실은 애써 덮어 버렸다.

한편 커티스 슬리와는 자신을 둘러싼 사퇴 논쟁에도 불구하고 요지부동이었다. 그는 MAGA 계열의 차세대 유튜브 진행자인 네이트 프리드먼Nate Friedman과의 인터뷰에서, 공화당 시장 후보로 출마했다는 것은 시의원과 법관 등 하위 선거에 참여하는 모든 공화당 소속 후보들을 대변해야 할 의무를 지고 있는 것이라며 사퇴 요구를 일축했다. 주지사 시절 뉴욕시 공화당 지도부와 사사건건 충돌했던 쿠오모를 향해 슬리와는 이렇게 일갈했다. "당신 표는 당신이 알아서 직접 챙기세요!"

슬리와가 묵직하게 버틴 덕분에 맘다니에게 훨씬 여유가 생긴 것은 의심할 여지가 없었다. 조란은 슬리와와 프리드먼의 인터뷰 영상을 인용하며 이렇게 논평했다. "뉴욕시장은 거의 뉴욕 바깥에 사는 억만장자들에 의해서가 아닌, 뉴욕의 유권자들이 직접 뽑아야 한다고 믿는 후보가 이 선거에 나 말고 또 있다는 사실은 우리 민주주의 발전에 진정으로 도움이 되는 일입니다."

최근 DSA 합류를 선언한 좌파성향의 시의원 치 오세 역시 공화당 후보인 슬리와에게 "억만장자들과 기득권 민.주.당.원.들"의 요구에 굴복하지 말라고 촉구했다. 치 오세는 많은 조란 지지자들의 속마음을 재치 있게 대변해 주었다. 그리고 치 오세는 또 한 번 "절대 물러서지 마세요!"라고 당부했다.

사전투표 시작을 닷새 앞두고, 뉴욕시 공화당의 여러 지도자들이 돌아가며 슬리와의 등에 칼을 꽂기 시작했다. 10월 20일 월요일 아침에는 당의 거물인 존 캐치매티디스가 자신이 소유한 WABC 라디오방송에 출연해 공세 수위를 높였다. 슬리와가 오랫동안 진행자로 활동해 온 바로 그 방송사였다. 그동안 슬리와에게 후보 사퇴를 종용하라는 압박에 저항해 왔던 이 억만장자는 이제 태도를 급격히 바꿔, "지금 당장 사퇴해야 한다"고 선언했다. "누구보다도 뉴욕을 사랑한다는 것을 증명하기 위해서는 말이죠."

존 캐치매티디스는 슬리와의 오랜 라디오방송 동료인 시드 로젠버그Sid Rosenberg에게 자신의 주장을 설명했다. 로젠버그는 근육을 만드는 데 열심인 열성적인 MAGA 추종자이다. 친이스라엘 강경파이자 지역 내 두터운 청취자 층을 보유한 방송인인 그는 지난봄부터 X를 통해 맘다니를 여러 번 "테러리스트"라고 언급했다. 이전에 로젠버그는 줄곧 커티스 측에 서 왔으며, 쿠오모를 지지하라고 압박하는 변절적인 극우 공화당 활동가들과 충돌하기도 했다. 10월 20일 그날까지는 그랬다.

그러나 이제 이 독설가는 자신이 출연하는 방송국 WABC의 소유자 뜻에 따라 노선을 갈아탔다. 그는 〈데일리 뉴스〉와의 인터뷰에서, "나는 여전히 커티스를 사랑하지만, 맘다니가 이기게 둘 수는 없다. 맘다니를 막을 수만 있다면, 쿠오모의 승리도 기꺼이 받아들이겠다."라고 밝혔다. 뉴욕시 공화당의 기관지 역할을 하던 언론매체들이 곧장 가세하여 캣츠와 로젠버그의 노력에 힘을 실어 주었다.

〈뉴욕 포스트〉는 10월 20일 오후 3시 55분에 "건강을 위해 기꺼이 쓴 약을 삼켜라. 커티스 슬리와는 조란 맘다니를 막기 위해 사퇴하라."라는 제목의 사설을 게재했다. 사실 〈뉴욕 포스트〉를 포함한 루퍼트 머독의 충견들은 쿠오모가 출마를 선언한 지난 3월부터 줄곧 "뉴욕의 최고 거짓말쟁이"라고 몰아세우며 끈질기게 괴롭혀 왔다. 그런 까칠한 언론들이 이제는 면구스러움을 무릅쓰고 말을 바꾼 것이다. 이 사퇴 권고가 머독 제국 최고 수뇌부의 뜻을 충실히 반영한 것임은 의심의 여지가 없었다.

"이런 글을 쓰는 것 자체가 괴로운 일이다." 마치 도움을 절박하게 호소하는 듯한 첫 문장으로 사설은 시작된다. "많은 독자가 우리에게 분노를 터뜨릴 것이고, 그 마음을 충분히 이해한다. 그러나 그 누구도 이지면이나 〈뉴욕 포스트〉 전체가 쿠오모의 팬이라고 착각하지는 않을 것이다." 자신들이 변절한 것은 절대로 아님을 변명하듯, 이 극우 필진은 마지막 문장에 링크를 걸어, 쿠오모 지사 재임 시절 〈뉴욕 포스트〉와의 사이에서 벌어졌던 수많은 갈등을 정리해 놓은 지난 3월 중순의 기사로 연결시켰다. 그럼에도 쿠오모를 지지하는 이유에 대하여 머독의 논설위원실은, 현재 눈앞에 닥친 명백한 위험은 맘다니이기 때문이라고 경고했다. 그들은 맘다니를 "치명적이고 막대한 피해"를 예고하는 "괴상한 인물"로 묘사하면서, 그의 승리를 반드시 막아야 한다고 강조했다. 그러나 이런 주장은 딱히 새삼스러울 것은 없는 것이었다.

이렇게 〈뉴욕 포스트〉는 사실상 쿠오모에 대한 우회적인 지지선언을 하면서 이스라엘이나 사회주의에 대해서는 일절 언급하지 않았는데, 〈뉴욕 포스트〉 오피니언 면을 애독하는 독자라면 그런 문제에 대해서는 이미 마음을 굳혔을 터였다. 화요일 자 타블로이드 1면에는 슬리와의 사진과 함께 "베레모, 이제 그만 떠나게!"라는 시대착오적인 헤드라인 기사가 실렸다. 그날 아침 로젠버그의 프로그램에는 진행자의 새 친구 앤드루 쿠오모가 출연했다. 오랜 친구인 커티스 슬리와를 위해 위로금이라도 챙겨 주고 싶었는지, 진행자는 미래의 시장 후보로부터 공화당 후보인 슬리와에게 정부 요직을 하나 주겠다는 약속을 받아 냈다. 그러나 이 방송을 접한 슬리와는 곧 영화 〈브레이브하트Braveheart〉 마지막 장면의 멜 깁슨 명대사를 인용하여, 쿠오모 밑에서 일하느니 "형틀에 묶여 죽겠다"고 묵살해 버렸다.

쿠오모의 우군들은 X 안에서 나름대로 부산하게 움직이며 기세를 올렸지만 그리 오래 가지는 않았다. 이틀 뒤에 슬리와가 로젠버그의 아침방송에 출연해서 그의 면전에 대고 격렬하게 반발한 것이다. 이 공화당 후보는 분노에 찬 목소리로, "다시는 WABC 스튜디오에 발을 들이지 않겠다"고 선언했다. 어떤 상황에서도 포기는 없을 듯한 기세였다. 선거 이후 그의 방송활동이 어떻게 될지는 불투명했으나, 〈뉴욕 포스트〉와는 화해할 가능성이 높아 보였다. 그를 오랫동안 헤드라인에 오르내리게 해주었기 때문이다.

슬리와가 쏘아 올린 분노의 불꽃이 사방으로 튀는 가운데, 쿠오모는 맘다니를 향한 친이스라엘 진영의 분노를 열심히 부추기고 있었다. 10월 20일 월요일 저녁, 네타냐후의 고문임을 스스로 자처하는 쿠오모는 웨스트 95번가에 위치한 정통 유대교 회당인 오합 제덱Ohab Zedek에서 엘리샤 위젤과 마주 앉았다. 최근 토론회에서 조란 맘다니를 반유대주의자라고 생각하느냐는 질문을 받았을 때만 해도, 노련한 정치인인 그는 "그렇게 생각하는 사람들이 꽤 많이 있습니다."라는 식의 짐짓 균형 있는 듯이 보이는 화법을 구사했다. 당시 그는 "나는 사람을 함부로 그렇게 판단하지 않습니다."라고 한 자락 깔면서도, "그가 반유대주의자라고 믿는 유대인이 많다는 사실은 알고 있죠."라고 덧붙였다. 하지만 나흘 뒤, 그는 완전히 태도를 바꿨다.

이미 앞에서 언급했듯이, 위젤은 예비선거 막바지에 홀로코스트와 관련하여 맘다니에게 폭발적인 비난을 퍼부은 바 있는 사람이다. 쿠오모는 진행자가 어떤 대답을 원하는지 정확히 알고 있었다. 이 2위 후보는 웨스트 95번가에 모인 청중 앞에서 조란은 "반유대주의를 기반으로 출마한 후보"라고 못 박았다. 한술 더 떠서 이 전직 주지사는 상대 후보의 "오만함과 반유대주의"에 대해 도시 전체가 "방관"하고 있다고 주장했다. 그는 소셜미디어를 통해 위젤이 자신을 지지하고 있음을 널리 알리려고 애를 썼다. 마리오의 아들은 한 표라도 더 얻기 위해서라면 이것저것 따질 겨를이 없었다.

●　●　●

쿠오모와 그 일당이 후보 단일화를 위해 밀고 당기는 동안, 조란은 전혀 다른 방식으로 경기를 치르고 있었다. 10월 19일 일요일 저녁, 맘다니 캠프는 생활 축구 리그인 NYC 푸티NYC Footy와 손잡고 코니아일랜드의 마이너리그 야구장에서 '생활비 클래식Cost of Living Classic'이라는 독특한 제목의 대회를 열었다. 〈뉴욕 타임스〉는 이 행사를 호의적으로 보도하면서, 수십 명의 쾌활하고 다양한 인종과 성별의 20대 참가자들에 둘러싸인 조란의 사진을 크게 실어 주었다.

과거 브롱크스 과학고 축구팀 주장이기도 했던 조란은 "축구는 수많은 뉴욕시민이 이 도시를 사랑하는 이유 중 큰 부분을 차지합니다."라고 말하면서, "우리는 축구를 통해 자신의 지역에 대한 자부심을 다시 한번 확인하게 되는데요, 이를 보면 정치가 지역사회에 어떤 역할을 할 수 있는지를 짐작해 볼 수 있습니다."라고 밝혔다. 행사 요약 영상에서는 조란이 승부를 결정지은 라틴계 골키퍼와 따뜻한 포옹을 나누고 있다. 이러한 생활체육 축제는 맘다니가 추구하는 풀뿌리 선거운동의 정신과 궤를 같이하는 것처럼 보였다.

쿠오모와 슬리와가 서로 난타전을 벌이는 동안, 맘다니는 10월 22일 수요일로 예정된 마지막 토론회를 앞두고 비교적 조용히 시간을 보냈다. 공화당 후보가 궁지에 몰린 양상이었고, '투쟁과 성취'라는 구호를 내걸고 있는 쿠오모에게 마지막 득점 기회가 아직 남아 있었다. 뉴스 채널 NY1에 출연한 반맘다니 성향의 정치 컨설턴트 J. C. 폴란코J. C. Polanco는 다가올 마지막 토론을 '마닐라의 혈투'에 비유했는데, 무하마드 알리와 조 프레이저의 마닐라에서의 마지막 승부에서 승리한 이가 알리라는 사실은 잊고 있는 것 같았다.

어떤 선거에서든 마지막 토론회에서는 앞서가는 후보는 별일 없이 토론회를 마무리하고 싶어 하는 반면, 추격을 해야 하는 후보는 적극적으로 판을 흔들어 보려고 애쓰기 마련이다. 그러나 토론 시작 약 90분 전, 〈뉴욕 타임스〉의 니콜러스 판도스 기자가 중대한 특종을 보도했다. 조란이 시장에 당선될 경우, 현재 뉴욕경찰 NYPD 국장인 제시카 티시를 유임시키겠다고 발표한 것이다. 티시가 대변하는 시의 기득권층에게는 커다란 양보였으나, 형사사법개혁 활동가들에게는 청천벽력 같은 소식이었다. 좌파성향의 차기 시장 후보가 자신의 행정부에서 가장 상징적인 인물로 보수적인 인사를 앉히겠다고 약속한 셈이기 때문이다. 그는 도대체 왜 그랬을까?

6월 예비선거 승리 이후, 조란은 제시카 티시를 유임시키라는 끊임없는 압박에 시달렸다. 이 문제는 〈뉴욕 타임스〉를 비롯한 여러 매체의 선거 보도에서 단골 질문으로 등장했으며, 차세대 후보인 조란의 자질을 평가하는 일종의 리트머스 시험지 역할을 했다. 조란의 수석보좌관인 엘 비스가드 처치가 10월 초에 〈뉴욕 타임스〉 칼럼니스트 마라 게이에게 털어놓았듯이, 시 기득권층의 여러 대변자로부터 티시를 유임시키라는 "강력하고도 자발적인 조언"이 빗발쳤다. 쿠오모 역시 10월 19일 일요일에 마샤 크레이머에게 당선 시 티시를 유임시키겠다고 먼저 밝혔다. 토론 직전에 쿠오모와 같은 결정을 내린 것은, 맘다니 캠프가 자신들의 확정된 의사를 정치권에 확실히 각인시키고 싶어 했기 때문이라고 볼 수 있다.

〈뉴욕 타임스〉의 니콜러스 판도스 기자는 맘다니 자문그룹의 일원인 민주당의 베테랑 전략가 패트릭 가스파드Patrick Gaspard의 말을 인용하며 이 결정을 높이 평가했다. 예비선거가 끝난 후인 8월에, 판도스는 조란의 의사결정에 영향을 미치는 여러 인물들을 도표로 정리한 기사를 내보내면서 가스파드를 유독 "민주당의 현자"라고 치켜세웠었다. 오바마 정부 시절 주남아공 대사를 지냈고, 빌 디블라지오 시장의 핵심 우군이며, 진보성향의 싱크탱크인 미국진보센터CAP: Center for American Progress의 2021~2025년 회장이었던 그는 진보진영의 막후 권력 실세로서 자신의 역할을 즐겼다. 맘다니의 결정을 두고 대선 이후 좌파진영의 비판이 쏟아졌을 때 가스파드는 티시를 옹호하며 방어했다.

〈뉴욕 타임스〉의 첫 보도에는 티시의 유임에 대한 조란의 발언은 실리지 않았다. 결국 그의 첫 공식 입장은 토론이 중반부에 접어들었을 때에야 나왔다. 조란은 〈더 시티〉의 공동 사회자인 케이티 호넌에게, "티시 국장은 망가진 현실을 유지하기를 거부하고 경찰을 책임감 있게 운영했습니다. 부패 척결에도 노력했고요. 또 5개 자치구 모두 범죄가 줄었다는 통계도 있습니다."라고 말했다. 그리고 이어서, "정신건강의 위기"라는 문제를 해결하기 위해 반드시 "지역사회안전국"을 신설하겠다는 의지를 재확인했다. 비록 티시가 진보적인 정책 혁신을 추진하는 인물로 알려지지는 않았으나, 맘다니는 그녀가 뉴욕경찰의 권한 축소를 골자로 하는 자신의 제안에 동의할 것이 분명하다고 주장했다.

제시카 티시 유임 방침을 밝힌 것은 시기적으로 볼 때 위험 부담이 커 보였다. 만일 티시가 유임을 거절할 경우에는 큰 역풍을 맞을 수도 있었다. 그때까지도 이 유력 후보는 행정부 인선에 관한 질문을 받을 때마다 답변을 피하며 오로지 선거 승리에만 집중해 왔다. 하지만 사전투표가 시작되기 직전 갑작스럽게 방향을 선회한 것은, 이번 발표를 통해 정치적 이득을 얻으려는 계산된 행보로 보였다.

티시 유임 카드를 내놓자, 그동안 맘다니 지지를 유보하던 거물급 인사들이 경계심을 거두고 지지 의사를 표명하기 시작했다. 그러나 그것이 판세를 크게 뒤흔들 정도는 아니었다. 사전투표가 시작되기 직전의 금요일 오후, 하킴 제프리스가 뒤늦게 조란에 대한 지지를 선언했다. 비록 다소 미적거리는 것 같은 느낌은 있었지만, 그는 티시를 유임시키겠다는 민주당 후보의 약속을 높이 평가했다. 다음 장에서 살펴보겠지만, 〈뉴욕 타임스〉가 다시 구성한 전문가 패널 집단 역시 그 발표가 있고 나서 일주일 후에 조란에게 우호적인 입장을 내놓았다. 보고서에 티시의 유임에 관한 이야기가 직접 언급되지는 않았지만, 티시에 대한 뉴욕 엘리트층의 호감도가 그들의 평가에 큰 영향을 미쳤음은 의심의 여지가 없다.

그러나 대체로 조란의 우군이라고 할 수 있는 형사사법개혁을 부르짖는 시민운동가들은 조란의 이러한 방침을 달갑게 여기지 않았다. 치

안문제 관련하여 맘다니 캠프에서 자문을 맡고 있던 브루클린 대학의 알렉스 비탈 교수는 티시 유임을 반대했던 인물이다. 그는 10월 22일 직후 우려 섞인 문자메시지를 수없이 받았다고 필자에게 털어놓았다. 제시카 티시는 국장 취임 첫해부터 보석제도 개혁이나 16~17세 피고인을 성인 법정에 세우지 않도록 하는 형사처벌 연령 상향 같은 진보적인 제도의 도입을 거듭 비판해 왔다. 빌 브래튼과 레이 켈리의 영향을 많이 받은 것으로 알려진 제시카 티시는 줄리아니와 블룸버그 시장 시절 내세웠던 '법과 질서'라는 원칙을 옹호하는 인물이다.

DSA 뉴욕지부가 본격적으로 뉴욕시 정계에서 활동을 시작한 것은 2018년부터이다. 이후 DSA는 흔히 급진적인 형사사법개혁을 주장하는 그룹으로 인식되어 왔다. 이 책의 전반부에서 보았듯이, 조란도 2019년에 탈수감 정책을 주요한 선거공약으로 내걸었던 티파니 카반의 퀸스 지방검찰청장 선거캠프에 헌신적으로 참여한 바 있다. 10월 중순 〈뉴욕 타임스 매거진New York Times Magazine〉*에서 맘다니를 다룬 애스티드 헌던Astead Herndon 기자는 지역 DSA 공동의장인 구스타보 고디요가 티시의 유임을 지지하지 않는다고 보도했다. 그러나 정작 발표가 나오자, 〈뉴욕 타임스〉는 이 결정을 찬성하는 DSA 소속 주 상원의원 줄리아 살라자르의 발언을 인용했다. 살라자르가 해당 그룹 내 형사사법 문제의 가장 상징적인 인물이긴 하지만, 그녀가 DSA 뉴욕지부의 다른 인사들과 사전에 입을 맞춘 것인지는 분명치 않았다.

제시카 티시는 뉴욕의 엘리트 가문 출신으로, 친이스라엘 강경파로

---

* 〈뉴욕 타임스〉에서 발행하는 주말판 잡지

분류된다. 그녀의 가문은 쿠오모 캠프 곁에서 맘다니 공격에 앞장섰던 픽스 더 시티에 막대한 자금을 댔다. 10월 14일부터 20일 사이에 티시 가문의 주요 인사 네 명은 이 정치활동위원회에 총 90만 달러를 기부했는데, 제시카의 고모인 앨리스는 혼자서 50만 달러를 쾌척하기도 했다. 결과적으로 경찰국장의 가까운 친인척들이 좌파성향의 민주당 후보 맘다니를 비방하기 위해 픽스 더 시티에 130만 달러가 넘는 돈을 쏟아부은 셈이다. 물론 맘다니가 제시카 티시 유임을 결심했다는 소식이 전해지자, 티시 가문은 쿠오모를 위한 돈줄을 급격하게 죄었다. 그 빈자리는 티시 가문의 우군이자 쿠오모의 또 다른 우군인 블룸버그가 채워 주었다.

조란은 정말로 이 보수적인 국장이 조란 시대 뉴욕경찰의 수장으로 적합하다고 생각했을까? 발표 전 그는 애스티드 헌던에게, 이러한 인사 방침은 '라이벌팀'을 구성하려는 의도를 반영한 것이라고 말했는데, 이는 다분히 오바마스러운 화법이었다. MSNBC의 크리스 헤이즈Chris Hayes가 티시 유임 방침이 "중도층을 겨냥한 계산된 행보"가 아니냐고 묻자, 맘다니는 "여론조사를 의식한 것은 아니다. 안전은 뉴욕에서 거주하는 데 필요한 비용을 감당 가능한 수준으로 낮추기 위한 기본적인 토대다."라는 뻔한 답변을 내놓았다. 반항아라는 이미지가 강했던 그의 입에서 전형적인 정치인의 발언이 나오기 시작한 것이다.

맘다니는 친팔레스타인 시위를 강경진압하는 데 앞장섰던 뉴욕경찰의 전략대응팀SRG: Strategic Response Group 해체를 지지했지만 티시는 이에 반대했다는 점을 지적받자, 조란은 그녀가 생각을 바꿀 것이라고 주장했다. 이 유력 후보는 WPIX11의 댄 마나리노Dan Mannarino에게, "그녀가 내 곁에 서줄 것이라고 확신한다"고 말했다. 하지만 노먼 핀켈스타인Norman Finkelstein이 지적했듯이, 티시가 베냐민 네타냐후를 체포하라는 맘다니의 방침을 지지하거나 적극적으로 행동에 옮길 가능성은 거의 없어 보였다.

2024년 12월에 경찰국장으로 취임한 제시카 티시는 에릭 애덤스 라인의 인사들 가운데 상위직급을 차지하던 사람들 몇 명을 정리했다. 물론 모두 정리한 것은 아니었지만, 이는 부패 척결에 대한 의지가 있다는 조란의 립서비스가 전혀 근거 없는 말은 아님을 의미한다.

한편, 선거판의 반대쪽에서 공화당 후보 역시 부패와 싸우고 있었다. 커티스 슬리와는 억만장자들이 자신에게 후보 사퇴 대가로 수백만 달러를 제시하며 매수하려 한다고 반복해서 비난했다. 그러나 〈인디펜던트〉의 발행인 존 탈턴이 필자에게 말했듯이, 어떤 정치인을 쉽게 "부패에 맞선 투사"라고 치켜세우는 것은 "투사의 기준을 너무 낮게 잡은 것"이다.

지역 언론이 자주 언급했던, 제시카 티시가 뉴욕경찰 일선 대원들에게 인기가 많다는 주장은 맘다니 측 법집행 전문가에 의해 반박당했다. '방글라데시계 미국인 경찰 협회BAPA: Bangladeshi American Police Association'의 공동설립자인 샴술 하크Shamsul Haque는 10월 22일 토론에서 〈폴리티코〉 뉴욕의 제프 콜틴 기자에게, "국장이 간부와 경위 그리고 말단 순경들의 사기를 떨어뜨리는 특정 결정들을 내리고 있다"고 주장했다.

결국 젊은 민주사회주의자 후보는 자신의 차기 행정부에서 가장 중요한 자리를 상위 1%가 명백히 선호하는 인물에게 할당해 주는 길을 택했다. 캐시 호컬 주지사, 티시 제임스 검찰총장 등 지역의 수많은 민주당 거물들이 제시카 티시를 강력하게 밀어붙였다. 4주 후에 티시 국장이 당선인의 제안을 수락하자 민주당 수뇌부는 일제히 환호성을 질렀다. 적어도 하나의 핵심적인 전선에서만큼은, 맘다니는 기득권을 타파하는 대신, 그들의 대열에 합류하고 있었다.

21

집중 공격

"9·11 이야기까지 나오는 걸 보니, 조란 후보가 선두를 달리고 있는 건 확실한 것 같죠?" 10월 27일 월요일, 〈데일리 쇼〉 프로그램에서 진행자 존 스튜어트는 조란에게 이렇게 말하며 인터뷰를 시작했다. 존 스튜어트는 세계무역센터 테러 사건과 맘다니를 억지로 연관 지어 무차별적으로 비방하는 이른바 '9·11 카드'를 앤드루 쿠오모와 결탁한 항전 세력의 "최후의 변론"이라고 이름 붙였다.

그에 앞서 며칠 전, 자극적인 방송으로 유명한 라디오 진행자 시드 로젠버그가 "만약 9·11 같은 테러가 다시 발생한다면 조란은 환호성을 지를 것"이라며 전 주지사 쿠오모를 슬쩍 떠보았다. 그러자 쿠오모는 낄낄거리며 "그것도 심각한 문제지요."라고 맞장구쳤다. 맘다니는 개의치 않고 이렇게 응수했다. 상대 진영이 수류탄을 던지며 비방에 열을 올리는 동안, 조란 캠프의 거대한 자원봉사 군단은 유권자의 집을 하나 하나 방문하면서 "우리가 살고 싶은 도시를 어떻게 만들 것인가에 대한 대화"를 나누고 있다고 말이다.

쿠오모는 방송 출연 닷새 전, 새로운 동맹 세력을 확보했다고 공개했다. 맘다니와 커티스 슬리와가 롱아일랜드 시티에서 토론을 마친 뒤 기자들과 대화를 나누는 동안, 쿠오모는 도심을 가로질러 매디슨 스퀘어 가든으로 향했다. 그는 그곳에서 열린 뉴욕 닉스의 시즌 개막전을 관람하러 온 에릭 애덤스 시장과 나란히 첫 줄에 앉았다. 최근까지 서로의 목을 노릴 듯 으르렁대던 전직 주지사와 퇴임을 앞둔 시장이었지만, 그 순간만큼은 농구에 대한 애정과 젊은 선두주자에 대한 경멸로 하나가 되어 서로를 향해 환한 미소를 지어 보였다.

조란은 X에 두 사람이 함께 찍힌 사진을 올리며 "부패세력이 농구장까지 진출했네요?"라고 일갈했다. 그 비싼 프리미엄 좌석의 비용을 누가 지불했는지는 즉각 확인되지 않았다. 다음 날 오후, 애덤스 시장이 은밀한 암시도 아닌 노골적인 경고를 내뱉을 때, 쿠오모는 옆에서 고개를 끄덕이고 있었다. 애덤스 시장은 맘다니가 승리하면 유럽에서 발생했던 것과 같은 테러 공격이 일어날 것이라며 유권자들을 위협했다. 2위 후보인 쿠오모는 지난 몇 주간, 오랜 정치 경력에도 불구하고 한 번도 하지 않았던 모스크 방문까지 하면서 무슬림 표심을 잡으려고 애써왔는데, 막판에 이르러 이렇듯 완벽하게 태세를 전환했다. MAGA 인플루언서들이 부추긴 이슬람 혐오 정서에 철저하게 추종하기로 결심한 것이다.

그사이 조란은 예비선거 승리의 토대가 되었던 여러 세력의 연대 규모를 계속 확장하고 있었고, 지역 민주당의 주요 조직들까지 자기 세력으로 끌어모았다. 긴 레이스의 마지막 구간에 접어들면서 계속해서 가속페달을 밟는 모습이었다. 이슬람 혐오를 규탄하고, 교회를 방문하며, 공연장과 나이트클럽 무대에 모습을 드러내는가 하면, 브루클린 다리를 가로질러 행진했다. 결승선이 눈앞에 보였다. 조란은 이제 결승 테이프를 끊을 준비가 되어 있었다.

● ● ●

쿠오모는 9·11 이외에도 또 다른 카드를 동원하여 막판 뒤집기를 시도했다. 10월 중순, 쿠오모는 X를 통해 잭 세이지 폭스Zach Sage Fox를 선거캠프의 소셜미디어 제작을 담당할 책임자로 영입했다고 발표했다. 잭 세이지 폭스는 스스로 X에 올린 프로필에 자신을 CEO이자 코미디언이라고 소개하고 있었다. 그는 최근 유엔을 방문하기 위해 미국에 온 네타냐후를 만난 밀레니얼 세대 인플루언서들 가운데 한 명이었다. 폭스는 그날 이후 선거 마지막 날까지 조란을 겨냥한 비방 게시물들을 쉴 새 없이 쏟아 냈다.

10월 22일 토론이 시작된 직후, 폭스가 만든 가장 자극적인 결과물이 쿠오모의 X 계정에 올라왔다. 그것은 AI에 의해 생성된 133초 분량의 쓰레기 같은 게시물로, 블랙스플로이테이션Blaxploitation* 시대의 포주와 케피예를 두른 젊은 흑인 좀도둑 같은 캐릭터들이 등장해 맘다니 지지를 선언하고, 맘다니가 손으로 밥을 먹는 모습을 보여 주었다. 쿠

---

* 　1970년대 초반 미국에서 유행한, 흑인을 주인공으로 한 영화 장르를 가리킨다.

오모 측도 내용이 지나쳤다고 생각했는지, 올린 지 얼마 지나지 않아 이 영상을 삭제했다. 그러나 〈제테오〉의 프렘 타커Prem Thakker가 기민하게 다운로드한 덕분에 조란 캠프는 영상을 확보할 수 있었다. 폭스의 선동적인 콘텐츠는 그 정도로 끝나지 않았다. '맘다니에 반대하는 무슬림들'이라는 단체 회원들을 영상에 등장시켜 범죄 문제에 관한 후보의 입장을 비난하고, 핼러윈을 맞아 AI로 만든 조란이 아이들과 부모들을 겁주는 영상을 제작해 올리기도 했다.

선거가 엿새 앞으로 다가오자 쿠오모가 직접 나섰다. 그는 폭스 뉴스의 진행자 마리아 바티로모에게 민주당 내부에서 "조용한 내전"이 벌어지고 있다고 언질을 주었다. 그는 "극좌파"가 현재의 민주당 체제를 "파괴"하려 한다고 경고했다. 민주당에서 일어나는 일이 왜 폭스 채널 시청자들의 관심사가 되어야 하는지는 좀 의아한 일이었다. 그날 오후, 쿠오모는 인기 스포츠 토크쇼를 진행하는 스티븐 A. 스미스Stephen A. Smith와의 대화에서 공세의 수위를 한층 높였다. "맘다니가 뉴욕시를 죽일 수도 있다고 믿는다"고 그는 선언했다. 스미스는 화려한 언변으로 유명한 인물이지만, '집단 멸종' 같은 극단적인 용어를 사용하는 사람은 아니었다.

조란도 스미스의 라디오 프로그램과 전화 인터뷰를 통해, 호전적인 경쟁자 쿠오모를 트럼프에 빗대었다. "우리가 앤드루 쿠오모에게서 본 것은 리더십이 아닙니다." 선두주자 조란은 잘라 말했다. "그는 뉴욕시민들에게 실제로 제안할 비전이 더 이상 없기 때문에, 20분 내내 나를 비난하고 떠들며 시간을 보낼 수밖에 없었던 것이죠." 7개월간의 선거운동 기간 내내 뚜렷한 의제가 없었던 쿠오모가 약속한 것이라고는 고작 경찰 5천 명 추가 증원뿐이었다.

선거일이 다가오자, 2위 후보인 쿠오모는 트럼프가 오히려 맘다니의 승리를 바라고 있다고 주장했다. 맘다니가 당선되어야 전국 공화당원들에게 공격하기 좋은 '좌파 허수아비'가 생긴다는 논리였다. 그러나 10월 말, 조란을 향해 쏟아진 MAGA 세력의 끊임없는 분노는 그의 주장을 무색하게 만들었다. 결정적으로 트럼프 대통령이 선거 전날, 전직 주지사 쿠오모를 공식 지지함으로써, 그가 좌파 후보의 시청 입성을 "원하고" 있다는 쿠오모의 주장과 엇박자가 났다. 어쨌든 트럼프가 쿠오모를 지지하고 나선 것이 슬리와에게 쏠리던 지역 공화당 지지자들의 표심을 쿠오모 쪽으로 어느 정도 돌려놓는 데 도움이 된 것은 사실이었다.

10월 23일 목요일, 시드 로젠버그와 에릭 애덤스 시장이 나름 쿠오모의 득표를 위한다며 쏟아 낸 무슬림 비하 발언에 대해 지역 민주당 지도자들이 반발하고 나섰다. 제럴드 내들러 하원의원은 X를 통해 "만약 이런 혐오 표현이 유대인이나 기독교인 또는 뉴욕시민을 향했다면 어땠을지 상상해 보라. 과연 순순히 받아들이고 물러났겠는가?"라고 반문했다. 대부분의 당 지도자들이 내들러의 의견에 동조했지만, 척 슈머와 커스틴 질리브랜드 등 별로 개의치 않는 듯한 사람들도 있었다.

그 주 금요일 오후, 조란은 브롱크스 중심부에 위치한 이슬람문화센터Islamic Cultural Center 앞에서 기자들에게 발언하던 중 치밀어 오르는 눈물을 참는 모습을 보였다. 남녀 무슬림 동료들에게 둘러싸인 맘다니는 쿠오모 측 인사들의 최근 발언을 강력히 비판했다. 동시에 이전 토론회에서 선두주자인 자신이 "지하드의 세계화"를 지지한다는 슬리와의 허위 주장을 규탄했다. 그는 나아가, 흑인 보수주의자인 래리 엘더Larry Elder와 극우성향의 퀸스 자치구 의원 비키 팔라디노를 포함한 MAGA 진영 인사들을 정조준했다.

조란은 "9·11의 그림자 속에서 자라면서, 이 도시에서 늘 의심의 눈초리를 느끼며 살아간다는 것이 무엇인지 체득했습니다."라고 술회했다. 때로는 적대감도 느꼈지만, 이내 마지못한 체념으로 이어졌다고 그는 말했다. "뉴욕에서 무슬림으로 산다는 것은 언제라도 모욕적인 대접을 받을 수 있음을 감수하며 산다는 뜻입니다. 하지만 모욕을 당하는 것은 우리 무슬림들만이 아닙니다. 뉴욕에는 그런 처지에 놓인 시민들이 아주 많습니다." 맘다니는 무슬림이 다른 이들과 다른 점은 "모욕을 견뎌 낸다는 것"이라며, 어른들이 자신에게 그랬던 것처럼, 자신 또한 젊은 무슬림들에게 부당한 대우를 당하더라도 웬만하면 문제를 일으키지 말고 참고 넘어가라고 조언해 왔던 것이 사실이라고 말했다. 그러나 조란의 시대가 열리고 있다는 것은, 이제 그런 시대가 끝났음을 보여 주는 하나의 신호였다.

맘다니는 단호하게 말을 이었다. "모든 무슬림의 꿈은 그저 다른 뉴욕시민들과 똑같은 대우를 받는 것입니다." 이제 그와 공동체 구성원들은 더 이상 "우리 집에 살면서 손님처럼 느껴지는 기분을 견디지 않을 것"이라고 그는 말했다. 그는 이슬람 혐오적인 비방에 함께 맞서며 자신에게 보내 준 지지에 감사를 표함과 동시에, 또한 일상적인 증오를 마주하며 살아가는 그리 주목받지 못하는 이들을 대변하고자 했다. 그의 성장은 곧 타인의 거울이 될 수 있었다. 조란은 이렇게 결론지었다. "더 이상 나 자신을 어둠 속에서 찾지 않을 것입니다. 이제는 빛 속에서 나를 찾을 것입니다."

이슬람문화센터 도서관 앞에서 연설하는 조란의 영상은 소셜미디어에서 폭발적인 반응을 일으켰고, 이후 7일 동안 X에서 2,500만 회 이상의 조회수를 기록했다. 무슬림들의 가슴을 울린 이 기념비적인 선언문은 유대인이자 제럴드 내들러의 보좌관으로 일한 바 있는, 조란의 연설문 작성 책임자인 줄리언 거슨이 후보와 함께 완성했다. 맘다니는 시장 선거전을 지배하는 담론의 수준을 순식간에 한 단계 끌어올렸다.

같은 날 발행된 〈가디언〉의 특집기사에서 무스타파 바유미는 조란의 부상을 9·11 이후 뉴욕 무슬림 공동체 안에서 일어난 변화와 연결 지었다. 기사는 다음과 같이 설명하고 있다. 이슬람 혐오에 대응하여, "뉴욕의 무슬림들이 수년간 도시 내에서 정치적 역량을 키우고, 지역 정치기구를 설립하고, 새로운 형태의 정치에 몰두해 왔다. 이는 정체성을 수용하면서도 때로는 피상적일 수 있는 정체성 정치의 한계를 넘어서는 움직임이었다." 그날 맘다니의 연설은 선구적인 시장 후보로서 자신의 성장에 관한 첫 심층적인 공개 기록이었으며, 바유미가 묘사했듯 진보의 역사에 또 하나의 발자국을 남겼다.

조란이 이슬람 혐오를 비판하는 동안, 머스크의 플랫폼 X는 오히려 혐오를 증폭시키고 있었다. J. D. 밴스J. D. Vance 부통령을 포함한 트럼프 돌격대원들은 이슬람문화센터에서 맘다니가 9·11 이후 사랑하는 이들이 겪은 경험에 대해 언급한 것을 두고 그를 조롱했다. 테드 크루즈Ted Cruz 상원의원은 맘다니를 가리켜 "공산주의자 지하디스트"라고 여러 차례 매도했다. 이 악질적인 공세에 가담해 관심을 끈 인물 중에는 지금까지 그리 유명하지 않았던 MAGA 진영 인사도 있었다.

엘리 코하님Ellie Cohanim은 트럼프 1기 행정부 시절 국무부 관료를 지냈지만, 그때까지만 해도 X 안에서 그렇게 눈에 띄는 인물은 아니었다. 하지만 조란을 향한 도 넘은 비난으로 그녀는 일약 유명인사로 떠올랐다. 10월 25일, 그녀는 화염에 휩싸인 월드 트레이드 센터 쌍둥이 빌딩 사진과 9·11 당시 어떤 이가 죽음을 택해 뛰어내리는 사진('폴링 맨'이라 알려진 충격적인 이미지)을 함께 올리며 이렇게 적었다. "절대 잊지 말자. 오늘부터 사전투표가 시작된다. 앤드루 쿠오모에게 투표하고 우리 도시를 구하자." 이에 저스틴 브래넌 시의원은 "관심을 끌려고 이런 사진을 경솔하게 올리는 자는 그야말로 빌어먹을 악귀다."라고 응수했다. 하지만 코하님는 전혀 사과하지 않았다.

코하님이 세상의 주목을 받게 된 이유는 또 있었다. 그녀는 예전에 성인 애니메이션 〈패밀리 가이Family Guy〉에서 항상 조롱거리가 되는 주인공의 목소리를 연기한 것으로 유명했던 할리우드 스타 출신으로, 지금은 주로 MAGA 진영의 확성기 역할을 하고 있는 영화배우 제임스 우즈James Woods와 손을 잡았다. 우즈는 뉴욕의 유력한 시장 후보를 "이슬람 광신도", "능글맞은 파충류"라고 부르며 진흙탕 싸움을 이끌어 갔다. 그 역시 맘다니를 겨냥해 '폴링 맨' 사진을 게시했다. 코하님과 마찬가지로 우즈는 이런 식의 무차별 비난이 정당한 게임이라고 믿었으며, 자신의 공격에 어떤 설명이나 해명을 할 필요성도 느끼지 않는 것 같았다.

10월 27일 월요일, 폭스 뉴스는 이러한 공세에 동조하는 듯, 진위가 의심스러운 보도를 내놓았다. "맘다니 진영의 비밀: 소로스Soros의 자금, 사회주의자들, 그리고 급진적 이맘들이 설계한 조란 맘다니의 권력

장악 로드맵"이라는 제목의 12분짜리 리포트였다. 파키스탄 출신의 우익 저널리스트 아스라 Q. 노마니Asra Q. Nomani가 이끈 팀이 수행한 탐사 프로젝트 결과, 110개 시민운동단체들이 연합하여 친팔레스타인 후보 맘다니의 부상을 부추겼으며, 이 음모는 그가 보도인 대학에 재학하던 시절부터 시작되었다고 주장했다. 이 보도에서 노마니는 조란의 무슬림 우군인 린다 사르소어와 이맘 시라즈 와하즈에 대해 근거가 불분명한 의혹을 남발했다.

맘다니가 110만 명이 넘는 시민의 지지를 얻어 승리했다는 사실은 유권자의 압도적 다수가 증오 선동에 휘둘리지 않았음을 증명한다. AP통신의 출구조사에 따르면 무슬림 유권자의 무려 92%가 조란을 지지한 것으로 나타났다. 하지만 이슬람 혐오 정서는 MAGA 진영을 지지하는 유권자들의 투표율도 끌어올렸고, 결과적으로 쿠오모도 90만 표가 넘는 득표를 기록하는 데 일조했다.

선거전이 막바지에 다다랐을 때, 12,000명 팔로워를 보유한 '조란을 지지하는 파키스탄인들Pakistanis for Zohran' 인스타그램 계정에서 한 영상을 올렸다. 잭슨 하이츠 토론회 TV 관전 파티에서 여성들이 우르두어로 자신들이 지지하는 후보에 대해 노래하는 이 영상은 많은 사람들에게 공유되었다. "모두가 나의 사랑하는 맘다니에 대해 이야기하네."라는 빠른 템포로 시작되는 노래였다. "그는 권력을 쫓는 게 아니라 시민을 위해 봉사하길 원하네." 이 포스트의 하단에는 다음과 같은 글귀가 붙어 있었다. "파키스탄의 정치문화에서는 자신만의 응원가를 갖지 못한 정치인은 중요한 인물이라고 할 수 없다." 출신을 막론하고 뉴욕의 모든 무슬림이 이 정서에 공감했다.

• • •

선거일이 다가오자, 픽스 더 시티는 다시 한번 쿠오모를 대신해 맘다니를 향한 다양한 공세를 전개했다. 10월 한 달간 빌 애크먼, 대니얼 러브, 로더 가문, 그리고 배리 딜러는 픽스 더 시티에 거액의 기부를 이어갔다. 에어비앤비의 공동창업자인 조셉 게비아Joseph Gebbia를 포함한 새 얼굴들이 기부 대열에 합류했다. 트럼프에 의해 정부효율부DOGE: Department of Government Efficiency 수장으로 임명된 그는 100만 달러를 쾌척했다. 조란은 게비아의 친구인 일론 머스크가 소유한 플랫폼에서 게비아의 노골적인 반이민자 발언들을 부각시키며, 쿠오모를 MAGA의 증오 선동세력과 한 데 묶어 비판했다.

선거 마지막 주의 픽스 더 시티 지출내역을 보면, 지출 최대항목은 170만 달러 규모의 TV광고 지출이었다. 이 광고에는 2022년 브루클린 지하철 테러 당시 무장괴한이 열차 안에서 연막탄 두 발을 터뜨려 대규모의 공포를 일으켰던 영상이 담겨 있다. 29명의 부상자가 발생한 그 끔찍한 사건이 일어났을 때 시청의 주인은 뉴욕경찰 출신인 에릭 애덤스였다는 사실은 중요하지 않은 듯 보였다. 화면에 "대혼란"과 "테러"라는 단어가 번쩍이는 가운데, 내레이터는 이렇게 경고한다. "이번 선거를 방관한다면, 그 위험은 오롯이 당신의 몫이 될 것입니다."

"당신의 생명이 걸렸다고 생각하고 투표하세요." 픽스 더 시티가 선거전 막판에 크라운 하이츠의 초정통파 유대인 유권자들을 겨냥해 보낸 수많은 우편물들 가운데는 이 같은 비장한 문구가 담겨 있는 것도 있었다. 위협적인 분위기를 강조하려는 듯, 이 다섯 마디는 선명한 붉은색으로 인쇄되었다. 그리고 뒷면에는 쿠오모를 "맘다니를 막을 수 있는 유일한 인물"로 묘사했다. 이 우편물에는 '크라운 하이츠 지도자 연합'의 지지선언도 실려 있었는데, 그 명단에는 랍비 셋을 포함한 13명의 이름이 적혀 있었다. 이들 중 상당수는 쿠오모가 2024년 말 네타냐후의 법률팀에 합류하겠다고 처음 발표했던 차바드 루바비치라는 조직과 관련 있는 인물들이었다.

9월 한때, 쿠오모는 이스라엘의 가자지구 파괴를 아주 미온적이기는 했지만 비판한 적이 있었다. 하지만 10월로 접어들자 그는 네타냐후 진영으로 확실히 복귀한 것으로 보였다. 뉴욕시의 수많은 강성 친이스라엘 유권자들로부터 지지를 확보하는 것이 쿠오모의 목표였다. 그러나 지역의 유력한 정통파 유대인 지도자 중 한 명이 커티스 슬리와와 동맹 관계를 유지하고 있다는 사실은 쿠오모에게는 골칫거리였다.

극우의 상징적 인물인 메이르 카하네Meir Kahane의 추종자이기도 한 전직 주의원 도브 히킨드Dov Hikind는 처음에는 공화당 후보를 옹호했다. 10월 9일 목요일 늦은 저녁, 히킨드는 크라운 하이츠에서 열린 명절 축제 자리에 슬리와를 데려갔다. 차바드 루바비치 뉴스 매체인 〈COL 라이브COL Live〉에 실린 사진에는 슬리와가 특유의 빨간 베레모를 쓴 채 함께 춤을 추는 모습이 담겨 있었다. 매우 따뜻한 환대를 받고 있는 것 같은 분위기의 사진이었다.

그런데 히킨드가 10월 26일 일요일, 돌연 쿠오모 지지로 돌아섰다. 오랜 동맹이었던 슬리와와 결별할 수밖에 없는 이유에 대해 그는 〈뉴욕 포스트〉에 "커티스는 이길 수 없다. 맘다니는 모든 뉴욕시민의 안녕을 위협하는 존재다. 그는 뉴욕을 파괴할 것"이라고 밝혔다. 또한 〈더 포워드The Forward〉와의 인터뷰에서는 "하마스가 축배를 들 것"이라고 경고하기도 했다. 요르단강 서안지구 정착촌의 열렬한 옹호자로 활동해 온 이 초정통파 시온주의 선동가가 자신을 지지한다고 밝히자, 쿠오모는 막판에 터져 나온 호재를 조용히 받아들이는 쪽을 택했다.

억만장자 후원자들과 MAGA 진영 거물급 인사들, 그리고 지역 우파 실세들의 지지에 힘입어 쿠오모는 사전투표가 시작될 무렵에도 여전히 근접한 격차를 유지하며 접전을 벌이고 있었다. 이제는 조란이 자신의 지지기반을 결집시켜 화력을 집중할 차례였다.

● ● ●

10월 26일 일요일 밤, 맘다니는 가을 선거전 기간 중 두 번째로 퀸스의 포레스트 힐스 스타디움 야외무대에 올랐다. 지난 9월 말에는 서른 살의 싱어송라이터 루시 데이커스Lucy Dakus가 조란을 특별 손님으로 소개했고, 당시 그는 열렬한 환호를 받은 바 있었다. 선거일을 고작 일주일 남짓 앞둔 지금, 맘다니는 버니 샌더스, 알렉산드리아 오카시오코르테스를 비롯한 수많은 좌파 거물들을 대동하고 다시 이곳을 찾은 것이다.

'시장 자리는 돈으로 사는 것이 아니다New York Is Not for Sale'라는 제목으로 열린 이 유세는 롱아일랜드 출신으로 〈새터데이 나이트 라이브Saturday Night Live〉로 널리 알려진 30대 초반의 스타 세라 셔먼Sarah Sherman이 진행을 맡았다. 코미디언인 그녀는 쌀쌀한 저녁 날씨에도 불구하고 3시간 넘게 이어진 행사를 지켜본 1만여 명의 열성적인 맘다니 지지자들을 즐겁게 해주었다. 지난 6월에 오카시오 코르테스와 함께했던 유세 때와 마찬가지로, 다양한 활동가들과 노동운동가, 그리고 DSA 뉴욕지부 출신의 선출직 공직자들이 대거 연사로 나섰다. 브루클린의 주 상원의원 줄리아 살라자르와 퀸스의 주 하원의원 클레어 발데즈도 차례로 연단에 올랐다.

맘다니는 마무리 발언에서 "선거가 막바지로 치달으면서 우리는 양심을 뒤흔드는 수준의 이슬람 혐오를 목격하고 있습니다."라고 선언했다. 그는 상대 후보들이 "뉴욕시민의 삶을 갉아먹는 주거비 및 물가 위기"를 외면한 채, 자신의 신앙을 공격하고 "증오를 정당화"하려 한다고 비판했다. 이 좌파 후보는 자신을 무너뜨리려는 "약탈적인 자본가"와 "과두 정치인" 그리고 "도널드 트럼프와 억만장자 후원자들"을 맹비난한 뒤, 청중과 함께 자신의 핵심 공약을 열정적으로 주고받으며 유세를 마쳤다.

그런데 포레스트 힐스의 유세에서 가장 기억에 남는 대사를 남긴 사람은 조란도, 오카시오 코르테스도, 버니 샌더스도 아니었다. '청중의 구호'야말로 가장 인상적인 그날의 명대사였다. 행사 중간에 캐시 호컬 주지사가 무대에 올랐을 때 경기장 전체에는 "부자들에게 세금을!Tax the rich!"이라는 우렁찬 구호가 울려 퍼졌다. 그런데 다음 날, 뉴욕주 주지사인 캐시 호컬은 믿기 힘든 주장을 했다. 뉴욕시민들이 "레츠 고 빌스!"*라고 외쳤다는 것이다. 뉴욕 서부 출신의 주지사는 퀸스 중심가의

---

*   'Let's go Bills!'는 뉴욕주 버펄로시를 연고지로 하는 풋볼팀인 버펄로 빌스의 응원 구호이다.

분위기를 제대로 파악하지 못한 것 같았다.

지난 6월 예비선거 무렵, 조란의 지지율이 급등했을 때 〈뉴욕 타임스〉 논설위원실이 그를 침몰시키려고 필사적으로 노력했던 사실을 우리는 이 책의 앞부분에서 확인했다. 그런데 본선거가 6일 앞으로 다가올 무렵, 이 '회색의 여인'은 6월 선거 때와는 다른 방식으로 대응했다. 14명의 "전문가"로 구성된 패널들 가운데 11명이 쿠오모나 슬리와보다 맘다니에게 더 높은 점수를 주며 우호적인 태도로 돌아선 것이다. 이들 중 상당수는 6월 예비선거 때도 패널로 참여했던 사람들이었다. 〈뉴욕 타임스〉의 고위직 인사인 엘리너 루돌프Eleanor Rudolph는 이 좌파 후보를 두고 "똑똑하고 야심만만하다"는 평가와 함께 한 표를 던져 주었다.

물론 〈뉴욕 타임스〉가 맘다니 지지로 방향을 선회하기는 했지만, 전폭적인 지지라고 할 정도는 아니었다. 또 형식만 생각해 보면 패널들의 자율적인 투표 결과일 뿐 신문사의 공식 입장도 아니었기 때문에 그 반향이 크지는 않았다. 또 선거 막바지인 지금, 아직도 마음을 정하지 못한 〈뉴욕 타임스〉 독자들이 그리 많을 것 같지도 않았다. 그러나 '회색의 여인'이 이렇게 마음을 바꿨다는 것은 뉴욕시의 기득권층이 이제 맘다니를 받아들이고 함께 일해야 한다는 현실을 인정하고 있음을 보여주는 상징적인 사건이었다.

본선 마지막 주에 접어들었을 때, 〈뉴욕 타임스〉의 확실한 우군으로 알려진 마이클 블룸버그도 짐짓 관망하는 입장을 유지하고 있었다. 그는 픽스 더 시티에 가장 많은 기부를 한 사람이기도 했지만, 시간이 좀 더 흐른 지금에 와서는 선거에서 손을 떼는 것 같은 모습을 보였다. 그런데 〈뉴욕 타임스〉의 패널들이 맘다니 쪽에 대거 표를 몰아주었다는 보도가 나온 직후, 블룸버그는 놀랍게도 다시 한번 쿠오모에 대한 지지를 선언하며 이 베테랑 정치인의 "경험과 강인함"을 치켜세웠다.

자신의 지지가 말로만의 지지가 아니라는 것을 보이려는 듯, 이 억만장자 미디어 거물은 같은 시기에 픽스 더 시티에 150만 달러를 추가로 쾌척했다. 이로써 2025년 선거기간 동안 블룸버그가 픽스 더 시티에 쏟아부은 기부금 총액은 980만 달러에 달했다. 같은 날, 옛 시장이었던 그는 쿠오모를 지지하는 또 다른 정치활동위원회 조직인 '포 아워 시티For Our City'에도 350만 달러를 기부했다. 이 단체가 전개한 반맘다니 홍보활동 가운데는 이미 일주일 전에 공개된 광고도 포함되어 있었다. 해당 광고는 이맘 와하즈의 지지를 근거로, 조란을 '지하드'와 연결짓는 내용을 담고 있었다.

버니 샌더스 같은 사회주의자와 철저하게 대립하던 블룸버그는 쿠오모를 위한 선동적인 캠페인에 자신의 영향력을 행사했다. 전 뉴욕시장이었던 그는 9월 회동 당시에는 조란에게 깊은 인상을 받았다는 후문도 있었지만, 그는 이제 무슬림인 선두주자를 겨냥한 이슬람 혐오적인 정치공작을 묵인하고 있었다. 블룸버그의 오랜 보좌관인 스튜 로저Stu Loeser는 픽스 더 시티의 핵심 인물이었다. 과연 이들이 11월 4일 선거에서 쿠오모가 승리할 수 있을 것이라 믿었는지는 확실치 않다. 하지만 맘다니의 득표수를 줄이는 것만으로도 블룸버그와 그의 억만장자 동료들이 결집할 이유는 충분했다.

●　●　●

선거일이 다가오자 조란은 지지층 결집에 총력을 기울였다. 10월 30일 목요일 밤, 그는 택시노동자연맹TWA: Taxi Workers Alliance 조합원들과 함께 가가호호 방문유세를 마친 뒤 라과디아 공항으로 가서 택시기사들을 만났다. 이어 자신의 핵심 지지자인 뉴욕주 간호사협회NYSNA: New York State Nurses Association 소속 회원들이 많이 근무하는 엘름허스트 호스피털 센터Elmhurst Hospital Center 병원을 방문해 직원들과 인사를 나눴다. 그리고 곧장 퀸스 잭슨 하이츠에 있는 '케밥 킹Kabab King'으로 발걸음을 옮겼다. 그곳에서 남아시아계 선두 후보인 맘다니는 TWA 조합원들에게 비리야니와 난을 직접 배식하며 즐거운 시간을 보냈다.

주말 동안 맘다니는 뉴욕 전역의 전통적인 민주당 지지층을 투표장으로 끌어내기 위해 분투했다. 역사적으로 민주당 당원 수가 압도적으로 많은 지역인 브루클린이 주 공략 지역이었다. 브루클린 토박이이자 장년층 민주당원들의 강력한 지지를 받는 티시 제임스가 막판 스퍼트에 힘을 보탰다. 특히 최근 트럼프 행정부 법무부가 제임스를 표적으로 삼았다는 소식은 당원들을 더욱더 결집시켰다.

10월 30일 목요일 밤, 조란은 레드 훅에서 열린 브루클린 민주당 갈라파티*의 주인공으로 우뚝 섰다. 다소 뜻밖에도, 평소 학구적인 이미지의 이 후보는 미국 독립전쟁과 영국군에 대패했던 브루클린 전투를 언급했다. 맘다니는 1776년 8월의 "압제에 굴복하지 않은 정신"이 이

---

* 원뜻은 '축하공연과 만찬을 곁들인 아주 화려하고 성대한 공식 파티'라는 의미이다. 여기서는 세 과시와 단결을 도모하고, 후원금을 모금하고 후보를 부각시키기 위한 파티 형식의 자유로운 대규모 행사를 말한다.

제 "브루클린의 자존심, 티시 제임스"를 향한 이 지역의 지지 속에서 다시 피어나고 있다고 열변을 토했다. 역사를 아는 사람들이 보기에는 다소 억지스러운 비유이기는 했지만, 청중은 그의 연설에 열광했다. 행사장 안에서는 맘다니의 선창에 맞춰 "티시를 건드리지 마라!"라는 함성이 울려 퍼졌다.

조란이 무대를 내려가자, 행사장에 모인 민주당 지지자들도 일제히 그를 따라 움직였다. 〈시티 앤드 스테이트〉의 홀리 프레츠키가 소셜미디어 플랫폼에 올린 영상을 보면, 현장의 대형 스크린에서는 척 슈머의 영상 메시지가 재생되고 있었지만, 정작 객석에서 이를 지켜보는 사람은 별로 없었다. 모두가 시장 후보의 등이라도 한번 두드려 보려고 몰려들었기 때문이다. 브루클린에서 가장 강력한 권력을 가진 민주당 인사에게는 결코 유쾌하지 않은 광경이었다.

그 후 며칠 동안, 조란은 브루클린 자치구를 몇 차례 더 찾아갔다. 파크 슬로프에서 대규모 핼러윈 퍼레이드가 열리던 날, 그는 50년 넘게 동네의 상징과도 같은 곳이었던 '커뮤니티 북스토어Community Bookstore'에 들렀다. 다음 날 맘다니는 다시 근처 포트 그린에 있는 핸슨 플레이스 제칠일 안식일 예수재림교회Hanson Place Seventh Day Adventist Church로 이동하여 티시 제임스와 합류했다. 무슬림 후보인 그가 제임스와 다른 신도들과 함께 기도모임에 참여한 사진은 소셜미디어를 통해 빠르게 퍼져 나갔다. 곧 투표 결과가 보여 주겠지만, 파크 슬로프와 포트 그린 전역의 유권자들은 조란에게 전폭적인 지지를 보냈다.

그 주 토요일 밤, 이 차세대 리더는 틱톡을 뜨겁게 달궜다. 멕시코계 미국인인 젊은 싱어송라이터 쿠코Cuco가 플랫부시의 유서 깊은 킹스 시어터Kings Theatre 무대 위로 조란을 불러 올렸다. (8일 전에도 이곳에서 영국의 얼터너티브 팝의 귀재 핑크 팬서리스가 맘다니를 무대로 올려 3천 명이 넘는 관객을 열광시켰다.) 11월 1일에 쿠코와 짧은 영상을 찍은 후, 조란은 윌리엄스버그와 부시윅의 나이트클럽 여러 곳을 돌았다. 여섯 군데를 방문한 이번 순회 일정에는 아프로-카리비안 클럽과 라틴 바, 그리고 두 곳의 퀴어댄스 파티가 포함되어 있었다.

〈헬 게이트〉의 애들런 잭슨은 예상치 못한 손님을 맞이한 브루클린 클럽 팬들의 열띤 반응을 비틀마니아Beatlemania*에 비유했다. 맘다니는 잭슨에게, 이번 캠페인의 핵심인 "생활비용 부담 완화는 뉴욕시민들이 단순히 생존을 위해 허덕이는 것 이상의 무언가를 할 수 있도록 해주자는 것"이라면서, "그것은 뉴욕시민들에게 기쁨을 누릴 시간과 여유, 공간을 만들어 주자는 뜻이기도 합니다."라고 말했다. 조란이 자정이 넘은 시각까지 젊은 팬들을 열광시킨 반면, 쿠오모는 그 주 토요일 오후 3시 이후로는 아무런 일정을 잡지 않았고, 일요일에도 정오가 조금 지나자 모든 일정을 마무리했다.

그리고 다음 날, 맘다니의 일요일 일정은 스포츠로 가득 차 있었다. 그린포인트를 가로지르는 뉴욕시 마라톤을 지켜본 데 이어, 캐시 호컬 주지사를 비롯한 민주당 지도부와 함께 아스토리아의 한 아이리시 펍에서 주지사가 아끼는 팀인 버펄로 빌스의 경기를 관람했다. 그날 저녁에는 키드 메로와 함께 매디슨 스퀘어 가든에서 열린 닉스 경기를 직관했다. 보통 사람들은 상상할 수 없을 정도로 비싼 맨 앞의 좌석에 앉

---

*   1960년대 비틀스에 열광했던 광기 어린 팬들을 일컫는 말

앉던 쿠오모나 에릭 애덤스와 달리, 코미디언 메로와 시장 후보 조란은 코트에서 멀찍이 떨어진 자리에 앉았다.

● ● ●

조란이 닉스 경기를 지켜보던 그날 일요일 저녁, 안방의 시청자들은 도널드 트럼프가 〈60분〉에 출연해 쿠오모가 이기길 바란다고 다소 내키지 않는 듯 말하는 장면을 목격했다. 트럼프는 노라 오도넬Norah O'Donnell과 인터뷰를 진행하면서, "나쁜 민주당원과 공산주의자" 중에서 하나를 골라야 한다면 자신은 "언제나" 나쁜 민주당원을 선택할 것이라고 말했다. 트럼프가 쿠오모를 지지하고 나섰다는 사실을 적극적으로 널리 알린 것은 오히려 맘다니 측이었다. 맘다니는 트럼프의 이 발언을 홍보에 적극 활용한 반면, 쿠오모는 월요일에 기자들을 만나 대통령이 자신을 지지한 것은 아니라며 선을 그었다.

11월 3일 월요일 아침 해가 뜰 무렵, 조란과 그의 핵심 지지자들은 캠페인의 마지막 대형 행사인 브루클린 다리 횡단 가두행진을 위해 한자리에 모였다. 티시 제임스와 브래드 랜더 등 선출직 공무원들, 아사드 단디아를 포함한 무슬림 계열의 동지들, 그리고 광범위한 노동계 지도자들과 지역사회 활동가들이 이 행렬에 동참했다. 맘다니는 "지금은 우리의 시간"이라고 적힌 현수막을 들고 이스트강을 건너 시청으로 향하는 대열을 이끌었다. 시청 앞 공터에서 조란은 트럼프에 맞서 싸우겠다는 나짐을 재차 천명했다. 〈60분〉 프로그램에 나온 대통령의 쿠오모 지지 발언을 언급하자 지지자들은 "수치스럽다!"라고 외치며 환호했다.

선거 전날 WABC-TV의 필 테이트Phil Taitt 기자가 소회를 묻자, 조란은 대부분의 정치인들이 내놓을 법한 뻔한 답변과는 전혀 다른 대답을 했다. "내가 사랑하는 이 도시를 이끌기 위해 출마했다는 사실 자체가 제 생애 최고의 영광입니다. 이곳은 제가 자란 도시이자, 시민권을 얻고 결혼까지 한 곳입니다."라고 말한 뒤, 잠시의 망설임도 없이 다시 '생활비용 위기' 문제로 화제를 돌리고, "지금은 우리의 시간입니다."라는 말로 끝맺었다. 감상에 젖은 순간에도 맘다니는 전달하고자 하는 메시지를 놓치지 않았다.

그날 늦은 시각, 트럼프 대통령이 소위 "나쁜 민주당원"에게 투표할 것을 뉴욕의 MAGA 진영 유권자들에게 노골적으로 요구하는 바람에 졸지에 '나쁜 사람'이 되어 버린 쿠오모는 마지막 선거전략을 또다시 수정해야만 했다. 오후 5시 16분경에 트루스 소셜에 올린 장문의 글에서 트럼프는 맘다니를 "공산주의자"라고 네 번이나 지칭했다. 또한 이 좌파 후보가 승리할 경우 뉴욕시에 대한 연방정부의 자금지원을 끊겠다고 엄포를 놓으며, 조란을 선출하는 것은 뉴욕이 "과거의 영광을 되찾을 기회를 완전히 날려 버리는 것"이라고 단언했다. 트럼프는 특유의 투박한 결론으로 글의 마지막을 맺었다. "앤드루 쿠오모를 개인적으로 좋아하든 말든, 여러분에게 선택지는 없다. 그에게 투표하고 그가 일을 아주 잘 해내기를 바라는 수밖에 없다."

트럼프의 이 글은 뉴욕시의 공화당원들은 물론, 상대 당임에도 불구하고 2024년 대통령 선거에서 자신을 지지했던 민주당원들을 겨냥한 것이었다. 이들 중 상당수는 사전투표보다는 당일투표를 선호하는 고령층 주민들이었다. 9일간의 사전투표에는 73만 5천 명이 넘는 인원이 참여했으며, 이는 결과적으로 전체 투표수의 3분의 1에 달했다. 상황이 이렇게 되고 보니 쿠오모는 더 이상 자신이 '반트럼프 후보'라고 주장하기가 애매해졌다. 대신 MAGA를 열렬하게 지지하는 유권자들의 표를 얻을 수 있게 되었다. 그는 즉각 태도를 바꿨다. 선거 당일 아침, 쿠오모는 〈폭스 앤드 프렌즈〉에 출연해 공화당원들에게 슬리와 대신 자신에게 투표하라고 한 트럼프의 선언이 "나에게 매우 도움이 될 수 있다"고 인정했다. 이 노련한 정치인은 링컨식의 고결한 언사를 쓰는 대신, 맘다니의 공약을 "전부 헛소리"라고 일축했다.

6월 예비선거 때 쿠오모는 트럼프가 맘다니를 마치 "뜨거운 칼이 버터를 자르듯" 손쉽게 처리할 것이라고 예견했었다. 두 달 뒤인 8월에 평생 민주당원이었던 그는 햄프턴스의 부유한 후원자들 앞에서 공화당 대통령이 사실상 자신의 편이라고 공언하고 다녔다. 그런데 선거운동이 본격화된 9월부터 11월 3일까지, 마리오 쿠오모의 아들은 다시 말을 바꾸어 자신이야말로 도널드 트럼프의 "가장 끔찍한 악몽"이라고 주장했다. 그러던 그가 막상 선거 당일이 되자, 트럼프의 축복을 받은 데 대해 한없이 감사하다는 기도를 올리고 있었다. 결국 쿠오모와 트럼프의 관계는 적대와 구애 사이를 오가는, 계산과 필요에 따라 뒤집히는 묘한 애증의 정치적 동맹처럼 보였다.

선거의 소란이 잦아든 직후, 대통령은 백악관에서 차기 시장을 만났다. 맘다니 신임 시장을 환대하는 트럼프의 모습을 보면서, MAGA 진영의 많은 추종자들은 그동안 자신들이 도대체 왜 그토록 이를 악물고 싸웠는지 의아해할 뿐이었다.

22

기묘한 동거의 시작

11월 4일 밤 11시 19분, 브루클린 파라마운트 극장에서 조란은 일찍이 유진 뎁스가 했던 말로 승리연설을 시작했다. "인류를 향한 더 나은 내일의 새벽이 보입니다." 그는 배달노동자들의 "굳은살 박인 손바닥"과 주방직원들의 "화상 흉터가 남은 손마디"를 언급했다. 맘다니는 억만장자들을 비판하는 한편, 예멘계 보데가bodega* 상인들과 세네갈계 택시기사들에게 찬사를 보냈다. 아랍어 표현을 이용하기도 하고, 피오렐로 라과디아를 거론하는가 하면, 자와할랄 네루에서 마리오 쿠오모에 이르는 20세기 정치가들의 말을 인용하기도 했다. 이 차세대 시장은 두 번이나 패배를 맛본 경쟁자 앤드루 쿠오모에게 "사생활에서나마 건승하시길 바란다"며 뼈 있는 작별인사를 건넸다.

---

* 작은 동네 식료품점. 우리의 구멍가게나 동네 슈퍼 정도를 연상할 수 있다.

뉴욕을 새로 책임지게 될 젊은 얼굴은 구시대의 상징에 맞서 당당한 도전장을 내밀었다. 맘다니는 "도널드 트럼프에게 배신당한 이 나라 사람들에게 그를 물리치는 방법을 알려 줄 수 있는 곳이 있다면, 그곳은 바로 그를 키워 낸 이 도시"라고 선언했다. 조란은 대통령을 직격했다. "당신이 지금 이 말을 듣고 있는 것을 알고 있으니, 딱 네 마디만 하겠습니다. '볼륨을 크게 높이시기 바랍니다!'" 이어 신임 시장은 "우리 도시의 도널드 트럼프들"이라 할 수 있는 악덕 집주인들, "트럼프와 같은" 탈세자들, 그리고 착취를 일삼는 고용주들에게 경고를 날렸다.

조란은 다짐했다. "뉴욕은 앞으로도 이민자의 도시로 남을 것"이라면서, "오늘 밤부터 이 도시는 이민자가 이끌게 됩니다."라고 선언했다. 미라 네어, 마무드 맘다니, 그리고 라마 두와지 등 조란의 가족이 무대 위에 올라가 그와 함께 나란히 섰다. 승리자와 그 가족이 단상에 올라선 것을 보면서, 사람들은 세계의 수도 뉴욕의 권력이 이제 새로운 주인에게 넘어갔음을 눈으로 확인하고 있었다.

맘다니의 당선연설은 대개의 정치인들이 그런 자리에서 내놓는 화합의 메시지와는 많이 다른 격정적인 메시지를 담고 있었다. 선거기간 동안 맘다니의 연설을 담당했던 줄리언 거슨과 후보 본인이 미디어 전략가 모리스 카츠의 조언을 받아 작성한 이 연설문에서, 당선인은 몇 가지 해묵은 감정을 청산하겠다는 뜻을 분명히 밝혔다. 쿠오모에게 작별인사를 고하는 것 외에도 시장 당선인은 이렇게 선언했다. "뉴욕은 더 이상 이슬람 혐오를 이용해 선거에서 이길 수 있는 도시가 아닙니다." 단상에서 뿜어져 나오는 열기는 장내를 가득 채웠다. 조란의 가장 가까운 동료인, 올버니 출신의 자바리 브리스포트는 필자에게 이 연설을 들으며 "눈물이 쏟아졌다"고 털어놓았다.

연설은 많은 찬사를 받았지만, CNN의 반 존스Van Jones는 즉각 조란의 태도를 비난하고 나섰다. 〈뉴욕 타임스〉는 상세한 분석을 위해 시간이 필요했는지 곧바로 의견을 내놓지 않았다. 반 존스는 전국 민주당 주류세력을 대변한다고 자처하는 평론가이다. 그는 맘다니가 마치 분노에 찬 "계급투쟁의 전사"처럼 보였다고 지적했다. "노동자들과 가깝고 따뜻하며 개방적인 평소의 모습이 이번에는 보이지 않았다. 단상에서 있는 사람은 전혀 낯선 사람처럼 보였다." 브루클린 파라마운트 극장에서 그리 멀지 않은 곳에 거주하는 민주당 지도부의 여러 인사들과 마찬가지로, 존스 역시 블루칼라 유권자들보다는 당의 부유한 후원자들의 반응을 더 걱정하는 것 같았다.

줄리언 거슨에 따르면, 이날 밤에 조란이 보인 "도전적인" 태도는 다분히 의도된 것이었다. 그가 며칠 후에 CNN 진행자 로라 코츠Laura Coates에게 밝혔듯, 이때 시장은 "제대로 작동하지 않는 대의민주주의의 한계 속에서 자신의 목소리를 시정에 반영할 수 없는 다수의 도시 거주자"들을 대변하여 발언했던 것이다. "맘다니는 더 많은 사람을 포용할 수 있는 기회를 놓쳤습니다."라는 존스의 주장에 대해, 줄리언 거슨은 '말투 지적꾼'이라고 일축했다. 그는 "정중함과 품격을 갖춘 연설이 겉으로는 괜찮아 보이지만, 이 역시 가진 것이 많은 사람들만 누릴 수 있는 특권"이라며, "우리 사회의 특정 부류에게는 가능하지만, 그보다 훨씬 많은 이들에게는 해당되지 않는다"고 꼬집었다.

파라마운트 극장 축하행사에서 조란은 6월 예비선거 당시의 급진적인 불꽃에 다시 한번 불을 붙였다. 하지만 승리의 여운이 채 가라앉기도 전에 새로운 불길이 사방에서 치솟기 시작했다. 하킴 제프리스에 대항하는 경선 후보 관련해서 DSA 뉴욕지부 동료들과 갈등을 빚었으며, 친팔레스타인 활동가들은 그가 지명한 뉴욕경찰국장 인선을 맹비난했다. 반면에 맘다니를 "공산주의자"라고 낙인찍으며 그의 낙선을 위해 맹렬한 싸움을 벌였던 트럼프 대통령은 불과 2주 만에 태세를 바꿔, 백악관을 방문한 맘다니를 놀라울 정도로 따뜻하게 환대했다.

선거가 끝나자마자 이렇듯 예상치 못한 반전이 일어나고, 이로 인해 새로운 의문들이 떠오르기 시작했다. 과연 조란은 사회주의 원칙에 충실한 시정을 펼칠 것인가, 아니면 그저 빌 디블라지오 전 시장보다 조금 더 카리스마 넘치는 진보주의자 수준에서 멈출 것인가? 뉴욕의 비즈니스 리더들도 트럼프처럼 맘다니에게 우호적인 태도로 돌아설 것인가? 2025년 시장선거는 거대한 지각변동을 일으켰지만, 실제로 지형이 정확히 얼마나 변화했는지는 좀 더 두고 봐야 알 수 있을 것이다.

● ● ●

선거 당일 밤, 개표가 어느 정도 진행된 후 맘다니가 100만 표 이상을 득표하며 50% 조금 넘는 득표율을 기록하고 쿠오모는 41%, 슬리와는 7%에 그칠 것이라는 예측이 나왔다. 12월 초 발표된 선거관리위원회의 공식 인증 결과에서도 득표율은 이 예상치와 일치했다. 조란이 획득한 111만 4,184표는 1965년의 존 린지(114만 9,106표) 이후 역대 시장선거 중 가장 높은 수치였다. 220만 명이 넘는 뉴욕시민이 참여한 이번 선거의 투표율은 2021년 11월 시장선거 때보다 두 배 가까이 높았다.

함께 치러진 다른 두 건의 뉴욕시 전체 규모 공직선거의 결과를 보면, 시장선거에서 쿠오모를 지지한 민주당원이 얼마나 됐는지 짐작해 볼 수 있다. 쿠오모의 최종 득표수는 90만 6,614표였다. 공익옹호관 선거와 감사원장 선거에 각각 민주당 후보였던 주만 윌리엄스와 마크 레빈은 맘다니보다 35만 표 이상 더 얻었다. CNN이 실시한 출구조사에서는 투표에 참여한 민주당원의 3분의 1이 쿠오모를 지지했다고 예측했고, 실제 득표 결과도 대체로 그와 같았다.

한편 쿠오모의 전체 득표수 가운데 트럼프 지지자들의 표가 3분의 1 이상을 차지한 것으로 보이는데, 이는 공익옹호관과 감사원장 선거에 출마한, 상대적으로 인지도가 낮은 공화당 후보들의 득표 결과를 보면 짐작할 수 있다. 두 공화당 후보의 득표수는 커티스 슬리와의 최종 득표수인 15만 5,000표를 크게 웃돌았고, 그중 한 명은 50만 표 가까이 얻었다. 쿠오모는 브루클린의 보로 파크와 브라이튼 비치 같은 트럼프 강세 지역에서 압도적인 성적을 거뒀다. 이들 지역에서는 맘다니의 표가 거의 제로에 가깝게 나온 투표소도 꽤 있었다.

CNN의 유권자 표본조사에 따르면 이스라엘-팔레스타인 문제는 양측 유권자 모두에게 중요한 쟁점이었다. 응답자 4,744명 중 양 진영의 동일한 비율인 67%가 이 갈등이 투표에 영향을 미쳤다고 답했지만, 정작 승리는 맘다니가 6% 차이로 가져갔다. 특히 이 문제가 중요하지 않다고 답한 그룹에서 좌파 후보인 맘다니가 쿠오모를 20% 차이로 앞질렀다. 네타냐후 정권에 대한 지지 여부를 시장선거의 핵심 쟁점으로 만들려던 이스라엘 강경파의 시도는 실패한 것이 명백했다.

파라마운트 극장의 무대 위에서는 맘다니의 성공을 이끈 숨은 주역이 스포트라이트를 받았다. 이 행사에서 당선인을 소개한 사람은 현장 유세를 책임졌던 타샤 반 오컨이었다. 이는 조란의 승리에 호별 현장유세 전략이 얼마나 중요했는지를 상징적으로 보여 주었다. 선거 당일까지 10만 4,500명이 넘는 맘다니 자원봉사자들이 300만 가구 이상의 문을 두드렸으며, 이는 6월 예비선거의 두 배에 달하는 규모였다.

반 오컨은 선거 직후, 팟캐스트 프로그램 〈더 디그The Dig〉에 출연하여 〈자코뱅〉 편집장 미카 우트리히트Micah Uetricht와 대담을 나눴다. 반 오컨은 맘다니가 등장하기 전까지는 선거전에 현장 자원봉사자들이 득표에 기여하는 비중은 고작 1~3% 정도라는 것이 정설이었다고 말했다. 그러나 2024년 12월, '조란을 뉴욕시청으로' 캠프에서는 선거 교과서를 완전히 새로 쓰기 시작했다. 처음에는 브루클린 선셋 파크(DSA 뉴욕지부의 본거지)에 있는 반 오컨의 아파트가 현장본부가 되었다. 20명 정도의 DSA 회원들이 일종의 "시험 삼아" 작성된 원고를 가지고 임대료 규제 아파트에 사는 유권자들의 문을 두드렸다. 이것이 맘다니 캠프 호별 방문유세의 미약한 시작이었다.

반 오컨이 우트리히트에게 밝힌 바에 따르면, 2025년 1월 하순경 뉴욕시의 선거자금 지원 프로그램 덕분에 조직을 구축할 수 있는 재원이 마련되었다. 그들은 1월 25일 토요일에 브루클린의 그랜드 아미 플라자에서부터 첫 방문유세를 시작하게 될 자원봉사자를 모집했다. 무려 500명이 넘는 사람이 몰려든 것을 보고, 반 오컨은 그들이 올바른 방향으로 가고 있음을 직감했다고 한다.

전설적인 지역사회 활동가 마셜 간츠Marshall Ganz가 2008년 오바마 캠프에서 실행했던 모델에 영감을 받아, 반 오컨과 동료들은 의욕 넘치는 자원봉사자들을 모집해 현장 리더로 키워 냈다. 그중 50명 이상은 현장 코디네이터가 되었다. 이 광범위한 지역사회 밀착 활동은 단순히 유권자를 설득하는 데 그치지 않았다. 도시 전역의 주민들이 진정으로 원하는 것이 무엇인지에 대한 생생한 정보를 맘다니 캠프에 끊임없이 공급하는 민심 파악을 위한 파이프라인 기능까지 수행했다.

교사 노동조합UFT, 보건의료 종사자 노동조합SEIU 1199, 시 공무원 노동조합DC37, 호텔 종사자 노동조합HTC, 건물관리 종사자 노동조합32BJ 등의 많은 조합원들이 방문유세에 자발적으로 동참하고, 지지를 호소하는 전화를 돌렸다. 선거운동의 마지막 달, 맨해튼 다운타운에 위치한 교사 노조UFT 본부에서는 은퇴한 교사들이 주도하는 전화홍보 행사가 10여 차례나 진행됐다. 본선거 기간 내내 조란은 노조원들과 여러 차례 만남을 가졌다. 10월 초에는 1,500명의 보건의료 노조SEIU 조합원들이 모인 자리에서 그는 이렇게 말했다. "여기를 둘러보니 이 도시의 지도자들이 보입니다. 여러분의 일터인 병원에서뿐만 아니라 노조지부, 지역사회, 혹은 여러분의 가정 등 어느 곳에서든, 여러분이야 말로 정치인에게 신뢰를 잃은 사람들에게 다시 신뢰를 심어 주는 분들입니다."

6월 예비선거에서 승리하여 민주당 공식 후보가 된 직후, 맘다니는 예비선거에서 쿠오모를 지지했던 주요 노조인 호텔 노조HTC와 건물관리직 노조32BJ의 지지를 얻어 냈다. 맨해튼 자치구의 민주당 지역위원장인 키스 라이트Keith Wright와 브루클린 자치구의 지역위원장인 로드니즈 비쇼트 허멜린Rodneyse Bichotte Hermelyn도 조란 진영에 합류했다. 브롱크스 민주당 위원장 자말 베일리Jamaal Bailey 역시 당의 정식 후보에게 지지를 보냈다. 퀸스의 민주당 수장인 그레그 믹스는 조직 차원의 지지를 보류했지만, 조란은 믹스의 영향력 아래 있는 퀸스 남동부 지역 여러 선거구에서 승리를 거뒀다.

조란은 브루클린의 두 선거구에서 가장 높은 득표수를 기록했다. 한 곳은 브루클린 하이츠에서 파크 슬로프에 이르는 지역(진보성향 민주당원인 조 앤 사이먼 의원의 지역구)이었고, 또 한 곳은 포트 그린에서 크라운 하이츠에 걸친 지역(DSA 뉴욕지부 출신인 파라 수프랜트 포레스트의 지역)이었다. 민주당의 일반 당원들은 DSA 회원들이 중심이 된 선거운동원들과 당 지도부 양측의 독려에 따라 조란을 지지하기 위해 투표장으로 나갔다.

• • •

맘다니의 유력 지지자들 가운데 11월 4일 파라마운트 극장에서 열린 승리 축하행사에 모습을 드러내지 않은 사람이 있었다. 치 오세였다. 베드 스타이 출신의 이 카리스마 넘치는 시의원은 예비선거 후반부터 줄곧 맘다니의 든든한 후원자였다. 그러나 어찌 된 일인지 승리 축하행사에는 '초대받지 못했다'는 소문이 돌았다. 그 배경에는 하킴 제프리스 하원의원에게 도전하려는 그의 계획이 있었다. 오세는 브루클린의 막강한 민주당 거물인 제프리스와 자주 갈등을 빚어 온 DSA 뉴욕지부의 지지를 얻고 싶어 했다. 그러나 민주당의 주류 거물급 인사인 제프리스에게 도전장을 내밀고 있는 치 오세를 행사장에 등장시키면 자칫 맘다니가 민주당 주류세력에게 반기를 든다는 인상을 줄 것을 우려하여 그를 부르지 못했다는 것이었다.

11월에 DSA 뉴욕지부의 지지선언 절차가 진행되던 중에, 이 조직의 가장 상징적인 인물인 조란은 불과 1년 전과는 정반대의 역할을 자처하고 나섰다. 이제 맘다니는 실패로 끝날지도 모를 거물급 정치인에 대한 도전이 불러올 부정적 파장을 우려하여 신중한 현실론자의 목소리를 내고 있었다.

지난 6월에 그동안 DSA 뉴욕지부와 거리를 두던 치 오세가 뒤늦게 합류하자, 맘다니는 물론 반 오컨 등 일부 지역 리더들은 당황했다. 알렉산드리아 오카시오 코르테스 역시 제프리스의 우군은 아니었지만, 지금 당장 그를 상대로 예비선거를 치르는 것은 좋은 생각이 아니라는 입장이었다. 하지만 오세에게도 만만치 않은 지원군이 있었다. 하원의원 에밀리 갤러거Emily Gallagher, 지부 공동의장 구스타보 고디요, 그리고 조직의 정치국장인 알바로 로페즈Alvaro Lopez 등은 DSA 뉴욕지부 안에서 오세에게 우호적인 사람들이었다.

조란은 자신의 입장을 확실하게 밝히기 위해 11월 19일 수요일 밤 '처치 오브 더 빌리지'에서 열린 DSA 뉴욕지부의 지지선언 검토회의에 참석했다. 회의장은 인파로 가득 찼다. 〈데일리 뉴스〉의 크리스 소머펠트Chris Sommerfeldt 기자의 보도에 따르면, 맘다니는 동료들 앞에서 이렇게 역설했다. "지금 우리의 선택은 투표소에서 치 오세를 찍을지, 하킴 제프리스를 찍을지 결정하는 것이 아닙니다. 지금 급한 것은 우리가 앞으로 1년 동안 무엇을 할지 결정하는 것입니다. 우리 운동을 희화화하는 비판들에 맞서 변명하며 시간을 허비하고 싶습니까, 아니면 우리 운동의 핵심 과제들을 실현하는 데 집중하고 싶습니까?"

그 주말, 선거실무그룹은 내부 투표를 통해 조란의 손을 들어 주었다. 전체 1,205명 중 626명이 제프리스에 대한 도전에 반대했고, 555명이 찬성했으며, 24명이 기권했다. 압도적인 표 차이는 아니었다. 수치상으로는 하킴 제프리스에 대한 치 오세의 도전을 지지하는 열기도 만만치 않았다. 그러나 오세는 DSA 뉴욕지부가 공식적으로 자신의 도전을 지지해 주지 않는다면 출마하지 않겠다고 양보했다.

조란이 왜 제프리스를 겨냥한 도전을 가로막는 데 앞장섰는지에 대해서는 설명이 필요했다. 일주일 후, 정치 팟캐스트 〈머조리티 리포트Majority Report〉의 공동진행자인 에마 비글런드Emma Vigeland와 샘 세더Sam Seder가 이유를 묻자, 맘다니는 DSA 포럼에서 했던 말, 즉 "자신에게 주어진 책임을 완수하는 데 집중"해야 할 필요성을 강조하는 기존의 답변을 거의 그대로 되풀이했다. 캐나다의 좌파 활동가 사나 사이드Sana Saeed는 X에 올린 글을 통해서 조란에게, "제프리스에 대한 치 오세의 도전이 구체적으로 책임 완수를 어떻게 방해한다는 것인지" 명확히 설명하라고 촉구했다. 그러나 맘다니는 끝내 자세한 설명을 내놓지 않았다. 곧 시장이 될 그가 치 오세의 행보를 걱정하는 마음은 진심이었을지도 모른다. 하지만 결과적으로 본다면, 한때 기성 권력에 맞섰던 이 반란군 후보는 이제 민주당 지도부와 손을 잡고 보조를 맞추고 있었다.

조란이 동료들 앞에서 치 오세의 도전에 대해 유보적인 입장을 밝혔던 바로 그날, 제시카 티시는 뉴욕경찰국장직에 머물러 달라는 맘다니의 제안을 수락하겠다고 발표했다. 위딘 아워 라이프타임WOL의 설립자 네르딘 키스와니를 필두로 한 친팔레스타인 활동가들은 이 조치를 맹비난하며, 제프리스 관련 논란까지 끌어들여 조란을 거세게 공격했다. 키스와니가 저널리스트 브리아나 조이 그레이에게 설명했듯, 두 사건 모두에서 보여 준 맘다니의 '실용주의적' 행보가 결과적으로 이스라엘 우방 측에 이득을 주었다는 것이다. 이는 우려스러운 변화였다. '가자 전쟁에 반대하는 작가들WAWG', 수많은 DSA 관련 단체들, 그리고 '팔레스타인 정의를 위한 학생모임SJP'의 각 대학별 지부들이 티시의 친이스라엘 행적을 상세히 규탄하는 WOL의 성명에 동참했다. 설상가상으로 티시 국장의 남동생 벤저민 티시Benjamin Tisch(누나와 마찬가지로 40대 초반이다)는 12월 초 한 유대인 자선행사에서 맘다니를 "적"이라 지칭하여 논란에 기름을 부었다.

〈뉴욕 타임스〉 편집위원회와의 긴 대담 인터뷰에서 맘다니의 고문인 패트릭 가스파드는 오세와 티시에 관한 신임 시장의 행보를 적극 옹호했다. 노련한 민주당원인 그는 조란이 제프리스에 대한 도전에 반대 목소리를 낸 것은 "용기 있는 일"이었다고 주장했다. 그리고 제시카 티시가 "부패와 싸우고 있다"는 익숙한 논리를 반복한 뒤, 가스파드는 한술 더 떠 그녀가 도시의 정신건강 위기에 대응하는 방식이 "놀라울 정도로 사려 깊었다"고 강조했다. 이 컨설턴트는 친팔레스타인 성향의 발언을 내놓으면서도, 정작 티시의 노골적인 친이스라엘 행적에 대해서는 일절 언급하지 않았다.

●　●　●

11월 21일 금요일 아침, 조란은 워싱턴 DC로 향하는 비행기에 몸을 실었다. 트럼프 대통령과의 만남을 위해서였다. 시장 당선인은 비행기 창가 자리에 앉아 미소를 짓는 셀카 사진을 X에 올렸다. MAGA 진영 인플루언서인 로라 루머는 그가 열차 대신 비행기를 이용한 것마저 꼬투리를 잡으며 공세를 올렸지만, 이날 저녁 트럼프 지지자들은 머쓱해지고 만다.

폭스 뉴스는 이날 오후의 만남을 "사회주의와의 일대 격돌"이 될 것으로 예고하며 긴장을 고조시켰다. 그러나 MAGA 진영 일각에서는 생각보다 충돌이 적을 것이라 내다보기도 했다. 트럼프의 뉴욕 친구인 존 캐치매티디스는 〈뉴욕 타임스〉에 이렇게 말했다. "도널드 트럼프는 도널드 트럼프다. 그는 자기가 하고 싶은 대로 할 것이다. 하지만 그 역시 뉴욕시가 망가지는 것은 원치 않는다." 캐치매티디스의 이 발언을 듣고 필자는 〈BBC 뉴스〉 진행자 벤 브라운Ben Brown에게, 트럼프가 국가경제의 중심지인 뉴욕이 "완전한 혼란에 빠지는 것을 원치 않는" 지역 비즈니스 리더들의 조언에 실제로 귀를 기울일 수도 있다고 말했다.

어쨌든, 실제 벌어진 상황은 모든 예상을 뛰어넘는 '화기애애한 분위기' 그 자체였다. 대통령은 집무실 책상에 앉아 기자들에게 "내가 언젠가 꼭 해보고 싶었던 일 중 하나가 뉴욕시장이었다"고 털어놓았다. MAGA의 수장인 트럼프는 곁에 서 있는 조란에게 "당신은 정말로 이 도시를 다시 위대하게 만들 기회를 잡았다"고 확신에 찬 어조로 말했다. 트럼프가 "우리는 생각보다 훨씬 더 많은 부분에서 뜻이 통한다"고 하자, 같은 자리에 있던 우익 선동가 잭 포소비엑Jack Posobiec은 잔뜩 화가 난 표정으로 방을 나가 버렸다. 기자들은 맘다니가 과거 트럼프를 비판했던 내용들을 들춰내 강조했지만, 대통령은 이를 가볍게 무시했다. 공화당원인 그는 조란이 자신을 '파시스트'라고 불렀던 것을 기억하느냐는 기자의 질문에 무심하게 "신경 안 쓴다"고 넘겼다.

이날의 만남으로 프랭클린 델라노 루스벨트 전 대통령이 소환된 것은 누구도 예상하지 못했던 일이었다. 조란은 대통령 집무실에서 루스벨트의 초상화를 본 것이 "인상적"이었다고 하면서, "뉴딜정책을 통해 거둔 놀라운 성과를 되새김과 동시에, 연방정부와 뉴욕시 정부가 협력해 가계부담을 줄이기 위해 무엇을 할 수 있는지 다시 한번 생각하게 해준 기회"였다고 말했다. 트럼프도 루스벨트가 민주당 출신 대통령이었다고 언급하면서, "놀라운 그림"이라고 덧붙였다. 적어도 이날만큼은 인자한 어른의 풍모를 유감없이 보여 준 트럼프는 자신의 소셜미디어인 '트루스 소셜'에 루스벨트 초상화 앞에서 맘다니와 함께 찍은 사진을 올렸다.

"이번 만남은 뉴욕시에 대한 애정과 사랑을 공유하고 확인한 생산적인 자리였다"고 맘다니는 기자들에게 전했다. 차기 시장은 대통령과 함께 임대료, 식료품비, 공공요금 등 생활물가에 대해 논의했다고 밝혔다. 트럼프는 제시카 티시를 유임시킨 맘다니의 결정을 높이 평가하며, 티시는 "딸 이방카를 비롯한 우리 가족의 좋은 친구"라고 말했다. 그는 또 "사람들은 그녀가 정말 유능하고 실력 있다고 말한다"며, "맘다니가 그녀를 유임시킨 것은 좋은 신호"라고 덧붙였다. 두 사람 사이에 공통분모를 확인한 것은 분명했고, 맘다니가 조금은 우클릭하고 있는 것도 사실이었다.

이날의 우호적인 만남으로 맘다니가 이끄는 뉴욕시의 좌경화를 응징하겠다는 백악관의 위협과 그로 인한 두려움을 적어도 일시적으로나

마 수면 아래로 끌어내렸다는 데는 이견이 없었다. 〈뉴욕 포스트〉가 다음 날 1면에서, 트럼프가 "사회주의자 조를 친절함이라는 불도저로 밀어 버렸다"고 논평한 것은 다소 이 신문의 희망사항을 집어넣은 표현이었다. 반면 정치적 스펙트럼의 반대편에 서 있는 미셸 우 보스턴 시장은 "연방 정권과의 브로맨스에는 관심 없다"고 선을 그었다.

트럼프가 맘다니에게 보인 극적인 태도 변화는 그의 고향인 뉴욕에 대한 애착에서 비롯된 것으로 보였다. 만일 다른 대도시에서 사회주의 계열의 젊은 시장이 당선된다 했을 때 트럼프가 똑같은 태도를 취할지는 알 수 없다. 실제로 일주일 뒤 캐널 스트리트에서 벌어진 이민세관 단속국ICE 급습 사건은 연방정부와 차기 뉴욕시 정부의 관계가 항상 좋을 수만은 없다는 신호로 받아들이기에 충분한 위협이었다. 그러나 조란을 극도로 혐오하는 극소수의 이른바 조란 헤이터들을 제외하면, 트럼프와 맘다니가 악수를 나누고, 대통령이 "그를 응원하겠다"고까지 말한 백악관 회동에 대해 불만을 갖는 이들은 없었다.

● ● ●

조란의 아버지 마무드 맘다니는 11월 말 알 자지라Al Jazeera와의 인터뷰에서 아들의 시장 출마에 대해 이렇게 말했다. "내 생각에 조란은 이길 수 있다고 생각해서 선거에 뛰어든 건 아니었습니다. 자신의 주장을 알리고 싶었던 겁니다." 마무드의 설명에 따르면 조란에게는 "가슴 깊이 간직한" 두 가지 가치가 있다. 하나는 "사회 정의"이고, 다른 하나는 "팔레스타인인의 권리"에 대한 믿음이다. 그리고 조란의 승리가 중명했듯, 110만 명이 넘는 뉴욕시 유권자들이 그 의견에 공감을 표했다.

"자유와 정의는 내가 소중하게 여기는 중요하고 보편적인 가치에요." 지난 4월 초에 〈뉴욕 포스트〉 1면을 장식한 자신의 기사를 보고 조란은 나에게 이렇게 말했다. 당시 〈뉴욕 포스트〉 기사의 헤드라인에서는 그를 "반이스라엘"이라고만 칭했지만, 많은 사람들이 이것을 "반유대주의"로 동일시하며 맘다니를 공격했다. "유대교라는 신앙과 그 안에 있는 정신을 비판하는 것과 이스라엘이라는 국가의 행위를 비판하는 것은 달라요. 자신들의 목적을 달성하기 위해 반유대주의를 이용하는 사람들이 많습니다." 그는 이렇게 지적하며, "앤드루 쿠오모가 바로 그런 사람 중 하나죠."라고 덧붙였다.

조란이 본선에서 승리를 거둔 직후, 베냐민 네타냐후는 뉴욕시에 대한 자신의 영향력을 다시금 공고히 하려고 애썼다. 퇴임을 앞둔 에릭 애덤스 시장은 11월 중순 이스라엘을 방문해 텔아비브의 한 군 기지에서 총리와 면담했다. 기자들 앞에서 "내 시장 임기는 이곳 이스라엘에서 시작됐습니다."라고 언급한 에릭 애덤스는 "임기를 마치며 다시 이곳을 찾아, 내가 이스라엘인들을 위해 시장직을 수행했음을 알리고 싶었습니다."라며 소회를 밝혔다. 이스라엘 의회 크네세트를 방문한 애덤스는 기립박수를 받았고, 그는 뉴욕경찰국 로고가 새겨진 야구모자를 쓴 채 '통곡의 벽' 아래 유적지를 둘러보았다.

이스라엘의 극우 지도자는 자신을 체포하겠다는 맘다니 시장의 공약을 가볍게 무시했다. 12월 초 〈뉴욕 타임스〉 앤드루 로스 소킨Andrew Ross Sorkin과의 화상 인터뷰에서, 전범 혐의를 받는 네타냐후는 "뉴욕에 갈 거냐고요? 당연히 갈 겁니다."라고 응수했다. 소킨이 어떻게 체포를 피할 것인지 묻자, 비웃듯 대답했다. "두고 보면 알게 될 겁니다." 그러면서 그는 신임 시장과의 만남이 이루어지려면 먼저 맘다니가 "이스라엘이 국가로 존재할 권리"을 인정해야 한다는 조건을 내걸었다. 이것은 그간 맘다니가 거듭 밝혀 온 입장을 의도적으로 왜곡한 말이었다.

11월 중순, 뉴욕의 정통파 유대교의 상징이라고 할 수 있는 이스트 68번가의 파크 이스트 회당Park East Synagogue 앞에서 친팔레스타인 활동가들의 시위가 벌어졌다. 이는 앞으로 펼쳐질 맘다니 시대의 앞길이 만만치 않게 험난할 것임을 예고하는 전조였다. 그날 저녁 이곳에서는 네페쉬 비네페쉬Nefesh B'Nefesh가 주최하는 행사가 열리고 있었다. 네페쉬 비네페쉬는 북미 유대인들의 요르단강 서안지구 내 이스라엘 정착촌 이주를 장려하는 단체이다. 이 행사에 참석한 사람들을 향해서 수백 명의 시위자들이 구호를 외쳤다. "IDF이스라엘 방위군에게 죽음을", "인티파다의 세계화", "팔레스타인에 자유를". 부상자는 없었으나, 유대교 회당 앞에서 벌어진 이 충돌로 인한 후폭풍은 거셌다.

이튿날 맘다니는 대변인 도라 페케츠Dora Pekec를 통해 공식 입장을 내놓았다. "모든 뉴욕시민은 위협받지 않고 자신이 믿는 종교시설에 드나들 자유를 누릴 수 있어야 하며, 동시에 이런 신성한 공간이 국제법 위반 활동을 조장하는 데 이용돼서는 안 된다." 이스라엘 강경파들은 이 문장의 앞부분만을 듣고 싶어 했다. 시위 사흘 뒤, 제시카 티시 뉴욕 경찰국장은 파크 이스트 회당의 안식일 예배에 참석해 "시민들이 편안하게 회당을 드나들 수 있도록 보장하지 못한 점"에 대해 사과했다.

호컬 주지사를 필두로 한 선출직 공무원들이 예배당 주변 시위를 막는 새로운 법규가 필요하다고 제안했다. 12월 초, 파크 이스트 회당 앞에 1,100명의 인파가 모여 밤샘집회를 열었다. 이스라엘 강경파인 마크 레빈 감사원장 당선인은 이 집회에서, "최근의 시위는 회당에 들어가는 유대계 뉴욕시민들을 위협하고 공포에 떨게 하려는 명백한 시도"였다고 단언했다. 가톨릭의 티모시 돌란Timothy Dolan 추기경 역시 "대단히 악의적인 시위"라고 비판했다. 국제법 위반을 향한 규탄은 이렇게 허공 속으로 사라져 버렸다.

● ● ●

승리가 확정된 다음 날, 조란 맘다니 시장 당선인은 퀸스의 월드 페어 유니스피어World's Fair Unisphere 앞에서 기자회견을 열고 곧바로 시장직 인수를 위한 실무에 착수했다. 그 자리에서 다섯 명의 여성으로 구성된 인수위 지도부를 발표했는데, 그중 네 명은 이전의 다른 시장 밑에서 풍부한 시정부 행정경험을 쌓은 이들이었다. 나머지 한 명인 리나 칸은 연방거래위원회FTC: Federal Trade Commission 의장을 역임한 기업감시 분야의 전문가이다. 6일 후, 조란은 공직사회의 노련한 일꾼인 딘 풀레이한Dean Fuleihan을 제1 부시장으로, 자신의 최측근 보좌관인 엘 비스가드 처치를 비서실장으로 임명한다고 발표했다. 풀레이한과 비스가드 처치 두 사람은 이후 두 달 동안 맘다니와 함께 공식석상에 자주 모습을 드러냈다. 특히 비스가드 처치는 백악관 회동에도 동행했다.

워싱턴 DC 방문을 마친 다음 월요일, 조란은 17개 자문 소위원회에 400여 명의 저명한 활동가와 전문가들을 임명했다. 명단에는 빌 디블라지오 시장 시절 보건국장을 지낸 메리 바셋Mary Bassett 박사 등 이전 시정부에서 영향력을 행사했던 인물들이 대거 포함되었다. 하지만 우익진영은 그 명단에 뉴욕시립대학교 출신의 형사사법 분야 급진주의자인 루뭄바 아킨올레 반델레Lumumba Akinwole-Bandele와 알렉스 비탈이 포함된 것에 크게 반발했다. 〈뉴욕 포스트〉의 사설을 그대로 따르자면, 두 사람은 모두 "반경찰anti-cop"주의자라는 것이다.

언론의 관심은 덜했지만, 인수위원회에 쿠오모 측근 인사들이 여러 명 포함된 것은 다소 의외의 일이었다. 픽스 더 시티에 25만 달러를 기부했던 브루클린의 부동산 거물, 제드 월렌타스Jed Walentas가 주택분과 자문위원으로 합류한 것이 대표적이다. 또한 선거 당일에 맘다니 반대파의 핵심 자금줄인 제프 렙Jeff Leb과 약혼한 사실이 대대적으로 보도되었던 마샤 펄Masha Pearl도 사회복지위원회에 이름을 올렸다. 다만 모든 인수위원이 비밀유지 서약에 서명했기 때문에, 이들이 소속 분과의 의사결정 과정에서 실제로 어느 정도의 영향력을 행사했는지는 알 수 없다.

9월 초에 〈뉴욕 타임스〉의 데이나 루빈스타인Dana Rubinstein은 맨해튼의 유력 부동산 개발업자인 제프 블라우Jeff Blau가 미드타운에서 비상회의를 주최하며 쿠오모를 위한 상당한 자금을 모금했다고 보도한 바 있었다. 그런데 12월 9일 화요일 오전, 바로 그 블라우가 〈뉴욕 포스트〉에 의해 '부동산업계의 거물급 인사들'이라 명명된 업계 대표단의 일원으로 차기 시장과 면담을 가졌다. 맘다니가 자신에게 적대적인 세력들에게조차 너무 쉽게 문을 연다는 우려는 근거가 있어 보였다.

뉴욕시 재력가들은 선거기간 동안 맘다니를 향해 엄청난 비난을 쏟아부었던 사람들이다. 그럼에도 불구하고 그들도 뉴욕시에서 거주하기 위해서 고정적으로 지출해야 하는 비용부담이 너무 크다는 맘다니의 문제의식에 대해서는 공감을 표명했다. 12월 중순, 뉴욕시 최상위 계층의 입장을 오랫동안 대변해 왔음에도 불구하고 인수위 경제개발소위원회 위원으로 들어온 캐스린 와일드는, NY1에서 방송되는 〈인사이드 시티 홀〉의 바비 쿠자Bobby Cuza와의 인터뷰에서, "경제계 역시 저렴한 주택 공급과 접근성 좋은 보육 서비스를 중요한 정책과제로 삼는 데 전적으로 공감하고 있습니다."라고 밝혔다. 뉴욕의 높은 생활비 때문에 지역 고용주들 역시 직원 임금을 타 지역보다 매년 2만에서 3만 달러가량 더 많이 지급해야 하니 힘들기는 그들도 마찬가지였다. 와일드는 일부 거물급 기업인들이 맘다니의 이스라엘에 대한 태도에 대해서는 여전히 "큰 거부감"을 갖고 있기는 하지만, 상위 1% 사람들이 이 좌파 신임 시장으로 인해 필요 이상으로 공포감을 느끼지는 않는다고 말했다.

그러나 이스라엘에 우호적인 진영에서는 맘다니가 임명한 인수위원회의 여러 사람들을 문제 삼아 물고 늘어졌다. 12월 18일, 인사 책임자로 임명되었던 사람이 단 하루 만에 사임하게 된 일이 있었다. 유대인명예훼손방지연맹ADL: Anti-Defamation League에서 그녀가 10대 후반이었던 2011년에 올린 반유대주의적 게시물을 찾아냈기 때문이다. 그녀의 남편은 현재 브래드 랜더 사무실에서 근무하는 유대계 남성인데, 이런 사실은 이슬람 혐오자 비키 팔라디노 같은 비판론자들에게는 그리 중요하지 않은 듯했다.

그로부터 하루 뒤, 바이든 행정부에서 노동부 장관 대행을 지낸 줄리

수Julie Su를 뉴욕시 역사상 최초의 '경제정의담당 부시장'으로 임명한다는 발표가 나오자 〈뉴욕 포스트〉가 노골적인 불만을 드러냈다. 새로 만들어진 이 직책의 권한 중에는 소비자 보호 업무와 호출형 차량 서비스에 대한 감독권도 포함되어 있었다. 버니 샌더스는 그녀의 친노동 행보, 특히 임금체불 해결에 앞장서 온 이력을 언급하며 이번 인사를 환영했다. 줄리 수를 영입함으로써, 맘다니는 노동자를 착취하는 뉴욕의 고용주들에게 강력한 경고장을 날린 셈이다.

신임 시장 당선인은 2025년의 마지막 몇 주간 정신없이 바쁜 나날을 보냈다. 그는 로어 이스트 사이드에서 열린 유명인사들이 대거 참석한 후원행사에도 모습을 보였다. 그리고 12월 14일 일요일에는 비스가드 처치를 비롯한 측근들과 함께 아스토리아의 영상 박물관Museum of the Moving Image을 방문했다. 이곳에서 평범한 뉴욕시민들과 함께 일상의 삶을 개선할 방법에 대해 무려 12시간 동안 격의 없는 대화를 나눴다. 뉴욕시 역사상 최초의 무슬림 시장으로서 취임을 앞둔 조란은 브로드웨이의 전설적인 배우 겸 가수인 맨디 패틴킨Mandy Patinkin의 집에서 유대교 축제 하누카를 함께 축하하기도 했다. 패틴킨은 그의 시장 취임식에서 축하공연을 펼칠 예정이었다.

2025년 한 해 동안 보여 준 조란 맘다니의 눈부신 상승세는 그를 이제 세계적인 화제의 인물로 만들었다. 리자 피더스톤이 〈자코뱅〉의 선거 분석 기사에서 언급했듯이, 조란은 예비선거와 본선거를 치르는 과정에서 뉴욕 전역에 새로운 정치 감성을 불어넣었다. 그것은 최정상급 스타부터 무명인까지 모두를 아우르는 정치 문화였다. 무료 스태튼 아일랜드 페리에 몸을 실든, 코니아일랜드에서 축구를 하든, 조란과 그의 선거캠프가 부르짖는 가치는 항상 똑같았다. "모든 사람은 사랑, 여가, 즐거움, 스포츠 등 모든 것을 똑같이 누릴 자격이 있다." 맘다니는 사람들이 "자신의 삶을 즐길 자격이 있다"는 점을 강조했을 뿐만 아니라, "정치 그 자체를 즐거운 것으로" 만들었다.

참으로 대단한 여정이었다.

그는 무슬림이다. 그는 사회주의자다. 그는 반시온주의자이다. 그는 아프리카에서 태어났다. 그의 아버지는 우간다 태생이고, 어머니는 인도 출신이다. 그가 처음 뉴욕시장 선거에 도전장을 던졌을 때 지지율은 고작 1%에 그쳤다. 당시 그의 나이는 서른세 살이었다.

그는 미국 사회의 비주류이자 소수자이자 이단아였다. 그런 그가 미국의 경제수도이자 자본주의의 심장부인 뉴욕의 시장에 당선됐다. 그는 바로 조란 맘다니다.

맘다니가 타고난 여건이나 표방하는 주장들은 하나같이 미국 주류 사회에서 환영받지 못하는 내용들이었다. 맘다니가 뉴욕시장 출사표를 던지자 미국의 뿌리 깊은 기득권 세력들이 총궐기라도 하듯 막아섰다.

미국 주류 정치세력이 맘다니를 비토했다. 도널드 트럼프 대통령은 대놓고 맘다니를 "100% 미치광이 공산주의자"라고 비방했다. 공화당 소속 뉴욕주 연방 하원의원인 엘리스 스테파닉은 맘다니를 "지하디스트 시장 후보"라고 공격했다. 맘다니의 소속정당인 민주당의 주류조차 맘다니 지지를 꺼렸다. 하킴 제프리스 하원 민주당 원내대표, 척 슈머 상원 민주당 원내대표 등 민주당 지도부는 맘다니가 민주당 공식 후보로 선출된 이후에도 한동안 지지 입장을 내지 않았다.

월가의 자본가들이 맘다니를 배척했다. 빌 애크먼과 마이클 블룸버그, 로널드 로더, 존 B. 헤스 등 월가 억만장자들은 수백만 달러를 쏟아 부으면서 맘다니 낙선운동을 벌였다. 애크먼은 임대료 동결이나 무료 보육 등 맘다니 대표 공약을 "재앙적disastrous"이라고 표현하면서 "사회주의는 미국의 경제수도에 설 자리가 없다"고 반감을 드러냈다.

기성 언론들은 마치 '반맘다니 합동 캠페인'이라도 벌이는 것 같았다. CNN이나 〈월스트리트 저널〉, 폭스 뉴스, 〈뉴욕 포스트〉 등 미국 언론들은 대부분 맘다니의 약점을 들추는 보도를 연일 쏟아 냈다. 심지어 중도진보 성향의 언론으로 알려진 〈뉴욕 타임스〉까지 맘다니를 깎아내리는 대열에 합류했다. 〈뉴욕 타임스〉는 사설을 통해 "맘다니는 어떤 규모 있는 조직도 운영해 본 적이 없을 뿐 아니라 정치적 타협 감각도 부족해 보인다"면서 "맘다니는 투표용지에 이름을 올릴 자격이 없다고 본다"고 주장했다.

맘다니가 기적을 만들어 냈다. 그는 인종과 종교, 출신, 나이 등을 들먹이며 네거티브 공세를 벌이는 세력들과 용감하게 맞서 싸웠다. 맘다니는 기득권 세력의 두터운 방어벽을 뚫고 뉴욕시청에 입성했다.

고 김대중 대통령은 생전에 "기적은 기적처럼 오지 않는다"고 말했다. 겉으로는 기적처럼 보이는 일들이 실제로는 사람들의 준비와 노력과 전략으로 만들어진 결과라는 뜻이다.

맘다니는 2025년 6월 25일 민주당 뉴욕시장 후보 경선에서 승리한 후 넬슨 만델라의 말을 인용해 "아무리 불가능해 보였던 일도 막상 이루어 놓고 보면 그리 어렵지 않아 보인다"고 했다. 기적을 만들어 낸 사람들은 안다. 기적은 '일어나는' 것이 아니라 '만드는' 것이라는 사실을.

시어도어 함의 《조란 맘다니》는 맘다니가 어떻게 기적을 만들었는지를 분석한 책이다. 맘다니의 선거 과정을 꼼꼼하게 관찰하고, 복기하고, 정리하면서, 그의 당선은 우연이 아니라 필연이었음을 보여 준다. 책은 맘다니가 기적을 만들어 내는 과정에서의 전략과 전술을 흥미진진하게 설명하고 있다.

전략은 전쟁에서 이기기 위한 큰 그림이고, 전술은 전투에서 이기기 위한 세부 방안이다. 책은 맘다니의 기적이 뚜렷한 '전략'과 영리한 '전술'의 하모니가 만들어 낸 결과였음을 보여 준다. 책이 분석한 맘다니 선거의 전략과 전술은 어떤 것들이었을까?

전략

2011년 9월 '월가를 점령하라'라고 불리는 시위대가 연일 뉴욕 도심을 점령했다. 미국 사회의 구조적 불평등에 대한 분노가 분출하기 시작한 것이었다. 월가를 가득 메운 밀레니얼과 Z세대들은 "우리가 99%다"를 외쳤다. 그들은 부자 증세와 대형은행 규제 강화, 청년실업 문제 해결 등을 요구했다.

그로부터 십수년 후 밀레니얼 세대인 맘다니가 "월가를 점령하라"를 넘어서서 "뉴욕을 점령하라"라는 깃발을 들고 나섰다. 30대 초반의 이 야심만만한 젊은이가 뉴욕시장 선거에 출마를 한 것이다.

맘다니는 "뉴욕은 누구의 것인가?"라고 물었다. 뉴욕은 월가의 억만장자와 정치 명문가, 로비스트들의 손아귀에 있는 도시가 아니라 노동자와 노점상과 배달부 등 평범한 시민들의 것이어야 한다고 말했다. 월가의 부자들을 향해서 "억만장자는 존재해서는 안 된다"고 외쳤다. 그는 "민주주의는 돈으로 살 수 없다"고 말했다.

맘다니는 자신을 '급진주의자'나 '이단아'로 몰아세우는 기득권 세력을 향해 "우리가 다수이고 너희가 소수"라고 응수했다. 정치란 특권층들이 우리에게 베푸는 것이 아니라 시민들이 직접 행하는 것이라고 말했다.

그는 억만장자들의 막대한 후원금으로 치러지는 미국의 선거가 정작 유권자들의 눈과 귀를 가리고 있음을 주목했다. 한 언론 인터뷰에서 그는 "뉴욕에는 정치 구조에서 지워진 시민들이 있을 뿐 아니라 심지어 박해를 받아 온 유권자 집단이 있다"고 말했다.

맘다니의 주장들은 2011년 월가 시위 당시 슬로건이었던 "우리가 99%"를 떠올리게 한다. 실제로 책은 "이제 시간이 흘러 '월가를 점령하라' 운동은 끝났지만, '우리가 99%'라는 당시 구호는 이후 벌어진 다양한 사회 활동에 상당한 영향을 끼쳤다."라고 쓰고 있다.

맘다니는 여전히 해소되지 않고 있는 99%의 분노와 욕구를 읽고 있었다. 그는 뉴욕시민 99%를 정치 주체로 복원시켰다. 뉴욕시장 선거가 기득권 정치인과 억만장자, 선거 브로커, 언론들만의 리그여서는 안 된다고 호소했다. 맘다니는 99%를 향해 "뉴욕은 여러분의 도시이며, 민주주의 또한 여러분의 것"이라고 환기시켰다.

맘다니가 선거전략으로 "99%"라는 표현을 앞세운 것은 아니다. 그러나 맘다니 캠프의 선거전략이 사실상 '우리가 99%'라는 맥락에서 이루어진 것임을 책의 구석구석에서 찾아볼 수 있다.

"(…) 거대한 자원봉사자 군단이 뉴욕시 역사상 어떤 시장 캠프보다도 진심으로 맘다니의 당선을 위한 헌신적인 홍보활동을 펼쳤다. 뉴욕시 선거 역사상 처음으로 방글라데시인 집단거주지 주민들을 포함한 엄청난 수의 무슬림과 남아시아계 유권자들이 대거 결집했다. (…) 50세 미만의 젊은 유권자들, 다인종·다언어 집단, 팔레스타인 지지자들, 그리고 사회주의자로 낙인찍히는 것을 두려워하지 않는 사람들이 한 데 모인 조란 지지자들은 뉴욕시 정치사에서는 전례를 찾을 수 없는 획기적이고 혁신적인 집단으로 떠올랐다." (책 18쪽)

맘다니는 30대 초반의 젊은이였지만 대단한 전략가였다. 그는 뉴욕 시민들이 자발적으로 선거운동에 동참하도록 만들었다. 이는 '우리가 99%'라고 이름을 붙여도 하등 어색할 것이 없는 선거전략이었다.

#첫째, 시민 생계비를 핵심의제로 삼았다.

기성 정치인들이 이념과 안보와 질서를 들먹이며 뜬구름 잡는 정쟁을 부추길 때 맘다니는 "바보야, 문제는 민생이야!"라고 가볍게 물리쳤다. 2024년 10월 23일, 서른세 살의 청년 맘다니는 뉴욕시장 출마선언 당시 다음과 같이 말했다.

"그들은 집세를 감당할 수 없다. 보육비를 감당할 수 없다. 교통비를 감당할 수 없다. 식료품비를 감당할 수 없다."

맘다니의 선거공약은 '생계비 해결affordability'이라는 한마디로 함축된다. 그는 뉴욕을 "더 감당 가능한 도시affordable city"로 만들겠다고 약속했다. 그의 핵심 공약은 임대료 동결, 빠른 무료버스, 시 운영 슈퍼마켓, 무상보육 등 하나같이 생계비와 관련된 것들이었다.

맘다니는 생활고에 시달리는 시민들에게 말을 걸었다. "나는 여러분 가운데 하나이며, 여러분 또한 나와 함께한다."라고 말했다. 세입자 모임에 참석해 임대료 문제를 논의했다. 운수회사 노조 관계자들을 만나 기사들의 애환과 버스 운행지연의 원인을 파악했다. 젊은 부모들을 만나 보육비와 생활비 고충을 들었다.

맘다니는 시민들이 실제로 겪고 있는 삶의 문제를 선거의 중심으로 끌어올렸다. 소수 기득권 세력의 전유물처럼 여겨지던 정치를 보통 사람들의 손에 쥐여 주었던 것이다.

"카멀라 해리스나 척 슈머 또는 하킴 제프리스 같은 민주당의 주요 정치인들과는 달리, 조란은 2024년 여름과 초가을에 걸친 기간 동안 노동계층이 피부로 느끼고 있는 문제들을 주의 깊게 살피고 있었다. 민주당을 대표한다는 지도자들이 바이든 정권하에서 경제의 내실이 튼튼해졌다고 자화자찬하는 동안, 맘다니는 민주당 지도부가 애써 외면하고 있는 서민들 일상의 고통에 주목했다." (84~85쪽)

#둘째, 언론의 프레임에 갇히지 않았다.

맘다니는 신문이나 방송의 보도를 대체로 무심하게 대했다. 맘다니는 악의적인 보도에 대해 소송을 제기하거나 반박하는 일도 자제했다. 다만 기발한 패러디 혹은 가벼운 조롱으로 대응할 뿐이었다.

〈뉴욕 타임스〉나 〈월스트리트 저널〉, CNN, 폭스 뉴스, 〈뉴욕 포스트〉 등 미국의 기득권 언론들은 진보와 보수 구분 없이 맘다니를 '급진적 사회주의자', '반유대주의자', '행정경험 없는 풋내기', '비현실적인 포

감수자의 글

플리스트' 등의 틀 속에 가두려 했다. 특히 극우성향의 〈뉴욕 포스트〉
는 '맘다니 공포증'에라도 걸린 듯 비난 기사를 내보냈다.

그러나 제도권 언론은 예전만큼 힘을 발휘하지 못했다. 영국 옥스퍼
드 대학교 산하 저널리즘 연구기관인 로이터스 인스티튜트RISJ는 '2025
디지털 뉴스 리포트'를 통해 "최근 뉴스 소비가 제도권 저널리즘에서 소
셜미디어 및 영상 플랫폼으로 급속히 이동하고 있다"면서 "전 세계의
포퓰리스트 정치인들은 점점 더 전통 저널리즘을 우회하고 있다"고 분
석했다.

젊은 맘다니는 누구보다도 공론장의 지각변동을 꿰뚫어 보고 있었
다. 그는 스마트폰이나 유튜브나 팟캐스트 등을 이용한 메시지의 '직접
유통'에 공을 들였다. 자신의 생생한 목소리를 팟캐스트와 유튜브, 인
스타그램, 틱톡과 엑스(X) 등 디지털 플랫폼을 통해 직접 전했다. 맘다
니는 래퍼로도 활동한 카리스마 넘치는 사람이었다. 그는 재미있고, 공
격적이며, 창의적인 영상을 끊임없이 내놓았다. 맘다니는 시민 99% 한
복판에서 자신만의 방식으로 움직이고 있었다. 그는 짧은 시간에 SNS
스타로 발돋움했다.

"맘다니는 이때 거리에서 유권자들을 만나는 장면을 담은 3분짜리 영상을
트윗했다. 이 영상은 이후 6개월 동안 250만 회 이상의 조회수를 기록했
다. 11월 중순에 올라온 이 동영상에 대중이 폭발적인 반응을 보이자 민주
당 주류의 흐름과는 약간 다른 결을 가진 미디어 분석가들이 맘다니를 주
목하기 시작했다." (107쪽)

#셋째, 자신의 정체성을 당당하게 드러냈다.

맘다니는 2025년 10월 브롱크스의 한 모스크 앞 유세에서 다음과 같이 다짐했다.

"나는 내가 어떤 사람인지, 내가 무엇을 먹는지, 그리고 내가 자랑스럽게 믿는 신앙이 무엇인지 감추지 않을 것입니다. 더 이상 나 자신을 어둠 속에서 찾지 않을 것입니다. 이제는 빛 속에서 나를 찾을 것입니다."

맘다니는 미국 사회에서 그리 환영받지 못하는 무슬림이자 아프리카 출생이자 남아시아계 혈통이었지만 언제 어디서나 이를 당당하게 드러냈다. 자본주의의 심장부인 뉴욕에서 시장 출마를 하면서 사회주의자임을 밝혔다. 유대인들이 돈줄을 쥐고 있는 정·재계에서 친팔레스타인 신념을 굽히지 않았다.

2025년 5월 비영리 여론조사 기관인 퓨리서치센터의 조사에 따르면 응답자의 74%는 미국 사회에서 무슬림이 차별을 겪고 있다고 답했다. 2025년 9월 여론조사 기관 갤럽의 조사에 따르면 미국인의 57%는 사회주의에 대해 부정적인 인식을 지니고 있는 것으로 나타났다. 같은 해 3월 갤럽 조사에 따르면 2021~2025년 사이 중동 상황에 대해 이스라엘에 더 공감한다고 응답한 미국인은 46%에 달한 반면, 팔레스타인에 더 공감한다고 응답한 미국인은 33%에 그쳤다.

맘다니의 뿌리와 종교와 사상은 미국 사회의 이런 주류적 정서와는 거리가 있었다. 그는 그러나 자신의 혈통과 믿음과 신념을 숨기지 않았다.

그는 아프리카 태생임을 자랑으로 여겼다. 선거 유세장에서 자신의

감수자의 글

중간 이름인 '콰메'가 아프리카 민족주의의 아버지로 추앙받는 콰메 은 크루마 가나 초대 대통령의 이름에서 따온 것이라고 밝히고는 했다.

그는 자신을 "무슬림 출신의 진보적 이민자"라고 소개했다. 남아시 아 무슬림 전통 복장인 쿠르타와 숄 차림을 스스럼없이 즐겼다. 한 극 단주의자가 맘다니를 '무슬림 시장 후보'라는 이유로 차량 폭탄테러를 가하겠다는 위협을 했을 때조차 그는 숨지도 않았고 주눅 들지도 않 았다.

그는 사회주의 간판으로 선거를 치렀다. 맘다니는 미국 최대 사회주 의 단체인 '민주사회주의자' DSA의 지지를 받으며 정치 무대에 등장했 다. 그는 임대료 동결과 버스 무상운영, 보편적 보육 같은 사회주의적 정책을 핵심 공약으로 내세웠다. 뉴욕은 '자본주의의 심장부'다. 포브스 기준으로 억만장자 수가 세계 어느 도시보다 많은 도시다. 맘다니는 그 러나 억만장자들의 눈치를 보지 않았다.

그는 팔레스타인 문제를 정공법으로 다뤘다. 미국의 진보적 정치인 들조차 팔레스타인의 비극을 외면했지만, 맘다니는 보편적 가치의 입 장에서 시온주의를 일관되게 반대했다. 맘다니는 "가자지구에서 자행 되는 이스라엘의 제노사이드는 전쟁범죄를 또 다른 전쟁범죄로 대응하 는 비극"이라고 비난했다. 그는 "반시온주의와 반유대주의는 다르다"면 서 "반시온주의 안에는 반유대주의가 설 자리가 전혀 없다"고 외쳤다.

정체성을 숨기지 않는 맘다니의 태도는 시민들의 감동과 호응을 불 러일으켰다. 뉴욕의 무슬림과 남아시아 공동체와 진보적 시민운동 세 력들이 그를 새로운 정치의 상징으로 받아들였다. 그의 말과 행동은 언 제나 굳은 신념으로 가득 차 있었다.

"조란 캠프는 출마선언 바로 다음 날, 약 100초 분량의 매우 세련된 홍보 동영상을 발표했다. 허벅지까지 내려오는 흰색의 남아시아 전통셔츠를 입은 조란이 아스토리아 주택가를 거닐며 자신의 주요 정책을 간결하게 설명하는 내용이었다. 자막에는 '조란 콰메 맘다니'라는 후보의 이름이 선명하게 적혀 있었다." (102쪽)

전술

1974년 10월 30일, 자이르^{현 콩고민주공화국} 킨샤사에서 '정글의 격돌Rumble in the Jungle'로 불리운 세계 복싱 헤비급 타이틀전이 열렸다. 32세의 전 챔피언 무하마드 알리와 25세의 챔피언 조지 포먼이 맞붙는 세기의 대결이었다. 경기 시작 벨이 울리자 포먼은 망치 같은 강펀치로 알리를 몰아붙였다. 알리는 로프에 몸을 기댄 채 펀치를 막아 냈다. 틈이 생길 때마다 가벼운 카운터 펀치를 날리는 게 전부였다.

시간이 흐르면서 포먼의 움직임이 둔해졌다. 펀치는 점점 느려졌다. 숨도 가빠졌다. 8라운드에 들어서는 순간 알리가 번개처럼 로프에서 튀어나왔다. 오른손 스트레이트와 왼손 훅을 연속으로 꽂아 넣었다. 지쳐 있던 포먼은 그대로 캔버스에 쓰러졌다. 심판이 카운트를 세는 동안 그는 끝내 일어나지 못했다. 알리는 KO승으로 다시 세계 헤비급 챔피언이 되었다.

이 경기에서 알리가 사용한 전술은 '로프 어 도프'이다. 말 그대로 로프에 몸을 맡긴 채 상대방이 지칠 때까지 공격을 허용하는 바보 같은 전술이다. 알리는 훗날 "사람들은 내가 맞기만 했다고 생각하지만, 사

감수자의 글

실은 포먼이 스스로 지치도록 기다린 것"이라고 말했다.

책은 맘다니가 뉴욕시장 본선 선거전에서 '로프 어 도프' 전술로 경쟁 후보들을 상대했다고 분석한다. 책은 경쟁자들이 이념공세와 자질 시비와 흑색선전에 열을 돌리는 동안 맘다니는 이들을 가벼운 유머나 패러디로 대응하면서 부지런히 민생현장을 누비는 모습을 충실하게 기록하고 있다.

"2025년 늦여름의 뉴욕시 시장 선거전은 이렇게 흘러가고 있었다. 황혼기에 접어든 고참 정치인들은 허둥대며 조란 맘다니에게 공격을 퍼부어 댔다. 신참 도전자 한 명은 어떻게든 세상의 이목을 끌며 링에 오르려고 했다. 자신을 겨냥한 이런 파상공세에 민주당 후보 맘다니는 무하마드 알리의 로프 어 도프rope-a-dope 전술을 구사하는 듯 보였다. 상대가 헛펀치를 마구 날리도록 내버려 두는 전술이었다." (277~278쪽)

책은 미국의 경제수도 뉴욕을 거대한 링으로 설정한다. 뉴욕시장 본선 경쟁의 과정을 한 편의 블랙코미디로 그리고 있다. 불명예를 안고 퇴진한 전직 주지사, 비리 혐의로 비난을 받는 현직 시장, 그리고 보안관을 꿈꾸는 사람, 이렇게 베이비부머 세 사람이 술집에 들어섰다. 술집 안에서는 X세대 변호사가 밀레니얼 사회주의자에게 결투를 신청하고 있었다. 베이비부머 두 명은 주먹을 치켜들고 X세대 변호사를 돕기 위해 달려간다. 자칭 '가디언 앤젤'은 싸움을 말리는 척한다. 밀레니얼 사회주의자는 사실상 1 대 4의 싸움을 벌인다.

'불명예를 안고 퇴진한 전직 주지사'는 앤드루 쿠오모 전 뉴욕주지사다. '비리 혐의로 비난을 받는 현직 시장'은 에릭 애덤스 현직 시장이다. '보안관을 꿈꾸는 사람'은 공화당 후보 커티스 슬리와다. 밀레니얼 사회주의자에게 결투를 신청한 X세대 변호사는 군소 독립후보인 짐 월든이었다.

이들 네 명은 서로 경쟁을 하면서도 맘다니만큼은 공동의 적이었다. 네 명은 연일 맘다니에게 펀치를 날렸다. 쿠오모는 '철없는 사회주의자'라고 공격했다. 애덤스는 '공공안전을 위협하는 급진주의자'라고 비난했다. 슬리와는 '위험한 무슬림'이라고 선동했다. 짐 월든은 '말만 번드르르한 풋내기'라고 깎아내렸다. 네 명의 경쟁자들이 허공에 주먹을 날리고 있을 때, 맘다니는 시민이라는 든든한 로프에 기댄 채 그들의 에너지가 소진되기를 기다렸다. 경쟁자들이 억만장자와 정치 엘리트를 기반으로 선거를 치르는 동안 맘다니는 풀뿌리 네트워크를 파고들었다. 착실하게 '로프 어 도프' 전술을 이행했다.

책은 맘다니의 '로프 어 도프' 전술을 세세하게 설명한다. 맘다니는 기득권 세력의 펀치를 그대로 흘려보내면서 그들의 힘을 뺐다. 때론 상대의 빈틈을 노려 강력한 카운터 펀치를 날렸다. 가벼운 잽을 날리듯 유쾌한 유머와 패러디를 애용했다.

#첫째, 로프에 기댄 채 강한 스트레이트를 피했다.

맘다니는 거대 권력의 '공포 마케팅'에 정면으로 대응하지 않았다. 도널드 트럼프 대통령이 맘다니를 "100% 미치광이 공산주의자"라고 공격했다. 맘다니가 시장이 될 경우 뉴욕시에 대한 연방 지원을 끊을 수도 있다고 했다. 맘다니는 짧은 한마디로 응수했을 뿐이었다.

"나는 공산주의자가 아니다. 나는 민주사회주의자다."

공화당의 엘리스 스테파닉 연방 하원의원은 조란 맘다니를 "지하디스트"로 규정했다. 유대계 여성 의원인 스테파닉은 한 라디오 인터뷰에서 맘다니를 "유대인 학살을 주장해 온 완전한 지하디스트a full-blown jihadist"라고 비난했다.

이 발언은 맘다니가 앞서 폭스 뉴스와의 인터뷰에서 "하마스가 가자 지구에서 무장과 통치 권한을 포기해야 한다고 생각하느냐"는 진행자의 질문에 직접적인 답변을 하지 않은 뒤 나온 것이었다. 맘다니는 당시 "정의와 안전이라는 문제를 제외하고는 하마스와 이스라엘의 미래에 대해 특별한 의견을 가지고 있지 않다"며 "다만 어떤 일이든 국제법을 준수해야 한다는 점은 분명하다."라고 답했다.

그러나 며칠 후 열린 뉴욕시장 후보 토론회에서 이 발언에 대해 다시 질문을 받자, 맘다니는 이렇게 말했다.

"물론 그들이 무기를 내려놓아야 한다고 생각한다."

하마스 논쟁에서도 맘다니는 정면충돌을 택하지 않았다. 처음에는 원칙적인 입장을 밝히며 논쟁을 피했고, 토론회에서 다시 질문을 받자 그들이 무기를 내려놓아야 한다고 한 발 물러섰다. 공격의 프레임에 갇히기보다 상황에 맞게 몸을 빼는 유연함을 갖춘 정치인이었다.

#둘째, 카운터 펀치 기회를 놓치지 않았다.

맘다니의 지지율은 수그러들 기미를 보이지 않았다. 월가의 부자들은 집단 패닉에 빠졌다. 마이클 블룸버그, 로널드 로더, 조 게비아, 빌 애크먼 등 억만장자들은 맘다니 저지를 위해 '픽스 더 시티'나 '디펜드

NYC', '포 아워 시티' 등 슈퍼팩에 거액을 쏟아부었다.

이 소식을 들은 맘다니는 MSNBC와의 인터뷰에서 "월가의 억만장자들은 내가 그들에게 매기려는 세금보다 더 많은 돈을 우리를 막는 데쓰고 있다"면서 "그들이 우리를 두려워하는 이유는 우리가 그들의 권력에 '실존적 위협'이기 때문"이라고 말했다.

월가의 부자들은 "누구라도 좋으니 맘다니만은 안 된다"라고 한 목소리를 냈다. 맘다니는 이들에게 강력한 카운터 펀치를 날렸다.

"여기서 한 가지 고백을 하겠다. 월가 부자들의 말이 맞다. 우리는 돈으로 민주주의를 살 수 있다고 믿는 억만장자들에게 실존적 위협이다."

#셋째, 상대방과 거리를 두는 아웃복싱을 구사했다.

무슬림이자 사회주의자이자 30대 젊은이인 맘다니에겐 자극적인 비방과 원색적인 조롱이 날아들었다. 선거 내내 위험한 무슬림, 급진 사회주의자, 경험 없는 풋내기 등의 거친 네거티브에 시달렸다. 맘다니는 그러나 네거티브 함정에 빠져들지 않았다. 상대의 공격을 일일이 반박하는 대신 시민들의 생활 문제로 시선을 돌렸다. 그는 노련한 아웃파이터였다.

2025년 10월 열린 한 토론회에서 공화당 후보 커티스 슬리와가 맘다니를 "글로벌 지하드global jihad 지지자"라고 비난했다. 또한 맘다니가 "반유대주의의 불길을 부추긴 방화범arsonist으로 여겨지고 있다"고도 했다. 이에 대해 맘다니는 "나는 단 한 번도 글로벌 지하드를 지지하는 발언을 한 적이 없다."라고 간단하게 반박했을 뿐이었다.

감수자의 글

그로부터 며칠 후 맘다니는 한 유세장에서 슬리와를 비난하는 대신 시민들을 향해 다음과 같이 말했다.

"모든 무슬림의 꿈은 그저 다른 뉴욕시민들과 똑같은 대우를 받는 것이다. 그런데도 우리는 너무 오랫동안 그보다 적은 것을 요구하라는 말을 들어 왔고, 우리가 받는 작은 것들에 만족하라는 말을 들어 왔다. 이제는 더 이상 그런 말을 받아들일 수 없다."

비슷한 시기에 무소속 쿠오모 후보는 맘다니가 우간다로 신혼여행 갔을 때의 일을 들춰냈다. 당시 맘다니가 동성애자 탄압 법안을 주도했던 우간다 여성 정치인과 함께 사진을 찍은 일을 문제 삼았던 것이다. 쿠오모는 또 맘다니의 우간다 이중국적까지 거론하면서 "우간다는 동성애자를 사형에 처할 수 있는 나라"라면서 "우간다의 시민권을 포기하지 못하는 이유가 무엇인가?"라고 몰아붙였다.

이 밖에도 여러 자리에서 쿠오모는 맘다니의 인종과 혈통과 가문을 들먹였다. 영화감독인 어머니 미라 네어의 영화에 이슬람 극단주의 단체의 자금이 들어간 것처럼 암시하는 발언을 하기도 했다.

맘다니는 그러나 진흙탕 싸움에 끌려 들어가지 않았다. 쿠오모의 네거티브 공세에 조란은 재치 있고 짤막한 한마디로 받아쳤을 뿐이었다.

"완전히 저한테 꽂혔나 봐요!"

#넷째, 나비처럼 날아서 벌처럼 쏘았다.

맘다니는 소셜미디어의 '슈퍼스타'였다. 밀레니얼 세대 정치인은 틱톡과 인스타그램을 통해 재치 있고 코믹한 영상들을 줄줄이 내보냈다. 네덜란드 역사학자이자 《휴먼카인드Humankind》의 저자인 뤼트허르 브레흐만은 "맘다니의 캠페인은 감성적이었고, 밈으로 쉽게 전파했고, 풀뿌리 조직의 힘을 이용했다"면서 "그야말로 천재적"이라고 평가했다.

2025년 8월, 한 영상은 맘다니가 노란 감자칩 봉투를 들고 칩을 맛있게 먹고 있는 장면으로 시작한다. 에릭 애덤스 시장 캠프 관계자가 현금 뭉치가 든 감자칩 봉투를 기자에게 건넸다는 보도를 패러디한 것이다. 맘다니는 재치 있는 유머로 영상을 마무리한다.

"친구들! 고백할 게 있어. 나도 감추고 있는 것들이 있지. 곧 '보물찾기'를 시작할 거야."

실제로 다음 날 맘다니 캠프는 뉴욕 전역에서 보물찾기 행사를 실시했다. 이 영상은 약 200만 회의 조회수와 24만 5천 개의 '좋아요'를 기록했다. 애덤스 감자칩 돈봉투 사건을 세상에 더 알리면서, 자신의 보물찾기 행사는 널리 홍보한 일석이조의 영상이었다. 이날 보물찾기 행사에는 수천 명의 시민들이 참가했다. 맘다니는 나비처럼 날아서 벌처럼 쏘았다.

#다섯째, 승부를 가른 결정타는 민생이었다.

맘다니는 어떤 질문을 받거나 논쟁을 하더라도 결국 민생 이야기로 화제를 돌렸다. 그가 선거기간 내내 집중한 화두는 "뉴욕은 너무 비싸다"라는 한마디였다. 그는 유권자들에게 "생활비를 감당할 수 있는 뉴욕으로 만들겠다"고 약속했다. 맘다니의 간판 공약인 임대료 동결과 버스 무료화, 공공 식료품점 운영 등은 모두 이런 맥락에서 만들어진 공약들이었다.

전국적으로 식료품 가격이 상승하자 맘다니는 시가 직접 운영하는 식료품점 체인을 만들겠다고 공약했다. 맘다니는 공공 식료품점은 임대료나 재산세를 낼 필요가 없기 때문에 더 저렴한 가격으로 식료품을 판매할 수 있다고 설명했다.

"어디를 가든 뉴욕시민들이 식료품 가격이 터무니없이 비싸다고 말하는 것을 듣는다. 이것은 대담하지만 실행 가능한 계획이다."

뉴욕시장 선거 막판 트럼프 대통령이 CBS방송 〈60분〉과 인터뷰에서 "내가 맘다니보다 훨씬 더 잘생겼다"고 말했다. 누군가 맘다니에게 트럼프 대통령의 발언에 대해 어떻게 생각하느냐고 물었다. 그는 웃으며 이렇게 말했다.

"나는 지금 생활비 위기에 집중하고 있을 뿐이다."

맘다니는 시민들의 위에서 내려다보거나 밖에서 관찰하는 사람이 아니었다. 그들과 함께 살아온 뉴요커였다. 맘다니가 월세와 버스요금, 장바구니 물가를 정치의 중심에 놓게 된 이유였다.

결국 선거의 흐름을 바꾼 결정적인 한 방은 거창한 이념이나 요란한 네거티브가 아니라 민생이었다. 로프에 기댄 채 기득권 세력의 펀치를 받아 내던 맘다니가 링 중앙으로 나오면서 날린 결정타는 이 한마디였다.

"뉴욕은 지금 너무 비싸다."

결론

2025년 11월 4일 미국 뉴욕에서 기적이 현실로 나타났다. 무슬림이자 사회주의자이자 인도계 혈통의 아프리카 이민자인 서른네 살의 맘다니가 50%가 넘는 득표율로 제111대 뉴욕시장으로 뽑혔다. 뉴욕 역사상 최초의 무슬림 시장이었다. 최초의 인도계 뉴욕시장이었다. 100여 년 만에 가장 젊은 뉴욕시장이었다.

맘다니의 승리가 확정된 무렵인 그날 밤 10시 30분, 그는 브루클린의 파라마운트 공연장 무대에 올랐다. 구름처럼 몰려든 지지자들이 환호했다. 그는 지지자들에게 외쳤다.

"나는 여러분 가운데 하나이며, 여러분 또한 나와 함께한다. ana minkum wa alaikum."

99% 시민 중 하나였던 맘다니 자신이 시민들과 함께 1%의 특권층에 맞서 승리했음을 알리는 감격적인 선언이었다. 앞으로도 뉴욕을 바꾸는 데 시민들과 함께할 것임을 알리는 약속이기도 했다.

맘다니는 그동안 정치에서 늘 뒷전으로 밀리고 잊혀 왔던 사람들에게 감사를 전했다. 창고 바닥에서 상자를 들어 올리느라 멍든 손가락, 배달 자전거 핸들을 잡느라 굳은살이 박인 손바닥, 주방에서 입은 화상으로 흉터가 남은 손…… 맘다니는 그들에게 이렇게 말했다.

"여러분은 정치가 여러분을 내려다보지 않고 진지하게 말을 걸 때 새로운 시대의 리더십이 시작될 수 있다는 것을 보여 주었습니다. 우리는 여러분을 위해 싸울 것입니다. 왜냐하면 우리는 바로 여러분이기 때문입니다."

맘다니는 자신의 승리를 만들어 준 사람들이 누구인지 알고 있었다. 예멘 출신 보데가 상점 주인들, 멕시코 할머니들, 세네갈 택시기사들, 우즈베키스탄 간호사들, 트리니다드 출신 주방 요리사들, 에티오피아 이모들…… 이들 수만 명의 뉴욕시민들이 자기 일처럼 선거운동을 뛰어 준 덕에 승리를 거머쥘 수 있었다고 말했다.

감수자의 글

그는 시민들과 함께 변화의 시대를 열겠다고 약속했다. 시민들과 함께한다면 뉴욕의 기존 과두정치와 권위주의를 이길 수 있을 것이라고 했다. 맘다니는 뉴욕시민들에게 "그동안 함께했던 말, 함께 꿈꾸었던 꿈, 함께 만들었던 정책들을 함께 이루도록 하자"면서 다음과 같은 말로 연설을 마쳤다.

"뉴욕시민 여러분, 이 권력은 여러분의 것입니다. 이 도시는 여러분의 것입니다."

1863년 11월 19일 에이브러햄 링컨은 게티즈버그 연설에서 "국민의, 국민에 의한, 국민을 위한 정부"를 외쳤다. 2026년 1월 1일 조란 맘다니는 뉴욕시청 앞 광장에서 열린 취임식에서 "뉴욕의 정부, 뉴욕시민이 만드는 정부, 뉴욕시민을 위한 정부"를 선언했다. 이재명 대통령은 여러 차례 "정치는 정치인들이 하는 것 같지만 결국 국민이 하는 것"이라고 말했다.

모든 권력은 국민으로부터 나온다. 민주주의 역사와 함께한 이 진리는 종종 잊히거나 무시된다. 맘다니 뉴욕시장이 이를 다시 일깨워 주었다. 최고의 선거전략은 결국 국민들과 함께하고 국민을 섬기는 것이다. 기적은 기적처럼 오는 것이 아니다. 국민과 함께 온다.

박상주

조란 맘다니

초판 1쇄 발행 2026년 4월 30일

지은이	시어도어 함
감 수	박상주
번 역	김재서
발행처	예미
발행인	황부현
편 집	김정연
디자인	김민정

출판등록 2018년 5월 10일(제2018-000084호)

주소 경기도 고양시 일산서구 중앙로 1542, 310-4호
전화 031)917-7279　　**팩스** 031)911-5513
전자우편 yemmibooks@naver.com
홈페이지 www.yemmibooks.com

ⓒ 시어도어 함, 2026

ISBN 979-11-92907-97-0　　03340